문화와
역사를
담 다
o 7 5

노성환 魯成煥 No, Sunghwan

울산대 일본어 일본학과 명예교수. 통도사 차문화대학원 교수.
일본오사카대학 대학원졸업(문학박사), 미국 메릴랜드대학 방문교수, 중국 절강공상대학 객원 교수, 일본 국제일본문화연구센터 외국인연구원 역임, 주된 연구분야는 신화, 역사, 민속을 통한 한일비교문화론이다.

저서

『일본 속의 한국』(울산대 출판부, 1994), 『한일왕권신화』(울산대 출판부, 1995), 『술과 밥』(울산대 출판부, 1996), 『젓가락사이로 본 일본문화』(교보문고, 1997), 『일본신화의 연구』(보고사, 2002), 『동아시아의 사후결혼』(울산대 출판부, 2007), 『고사기』(민속원, 2009), 『일본의 민속생활』(민속원, 2009), 『오동도 토끼설화의 세계성』(민속원, 2010), 『한일신화의 비교연구』(민속원, 2010), 『일본신화와 고대한국』(민속원, 2010), 『일본에 남은 임진왜란』(제이엔씨, 2011), 『일본신화에 나타난 신라인의 전승』(민속원, 2014), 『임란포로, 일본의 신이 되다』(민속원, 2014), 『임란포로, 끌려간 사람들의 이야기』(박문사, 2015), 『조선피로인이 일본 시코쿠에 전승한 한국문화』(민속원, 2018), 『조선통신사가 본 일본의 세시민속』(민속원, 2019), 『시간의 민속학 - 세상을 살아가는 시간의 문화, 일본의 세시풍속』(민속원, 2020), 『일본 규슈의 조선도공』(박문사, 2020), 『일본 하기의 조선도공』(민속원, 2020), 『한 · 중 · 일의 고양이 민속학』(민속원, 2020), 『일본에서 신이 된 고대한국인』(박문사, 2021), 『할복 - 거짓을 가르고 진실을 드러내다』(민속원, 2022), 『초암 다실의 기원』(효림, 2022), 『성파스님의 다락방』(민속원, 2023), 『국경을 넘는 한일요괴』(민속원, 2023), 『시간의 비교민속학』(민속원, 2023), 『한국에서 바라본 일본의 차문화』(민속원, 2023), 『일본 나라의 다인과 다실』(박문사, 2024) 『중국 천태산과 한국차와 불교』(박문사, 2024), 『대만의 차와 역사』(박문사, 2024), 『성파스님의 지대방』(민속원, 2025) 등

역서

『한일고대불교관계사』(학문사, 1985), 『일본의 고사기(상)』(예전사, 1987), 『선조의 이야기』(광일문화사, 1981), 『일본의 고사기(중)』(예전사, 1990), 『조선의 귀신』(민음사, 1990), 『고대한국과 일본불교』(울산대 출판부, 1996), 『佛教の祈り』〈일본출판〉(法藏館, 1997), 『일본의 고사기(하)』(예전사, 1999), 『조선의 귀신』(민속원, 2019) 등

출산과 죽음의 민속학

노성환 지음

민속원

• 머리말 •

이 책은 출산과 죽음에 관한 글을 하나로 묶은 것이다. 출산과 죽음은 결코 가볍게 듣고 넘길 수 있는 단어가 아니다. 이것은 생과 사의 문제이다. 이 굴레에서 벗어나 살아가는 사람은 아무도 없다. 그러므로 인간을 연구하는 철학을 비롯한 역사, 문학, 종교 등 모든 분야에서 이 문제는 무겁게 다룬다.

이 점에서 생활문화를 주로 다루는 민속학도 크게 다르지 않다. 민속학에서는 이 문제를 「인생의례」라는 커다란 범주에 넣어 세분화하여 상세히 다루고 있다.

다행히 그것과 관련된 국내 민속 자료들이 비교적 많이 축적되어 있는 편이다. 그것들은 지금까지 국내 많은 민속학자들이 열의를 가지고 현장을 누비면서 모은 땀의 결정체이다. 만일 이러한 것들이 없었다면 지금까지도 우리의 전통 인생 의례를 제대로 이해할 수 없었을 것이다.

이제는 해외로 눈을 돌릴 때다. 외국을 통하여 우리의 모습을 보고, 우리 것만 아니라 상대의 특징도 이해하고, 국가와 민족을 넘어 인간의 보편성을 생각할 때이다. 이러한 점에서 우리와 가장 가까운 이웃인 일본과 중국의 민속문화는 크게 도움을 준다.

그러나 아쉽게도 아직 우리 국내에는 일본과 중국의 민속사례가 그다지 많이 소개되어 있지 않다. 이 부분을 극복하기 위해 필자는 기회가 있을 때마다 일본 민속을 소개해 왔다. 그러는 가운데 출산과 죽음의 민속에 관심을 가지고 조사연구를 한 바가 있다. 특히 나의 관심은 출산 중에서도 태반 처리에 있었다. 왜냐하면 한일 양국 모두 태실과 태총을 가지고 있기 때문이었다. 즉, 양국민들은 아이가 엄마 뱃속에서 나올 때 함께 나오는 태반을 함부로 다루지 않는 문화를 가지고 있었다. 그것을 소중하게 다루어 항아리에 넣어서 땅에 묻는 민속이 있다는 사실을 알았다. 그리고 일본에서는 아직도 출산 때 청소도구인 빗자루가 중요한 상징적인 역할을 한다는 사실도 대단히 흥미로웠다.

한편 가족처럼 지내던 일본 지인의 죽음으로 인해 좀처럼 볼 수 없는 일본 장례 절차를 두 번이나 목격할 수 있었다. 가족에게는 이별의 아픔이었지만, 나에게는 슬픔이자 행운이었다. 다행히도 지인 가족들의 배려로 나에게 아낌없이 모든 절차를 보게 했다. 이를 계기로 나는 죽음의 민속을 생각하게 되었다. 그것도 정상적인 죽음이 아닌 불행한 비정상적인 죽음에 특히 관심이 갔다. 그러한 경우 흔히 볼 수 있는 사후결혼과 분신과 할복이라는 비정상적인 자살 방법에 대해 관심을 가지게 되었고, 그것에 대해 집중적으로 조사를 벌일 수가 있는 기회를 가졌다.

그것도 나중에 안 사실이지만 그러한 문제들의 근저에는 영혼관이 강하게 자리 잡고 있었다. 사후에 영혼의 존재를 인정하지 않는다면 출산과 죽음의 민속은 성립될 수 없다. 영혼을 믿기 때문에 태반을 하나의 생명체로 다루어 태실 또는 태총을 만들고, 죽은 사람의 영혼으로 부부인연을 만들기도 한다. 그리고 고양이를 영혼을 훔쳐가는 동물로 보고, 시신이 나오면 그 근처에 얼씬도 못하게 하는 민속이 생겨나며, 그리고 사후에 극락에 가서 태어나는 왕생설화도 탄생한다는 것을 알게 되었다.

이와 같이 보았을 때 만일 사람이 죽으면, 그 영혼은 어디로 가는 것인가? 하고 던지는 질문은 매우 단순하고 소박하지만 그 안에는 대단히 중요한 의미가 깃들어 있다. 왜냐하면 영혼의 행방은 오랜 역사와 전통의 기반 위에 형성되는 하나의 신앙이기 때문이다. 특히 일본 연구자인 나로서는 그 문제에 대해 일본인들은 어떻게 생각하는 것인지 궁금하지 않을 수 없었다. 그것에 대해서도 부족하나마 나름대로 다룰 기회가 있었다.

이러한 관심들을 조사하고 연구하는 데 많은 시간이 걸렸다. 그리하여 본서의 내용 중 어떤 것은 아주 오래 전에 쓴 것이 있는가 하면, 또 어떤 것은 근래에 쓴 것도 있다. 그러므로 각 테마 마다 시간의 차이는 있으나, 출산과 죽음, 그리고 영혼이라는 지향하는 목표는 같다. 원고를 마무리하며 돌이켜 보면 아직도 부족한 면이 많고 아쉬움도 많다는 것을 절실히 느낀다. 이러한 것들은 다음 기회에 미루기로 한다.

끝으로 이 책이 나오기까지 많은 이들의 도움이 있었다. 장례 조사 때 도움을 주신 나카니시 미치코中西美智子 여사, 대마도와 한글 부적을 조사할 때 일본 시마네 현립대학의 이노우에 아쓰시井上厚史 교수, 사후결혼 조사 시에는 나고야 대학의 우키바 마사치카浮葉正親 교수와 오키나와 현립대학의 하테루마 에이키치波照間永吉 교수, 태반 및 출산문화 연구 조사 시에는 일본 교토의 국제일본연구문화센터 야스이 마나미安井眞奈美 교수 등의 도움이 컸다. 그 밖에도 일일이 다 열거할 수 없을 정도로 많은 이들의 적극적인 협력이 있었다.

이 분들이 없었다면 나의 연구는 진행되기 어려웠을 것이다. 다시 한번 머리 숙여 감사를 드린다. 그 중 이노우에 아쓰시 교수와 우키바 마사치카 교수는 나의 오랜 친구이다. 이들은 안타깝게도 이 책이 나오기 전에 저 세상으로 떠나고 말았다. 이 자리를 빌려 두 분에게 삼가 명복을 빈다. 그리고 항상 보잘것없는 원고를 훌륭한 책으로 만들어 주시는 민속원의 홍종화 사장님을 비롯한 편집부 여러분들께도 무한한 감사를 드린다.

2025년 7월 9일

통도사 서운암 연구실에서

노성환

차례 Contents

1장

일본 태반의 민속

1. 머리말

일본의 출산 민속 중 태반에 관하여 어떠한 민속들이 있을까? 영국의 인류학자인 프레이저(1854~1941)는 그의 저서『금지론金枝論』에서 "탯줄과 후산(태반)은 아이의 형제, 자매, 또는 아이의 수호령과 혼의 일부가 깃든 물질적인 존재"라고 언급한 바가 있다.[1] 이처럼 인류학에 있어서 태반에 대한 관심도는 일찍부터 있었다.

우리의 민속학계에서도 산속에 관한 연구 가운데 태반에 대해 관심을 가지고 그에 관련된 민속을 수집한 사례는 많았다. 그 대표적인 예로 김종우·김승찬은 부산,[2] 고부자,[3] 이경화와 안미선은 제주,[4] 이헌홍은 고성,[5] 장관진은 산청[6]지역 등을 자료 조사한 연구들을 들 수가 있을 것이다. 한편 이복규는 조선 전기의 문헌을 통하여 당시 태반의 처리과정을 소개하고 있다.[7]

이들 연구를 통해 우리의 민속 가운데 태반을 어떻게 처리하였는지는 어느 정도 파악할 수 있게 된 것은 사실이다. 그러나 이들의 연구의 초점이 자료수집에 있었기 때문에 태반에 관한 민속을 종합적으로 연구한 사례는 그다지 많지 않다. 더군다나 이웃나라 일본과의 비교연구는 거의 없는 실정이다.

1 프레이저, 永橋卓介 訳,『金枝論』, 岩波文庫, 1966, 111頁.

2 김종우·김승찬,「부산지방의 해산속」,『국어국문학지』 11, 문창어문학회, 1974, 15쪽.

3 고부자,「제주도의 산후속」,『한국민속학』 9, 한국민속학회, 1976, 104~106쪽

4 이경화·안미선,「제주도 전통 산육속의 전승」,『아동학회지』 25-1, 한국아동학회, 2004, 98쪽; 이경화,「제주도 전통 산속의 의미 이해」,『동북아문화연구』 18, 동북아문화학회, 2009, 182~183쪽.

5 이헌홍,「고성지방의 통과의례」,『한국문화연구』 7, 부산대 한국민족문화연구소. 1995, 442~443쪽.

6 장관진,「산청지방 통과의례 조사보고」,『한국문화연구』 3, 부산대 한국민족문화연구소, 1990, 221쪽.

7 이복규,「조선전기의 출산, 생육관련 민속」,『한국민속학보』 8, 한국민속학회, 1997, 10쪽.

지금까지 우리의 학계는 국내의 산속에 대해서는 연구가 활발한 한편 일본 산속에 대한 연구는 매우 미진하다. 그렇다고 일본의 산속에 대해 관심이 전혀 없었던 것은 아니었다. 일찍이 임동권은 아이를 낳는 공간인 난도納戶와 우부고야産小屋를 소개한 바가 있고,[8] 그 이후 김미영이 한일양국의 여성 민속에 관해 비교하면서 출산의 금기, 우부야, 그리고 금줄치기 등에 대해 약간의 언급이 있었다.[9] 또 신미진이 『원씨물어源氏物語』라는 고전을 통하여 출산 후 3일, 5일, 9일째 태아와 산모의 건강과 행운을 기원하기 위해 여는 연회인 「유부야시나이産養」에 대해 고찰하기도 했다[10]. 이들의 관심은 주로 산속에 관한 속신과 의례에 있었기 때문에 산후 처리해야 하는 태반에 대해서는 거의 관심을 기울이지 않았던 것이다. 그 결과 태반에 대한 기초적인 지식조차 가지지 못했다고 해도 과언이 아니다.

근래에 접어들어 우리의 민속학계에서도 외국의 민속에 대해 관심이 높아지고, 실제로 그 지역의 민속이 소개가 됨에 따라 비교연구도 활발하게 진행되고 있다. 산속의 연구도 예외는 아니다. 최근 상기숙이 중국의 산속 중 태반과 탯줄에 대한 금기를 소개하였고,[11] 박공례도 중국의 태반처리에 대해 비교적 상세히 소개했다.[12] 그리고 박환영이 몽고의 산후 속을 소개하면서 태아의 목욕과 이름짓기 등을 소개했다.[13] 이처럼 우리의 학계는 중국

8 임동권, 「한일 산육속의 비교」, 『한국민속학』 12, 한국민속학회, 1980, 154쪽.

9 김미영, 「한 · 일 여성민속의 비교연구」, 『비교민속학』 24, 비교민속학회, 2003, 420~421쪽.

10 신미진, 「원씨물어의 탄생의례 우부야시나이 고찰」, 『일어일문학연구』 67, 한국일어일문학회, 2008, 98쪽.

11 상기숙, 「중국민속문화의 출산금기 고찰」, 『동방학』 13, 한서대학교 동양고전연구소, 2007, 128~131쪽.

12 박공례, 「중국산속에 관한 고찰」, 『중국인문과학』 26, 중국인문학회, 2003, 528~530쪽.

13 박환영, 「한 · 몽 출생의례의 비교민속학적 고찰」, 『비교민속학』 40, 비교민속학회, 2009, 154쪽.

과 몽고의 산속에 대해 연구가 조금씩 진행되고 있는 셈이다. 이에 비해 일본의 산속에 대한 연구는 앞에서 말한 바와 같이 갈 길이 너무나 멀다.

이에 본장에서는 일본의 출산민속의 한 단면을 이해하고, 한걸음 더 나아가 한국과의 비교연구를 할 수 있는 기틀을 마련하기 위하여 1차적인 자료 소개와 더불어 민속학적인 견지에서 태반에 대해 살펴보고자 하는 것이다.

2. 태반을 내리는 민속

일반적으로 태반은 엄마 뱃속에서 나오고, 2, 30분 후에 자연스럽게 나오게 마련이다. 그러나 이것이 원활히 이루어지지 않고 오랫동안 태반이 몸 바깥으로 나오지 않으면 산모의 생명이 위험해진다. 이러한 일이 종종 있었던 모양이다. 그 이유에 대해 아키다秋田 지역에서는 평소에 산모가 "밥을 짓고 식기에 퍼 담은 후에 이내 남비 밑을 물에 담그지 않았기 때문"[14] 이라고 하고, 또 이시가와石川 지역에서는 "설거지를 깨끗하게 하지 않았기 때문"[15]이라고 설명했다. 즉, 태반이 원만하게 나오지 않는 것을 산모의 식기세척이 불결함에서 오는 벌로서 생각했던 것이다. 그렇다고 해서 이것을 그대로 둘 수는 없다. 이럴 때 일본인들은 어떠한 민속적인 행동을 취하였을까? 여기에는 다음과 같은 몇 가지 방법이 있었다.

14 恩賜財團母子愛育會 編, 『日本産育習俗資料集成』, 第一法規出版株式會社, 1975, 243頁.

15 恩賜財團母子愛育會 編, 앞의 책, 246頁.

1) 지붕을 이용하는 방법

고전적인 방법으로는 가족 중 누가 산모가 있는 집의 지붕에 올라가 용마루에서 시루를 아래로 굴러 떨어뜨려서 깨는 것이다. 그러한 기록이 『도연초徒然草』, 『평가물어平家物語』, 『본조의담本朝醫談』 등에 보인다. 『본조의담』에는 "출산 때 시루를 떨어뜨리는 것은 태반이 나오지 않을 때 사용하는 주술적인 행위이다."고 간략하게 서술해놓고 있지만, 『도연초』에는 비교적 다음과 같이 상세히 서술하고 있다.

> "황후 중궁 등에 출산이 있을 때 시루를 지붕에서 떨어뜨리는 것은 특별히 정해진 것은 없다. 특히 태반이 나오지 않을 때 행하는 주술적인 행위이다. 그러한 일이 없다면 이러한 의식은 없다. 서민층으로부터 시작된 것으로 이렇다 할 전거가 되는 설이 있는 것은 아니다. 이 때 사용하는 시루는 오하라大原 마을에서 구한다고 한다. 옛 보물 창고에 수장되어있는 그림에 신분이 미천한 여자가 아이를 낳을 때 시루를 떨어뜨리는 모양이 그려져 있다."[16]

여기에서 보듯이 태반이 나오지 않을 때 행하였던 주술적인 행위는 지붕 위에서 시루를 떨어뜨리는 것이었다. 『도연초』의 말을 그대로 빌리면 이것은 지배자 계층에서 시작된 민속이 아니라, 피지배계층에서 시작된 것이라 한다. 이러한 것이 사실이었는지, 궁중에서는 이를 틀리게 행하는 일이 종종 있었다. 그 예로『평가물어』에 다음과 같은 기록을 들 수가 있다.

16 『徒然草』, 61단.

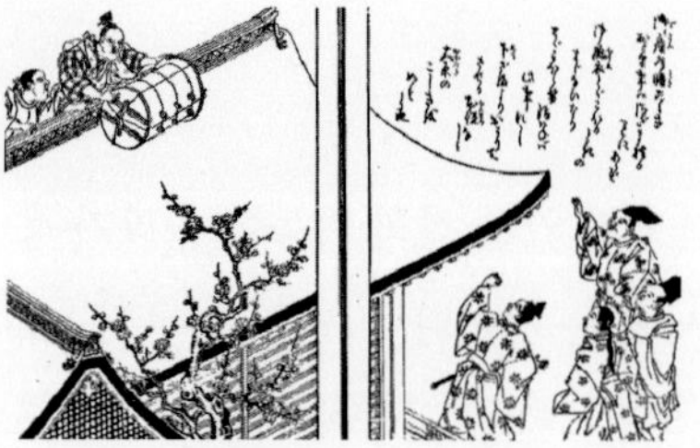

지붕에서 시루를 떨어뜨리는 모습

"이번 출산 때는 이상한 일이 많다. 우선 법황法皇이 험자驗者가 되었다는 것, 다음으로는 황후의 출산 때 어전의 건물에서 시루를 굴러 떨어뜨리는 풍속이 있었는데, 황자 탄생에는 남쪽으로 떨어뜨리고, 황녀 탄생에는 북쪽으로 떨어뜨려야 하는데, 이번에는 북쪽으로 떨어뜨렸기 때문에 '이 일은 어떻게 된 것인가?'하고 소동이 일어나 다시 고쳐서 하였지만, 좋지 않은 일이었다고 사람들은 말하고 있었다."[17]

이처럼 예의범절이 엄격한 궁중에서도 시루를 떨어뜨리는 방향이 간혹 틀리는 경우가 있었다. 이같은 경우가 『평가물어』 뿐만 아니라, 12세기경의 귀족인 나카야마 타다치카中山忠親(1131~1195)가 쓴 『산괴기山槐記』[18]에서도 잘못하여 북쪽으로 떨어뜨렸다는 기록이 보인다. 이러한 상황으로 보아 떡시루를 지붕에서 떨어뜨리는 것은 지배계층에서는 명확히 확립되어있지 않았던 것 같다.

17 市古貞次 校注・譯,『平家物語』1, 小學館, 1975, 211~212頁.

18 山槐記는 나카야마 타다치카(中山忠親 : 1131~1195)의 일기이다. 타다치카는 헤이안 시대말기부터 가마쿠라시대 초기의 귀족. 後白河院과 源頼朝에 중용되어, 내대신(内大臣)을 역임한 인물이다. 서명의 「山槐」란 타다치카의 가호(家号)인 「中山」과, 대신가의 당명인 괴문(槐門) 을 합한 것에서 생겨난 것이다. 현존하는 전문은 기재 시기는 1151년(仁平 元)부터 1194년(建久 5)까지 약 40년간이다. 이 시기는 헤이씨(平氏)의 흥융에서 전성, 멸망의 시기에 해당된다. 상세한 기사도 많으나 결실부분도 적지 않다. 헤이씨 정권시대부터 治承・寿永의 난 때 東国情勢 등에 관해서 독자적인 기사가 많아 중요사료로서도 높게 평가되고 있다. 保元의 난・平治의 난에 관한 기가는 누락되어있으나, 1178년(治承 2)의 安徳천황의 탄생과 1180년(治承 4)의 즉위, 1184년(元暦 元)의 後鳥羽천황의 즉위와 大嘗会의 기사는 매우 치밀하게 서술되어있어, 타다치카의 朝儀와 정계의 정세에 대해 얼마나 정통해 있었는지를 가늠해볼 수 있다.

『산괴기』의 기사 중 우리의 눈길을 끄는 것은 시루를 3개를 떨어뜨리는데, "미리 이를 깨뜨려 놓고, 실로 묶어 임시로 이어놓는다. 이는 떨어진 후 깨어지지 않는 것을 대비하기 위함이다. 하인이 이를 들고 미리 지붕의 북쪽에 올라가 있다가 신호에 따라 떨어뜨린다."고 되어있는 구절이다. 다시 말하여 미리 깨어놓고 형식적으로 떨어뜨리는 경우도 있었다는 것이다. 그리고 이 경우에도 오하라 지역의 시루를 이용하는 것으로 되어있다.

이처럼 시루를 이용하고, 또 무엇 때문에 시루는 오하라의 시루가 가장 가치 있는 것으로 인식되어졌던 것일까? 여기에 대해 이미 1699년의 문헌인 『회임대서전기懷妊帶書傳記』에서는 다음과 같이 해석해놓고 있다. 즉, 첫째는 시루가 가지는 명칭의 문제이다. 시루는 일본어로 '코시키'라 하는데, 그 말은 "출산의 허리 기운腰氣과 시루甑는 서로 음이 통하는" 말로 해석이 가능하기 때문이다. 즉, 태반을 배출하기 위해 허리에 힘을 주어야 하는 허리의 힘을 '코시키'라 하는데, 그 말은 시루를 의미하는 '코시키甑'와 발음이 같기 때문에 시루가 이용되었다는 것이다.

둘째는 그때 사용하는 시루가 오하라의 것이어야 하는 이유는 "오하라는 발음상 대복大腹과 통한다. 그리고 산후의 어복御腹의 의미의 말과도 통한다."고 설명되어있는 것이다. 즉, 오하라는 큰 배 또는 출산 이후의 산모의 배인 '어복'과 발음이 같기 때문에 오하라의 시루가 가장 효과가 있는 것으로 인식되었던 것이다. 이처럼 오하라의 시루가 이용되었던 것은 일종의 유감주술에서 비롯된 민속이었음을 알 수 있다.

이러한 행위가 시대를 달리하면 많이 부분에서 변화가 일어난다. 수세미를 지붕을 넘어가도록 던진다는 야마나시현山梨縣의 풍속[19]이 그러하고, 또 시루를 들고 지붕을 넘는 행위를 3번이나 되풀이하는 관서지역의 풍습[20]이 그러한 예일 것이다.

2) 식이요법

태반이 나오지 않을 때 지붕 위에서 시루를 떨어뜨리는 방법이외에 산모에게 특별한 것을 먹이는 방법도 많았다. 그 중에서 이해하기 쉬운 것은 '국자 손잡이를 입안으로 넣는다'(東京, 神奈川),[21] '국자의 손잡이를 핥게 한다'(新潟),[22] '물건의 손잡이를 입어 넣어 토하게 한다.' '물 뜨는 국자를 물려 토하게 한다'(宮崎)[23]는 예에서 보듯이 어떠한 물건을 산모의 입에 넣어 토하게 함으로써 그 때 생겨나는 허리의 힘을 이용하여 태반을 배출하려는 행위이다. 이것은 민속적인 행위라기보다는 토할 때 생기는 힘을 물리적으로 이용하려는 계산에서 나온 것으로 보아야 할 것이다.

그러나 '두레박에 낀 물때를 마시게 한다'(群馬),[24] '주걱의 물때를 먹인다'(静岡),[25] '장지문 틈새의 먼지를 물과 함께 먹인다'(山口)[26]는 것은 민속적인 행위이다. 두레박과 주걱 그리고 장지문은 그 성격이 경계적인 것들이기 때문이다. 즉, 두레박은 이계(우물)와 현세(인간)를 이어주는 경계성을 띤 도구이며, 밥을 퍼는 주걱 또한 밥통(이계)과 사람(현세)을 이어주는 도구이며, 또한 장지문도 바깥과 안을 구분해주는 경계적인 도구이다. 더군다나 그곳에 끼여 있는 물때와 먼지는 벗겨져야 하고, 떨어뜨려야 할 존재이다. 이것

19 恩賜財團母子愛育會 編, 앞의 책, 247頁.
20 宮田登, 『冠婚喪祭』, 岩波書店, 1999, 54~55頁.
21 恩賜財團母子愛育會 編, 앞의 책, 245頁.
22 恩賜財團母子愛育會 編, 앞의 책, 245頁.
23 恩賜財團母子愛育會 編, 앞의 책, 257頁.
24 恩賜財團母子愛育會 編, 앞의 책, 244頁.
25 恩賜財團母子愛育會 編, 앞의 책, 249頁.
26 恩賜財團母子愛育會 編, 앞의 책, 253~254頁.

은 산모의 뱃속에서 나오지 않고 있는 태반과 같은 것들이다.

그리고 태반과 유사한 것을 먹임으로써 나오게 하는 경우도 종종 발견된다. '사초로 엮은 삿갓管笠을 태운 재를 먹인다'(福井),[27] '남비의 숯검정을 먹인다.'(滋賀,[28] 和歌山,[29] 愛媛[30]), '개구리 알을 먹는다.',[31] '대나무 안의 엷은 막을 마시게 한다'(山口),[32] '말린 꽈리 씨를 먹인다'(福井),[33] '小安貝(紫貝)로 뜬 물을 먹인다'(群馬)[34] 등이 그것이다. 삿갓, 남비, 알, 엷은 막, 꽈리, 조개 등은 태반과의 유사한 모양을 지니고 있는 것들이다. 이러한 것을 먹임으로써 나오지 않는 태반을 내리려고 했던 것이다. 이것 또한 유감주술이라 할 수 있을 것이다.

또 '베틀 북梭의 주둥이를 통해 물을 마시게 한다'(久留米),[35] '쥐똥을 1~3알(혹은 달여서) 먹인다'(新潟,[36] 石川,[37] 福井,[38] 静岡,[39] 山口[40]), '팥 한 톨을 먹인다'(愛知),[41] '매화나무를 달여서 먹인다'(群馬),[42] '유 씨앗을 먹인다'(山口),[43]

27 恩賜財團母子愛育會 編, 앞의 책, 246頁.
28 恩賜財團母子愛育會 編, 앞의 책, 250頁.
29 恩賜財團母子愛育會 編, 앞의 책, 251頁.
30 恩賜財團母子愛育會 編, 앞의 책, 254頁.
31 武田正, 앞의 책, 1997, 102頁.
32 恩賜財團母子愛育會 編, 앞의 책, 253頁.
33 恩賜財團母子愛育會 編, 앞의 책, 246頁.
34 恩賜財團母子愛育會 編, 앞의 책, 244頁.
35 恩賜財團母子愛育會 編, 앞의 책, 255頁.
36 恩賜財團母子愛育會 編, 앞의 책, 245頁.
37 恩賜財團母子愛育會 編, 앞의 책, 246頁.
38 恩賜財團母子愛育會 編, 앞의 책, 246頁.
39 恩賜財團母子愛育會 編, 앞의 책, 249頁.
40 恩賜財團母子愛育會 編, 앞의 책, 253頁.
41 恩賜財團母子愛育會 編, 앞의 책, 249頁.
42 恩賜財團母子愛育會 編, 앞의 책, 244頁.
43 恩賜財團母子愛育會 編, 앞의 책, 253頁.

'토란줄기의 된장국을 먹는다'(福井),[44] '콩 뿌리에 붙어있는 혹을 먹는다'(長野),[45] '물을 한 모금 마시게 한다'(長野),[46] '상추의 잎을 소금으로 비벼서, 그 즙을 마신다'(愛媛)[47] 등과 같이 주술적인 힘을 어떠한 것을 먹이는 경우도 있다.

3) 머리에 씌우는 방법

산모의 머리에 특별한 것을 씌우는 방법도 있었다. 여기에는 『원야물어습유遠野物語拾遺』에 '시루나 키를 덮어 씌운다'[48]는 예를 비롯하여 '산모가 우산을 쓰고 짚신과 나막신을 신고 변소에 간다'(郡馬),[49] '나막신과 소쿠리를 산부의 머리 위에 놓아둔다'(山口),[50] '스이노를 산모에게 쓰게 하고 "스이노님의 은혜로 내려주세요"(石川)[51]라고 기원한다.' 등의 예를 들 수가 있을 것이다. 이러한 예에서 보듯이 신부에게 씌우는 것으로는 시루, 키, 체, 우산, 소쿠리 등이 이용되는 것을 알 수 있다. 이것들 또한 모양으로 보아 유감주술적인 행위임을 알 수 있다.

44 恩賜財團母子愛育會 編, 앞의 책, 246頁.
45 恩賜財團母子愛育會 編, 앞의 책, 247頁.
46 恩賜財團母子愛育會 編, 앞의 책, 248頁.
47 恩賜財團母子愛育會 編, 앞의 책, 254頁.
48 柳田国男, 『遠野物語拾遺』의 239화.
49 恩賜財團母子愛育會 編, 앞의 책, 244頁.
50 恩賜財團母子愛育會 編, 앞의 책, 253頁.
51 恩賜財團母子愛育會 編, 앞의 책, 246頁.

4) 남편의 조력

또한 남편의 기이한 행위를 행하는 경우도 있다. 그 예가 '남편이 변소의 발판나무를 뒤집는다'(栃木),[52] '남편의 무릎에 짚신을 갖다 대고 임산부의 허리를 밑으로 3번 쓰다듬어 내린다'(滋賀),[53] '남편의 나막신 한 켤레를 준비하여 임산부의 등에 둔다'(廣島市),[54] '짚신과 나막신을 한쪽씩 신고, 임산부의 허리 밑에다 남편의 나막신을 깐다'(下關市),[55] '남편의 속옷 위에 매는 띠下帶의 일부분을 잘라서 먹인다'(東京).[56]는 것이 바로 그러한 것이다.

여기에서 눈에 띄는 것은 변소와 신발, 속옷이 등장한다는 사실이다. 변소는 산신이 머물고 있는 경계적인 공간이다. 그러한 공간에 들어가서 발판을 뒤집음으로써 가치를 역전시켜 태반을 빠져 나오게 한 것이다. 그리고 나막신이나 짚신과 같은 신발은 외부와 내부를 왕래하는 도구이다. 즉, 이것 또한 경계성을 지닌 물건으로서 이용되었던 것이다. "탯줄에 짚신을 묶어둔다"(千葉)[57]는 독특한 방법도 이러한 연장선상에서 이해가 될 것이다. 그리고 남편의 속옷 또한 안과 바깥의 세계를 구분하는 경계성을 지닌 도구임은 두말할 나위가 없다. 이러한 것을 이용하여 태반을 내리려고 하였던 것이다.

52 恩賜財團母子愛育會 編, 앞의 책, 244頁.
53 恩賜財團母子愛育會 編, 앞의 책, 250頁.
54 恩賜財團母子愛育會 編, 앞의 책, 253頁.
55 恩賜財團母子愛育會 編, 앞의 책, 253頁.
56 恩賜財團母子愛育會 編, 앞의 책, 245頁.
57 恩賜財團母子愛育會 編, 앞의 책, 245頁.

5) 부적과 주문을 이용하는 법

주문과 부적을 이용하는 방법도 있었다. 먼저 주문의 경우 '고향을 잊어라 도롱이와 삿갓, 보내주세요 관세음보살님'(群馬),[58] '고향을 잊고 오너라 도롱이와 삿갓, 보내어 주세요. 나라의 보배를. 나무오켄소와카'(愛知)[59]라는 예를 들 수가 있다. 내용에서 보듯이 관세음보살 또는 나무오켄소와카라는 아이의 생명과 관련이 있는 신들에게 빌어서 태반을 나오게 하는 방법이다. 여기에서 눈길을 끄는 것은 태반이라고 직접적인 호칭을 사용하지 않고, 도롱이, 삿갓이라는 간접호칭을 사용하고 있다는 사실이다. 즉, 태반은 도롱이와 삿갓으로도 비유되었던 것이다.

또 부적을 마시게 하는 방법도 있다. 『일본산육습속자료집성日本産育習俗資料集成』에 의하면 도야마현富山에서 그러한 예가 보이는데, 그러나 내용을 단순히 '부적을 마신다'[60]로만 되어있어 구체적으로 어떠한 부적을 이용하였는지 알 수 없다. 이에 비해 근년에 야마자토 쥰이치山里純一가 오키나와의 사례를 연구하면서 오키나와에서는 그러한 예가 많이 보이는데, 특히 『옥황기玉黃記』, 『서명가문서西銘家文書』 등지에 그와 관련된 부적이 수록되어있으며, 그 중 한 두가지 예를 들면 미야코宮古의 다라마지마多良間島의 경우 아들 '子'자를 세 줄로 4개씩 나란히 적고 그 밑에 '急急'이라고 적은 부적을 먹인다거나, 또 '酉月日, 天日月 急急'이라고 적은 부적을 산모에게 먹이는 것 등이 있다고 지적했다.[61] 이처럼 부적과 주문에 의해 태반을 내리

58 恩賜財團母子愛育會 編, 앞의 책, 244頁.
59 恩賜財團母子愛育會 編, 앞의 책, 249頁.
60 恩賜財團母子愛育會 編, 앞의 책, 246頁.
61 山里純一, 「胞衣について」, 『日本東洋文化論集』 3, 琉球大學, 1997, 39~40頁.

는 방법도 있었다.

이같이 태반을 내리는 데는 다양한 방법이 있었다. 그럼에도 불구하고 그러한 방법 가운데 한 가지 커다란 공통점이 발견된다. 그것은 다름 아닌 태반으로 비유되고, 또 그것을 내리는 도구의 대부분이 타계와 현세를 연결하는 경계성을 지니고 있다는 사실이다. 손잡이, 우산, 키, 장지문, 우물, 지붕, 변소, 신발 등이 그것들이다. 이로 말미암아 우리는 태반의 성격을 어느 정도 가늠해 볼 수 있게 되었다. 즉, 태반은 이계에서 아이와 함께 현세로 나와야 하는 경계적인 존재이었던 것이다.

3. 태반과 아이

그렇다면 엄마의 뱃속에서 나온 태반을 어떠한 시선으로 바라보았을까? 일본인들은 독특하게도 태반을 그대로 처리하지 않고 그것을 통하여 아이와 관련하여 여러 가지 것들을 예견했다. 그 첫째는 태반은 아이의 전생을 나타낸다고 보았다. 그 예가 '술로 씻으면 누구의 환생인지 판명된다'(岩手),[62] '펼쳐보면 누구의 환생이라고 쓰여져 있다. 그런데 이를 보면 눈이 멀기 때문에 본 사람은 없다'(秋田),[63] '쌍둥이의 태반은 전생이 인간이라면 2명에 하나이지만, 축생이라면 각자 하나씩이다'(東京)[64]는 속신 등을 들 수가 있을 것이다. 이처럼 태반을 통해 아이의 전생을 상상했다.

62 恩賜財團母子愛育會 編, 앞의 책, 243頁.
63 恩賜財團母子愛育會 編, 앞의 책, 243頁.
64 恩賜財團母子愛育會 編, 앞의 책, 245頁.

둘째는 태반을 통해 아이의 실제 아버지를 확인할 수 있다고 보았다. 이러한 속신이 에도 초기의 문헌인 『포의납전기胞衣納傳記』에도 보이는 것으로 보아 상당히 일찍부터 있었던 것으로 추정된다.[65] 그리고 18세기 때 후지이 란사이藤井懶齊(?~1709)[66]에 의해 쓰여진 『한제필기閑際筆記』(1715년)에 "세인들은 모두 귀승의 집에서 아이가 태어나면, 그 포의에 집의 문양이 나타난다고 했다"고 하면서 이러한 일은 모두 믿기 어렵다고 했다. 이처럼 이러한 속신은 상당히 오래전부터 있었음을 알 수 있다.

후지이 란사이는 이를 믿기 어려운 미신으로 보았지만, 민간에서는 그러한 속신이 깊게 박혀있었다. 그러한 예가 '부친의 얼굴(家紋, 定紋)이 보인다'(千葉),[67] '밀부密夫의 자식은 태반을 식초로 씻으면 정문이 엉망이 되어 나타나지만 정당한 아이는 정확하게 찍혀져 있다'(東京),[68] '물에 띄우면 부친의 문소紋所[69]가 나타난다'(福井),[70] '씻은 물에 정문定紋이

출산 직후 아기를 씻는 모습(『百人女郎品定』에서)

65 『胞衣納傳記』는 小笠原長時의 측근에서 예법을 배운 岩村意久가 쓴 것으로 알려져 있다. 여기에 의하면 "其胞衣ヲ洗ヒ見ベシ。果タシシテ父ノ紋アリ。"라고 기록하면서 옛 노래에 "胞衣絹ニ其家々ヲ顕スヲ心ヲツヶヌ人ハヨシナシ"라고 소개하고 있다.

66 에도시대 전기의 유학자. 본성은 真辺씨, 이름은 臧, 자는 季廉, 별호는 伊藁子. 처음에는 真辺仲(忠)庵이라 하였다. 1642년(寛永 19) 筑後国(福岡県) 久留米藩의 儒医로서 고용되어있었으나, 1674년(延宝 2)에 그만두고 교토로 가서 이름을 후지이 란사이(藤井懶斎)이라 바꾸고 활약했다. 山崎闇斎의 문하에 들어가 배운 후, 洛西 鳴滝에서 은거했다. 주요저서로는 『本朝孝子伝』(1684) 등 주자학자의 입장에서 교훈적인 저술을 남겼다.

67 恩賜財團母子愛育會 編, 앞의 책, 245頁.

68 恩賜財團母子愛育會 編, 앞의 책, 245頁.

69 문소라 함은 각 집안마다 사용하고 있는 문장(紋章)을 말한다.

나타나면 실자實子이고, 그렇지 않으면 실자가 아니다'(靜岡)[71]는 식으로 나타나있는 것이다.

이러한 것이 일반적이었는지 이것을 테마로 만든 에도시대江戸時代의 라쿠고落語와 선류川柳[72]에서도 종종 보인다.

라쿠고에서는 「우지코氏子中」라는 작품인데, 내용인 즉슨, 에도江戸의 상인인 요타로与太郎가 타지로 장사하러 나갔다가 1년 반이 지난 후에 집에 돌아오니 아내인 오미즈가 임신하여 만삭이 되어있었다. 이에 깜짝 놀란 요타로가 아내를 다그치자, 아내는 간다명신神田明神에게 빌어서 아이를 갖게 된 것이라고 주장한다. 이에 납득하지 못한 남편은 아이가 태어나면 태반을 코진荒神에게 바친 술로 씻으면 반드시 간부姦夫의 문양이 나타날 것이라 하면서 기다린다. 그리하여 드디어 아이를 낳으니 태반에 간다명신의 문양과 함께 우지코쥬氏子中라는 글자가 나타났다는 것이다.[73] 다시 말하여 아내의 문란한 성생활로 아이의 아버지가 간다명신을 비롯해 그 신을 모신 신사의 남성 신자의 모두이었다는 것이다. 이렇게 되면 태아의 아버지는 누구인지 알 수가 없다.

센류의 경우는 '푸른 너구리靑狸'라는 필명을 가진 작자가 쓴 「もめる筈胞衣ハ狩場のえづのよふ」라는 작품이다. 이는 성생활이 문란한 여인이 낳은 아이의 태반에 여러 명의 문양이 나타나 논란이 일어났다는 것을 의미한

70 恩賜財團母子愛育會 編, 앞의 책, 246頁.

71 恩賜財團母子愛育會 編, 앞의 책, 249頁.

72 もめる筈胞衣ハ狩場のえづのよふ(誹風柳多留), めかねを懸て見届る生胞(誹風武玉川), 下女が胞衣旦那の細工御定紋(誹風柳多留)、胞衣洗ひ一座無言の隠居紋(花の香)、註文はなげれど胞衣に父の紋(松の風).

73 渡邊友左, 『日本語と性』, 南雲堂, 1982, 119~126頁.

다. 여기서 「狩場のえづ」란 사냥에 참가한 영주나 무사들이 친 진영을 표시하는 그림 지도繪圖를 말하는 것으로, 그 진영의 표시를 각자 집안의 문장으로 표시하였던 것이다. 이러한 것들이 태반에 어지럽게 나타났다는 것은 앞의 예와 마찬가지로 누구의 아이인지 모른다는 것을 말하는 것이다. 이 경우도 성생활이 문란한 여성을 비꼬아 노래한 것임을 알 수 있다.

이처럼 태반을 물 또는 식초, 술로 씻고, 그 물에 나타나는 그림 또는 형체를 보고 친자를 확인하는 민속이 있었던 것이다. 이러한 것이 있었기 때문에 사생아의 태반을 씻은 아이라는 의미로 '아라이고洗い子'라 했다.[74]

셋째는 태반은 아이의 미래를 나타내는 것으로도 보았다. 그 예가 '승려가 될 아이는 태반이 가사와 같은 것이 엉켜있다'(神奈川), '포의에 출세出世가 있다'(愛知)는 속신이 바로 그것이다. 특히 태반을 뒤집어쓰고 태어난 아이는 복이 많아 출세한다는 속신이 있다.[75] 그러한 실예는 민간에서도 '포의를 뒤집어쓰고 나온 아이는 출세〈경사(對馬),[76] 미인(福井)[77]〉한다〈된다〉(福岡)'는 표현으로 나타난다. 이러한 속신은 서양의 동화인 그림 동화집에서도 보이는 것[78]이므로 일본만의 특징이라고 볼 수는 없다.

일본에서 그와 관련된 대표적인 전설로서는 행기行基 스님의 탄생설화를 들 수가 있을 것이다. 행기는 백제계 후손으로 불교를 대중화하는데 큰

74 渡邊友左, 앞의 책, 115~141頁.

75 北野晃, 「胞衣と臍の緒と産湯の水」, 『東アジアの古代文化』, 2006, 70頁.

76 恩賜財團母子愛育會 編, 앞의 책, 256頁.

77 恩賜財團母子愛育會 編, 앞의 책, 246頁.

78 金田鬼一 譯, 「黄金の毛が三本はえてる鬼」, KHM29, 『グリム童話集』 (1), 岩波書店, 1979, 287~302頁. 내용에 의하면 태반을 뒤집어 쓰고 나온 아이가 나라의 공주와 결혼하게 될 것이라고 자신있게 예언한 것을 안 국왕이 이를 방해하기 위하여 여러 가지 권모술수를 사용하여보지만, 결국 그는 자신의 예언대로 공주와 결혼한다는 이야기이다. 즉, 태반을 뒤집어 쓰고 나온 아이는 복이 있다는 속신이 반영된 이야기로 볼 수 있는 것이다.

역할을 스님이다. 그는 보살이라고 일컬어질 정도로 일본인으로부터 존경심이 두터웠는데, 그의 탄생은 다른 아이들과는 달리 태반을 뒤집어쓰고 태어났다. 부모는 이를 꺼려하여 나뭇가지 사이에 올려다 놓았다. 그랬더니 하룻밤이 지나자 행기가 태반에서 나와 말을 하였기 때문에 이를 거두어 길렀다고 한다.[79] 이처럼 태반은 아이의 장래를 예고하는 것으로도 받아들여졌던 것이다.

이처럼 태반은 아이의 전생과 미래를 나타내고, 또 실제의 아버지의 얼굴 또는 집안의 문양을 나타내는 것으로 인식하였던 것이다.

4. 태반의 처리방법

우리나라에서도 아이가 엄마의 뱃속에서 나오고 그 뒤에 배출되는 태반은 함부로 처리하지 않았다. 특히 태반의 처리가 동생의 임신에 결정적인 영향을 미치는 것으로 생각한 한국인들은 태반은 부정 타는 일이 없도록 하여 태항아리에 넣어 방위와 날짜와 시간을 보고 청결한 장소를 택하여 묻거나 태웠다고 한다.[80]

이에 비해 일본에서는 이를 어떻게 처리하였을까? 그 방법은 장송의례와 공통점이 많다.[81] 먹는 것을 위시하여 사람의 매장법과 같이 수장, 화장, 풍장, 토장 등의 방법이 있다. 그 구체적인 사례를 살펴보기로 하자.

79 慶滋保胤, 「日本往生極樂記」, 『日本思想大系』 7, 岩波書店, 1982.
80 한미라 · 전경숙, 『한국인의 생활사』, 일진사, 2004, 174쪽.
81 伊藤敏行, 「胞衣習俗と胞衣容器」, 『學藝研究紀要』 8, 1991.

1) 먹었다.

일반적으로 포유동물은 대개 어미가 태반을 먹어치운다. 그러므로 인간에게 있어서도 충분히 있을 수 있다. 그럼에도 불구하고 이러한 민속이 현재 일본에서는 좀처럼 발견되지 않는다. 그러나 중국의 고대문헌인 『수서隋書』의 「유구전流求傳」에 이와 관련된 매우 독특한 기록이 있다. 그것은 다름 아닌 오키나와의 태반처리에 대해 기록해 놓은 것인데, 그것에 의하면 "부인이 출산하면, 반드시 태반子衣을 먹는다"고 해놓고 있는 것이다. 이것이 사실이라고 한다면 고대 오키나와인들은 태반을 먹는 것으로 처리했다고 할 수 있다. 이를 어느 정도 방증이라도 하듯이 에도시대의 수필집에도 이러한 내용이 등장한다. 즉, 당시 시인이자 수필가인 하야시 릿시林立路가 "유구琉球에는 부인이 태반을 먹는 풍습이 있다."고 하며, 그러한 것은 비인간적인 행위라고 비난하고 있는 것이다.[82]

이것이 사실인지 아닌지를 확증 지을 수는 없지만 근현대의 오키나와에서는 그러한 사례가 발견되지 않는다. 그런데 간혹 오늘날 그와 같은 현상이 일본 본토에서 벌어지고 있다. 교토의 A병원 산부인과 의사로부터 들은 바에 의하면 50여명 중 1명꼴로 먹어도 되느냐고 상담해오는 산모가 있다고 하며, 또 야마구치현 하기시의 S조산원에서도 그러한 일들이 종종 일어난다고 한다. 이들이 직접 먹었는지 어떠했는지는 확인할 수는 없지만, 그러한 경우가 있다면 병원 측에서는 권하지는 않지만 굳이 반대도 하지 않는다고 한다. 이같이 어쩌면 현대사회에서도 먹음으로써 처리하는 일이

82 林立路, 「立路隨筆」, 『日本隨筆大成』 第2期 第18卷, 吉川弘文館, 1977, 135頁.

간혹 일어나고 있는지도 모른다.

2) 수장水葬

수장은 태반을 강이나 바다에 버리는 경우를 말한다. 이 경우는 다른 것에 비해 그다지 많지 않으나 도야마, 후쿠이, 기후, 미에, 히로시마, 도쿠시마, 야마구치 등지에서 간혹 찾아볼 수 있다.

도야마현의 다카오카시高岡市의 경우, 태반을 강물에 떠내려 보내는데, 그러한 경우 먼저 조그마한 돌을 1개 던진 후에 버린다고 한다.[83] 그리고 도나미시砺波市 남부 산록지방에서는 태반을 산실에 깔았던 거적과 함께 싸고 끈으로 묶어서 강물에 버렸다. 그런데 간혹 강물이 적을 때는 그것들이 잘 떠내려가지 않고 군데군데 걸려있었는데, 지역민들은 이를 바다로 떠내려 보내는 것이라는 의미의 말인 '우미나가시'라 했다 한다.[84]

후쿠이현에서는 후쿠이시福井市와 뉴우丹生, 난조南条 등지에서 이러한 요소가 발견되는데,[85] 특히 뉴우에서는 거적으로 싸서 2일간 보존한 후 햇빛이 없을 때에 강 또는 바다에 버린다고 하면서도, 강에 버리면 아이가 훗날 물에 빠져 죽는다고 하여 꺼리는 경우도 있다.[86] 그리고 난조에는 강에다 버릴 때는 좋은 날을 받아서 처리한다고 한다.

기후현에서는 매우 예외적인 일에 속했던 것 같다. 왜냐하면 대부분은 매장을 하는데, 매장할 땅이 없는 사람이 강에다 버렸다고 하기 때문이

83 恩賜財團母子愛育會 編, 앞의 책, 245頁.
84 恩賜財團母子愛育會 編, 앞의 책, 246頁.
85 恩賜財團母子愛育會 編, 앞의 책, 246頁.
86 恩賜財團母子愛育會 編, 앞의 책, 247頁.

다.[87] 그리고 히로시마의 히로시마시에서도 1882년경까지 산실에서 사용한 거적으로 태반을 싸고 강에다 버렸다 한다.[88] 또 야마구치현 하기시의 나타溱지구에서는 바다에 떠내려 보냈다고 한다.[89] 그리고 도쿠시마의 이타노板野郡 지방에서는 작은 생선 3마리와 함께 종이에 싸고, 볏짚으로 말아서 바다로 떠내려 보냈다 한다.[90]

그에 비해 미에의 경우에는 구와나桑名과 가와게이河藝, 기이시마紀伊志摩 지방 등지에서 보이는데, 구와나와 가와게이에서는 묘지의 옛 우물에 다른 출산의 오물과 함께 버렸다고 하며, 또 기이시마에서는 바다에 버렸는데, 그 때 술을 바치고, 추를 매달아 바다에 가라앉도록 하였다 한다.[91] 이처럼 태반을 강이나 바다에 떠내려 보내는 방법도 있었다.

3) 화장火葬

태반을 소각하여 처리하는 방법도 있다. 그러나 그것은 그다지 오래된 것이 아닌 것 같다. 왜냐하면 조사된 내용을 검토하여 보면 '현금에는 이를 태우는 것을 업으로 삼는 자에게 맡긴다'(金澤),[92] '포의사가 취급하여 소각한다'(岐阜市),[93] '거적으로 싸서 화장장에서 소각한다'(不破郡), '지금은 대부분 묘소에서 소각하여 버린다'(養老郡), '지금은 관에 맡기고, 관은 화장장으

87 恩賜財團母子愛育會 編, 앞의 책, 249頁.
88 恩賜財團母子愛育會 編, 앞의 책, 253頁.
89 辻雄二, 『萩市鄉土博物館硏究報告』 7, 萩市鄉土博物館, 1996, 96頁.
90 恩賜財團母子愛育會 編, 앞의 책, 254頁.
91 恩賜財團母子愛育會 編, 앞의 책, 250頁.
92 恩賜財團母子愛育會 編, 앞의 책, 246頁.
93 恩賜財團母子愛育會 編, 앞의 책, 248頁.

로 보낸다'(岐阜県), '일정한 태반소각장에서 소각한다'(미에현의 津),[94] '현금에는 소각장에 낸다'(宗像郡, 鞍手郡, 朝倉郡),[95] '산파회 공동사업으로서 군내, 시내를 돌며 모아서 매일 소각한다'(粕屋郡),[96] '화장장에 의뢰한다'(遠賀郡),[97] '위생포의사에서 소각한다'(八幡),[98] '포의를 화장장에서 소각한다(久留米),[99] 경찰당국의 단속으로 지금은 군내의 모든 태반을 수거하여 소각한다'(築上郡)[100] 등으로 나타나기 때문이다.

이처럼 정해진 장소(화장장, 소각장), 그리고 이를 전문적으로 다루는 직업(위생포의사, 산파회)에서 보듯이 매우 근대적인 산물임을 알 수 있다. 그 예로 1887~1897년경이 되면 각 지자체들이 「포의 및 산예물 단속규칙胞衣及産穢物取締規則」을 만들어 시행하기 때문이다. 이것으로 말미암아 어길시 경찰의 단속이 있었던 것이다. 단적인 예로 교토부가 1887년 3월에 부고유府告諭 제2호第2號로 「포의급출산오예물투기금지胞衣及出産汚穢物投棄禁止의 건件」을 발표하여 시행하는데, 그 내용을 소개하면 다음과 같다.

> 「종래 출산 때 포의를 댁내 혹은 마루 밑에 매장하고, 불순물은 하구 혹은 산과 들에 투기하는 관습이 있었다. 이는 위생상 매우 유해하니 지금부터 해롭지 않는 곳을 선정하여 소각 혹은 매각埋却하여야 한다.」[101]

94 恩賜財團母子愛育會 編, 앞의 책, 250頁.
95 恩賜財團母子愛育會 編, 앞의 책, 254頁.
96 恩賜財團母子愛育會 編, 앞의 책, 254頁.
97 恩賜財團母子愛育會 編, 앞의 책, 255頁.
98 恩賜財團母子愛育會 編, 앞의 책, 255頁.
99 恩賜財團母子愛育會 編, 앞의 책, 255頁.
100 恩賜財團母子愛育會 編, 앞의 책, 256頁.
101 山里純一, 앞의 책, 1997, 43頁.

이처럼 종전에는 태반을 실내에 매장하고 산과 들에 버렸으나, 이제는 일정한 장소에서 소각 또는 매각 처리하여야 한다는 규칙을 정하였던 것이다. 이와 같이 되자 이를 전문적으로 다루는 회사가 생겨났다. 그것이 바로 도쿄의 경우 일본포의주식회사日本胞衣株式會社이고,[102] 후쿠오카의 경우는 위생포의사衛生胞衣社이다.[103] 현재는 이러한 회사가 사라졌지만, 지차제가 처리하는 것은 변함없이 행하여지고 있다. 화장장에 시신과는 별도로 태반을 태우는 장소와 시설이 별도로 설치되어있는 경우가 많다. 이처럼 화장은 근대에 접어들어 보급된 방법이었다.

4) 풍장風葬

이 방법은 매우 드물다. 그러나 사하린의 키리야크족, 인도의 앗삼, 중앙 세레베스의 종족, 뉴기니아와 세레베스 사이에 있는 바바르 제도 등지에서 태반을 나무에 매달아두는 풍속이 있는 것으로 보고될 만큼 매우 희귀한 사례는 아니다. 일본의 경우 일반적으로 알려져 있기로는 본토보다는 남단 지역인 오키나와 지역이다. 민속연구자인 사키마 코에이佐喜眞興英(1893~1925)[104]의 『유구연구琉球研究』에 의하면 츠켄지마津堅島의 예로서 "태반은

102 猿渡土貴, 「近. 現代における胞衣處理習俗の變化 - 胞衣取扱業者の動向をめぐって」, 『日本民俗學』 226, 日本民俗學會, 2001, 7頁.

103 重久幸子, 「胞衣處理と福岡」, 『海路』 (6) 女性史 · 女性學, 2008, 183頁.

104 오키나와현 宜野湾市 출신 민속학자. 1912年, 오키나와현립제일중학교 수석졸업하고 상경하여 1915년 제일고등학교 独法科를 졸업한 후, 동경제국대학 独法科에 입학. 재학중 柳田國男에게 민속학을 배움. 1921년 대학졸업 후 재판관이 되어 福岡市 · 東京市 · 大阪市 · 岡山県津山市 등지에서 활약. 1925年, 津山에서 폐결핵으로 31세의 나이로 사망. 사후에 穗積陳重의 가르침을 받아 행한 「고대모권제연구(古代母權制研究)」가 『女人政治考』로서 출판되었다.

집 뒤에 매달아 둔다."고 소개한 부분이 있는 것이다.[105]

이러한 민속이 본토에도 전혀 없는 것이 아니다. 돗토리의 이나바因幡 지역에는 "태반은 '매우 소중한 것이기 때문에 실내에 매달아 둔다'[106]고 하는 사례가 있고, 역사적으로 그러한 예가 궁중에서 발견되기도 한다. 『장추기長秋記』의 1119년 6월 5일의 조에 의하면 스토쿠崇德 천황이 태어났을 때 태반을 땅속에 묻을 것인지 아니면 천정에 매달아 둘 것인지에 대해 논의가 벌어졌다.[107] 결과는 좌대신左大臣의 판결로 그 이전의 천황인 굴하堀河(1086~1107), 조우鳥羽(1107~1123)의 전례를 따라 후자의 방법으로 결정이 났다. 물론 이 경우는 태반을 처리할 때 방위, 일시, 장소, 작법 등 여러 가지 복합된 사정이 얽히어 부득이하게 취하지 않을 수 없었던 예외적인 사례이지만, 궁중에서도 풍장의 방법이 가끔 선택되어지고 있었다.

5) 토장土葬

포의통을 묻는 모습. 여인이 포의통을 들고 있고, 그것을 묻기 위해 땅을 파는 남자가 보인다(『女藝文三才圖會』에서)

태반처리 방법 가운데 가장 많이 이용되는 것은 땅 속에 묻는 토장이다. 이 경우 함부로 땅에 묻는 것이 아니었다. 특히 지배계층은 중국의 영향으로 인해 앞에서도 언급한 방위, 일시, 장소, 작법 등 여러 가지

105 山里純一, 앞의 책, 1997, 32頁.
106 山里純一, 앞의 책, 1997, 32頁.
107 飯島吉晴, 「胞衣笑いの深層 - 靈魂の交通」, 『比較民俗研究』 10, 1994, 43頁.

사항을 고려해야 했기 때문에 음양사陰陽師라는 전문가에게 의뢰하여 처리하는 경우가 많았다.

장소 선정에 있어서는 크게 두 가지로 나뉘는데, 하나는 그곳은 여러 사람들에 의해 밟히면 밟힐수록 아이는 건강하고 출세한다며 좋아하는 경우[108]와 또 다른 하나는 그와 정반대로 사람들에게 밟히면 해롭다고 하여 되도록 밟히지 않는 것이 좋다는 인식이 있는 것이다. 그에 따라 묻는 장소가 달라진다.

전자의 경우는 태반을 출입문戸口, 도마土間,[109] 마굿간, 교차로 등지에 묻어 항상 사람과 동물들로 하여금 밟게 하는 것이고, 후자인 경우에는 화장실 옆, 툇마루(마루) 밑, 대들보 밑, 신사, 묘지, 해안의 모래 등에 묻어서 사람 혹은 다른 동물들이 밟지 못하게 하는 것이다. 특히 야마구치의 하기에서는 자는 방의 다다미를 걷어내고 그 아래 마루 밑에 두는 경우가 많았다. 천황가도 이나리산稲荷山, 가모산賀茂山, 요시다산吉田山이라는 특정한 장소에 묻었다고 하며,[110] 또 어소御所의 뒤편에 「포의총胞衣塚」이라 하여 태를 묻는 공간이 있다고 한다.[111] 그리고 하치오우지八王子의 구가舊家에서도 집의 뒷산에 포의총을 만들어 그 속에다 태를 안치한다고 한다.[112] 이러한 양극화된 처리방법이 있음에도 불구하고 그 중에서 두드러진 특징 중의 하나는 가옥 내에서 처리하는 경우가 많다는 사실이다. 이것은 태반이 사

108 潮地悦三郎, 『人生の習俗』, 三彌井書店, 1976, 26頁.

109 현관에서 들어서서 신발을 벗고 실내에 들어서기 직전의 공간. 대개 흙으로 깔려 있는 경우가 많아 土間이라 한다. 경우에 따라 부엌, 작업장, 또는 흙이 묻은 도구를 보관하는 장소로도 활용한다.

110 伊勢貞丈, 『貞丈雜記』 巻一祝儀.

111 宮田登 · 伊藤比呂美, 『女のフォークロア』, 平凡社, 1986, 77~78頁.

112 宮田登 · 伊藤比呂美, 앞의 책, 77~78頁.

산아와 낙태아와 동일하게 취급되고 있다는 점을 나타내는 것으로 볼 수 있다.

그리고 태반을 처리하는 시간과 사람에 대해서는 신경을 쓰지 않는 경우도 있지만, 그렇지 않은 경우가 있었다. 특히 관서關西 지역에서는 처리하는 사람은 아이의 아버지이고, 또 시간대는 저녁인 경우가 많았다. 그 예로 나라奈良에서는 아버지가 밤에 묻었다 하고, 다카라츠카시寶塚市의 가미사소리上佐曾里에서는 밤에 아버지가 처리했다고 하며, 니시노미야시西宮市 시모이치下大市와 아마가사키시尼崎市 나카게마中食滿에서도 아버지가 아침 일찍 또는 저녁에 묻었다고 한다.[113] 그리고 하기시의 미시마見島에서는 태반의 처리는 아이의 아버지는 하지 않으며, 산모의 친정 어머니와 산파가 처리하며, 태반은 햇빛을 보아서는 안된다고 하여 해가 없는 새벽이나 저녁에 처리했다고 한다. 이는 태양의 위력이 가장 왕성한 정오는 태반에 악영향을 끼친다는 사고가 반영된 것으로 보인다.[114]

첫째는 일반 서민층에서 흔히 보이는 예로 어떠한 용기를 사용하지 않고 태반을 종이, 누더기 천, 짚 등으로 싸서 땅속에 묻는 경우이다. 이것은 주로 서민층에서 보이는 것으로 나라현奈良県 소에가미군添上郡 쓰키가세무라月ヶ瀨村의 나가히키長引 지역에서는 묘가 있는 곳에 태반을 넣는 구덩이가 있는데, 그곳에 신문지에 싸서 넣고 묻었다고 하고,[115] 또 야마구치현의 하기시萩市 미시마에서는 산모의 친정 어머니와 산파가 바닷가 또는 묘지 근처 바닷가에 가지고 가서 묻었다고 한다. 한편 홋카이도에 사는 아이누족

113 川口宏海, 「胞衣壷考」, 『大手前女短大硏集』 9, 大手前女子學園大學, 1989, 15頁.

114 横井清, 『的と胞衣 - 中世人の生と死 - 』, 平凡社, 1988, 45頁.

115 嶋田敬子, 「奈良県添上郡月ヶ瀬村長引の民俗」, 『史園』 5, 園田學園女子大學歷史民俗學會, 2004, 31頁.

들도 태반을 땅 속에 넣었을 때 소금을 뿌리고, 또 흙을 덮고서도 또 한번 소금을 뿌린다고 한다.[116] 이처럼 태반을 그냥 땅 속에 묻는 경우가 있다.

둘째, 옹관묘와 같이 용기에 넣어 묻는 경우이다. 용기는 에나자라, 에나쯔보, 오가와, 에나오케, 오시오케라고 하는데, 특히 사이타마현埼玉縣 시치후秩父에서는 목숨 '수壽' 자가 양각된 초벌구이 토기그릇을 사용하기도 한다.[117] 이러한 사례는 10세기말의 문헌인 『의심방醫心方』[118]에도 나타난다. 그것에 의하면 "옹기 밑에다 동전 다섯 개를 정면을 위로 향하게 하여 깔고, 그 위에 깨끗하게 씻은 태반을 빨간 천으로 싸서 두고, 그 위를 진흙으로 항아리를 밀봉하여 땅을 파서 묻고는 흙을 두드리며 땅을 다진다고 한다. 이러한 전통은 훗날까지 계속되었다. 1765년경 이세 사다타케伊勢貞丈(1718~1784)[119]가 쓴 『산소방식産所方式』에는 그 처리과정을 상세히 서술하고 있다. 즉, 먼저 술과 물을 넣은 대야와 소나무로 만든 포의통胞衣桶과 그리고 포의통을 넣는 나무상자를 준비해두는데, 포의통 겉에는 여러 가지 그림이 그려져 있고, 또 밑바닥에는 흰 비단이 깔아놓는다. 태반을 넣는 절차는 다음과 같다. 먼저 태반을 대야물에 씻은 다음 흰 비단으로 싸서 만든 포의통

116 松岡悅子, 『出産の文化人類學 - 儀禮と産婆 - 』, 海鳴社, 1991, 79頁.

117 小川望, 「胞衣處理」, 江戶遺跡研究會 編, 『圖說江戶考古學硏究事典』, 柏書房, 2001, 237頁.

118 984년 단바노야스요리(丹波康頼)가 수와 당나라의 의서를 참조하여 펴낸 의학서.

119 伊勢貞丈는 에도중기의 막부관료이며, 有職故実의 연구가이다. 통칭은 平蔵, 유명(幼名)은 万助, 호는 安斎이라 했다. 부친은 伊勢貞益, 묘는 東京都 世田谷区 大吉寺에 위치해 있으며, 막부의 寄合 · 御小姓組蕃士를 역임했다. 이세씨는 원래 무로마치 막부의 政所執事의 가문이며, 礼法에 정통해 있었다. 에도막부 3대 장군인 徳川家光에게 사다타케의 조부인 이세 사다히라(伊勢貞衡)가 발탁되어 신하가 되었다. 형인 貞陳가 요절하여 이세씨는 일단 단절되나, 아우인 사다타케가 10세로 재흥하였으며, 300백석을 부여받는 무사가 되었다. 30세가 되면 그는 御小姓組에 소속되었다. 사다타케는 특히 중세 이래의 무가를 중심으로 한 제도, 예식, 법도, 기구, 복식 등에 정통해 있는 武家故実의 제일인자로 손꼽힌다. 그에 관련된 저서로는 「貞丈雑記」「安斎随筆」「安斎雑考」「安斎小説」「軍用記」「犬追物類鏡」「座右書」「武器考証」「包結図説」 등이 있다. 그의 가독은 양자인 竹中定矩의 3남 貞敦가 계승했다.

에 넣고, 그 위에 동전太平通寶을 종이에 싸서 올려놓고, 태반이 흔들리지 않게 빈 공간에는 솜을 채우고, 뚜껑을 닫고 못을 친 다음, 외가外家라는 통에 다시 넣는다. 그리고 뚜껑을 닫고 희고, 붉은 비단으로 싸서 항아리에 넣고 뚜껑을 닫고 땅에 묻는다고

포의통(아키다 사료관)

한다.[120] 이처럼 귀족층과 부유층에는 옹관묘와 같이 하여 땅속에 묻었던 것이다.

셋째는 수목장과 같이 땅 속에 묻고는 그 위에 나무를 심는 경우이다. 신화상으로는 오진応神 천황의 태반처리 이야기이다. 오진은 12월 14일 태어났는데, 그의 태반을 후쿠오카시의 하코자키하치만궁筥崎八幡宮의 경내에 있는 소나무 밑에다 묻었다 한다. 이처럼 소나무가 있는 곳에 묻는 경우가 있는가 하면, 그것을 묻고 그 위에다 나무를 심는 경우도 있다. 그 예로 오우미近江 비와호琵琶湖의 서북부에 위치한 아도가와초安曇川町 미오리三尾里에 케이타이継体 천황의 포의총胞衣塚이 있는데, 무덤 위에 소나무 한 그루가 우뚝 서 있는 것은 이것을 반영하고 있는 것으로 보인다. 좀 더 구체적인 예가 15세기의 인물인 니나가와 치카모토蜷川親元(1433~1488)의 일기에서도 찾아볼 수 있다. 즉, 그의 일기 1465년 8월 1일에 "歌의 中山에 가서 산중에 포의를 묻고는 그 위에 소나무를 심었다."는 기사가 있고, 또 1465년 12월 2일에는 "동산東山의 정토사淨土寺라는 문적사원門跡寺院의 북방에 있

120 佐藤紘子, 「明治大學記念館前遺跡の胞衣埋納遺構」, 『明治大學博物館研究報告』 12, 2007, 97頁.

는 소송산小松山에 올라 산중에 포의를 묻고 역시 그 위에 소나무를 심었다."는 기사가 있다. 즉, 15세기 당시 귀족층에서는 태반을 산에다 묻고 그 위에 소나무를 심는 것이 일반화되어 있었음을 알 수 있는 것이다.

이러한 민속은 규슈의 구마모토熊本에서도 발견되는데, 그 경우 태반을 묻고는 그 위에 동물이나 사람들이 밟지 못하도록 녹나무樟를 심었다고 한다. 그러므로 집 정원에는 장남목太郎木, 차남목次郎木이라는 이름이 붙여져 있는 나무들이 몇 그루씩 있는 집들이 많다. 그들이 녹나무를 선택한 이유는 더디게 자라지만 훗날 거목이 되는 속성을 지니고 있어서 아이들에게도 장차 그렇게 되기를 기원하였기 때문이다. 그리고 오키나와에는 그 위에 소철을 심는다고 한다.[121]

한편 태반을 묻을 때 함께 묻는 부장품이 있었다. 도쿄와 가나가와현神奈川県과 같은 곳에서는 남자아이의 경우는 붓(연필), 먹, 주산 등을 함께 넣었고, 여자아이인 경우는 실과 바늘을 넣었다. 그렇게 함으로써 남자아이에게는 학문의 상달을 빌었고, 여자아이에게는 바느질 솜씨가 늘기를 빌었던 것이다.[122] 그리고 모유가 잘 나오게 하기 위하여 출산직후 아기를 씻긴 「우부유産湯」를 술병德利에 넣어 함께 묻기도 했다. 또 남녀구분하지 않고 풍족하게 살라는 의미로 돈과 쌀을 넣는 경우도 종종 있다. 이상에서 보았듯이 태반의 처리방법에는 먹는 것이 이외에 수장, 풍장, 토장 등의 방법이 있었다.

121 北野晃, 앞의 논문, 59~60頁.

122 恩賜財團母子愛育會 編, 앞의 책, 245頁.

5. 태반의 제의와 속신 그리고 성격

태반이 태아에게 절대적인 영향력을 가지고 있는 만큼 그에 관련된 제의와 신앙 그리고 속신도 당연히 발생하였을 가능성이 높다. 그럼 이번에는 그와 관련된 사항들을 살펴본 후 태반이 어떠한 상징적인 성격을 가지는 것인지에 대해 알아보기로 하자.

1) 제의와 신앙

제의의 경우 대표적인 사례로 「에나와라이」, 「에나마쓰리」, 그리고 그와 관련된 신사를 들 수가 있을 것이다. 먼저 태반을 묻고 돌아올 때는 큰소리로 웃으며 돌아오는 기이한 민속을 들 수가 있을 것이다. 이를 일본에서는 「에나와라이胞衣笑い」라 한다. 태반의 웃음이라는 뜻이다. 이것 또한 오래된 민속으로 추정된다. 앞에서 언급한 이세 사다타케의 『정장잡기』에는 "포의를 묻고 돌아올 때 그 사람들은 웃고 돌아온다. 그러한 것은 『산소기産所記』와 『전중일일기殿中日日記』 등에도 보이며, 공가公家에서도 이러한 일이 있다 …(중략)… 3번 웃고 집으로 돌아오면 좋다."는 기록이 있고, 또 『이세가비서탄생지기伊勢家秘書誕生之記』에도 태반을 묻고 "돌아올 때 크게 웃어야 한다."고 강조하고 있기 때문이다. 민속학자 이이지마 요시하루飯島吉晴에 의하면 이러한 예는 일본본토뿐만 아니라 오키나와에도 이러한 예가 있으며, 또 국외로는 시베리아의 야쿠트족 그리고 인도지나의 샨족과 인도네시아의 아츄족에게서도 발견된다고 한다.[123] 이처럼 이것은 우리의 눈에 기이하게 보이는 민속임에는 틀림없지만 일본에만 있는 것이 아니다.

한편 묻고 나서는 「에나마쓰리胞衣祭り」라 하여 술과 밥을 바치며 간단

한 제사를 지내는 경우도 있었다. 야마구치 하기에서는 산반産飯을 해서 태반을 묻은 곳에 둔다고 한다. 또 나가토시長門市에서는 묻은 태반을 요나 고오진荒神이라 하는데,[124] 1925년경까지는 지구의 부인회가 주최하여 「에나(요나)마쓰리」를 하였는데, 이것은 여성만 참가하는 제의로 신관을 불러 액운을 물리친 다음 큰집을 빌려 연회를 베풀었다 한다.[125] 특히 후자의 경우 태반을 산신이기 때문에 빌면 좋다고 하는 속신이 있다.[126] 이처럼 태반과 관련된 제의가 과거에는 있었던 것이다.

그리고 태반을 전문적으로 다루는 신사가 기후현岐阜県 나카쓰가와시中津川市에 있다. 그 유래를 보면 태초의 아자나기와 이자나미의 신대까지 올라간다. 그들이 이곳에서 태양의 여신인 아마테라스를 낳고 그 태반을 이곳에 묻었기 때문에 그 자리에 신사를 세우고, 아이의 안산을 돕는 태반의 신을 모시게 되었다고 한다.

2) 속신

태반에 관련된 속신도 다양하게 나타난다. 그 예로 묻는 방법이 잘못되면 아이에게 영향을 끼친다는 보는 사고이다. 가령 도쿄에서는 묻는 방법이 나쁘면 그 아이가 병에 걸린다고도 하고,[127] 또 하기에서는 밤과 낮이 거꾸

123 飯島吉晴, 「胞衣笑いの深層 - 靈魂の交通 - 」, 『比較民俗研究』 10, 筑波大學比較民俗研究會, 1994, 37~41頁.

124 北野晃, 앞의 논문, 65頁에서 재인용

125 長門市史編輯委員會, 『長門市史』, 長門市, 1979, 557頁.

126 長門市史編輯委員會, 앞의 책, 554頁.

127 恩賜財團母子愛育會 編, 앞의 책, 245頁.

로 되어 밤에 자지 않고 울어댄다고 한다. 이 때 다시 고쳐 묻는 집도 있고, 아니면 종이에 닭 그림을 그리고 변소 혹은 부엌의 솥 위에 거꾸로 붙여놓는다.[128] 그리고 태반을 묻은 곳에 벌레가 생기고, 개나 여우가 세게 긁으면 아이가 밤에 자지 않고 운다고 하여 이를 막기 위해 무거운 돌을 그 위에 얹어놓는 경우도 있다.

또 묻은 곳을 제일 먼저 지나가는 것을 아이가 평생 무서워한다는 속신도 있다. 그리하여 아이의 아버지가 제일 먼저 밟는 경우가 종종 있다. 그렇게 함으로써 아버지를 무서워하고 절대복종하게 하여 위계질서를 세우기 위해서이다.

이러한 속신은 웃음의 극예술인 라쿠고落語에서도 나타난다. “만두가 무서워”라는 작품이 바로 그것이다. 어느 사내가 지인들에게 자신의 태반을 묻은 곳에 어느 아이가 잘못하여 만두를 떨어뜨렸기 때문에 자신은 이 세상에서 만두가 가장 무섭다고 고백했다. 그리하여 어느 날 한 지인이 이 사내를 골려주기 위해 그가 잘 때 만두를 사가지고 와서 머리맡에 두고 깨웠다. 그러자 만두를 보고 깜짝 놀라며, 만두를 얼른 집더니 이불 속에서 맛있게 먹으며, “만두가 무서워. 만두가 무서워”하며 소리치며 다 먹어치우더니, 목이 말랐는지 능청맞게 “이번에는 차茶가 무서워”하며 물(녹차)을 요구했다는 이야기이다.[129] 이러한 웃음의 예술도 태반에 대한 속신이 없었다면 생겨나지 않았을 것이다.

태반을 묻은 곳에 처음으로 밟고 지나간 사람(존재)을 평생 무서워한다는 속신 때문에 공포에서 혐오로 전환된 경우가 종종 있었다. 그러한 속신

128 萩市郷土博物館 編,『萩市郷土博物館研究報告』5, 萩市郷土博物館, 1993, 57頁.

129 興津要 編,『古典落語』上, 講談社, 1972, 235~244頁.

때문에 재미있는 노래까지 생겨났다. 그 예가 "태반 위를 부랑자로 하여금 밟게 하고 싶다胞衣の上初手どら者にふませたい"와 "나의 태반 위를 처음 밟고 지나간 사람은 필시 부자일 것이다えなの上初手金持がふんだろう"라는 센류川柳라는 유행가이다. 앞의 것은 아이의 아버지가 아닌 마을의 방탕아 혹은 부랑아로 하여금 밟게 함으로써 아이가 그러한 류의 인간을 혐오하게 되어 그들과는 정반대로 성실한 사회적 인간이 되게 하겠다는 바램이 반영되어 있고, 뒤의 것은 아무리 노력해도 가난에서 벗어나지 못한 사람이 자신의 신세를 한탄하여 만든 노래이다. 또 태반을 묻은 곳에 술을 부어서 아이가 술을 싫어하여 마시지 않게 한다는 것이 후쿠오카 지역에 있다.

한편 태반을 묻은 곳에 가랑이를 벌여서 걸터앉으면 임신이 된다고 하는 속신도 있다. 다시 말해 태반은 아이를 점지해주는 영험스러운 물건이었던 것이다. 이처럼 태반은 사후처리가 되어 땅 속에서도 아이에게 물리적인 영향을 끼치는 것으로 일본인들은 생각하였던 것이다.

3) 성격

이상에서 보았듯이 태반은 함부로 다루어지는 것은 아니었다. 그렇다면 태반은 일본 민속에서 어떠한 성격을 지니고 있는 것일까?

첫째 공포성에는 태반처리가 소홀히 다루어졌을 때 잘 나타난다. 일반적으로 알려진 예는 앞에서도 언급한 아이가 밤에 잠을 자지 않고 울어댄다고 하는 것이다. 이와테현岩手縣의 경우 그것에 대해 매우 세부적이며, 또 위협적으로 나타난다. 즉, 방위를 잘못 잡아 올바른 장소가 아닌 곳에 묻으면 아이가 밤에 내내 울다가 허약해져서 마침내 죽는다고까지 하고 있는 것이다.[130] 그리고 이 지역에서는 태반을 나무 재灰의 기운이 있는 곳에는 절대로 묻어서는 안된다고 한다. 만약 그곳에 묻고 재의 기운이 만나면 태반은 되살아나서 산모의 옷자락을 통해 원래의 곳으로 들어가서 산모의 목숨을 빼앗는다고 한다.[131] 또 아오모리현의 하치헤이八戶 등지에서는 태반을 묻은 장소가 나쁘면 태반이 밤에 집을 찾아와 대들보 위에서 푸른빛을 내며 돌아다니다가 아이의 목숨을 빼앗는다고 한다.[132]

이처럼 태반이 잘못되면 요괴스러운 영혼으로 변하여 사람의 목숨을 빼앗기까지 한다는 속신이 있는 것이다. 야마구치현의 나가토長門 등지에서는 태반을 거칠게 구는 신이라는 뜻으로 고오진荒神이라고 표현했다. 보통 이 신은 부엌에 모셔지는 불의 신으로 잘 다루면 이익이 생기지만 잘못 다루면 큰 화를 부르는 공포의 신이다. 이것 또한 산모의 뱃속에서 나온 태반이 그만큼 위험성을 내포하고 있다는 것을 나타내는 것으로 볼 수 있다. 일본의 연구자인 야노 케이치矢野敬一는 이러한 위험성을 억제하기 위해서 태반을 묻고 나서 그 위에 큰 돌로 얹어 놓고, 또 발로 밟는 것이라고 해석했다.[133] 즉, 그 돌이 태반의 힘을 억제하고 퇴치하는 행위라라고 보았던 것이다.

이처럼 태반이 위험성을 동반하는 까닭에 대해 지금까지 밝혀진 바가 없다. 출산 그 자체가 생과 사의 갈림길에 서 있는 위험성을 지니고 있기는 하지만, 그 보다 생각할 수 있는 또 한 가지 단서는 태반은 태아와 함께 엄마의 뱃속에 있을 때는 아이와 혼연일체를 이루고 있지만 그것이 출산과 함께

130 恩賜財團母子愛育會 編, 앞의 책, 243頁.

131 恩賜財團母子愛育會 編, 앞의 책, 243頁.

132 夏堀謹二郎, 「各地の誕生習俗 - 青森縣八戶市 - 」, 『旅と傳說』 6-7, 1933, 232頁.

133 矢野敬一, 「誕生と胞衣 - 産育儀禮再考 - 」, 網野善彦 外 4人 編, 『列島の文化史』 4, 日本エディタースクール出版部, 1987, 112~113頁.

세상으로 나오면 아이와는 정반대의 운명에 처해진다는 사실이다. 즉, 태아는 세상에 나오면 사회에 받아들여져서 긍정적인 가치를 지니는 존재가 되지만, 태반은 사회로부터 격리되고 버려져야 하는 존재로 변한다는 사실이다.

이러한 존재이기 때문에 한을 품게 되고, 그에 따라 사람들은 그 한을 억제하고 풀기 위해 소중하게 처리해야 되는 것으로 인식되어, 까다로운 절차와 의례가 생겨났을 것으로 보인다. 다시 말하여 그것은 태반을 위한 진혼행위로 해석이 가능한 것이다.

둘째는 경계성이다. 이러한 성격은 원래 태반이 아이와 함께 이계에서 현세로 나오는 경계적인 공간에서 생겨난 것이었다. 그러므로 그 성격도 자연스럽게 경계성을 지니고 있었다. 단적인 예로 그것이 묻히는 매장지를 보더라도 그러한 성격이 뚜렷하게 나타난다. 많은 사람들은 태반을 건물로 들어서는 입구 또는 툇마루 밑에다 묻었다. 이러한 공간들은 모두 바깥과 안을 연결하는 경계지역에 위치해 있다. 또 처마에서 물이 떨어지는 곳에 묻었다는 것도 그러한 예에 속한다고 할 수 있을 것이다. 집을 떠나 외부에 묻는 경우는 산과 묘지 그리고 교차로 등지가 선호되었다. 하늘과 땅을 연결해주는 산, 산사람과 죽은 사람이 만나는 묘지, 그리고 한꺼번에 여러 방향에서 많은 사람들이 오고 갈 수 있는 교차로 등지는 그야말로 가장 알기 쉬운 경계적인 공간이 아닐 수 없다. 이러한 곳들이 선택되어 처리가 되었다는 것은 태반이 지니는 경계성을 여실히 입증하고 있는 것으로 보여지는 것이다.

셋째는 재생성이다. 이러한 것이 구체적으로 나타나는 대표적인 사례를 든다면 혼인 의례와 「호로가게마쓰리」라는 제의를 들 수가 있을 것이다. 혼인에서는 신부가 시집으로 들어갈 때 집 입구에서 삿갓을 쓰는 의례

가 있다. 가나가와현 치가사키시茅ヵ崎市의 다카다高田에서는 남녀의 아이들이 신부에게 삿갓을 씌우는데, 그 때 삿갓을 태반이라고 한다고 한다.[134] 지금까지 살던 집을 떠나 남의 집으로 들어가 새로운 삶을 살아가기 위해서 태반을 머리에 쓴 것이었다. 다시 말하자면 아이에서 어른으로, 소녀에서 신부로서 새롭게 태어나는 것이다. 이같이 일본 여성들은 태반을 통해 신부로 새롭게 태어나 시집살이를 시작되었던 것이다.

그러한 성격의 제의행사가 사이타마현의 가와고에시川越市 하치만 신사八幡神社에서 개최되는 호로가케마쓰리이다. 여기서 말하는 호로란 태반을 의미한다. 이때 호로쇼이코라 불리는 소년들이 꽃으로 장식한 우산과 같은 것을 짊어지고 좌우로 돌리며 신사까지 퍼레이드를 벌인다. 이때 소년들이 입고 있는 의상은 매우 특이하다. 즉, 성인식을 치를 때 입는 원복식元服式의 복장이다. 다시 말하여 소년들이 이러한 행사를 참여하여 호로를 짊어지고 무사히 행사를 치러냄으로써 정식으로 사회적인 성인으로서 인정을 받을 수 있었던 것이다. 이처럼 태반을 상징화한 호로는 아이들이 어른으로 새롭게 태어날 때 이용되는 상징물이기도 했던 것이다.

넷째는 보호성이다. 여기에 속하는 예는 앞에서 본 호로母衣와 번개斑蓋에서 찾을 수 있다. 호로는 원래 말을 타고 싸우는 기마무사들이 사용하는 무구이었다. 한자로는 幌 · 保侶라고도 표기하는데, 등 뒤에서 적이 쏘는 화살을 막기 위해 갑옷 뒤에 걸치는 망토와 같은 것을 말한다. 이를 효과적으로 이용하기 위해서는 밑 부분을 허리에 넣음으로써 바람이 들어와 부풀어 오르게 했다. 그러면 배후에서 날아드는 화살을 막아주기 때문에 놀라운

134 飯島吉晴, 앞의 논문, 48頁.

호로를 달고 말을 탄 무사의 모습

무구로서 이용되었다.

이러한 호로에 대해서 1916경 국학자인 모즈메 다카미物集高見(1847~1928)가 편찬한 백과사전『광문고廣文庫』에 의하면 호로를 "태내의 아이를 싸고 있는 태반이다. 비구승의 가사매듭도 이것이다."[135] 고 설명해놓고 있다. 이처럼 호로는 태반이며, 모태라는 인식이 있었다. 사람들이 그 안에 있음으로써 몸을 지켜냈던 것이다.

이러한 태반의 보호성은 수험도修驗道의 수험자들에게서도 나타난다. 수험도는 일본의 산악신앙과 불교가 결합하여 생겨난 것으로 주로 산을 모태로 삼고 산 속으로 들어가 혹독한 수련을 쌓는 종교이다. 이러한 수련자들을 야마부시山伏이라 하는데, 이들은 매우 독특한 복장을 하고 있다. 그 중 우리의 눈길을 끄는 것은 그들이 머리에 머리번개斑蓋라는 삿갓이다. 야마부시들은 번개를 불교의 장엄인 천개天蓋와 같다고 보며, 이것들을 모두 어머니의 태반을 나타내는 것으로 해석하고 있다는 사실이다.[136] 다시 말하여 이들은 태반을 감싸고 보호받으면서 수련을 쌓고 있는 것이다. 이처럼 아이가 어머니의 태내에 있으면서 태반에 휩싸여 지켜지듯이 무사와 야마부시들은 태반을 상징화한 것들을 몸에 지니고 있음으로써 자신을 보호 받으려고 하였던 것이다. 이처럼 태반은 자신의 안에 들어와 있는 존재를 보

135 本莊雅一,「心意傳承 - 遊動世界に生きる -」,『國文學』4, 學燈社, 2010, 136頁.

136 藤井裕之,「胞衣の象徵」,『民具マンスリー』39, 神奈川大学 日本常民文化研究所, 2006, 9307頁.

호하는 성격을 지니고 있는 것이다.

6. 마무리

이상에서 보았던 것처럼 일본 민속에 나타난 태반은 그냥 버려지는 것이 아니었다. 이를 처리하는 데는 매우 다양한 민속들이 내재되어 있었다. 이를 간략히 정리하면 다음과 같다.

첫째 태반이 제대로 나오지 않으면 불안해하였으며, 이를 내리게 하는 방법으로는 지붕을 통하여 시루를 떨어뜨리고, 산모로 하여금 주력을 가진 물건과 음식을 먹게 하며, 또 태반과 유감주술성을 띤 물건들을 머리에 씌우기도 하였으며, 또 주문과 부적을 이용하기도 하고, 남편의 조력을 얻는 등 여러 가지 방법이 동원되었다. 둘째 산모의 뱃속에서 태반의 모양을 보고 아이의 과거와 미래를 보려고 했다. 심지어 그 아이의 실부를 확인할 수 있다는 속신마저 생겨났다. 셋째 태반의 처리는 사람의 장례와 같이 수장, 화장, 풍장, 토장 등이 있었는데, 고대 오키나와의 경우에는 먹는 경우도 있는 옛기록도 전해진다.

넷째는 특이한 제의로는 태반을 묻고 크게 웃는 「에나와라이」라는 제의가 있으며, 또 태반의 영혼을 달래는 「에나마쓰리」와 태반을 전문적으로 다루는 신사도 있었다. 그리고 태반을 묻은 곳에 제일 먼저 지나간 것을 평생 무서워하고, 또 혐오한다는 속신이 있었다. 다섯째는 태반이 가지는 상징적인 성격으로는 공포성, 경계성, 재생성, 보호성을 지닌다는 것을 알 수 있었다.

이처럼 태반은 아이와 함께 이계에서 현세로 오는 살아있는 생명체이었다. 그것은 결코 소홀히 다룰 수 없는 존재이었다. 그러므로 그것에 대한 여러 민속이 생겨나게 된 것임을 충분히 짐작하고도 남음이 있는 것이다.

오늘날 대부분의 출산은 집이 아닌 병원에서 행하여진다. 그렇게 됨에 따라 자연스럽게태반은 일본인들의 기억 속에서 사라져 단순히 의료폐기물로 인식되어 전문처리업체에 위탁 처리되고 있다. 또 태반을 이용하여 화장품과 의약품이 만들어져 시중에 유통되고 있다. 이처럼 태반에 대한 인식이 과거에 비해 변해도 너무 변했다.

여기서 우리는 자신이 모든 것을 스스로 해결하던 전통이 시대의 변화에 따라 세부화되고, 전문화되어 남에게 맡기는 사태가 벌어지면 우리의 신체 일부라고 여겨졌던 중요한 정신적 유산이 순식간에 사라진다는 사실을 확인할 수 있는 것이다. 이러한 의미에서 오늘날 우리의 기억 속에서 사라진 태반의 향방에 대해 새롭게 되새겨보는 것도 중요한 일이 아닐 수 없을 것이다.

2장

고대 일본에서 본 한국의 태실문화

1. 머리말

경북 성주군에는 매년 5월이 되면 「생명문화축제」라는 독특한 이름을 가진 축제가 벌어진다. 2015년 4월에는 성주군민들은 서울 경복궁에서 세종대왕자 태실 태봉안 재현 행사를 개최했다. 이때 그들은 왕자들의 태를 씻는 세태洗胎의례를 치르고 출정식을 가진 후 광화문을 출발해 세종로, 청계천으로 이어지는 태봉안 퍼레이드를 펼쳤다. 이들이 이러한 행사를 치르는 데는 나름대로의 이유가 있었다. 즉, 성주에는 우리나라에서 제일 많은 태실을 가지고 있기 때문이다.

태실이란 조선 왕실에서 아이의 출산이 있는 경우 태를 함부로 버리지 않고 석실을 만들어 소중하게 보관하는 곳을 말한다. 일부 언론에서는 이러한 조선왕조의 태실은 세계문화유산으로 지정된 조선 왕릉에 버금가는 문화적 가치를 지녔다고 하고, 또 혹자는 한국에서만 행해졌던 독특하고 독자적인 문화라고 평가하기도 했다.

한편 우리나라의 장태문화를 연구한 김지영도 조선왕실에서는 출산 후에 배출되는 태를 좋은 방위方位에 보관해두었다가 전국 각지의 좋은 땅을 신중하게 택한 후 좋은 날을 택하여 예를 따라 태실이 조성되었다고 상세히 설명하면서 이는 중국에서도 찾아볼 수 없는 독특한 장태문화라고 평가했다.[1]

그러나 이들이 표현하는 것처럼 조선왕실의 태실이 "세계문화유산과 버금가는 문화적 가치"를 지녔고, 또 "한국에서만 볼 수 있는 독특한 문화"

1 김지영, 「조선시대 출산과 왕실의 장태의례」, 『역사와 세계』 45, 효원사학회, 2014, 40~55쪽.

라고 표현하기 위해서는 다른 나라와의 비교가 전제되어야 함은 두말할 나위가 없다. 그럼에도 불구하고 지금까지 외국과의 비교연구가 시도된 바가 거의 없다고 해도 과언이 아니다. 비교연구 없이는 한국적인 특징을 살펴본다는 것은 불가능하다.

이러한 점에 착안하여 본장에서는 우리와 가장 가까운 일본에 태실문화가 있는지를 알아보고, 만일 있다면 어떠한 형태를 취하고 있는지, 그 내용을 먼저 파악한 연후에 비교의 관점에서 우리의 태실을 바라봄으로써, 한국의 태실문화가 어떠한 문화적 특징을 가지는 것인지를 살펴보고자 한다.

일본도 고대로부터 태반을 함부로 다루지 않았다. 그리하여 그것을 소중히 다루는 장태문화는 고대로부터 있었다. 그들도 조선 왕가와 같이 지배자 중심으로 형성되어 있었다. 그것 또한 근래에 생겨난 것이 아니라, 고대로부터 근세에 이르기까지 오랫동안 지속되어 온 것이며, 또 그에 관한 사례들이 너무나 많다. 따라서 한 번에 걸쳐 모두를 다룬다는 것은 무리가 있다. 그리하여 이 장에서는 일본 지배자들의 장태문화를 연구하기 위한 일차적인 작업으로 시대적 범위를 고대에 국한하여 그 사례들을 연구대상으로 삼고자 한다. 여기서 고대란 편의상 가마쿠라막부鎌倉幕府(1180~1333)의 성립 이전의 시대를 말한다. 그럼 고대의 지배계층에 있어서 아이의 출산과 함께 나오는 태반을 어떻게 다루었는지 실제의 예를 들어 살펴보기로 하자.

2. 아마테라스와 스사노오의 포의총

일본에서는 태반을 묻은 곳을 태실이라 하지 않고, 「포의총胞衣塚」 또는 「에나쓰카惠那塚」라 한다. 여기서 「포의」와 「에나」란 모두 태아를 싸고 있는 막과 태반을 가리키는 말이다. 즉, 「포의」는 어려운 한자말이고, 「에나」는 순수한 일본어이다. 그러므로 태반을 묻은 곳을 「포의총」 또는 「에나쓰카」라 하는 것이다.

그렇다면 일본에는 언제부터 포의총을 만들기 시작한 것일까? 그것에 대해서는 분명치 않다. 그러나 1988년 나라시奈良市 교육위원회가 평성궁平城宮의 외궁外宮인 좌경左京지역 발굴 조사하는 과정에서 스에기須恵器의 태항아리를 발견한 적이 있다.[2] 이것으로 인해 일본의 태항아리는 나라시대奈良時代(710~794) 이전부터 있었으며, 그들도 아이의 태를 소중히 다루었음을 알 수 있다.

고고학이 아닌 전승상으로는 그보다 훨씬 더 시대를 거슬러 올라가 신화의 시대까지 이른다. 실제로 일본에서는 신들의 포의를 묻었다는 곳이 두 군데나 있다. 그곳은 다름 아닌 기후현岐阜県의 에나신사恵那神社, 그리고 미에현三重県의 야나즈카夜奈塚이다. 물론 이것은 역사적 사실과는 거리가 멀고 후대에 만들어진 것임에 틀림없다. 그렇다고 해서 그 속에 반영되어 있는 포의총의 신앙마저 부정될 수 없다. 여기에 대해 잠시 살펴보기로 하자.

1) 아마테라스의 에나신사

에나신사는 좀 더 정확히 말하면 기후현의 나카쓰가와시中津川市에 위치해 있다. 이 신사는 927년(延長 5)경 성립된 『연희식延喜式』의 「신명장神名

2 鐘方正樹, 「胞衣を納むる位置と方角」, 『奈良市埋蔵文化財調査センター紀要』, 奈良市教育委員会, 1989, 12頁.

帳」에 에나신사恵奈神社라는 이름으로 등재되어있는 것으로 보아 10세기 이전부터 있었던 것으로 추정되나, 그 이상의 기록이 없어 정확한 창건 시기는 알 수 없다. 이 신사의 주신은 일본의 창세신 이자나기伊邪那岐와 이자나미伊邪那美라는 신이다.

기후현의 에나신사

언제부터인가 이곳에서는 「까마득한 옛날 이곳에서 이자나미 신이 아마테라스天照大神를 낳고, 치아라이이이케血洗池에서 출산의 부정을 씻고, 포의를 에나다케恵奈嶽에 묻었기 때문에 이 산이 에나산恵那山으로 불리게 되었다」는 전설이 전해지고 있다.[3]

아마테라스란 태양의 여신으로서 천황계의 직계 조상이 되는 일본 최고 지위에 있는 신이다. 어찌하여 이곳에 아마테라스의 태반이 묻히게 되었는지 알 수 없지만, 위의 전승에서 보듯이 그의 모신인 이자나미가 이곳에서 아마테라스를 낳고 이곳에서 태반을 처리한 것으로 되어있다. 그것으로 인해 산 이름도 포의를 의미하는 말인 에나산恵那山이 되었다고 한다.

이 산은 일본 최고의 신 태반이 묻힌 곳인 만큼 그 자체가 신으로 여겨지는 신체산神体山으로 여겨지고 있다. 그리고 이 신사의 부근에는 아마테라스가 태어나 목욕을 했다는 「유부네자와湯船澤」가 있고, 또 아마테라스의 태를 씻었다는 「치아라이이이케血洗池」라는 연못이 있으며, 그것에 따른 치

3 「恵奈神社」<玄松子の記憶> 홈페이지 참조 : http://www.genbu.net/data/mino/ena_title.htm

아라이 신사血洗神社가 있다. 그리고 산후 이자나미가 걸터앉아 휴식을 취했다는 고시가케이와腰掛岩도 있다.

원래 에나신사는 산 정상에 본궁本宮이 있고, 중턱에 전궁前宮이 있었는데, 1620년(元和 6)에 전궁을 새롭게 조영을 하였을 때 본궁이 오궁奧宮이 되고, 전궁이 본궁으로 바뀌었다. 그리고 1873년(明治 6)에는 향사鄕社, 1925년(大正 14)에는 현사縣社가 되었다. 그리고 매년 9월 29일 본궁에서 「에나분라쿠恵那文楽」가 봉납되는 행사를 하는데, 현재 기후현 무형민속문화재로 지정되어있다. 또 본궁 앞에 있는 높이 47미터, 둘레 6,29미터나 되는 거대한 삼나무를 지역민들은 「부부 삼나무夫婦杉」라 하는데, 이것 또한 기후현의 천연기념물로 지정되어있다. 마을 주민들은 아마테라스의 태반을 에나곤겐恵那権現이라 하고, 또 「부부 삼나무」에는 아이 갖기를 기원하고, 또 에나곤겐에게는 안산安産을 기원한다고 한다. 이같이 지역민들은 창세신인 이자나미가 아마테라스를 낳고, 태반을 이곳에 묻었다는 전승에 의거하여 신사를 만들어 신앙으로 여기고 있는 것이다. 즉, 아마테라스의 태반은 지역민들에게 기자祈子와 안산의 신이 되어있는 것이다.

2) 스사노오의 야나즈카

야나즈카는 미에현 쿠즈카산国束山 정상에 있다. 봉분의 형태도 아니다. 단지 평지에 자연석이 어지럽게 놓여져 있고, 그 중 큰 바위가 하나가 세워져 있고, 그 옆에는 지장보살이 세워져 있을 뿐이다. 이것이 스사노오素戔嗚尊의 태반을 묻은 곳이라고 전해지는 곳이다.

스사노오는 아마테라스의 남동생으로 천황계가 일본을 다스리기 이전에 일본을 지배했던 이즈모족出雲族의 조상으로 알려져 있는 신이다. 이곳의 야나즈카는 원래 에나쓰카胞衣塚이었던 것이 훗날 이나즈카衣那塚로 바뀌었고, 또 그것이 오늘날에는 야나즈카夜奈塚로 변화되었다고 한다.

스사노오의 포의총인 야나즈카

이곳은 앞의 아마테라스의 경우처럼 신사의 형태를 취하고 있지 않다. 그러나 이곳의 신앙은 산 중턱에 있는 천태종 계열의 국속사國束寺가 맡고 있다. 사찰측에 의하면 이 절은 1400여년 전 성덕태자聖德太子가 창건하였으며, 원래는 야나즈카와 같이 산 정상에 위치하고 있었는데, 1953년에 현재의 위치로 이전하였다 한다. 그리고 경내에 아이들을 지켜주는 지장보살이라는 의미의 「고모리지장존子守地蔵尊」을 세웠는데, 그것에 대해 사찰측은 다음과 같이 설명하고 있었다.

> 「쿠즈카산 정상에는 스사노오의 포의를 묻은 곳으로 알려져 있는 〈야나즈카夜奈塚」가 있으며, 그 무덤을 산 정상에서 분령分霊 권청勧請하였습니다. 특히 〈야나즈카〉에는 태아, 아기의 건강, 아이의 야뇨증에 효험이 있기 때문에, 이곳에서는 친근한 자수지장존을 모시고 있습니다. 이 지장보살은 부드러운 모습으로 아이의 건강과 성장을 지켜주십니다」[4]

여기에서 보듯이 스사노오의 태반을 묻은 「야냐즈카」는 특히 태아와

4 「国を束ねる寺 和宗 國束寺」 홈페이지 참조(검색일 : 2017.07.30).

아기의 건강에 효험이 있을 뿐만 아니라, 밤에 자면서 이불에 지도를 그리는 오줌싸개 치료에도 효험이 있는 것으로 알려져 있었다. 그러한 효험들을 사찰 측이 산 정상에 있는 야나즈카로부터 빌려와 신앙화하였으므로, 그것을 기원하는 사람들은 굳이 산정상의 야나즈카까지 가지 않고, 「고모리지장존」에게 빌어도 같은 효과를 발휘하는 것이니, 그것의 부적을 사찰 측에서 구입하라는 설명이다. 이같이 이 글의 내용에서 사찰의 상업성이 있는 것도 사실이지만, 그것과 함께 스사노오의 태반(태총)이 지역민(사찰측)들에 의해 아이의 건강을 보살펴 주는 신으로 숭상되고 있는 것도 엿볼 수 있다.

이처럼 일본에서는 신들의 포의총까지 존재한다. 아무래도 이것들이 있는 데는 역사적인 사실이라기보다는 지역의 전승에 기반을 둔 민간신앙에서 기인하는 것이라 할 수 있다.

그러나 이 사례들은 우리들에게 몇 가지 중요한 점을 시사해준다. 첫째는 포의총의 조성지이다. 원래 아마테라스는 이세신궁伊勢神宮에 모셔지고, 스사노오는 이즈모대사出雲大社에 모셔지듯이, 이들의 활동무대는 이세伊勢와 이즈모出雲이다. 그럼에도 불구하고 이들의 포의총과, 그것과 관련된 신사와 절이 있는 것은 그들이 태어난 곳이 다름 아닌 이곳이라는 전승이 있기 때문이다. 즉, 태총은 어디까지나 출생한 곳에 만들어져야 한다는 원칙이 전승 속에 반영되어있는 것이다. 그것으로 인해 기후에 아마테라스의 포의총이, 미에에 스사노오의 포의총이 존재하는 것이다.

둘째는 이들의 포의가 민간신앙의 대상이 된다는 점이다. 다르게 표현하면 태반이 신이 된다는 것을 의미한다. 아마테라스의 포의총을 지역민들은 신도식神道式으로 「에나곤겐恵那権現」이라 불렀다. 그리고 그곳의 신목神木인 「부부 삼나무」에 아이 갖기를 빌고, 신사에서는 안산을 빌었다. 스사노오의 포의총도 마찬가지였다. 사찰 측의 설명에서 보듯이 그것은 태아, 아기의 건강을 보장해주고, 특히 야뇨증에 효험을 가지고 있었다. 이처럼 위대한 신들의 태반은 신격화되었고, 그것은 태반이라는 독특한 특성으로 인해 아이의 출산과 양육에 관한 신앙을 주로 다루는 신격으로 자리매김을 하고 있다는 점이다.

셋째는 태반이 묻힌 곳을 신사의 형태로 발전할 수도 있고, 또는 그대로 자연의 상태로 보존도 가능하지만, 국속사와 같이 불교사원이 신앙을 대신 맡아서 관리하는 경우가 있다는 사실이다. 이것은 태반이 신격화된 만큼 종교가 개입한다는 것은 어쩌면 당연한 것일지 모른다.

넷째는 신사측이 태반의 신앙을 관할하고 있다는 점이다. 원래 신도는 출산과 죽음의 부정을 멀리하는 종교이다. 이러한 것들은 일본에서는 불교가 담당하는 것이 일반적이다. 그럼에도 불구하고 에나신사의 경우와 같이 신사 측이 출산과 죽음의 이미지를 함께 가지고 있는 포의총(태반)을 적극 이용하고 있다는 점은 매우 독특하다고 하지 않을 수 없다.

이상의 4가지 특성이 실제로 인간의 태를 묻은 포의총에서는 어떻게 나타나는가를 구체적인 사례들을 통해 살펴보기로 하자.

3. 신이 된 인간들의 태반

고대 일본에는 신들의 포의총이 있는 만큼 사람들의 포의총도 다수 발견된다. 포의총의 주인공들은 일상에서 벗어난 고귀한 신분의 사람들임은 두말 할 나위가 없다. 이들의 포의총들은 형태상으로 신사 형식으로 발전되어 나타난 경우와 그렇지 않고 보존형식으로 봉분의 형태로 나타난 것으로 나누어 볼 수 있다. 전자에는 오오오바세大小橋, 오진応神, 미치자네道眞, 가메와카마루亀若丸의 것을, 후자의 것으로는 케이타이継体와 요시쓰네義経 등의 것을 들 수가 있다. 그럼 각각의 사례들을 살펴보기로 하자.

1) 신사형神社形의 포의총

신사형에는 또 다시 두 가지로 나누어진다. 하나는 기존의 신사에 태를 묻는 것이고, 또 다른 하나는 묻은 곳을 신사로 변화시키는 것이다. 전자의 것으로는 오사카大阪의 오오오바세大小橋의 포의총을 들 수가 있을 것이다.

오오오바세는 전설상의 인물로 아메노코야네天児屋根命의 13세손으로, 부친은 신공황후神功皇后의 측근인 나카토미노 이카츠오미中臣雷大臣, 모친은 다케우치 스쿠네武内宿禰의 딸 기우지 기요오紀氏清夫이며, 이들 사이에 태어난 3형제 중 장남으로 알려져 있다.[5] 이것이 사실이라면 그는 후지와라가藤原家의 시조인 나카토미노 가마타리中臣鎌足(614~669)의 선조에 해당되는 인물이다.

이러한 그의 태총은 현재 오사카시大阪市 히가시나리구東成区 히메코소신사比売許曽神社에 있다. 이 신사는 옛날 사격社格은 촌사村社이지만, 『연희식』의 「식내사式内社」에 「摂津国東生郡 比売許曽神社(下照比売社)」라고 표기되어 있을 만큼 고대의 기록에도 등장하는 유서 깊은 신사이다. 오늘날에는 시타테루히메下照比売命를 주신으로 하고, 하야스사노오速素盞鳴命, 아지시키타카히코네味耜高彦根命, 오오오바세大小橋命, 오오사자키大鷦鷯命, 다치바나토요히橘豊日命, 그리고 우두천왕牛頭天王까지 합사하여 여러 신들

5 http://www.jinja.in/saijin/2053

을 모시는 곳으로 되어있지만, 원래 이곳은 신라의 여신이 모셔지는 곳이었다. 『고사기古事記』와 『일본서기日本書紀』에 의하면 신라에서 건너간 아카루히메신阿加流比売神이 나니와難波에 정착함으로 생겨난 것이 바로 이 신사이었기 때문이다.

오오오바세(大小橋命)의 포의총(胞衣塚)

신사 측의 설명에 의하면 히메코소신사는 제11대 스이닌천황垂仁天皇 2년에 창건되었다고 한다. 이에 비해 오오오바세는 제13대 세이무천황成務天皇 때 이 지역에서 출생한 인물로 알려져 있다. 그러므로 오오오바세의 태총은 기존에 이미 존재하고 있는 신사의 경내에 조성된 것이 된다.

1798년(寬政 10) 아키자토 리토秋里籬島[6]의 『습진명소도회摂津名所図会』에는 그것에 관한 매우 흥미로운 속신이 다음과 같이 서술되어있다.

> 지역민들이 잘못하여 이 무덤을 파헤치면 즉시 병에 들어 머리카락이 빠진다. 이 저주를 받은 자는 근년에만 2, 3명 있다. 지역민들은 이같은 말을 전하며 크게 무서워했다.[7]

6 문화, 문정연간(文化, 文政年間 : 1804~1830) 경 교토출신. 생몰년 미상. 에도(江戸) 중, 후기의 독본 작자. 시인, 이름은 舜福, 자는 湘夕, 통칭은 니자에몬(仁左衛門). 일본 각지를 취재 여행하여, 독본과 명소도회(名所図会)를 저술했다. 또 와카(和歌), 하이카이(俳諧)도 능숙하며, 박학다식한 자로서 널리 알려져 있다.

7 『摂津名所図会』에 기술되어있는 원문은 다음과 같이 되어있다. 「胞衣塚、味原池の二町許り東にあり。大小橋命の胞衣を蔵めし所なり。土人過って此塚を穿つ時は、忽ち病悩して頭の髪抜け落つるなり。其の祟りを受くる者、近年両三人ありとなん。土人これを云い伝えて大いに恐懼す」.

이같이 포의총은 단순한 태반의 무덤이 아니다. 그것을 해치는 자에게는 적극적으로 공격을 가하는 살아있는 생명체이었다. 이러한 신앙을 뒷받침이라도 하듯이 한때 그 포의총을 약간 남쪽으로 이동한 적이 있었는데, 그 때 지역에 재난이 끊이지 않고 일어나 서둘러 다시 제자리로 옮겼다고 한다.[8] 이러한 일로 인해 이곳에 사는 주민들은 그 무덤을 손상시키는 일은 없었다.

후세에 그의 포의총 옆에 버드나무가 심겨졌고, 지금은 그것이 무성하게 자라나 있다. 그런데 지역민들은 이 버드나무 가지가 특히 갓난아기가 밤에 시끄럽게 우는 울음을 그치게 하는 데 효능이 있다는 신앙이 있다. 그래서 필요한 집에서는 그것을 가지고 간다고 한다. 이러한 이유로 원래 포의를 의미하는 「에나즈카」이었던 것이 지금은 밤에 우는 아기울음을 연상시키는 「요나즈카」도 불리기도 한다. 이처럼 이미 신사가 존재하고, 그 경내에 포의총을 만들고, 그 포의총이 민간에 신앙화되는 것이 있었던 것이다.

그에 비해 태반을 묻은 곳이 신사로 조성되는 경우도 있었다. 여기에는 또 다시 두 가지 형태로 나누어진다. 하나는 아무 것도 없었던 곳에 포의총을 조성함으로써 생겨난 신사이고, 또 다른 하나는 원래는 개인의 주택이었는데, 포의총이 있음으로 인해 그 집이 신사로 바뀌는 경우를 말한다. 전자에는 오진, 가메와카마루가 있고, 후자에는 스가하라 미치자네의 것이 있다.

먼저 오진의 것부터 살펴보기로 하자. 오진은 일본의 제15대 천황이다. 그런데 그의 포의총은 한군데가 아닌 무릇 세 군데나 있는 것으로 알려져

8 亀井澄夫, 「東成区東小橋 大小橋命胞衣塚」, 『大阪日日新聞』, 2015年 8月 29日字.

있다. 이곳들은 모두 예외 없이 신사의 형식을 취하고 있다.

오진천황의 포의를 묻은 하코자키궁의 하코마쓰(筥松)

첫째가 후쿠오카福岡의 하코자키궁筥崎宮이다. 전승에 의하면 신공황후神功皇后가 삼한정벌에서 돌아와 쓰쿠시筑紫 우미宇美(현재 粕屋郡 宇美)에서 오진을 낳았다. 그 때 아이의 태반을 「상자筥에 넣어 파도 소리도 조용하고, 흰모래와 푸른 소나무가 있는 정갈한 곳白沙青松之地에 묻고, 그 표시로 소나무를 심었다」고 한다. 이것에 의해 이 지역을 하코자키箱崎라는 이름이 붙여졌다고 했다. 그리고 그곳에 소나무를 심었는데, 그것을 포의총의 표식이라고 하여 「시루시노마쓰標の松」라고 하고, 또 포의 상자를 묻은 곳에 있는 소나무라는 뜻으로 「하코마쓰筥松」라고도 한다. 여기서 「시루시」란 표식을 말하며, 「하코」는 태반을 넣은 상자를 말한다. 그러므로 「하코자키궁筥崎宮」이라는 신사명 자체가 오진의 태반 상자에서 비롯된 것이라 할 수 있다.

이 신사에서는 매년 12월 31일이 되면 오진의 「어포의제御胞衣祭」를 행하고 있고, 또 그것과 함께 「해삼 떡 찧기」 행사를 벌인다. 이것은 오진이 태어난 날짜가 원래는 12월 14일인데, 신공황후가 오진의 포의를 하코자키에 묻은 것이 12월 31일이라는 전승에 의거하고 있기 때문이다.

「해삼 떡 만들기」는 신공황후가 오진의 포의를 매장할 때 의례의 일로 너무 바쁜 나머지 설날의 떡鏡餅을 만들지 못했다. 그리하여 떡 대신 이 지역의 어부들이 바친 해삼을 먹었다는 전승을 근거로 만든 행사이다. 이 날 하코자키의 어부들은 벌거벗고 바다에 뛰어 들어가 목욕재계한 후 「해삼 떡」을 만들어 신사에 바친다. 그리고 그 날 포의총의 소나무 앞에 팥밥이 바쳐지는데, 이것은 안산을 위한 것이라 한다.

이상의 하코자키궁과 해삼떡 만들기 행사의 유래에 관한 이야기에서 보듯이 이곳은 원래 신사가 있었던 곳이 아니다. 그 전승은 오진의 포의총이 조성됨에 따라 이곳에 신사가 생겨났다고 설명하고 있는 것이다.

둘째는 후쿠오카현福岡県 가스야군糟屋郡 우미초宇美町에 있는 우미하치만궁宇美八幡宮이다. 이 신사는 오진천황이 태어난 곳으로 알려져 있다. 이곳의 지명 「우미」는 바로 이것을 의미한다. 즉, 그것은 아기를 생산한다는 의미이다. 이 신사의 경내에는 「에나가우라胞衣ヶ浦」라는 곳이 있는데, 이곳에 오진의 태반을 묻은 곳이라고 하며, 작은 규모의 사당이 세워져 있다. 여기에서 보는 것처럼 이곳도 원래 신사가 있었던 곳이 아니다. 그곳에 포의총이 있음으로써 생겨난 신사이었다.

이곳은 신공황후가 오진천황을 낳은 곳인 만큼 그것에 관련된 신화와 신앙이 많이 남아있다. 가령 1689년(元禄 2) 가이바라 요시후루貝原好古(1664~1700)는 자신의 저서 『팔번본기八幡本紀』 3권에 「신공황후가 신라에서 돌아와 가시이香椎에서 동남쪽 방향巽方에 있는 가타마을蚊田邑에 산실을 마련했다. 그 옆에는 무성한 녹나무가 있었고, 그 밑에는 아기 씻는 물이 있었다. 그 큰 나무는 무성하고 가지 잎도 울창하여, 후세인들은 이를 '유부타湯蓋의 숲'이라고 했다. 또 산의産衣를 걸쳤기 때문에 '이가케衣掛의 숲'이라고도 했다」고 기술하고 있다.[9] 이처럼 신공의 산실은 녹나무라는 거목이 있었다.

9 神功皇后新羅より帰らせ給い、香椎より巽の方蚊田の邑(宇美の古名)に御産屋を営まれこもらせ給う、御側に生い茂れる楠あり、其の下にて産湯をめさせ給う、その大木繁茂し枝葉ことにうるわし、後人これを名付けて湯蓋の森という。また産衣を掛けたるを衣掛の森という.

그리고 다른 전승에는 그 거목은 홰나무槐木라고도 하는데, 신공이 그 것에 의지하여 산통을 이겨내면서 무사히 오진을 낳았다고도 한다. 그리하여 오늘날 그 나무를 「자안목子安木」이라 하고, 또 그 나무에서 생산되는 씨앗은 천황족의 여성들이 임신할 경우 안산을 위한 목욕재계의 의례(産平安의 衣木) 때 반드시 사용했다고도 전해진다. 중국의 『본초학本草学』에 의하면 홰나무는 해독解毒, 보정補精에 효과가 있는 것으로 되어있다. 이러한 한의학적 지식이 가미되어 이곳의 홰나무가 안산에 효험이 있다는 신앙으로 발전하였을 가능성도 없지 않다.

한편 이 신사의 경내에는 「탕방사湯方社」라는 작은 사당이 있다. 신사측의 설명에 의하면 이곳의 신은 신공황후가 오진천황을 출산할 때 산파역할을 하였다 하여, 현재 조산사助産師의 시조신으로서 모시고 있는데, 특히 안산 및 아이의 무사 성장의 수호신으로 널리 신앙되고 있다 한다. 사당의 주위에는 주먹만 한 돌들이 쌓여져 있는데, 이것들은 모두 출산과 아이의 성장과 관련된 신앙의 표현이다.

18세기 초 가이바라 에키켄貝原益軒(1630~1714)이 저술한 『축전국속풍토기筑前國続風土記』에 의하면 이 돌들을 「자안석子安石」이라 하여 임산부들이 안산의 기도를 올리고 나서 그곳의 돌을 집으로 가서 안치한 후, 기도한 대로 아이를 무사히 낳으면 새로운 돌에 아이의 이름 등을 적고, 가지고 간 돌과 함께 그곳에 갖다놓는다고 한다.[10] 그때는 태어난 아이가 건강하게 자라나기를 바라는 기원이 깃들어져 있다.

10 貝原益軒, 『筑前國続風土記』 18巻, 表糟屋郡, 5763頁. 竹田文庫에서 인터넷을 통하여 원문을 공개하고 있다. www.lib.pref.fukuoka.jp/hp/gallery/H25/fudoki.html이 내용은 현지 「자안석」의 설명판에도 소개되어있다.

또 신사의 경내 북쪽에 「산탕수産湯水」라는 물이 있는데, 그것에는 「오진천황이 태어날 때, 그것을 갓난아기 목욕물로 사용하였고, 지금도 임산부들이 이 물로 안산을 기원한다」고 한다. 여기서도 포의총은 안산을 위한 신의 역할이 강조되어 있다.

셋째는 와카야마현和歌山縣 히타카군日高郡 유라초由良町 에나衣奈에 있는 에나하치만신사衣奈八幡神社이다. 이 신사는 860년(貞観 2)에 창건된 것으로 되어있다. 그 유래를 나타낸 『의나팔번팔번궁연기회권衣奈八幡宮縁起絵巻』에 의하면 「에나」라는 지명은 신공이 오진의 포의를 묻었기 때문에 생겨난 이름이라고 했다. 즉, 이곳도 신사가 있었던 곳이 아니라, 포의를 매장함으로써 생겨난 신사이었다. 포의총도 신사의 건물 바로 옆에 포의총이 있고, 그위에 올려진 돌은 임산부의 안산 주력을 가진 것으로 여겨지고 있다.[11] 이처럼 여기서도 포의총은 신격화되어 신앙되고 있음을 알 수 있다.

한편 니이가타현新潟県 가시와자키시柏崎市에 있는 요나히메신사胞姫神社도 포의총이 먼저 있고, 그것으로 인해 신사가 형성되었다. 이곳의 포의총은 미나모토노 요시쓰네源義経(1159~1189)의 아들 가메와카마루亀若丸의 것이다. 전승에 의하면 1186년(文治 2) 요시쓰네 일행이 이복형인 미나모토노 요리토모源頼朝(1147~1199)에게 쫓기어 나오쓰直江津에서 배를 타고 오슈奥州로 가던 도중 풍랑을 만나 어쩔 수 없이 이곳에 상륙하였을 때 갑자기 요시쓰네의 부인이 산통이 와서 임시로 산실을 만들고, 그곳에서 가메와카마루를 출산했다. 그 때 함께 동행했던 벤케이弁慶가 무사히 출산을 한 것에 대한 의례를 올린 후, 그곳에 포의를 묻고는, 겐지源氏의 수호신인 스와諏訪,

11 「衣奈八幡神社」, 『和歌山神社廳』 홈페이지 참조.

하치만八幡의 두신을 모셨는데, 이것이 요나히메 신사의 기원이 되었다고 전해진다.[12] 이와 같이 이곳도 먼저 포의총이 생긴 다음, 그것을 근거로 신사로 발전되었다.

이곳도 다른 곳과 마찬가지로 포의총의 포의는 신격화되어있다. 지역민들은 흔히 이 신을 「요나히메상胞姫さん」이라고 애칭으로 부르고 있으나, 때로는 신도식으로 「고야스곤겐子安権現」이라고 하기도 하고, 근세 때에는 「요나히메대명신胞衣姫大明神」이라고 표기하기도 했다. 신사 측이 소개하는 「연기문縁起文」에는 벤케이가 포의를 묻고 「영험이 많은 안산수호신이여!」라는 말을 남겼으며, 그 이후 그의 말과 같이 이 포의신은 기자와 안산의 신으로서 효험이 있는 것으로 소문이 나서 임산부들이 전국 각지에서 찾아온다고 했다. 그리고 병원에 출산하는 것이 일반화되기 이전에는 이 신에게 바쳐진 짧은 초를 받아가지고 돌아가 출산할 때 불을 켜두면 안산한다는 신앙이 있었다고 한다.

스가하라 미치자네菅原道真(845~903)의 출생지에 대해 여러 가지 언설이 있는데, 지금까지 대체로 길상원천만궁吉祥院天満宮, 관원원천만궁菅原院天満宮 그리고 관대신신사菅大臣神社=菅大臣天満宮가 스스로 미치자네의 출생지라고 일컫고 있다. 앞의 두 신사는 교토에 있는 것이고, 뒤의 관대신신사는 나라奈良에 위치해 있다. 그리고 뒤의 두 곳에는 미지자네가 탄생하였을 때 몸을 씻겼다는 우물이 남아있다. 그러나 그의 포의를 묻었다는 포의총은 앞의 길상원천만궁에만 있다.

길상원천만궁은 정확히 말해 교토시京都市 미나미구南区에 있다. 전승

12 柏崎市 홈페이지 名所案内「胞姫(よなひめ) 神社」참조.

길상원천만궁(吉祥院天満宮) 경내에 있는 스가하라 미치자네의 포의총

에 의하면 현재 이곳은 신사의 형태를 갖추고 있지만, 원래는 스가하라 미치자네가 845년에 이곳에서 태어나 18세 때 다른 곳으로 이사갈 때까지 살았던 집이었다고 한다. 그러므로 앞의 사례에서 보았던 것처럼 원래 아무 것도 없었던 곳이 아니라 자신이 태어난 집이 현재 신사로 변화되어있는 것이다.

미치자네는 헤이안平安 시대의 귀족이자 학자이며 정치가이다. 그리고 충신으로서도 유명하다. 그가 우다천황宇多天皇(867~931)에게 중용되어 정치개혁을 담당하였고, 다이고천황醍醐天皇(885~930) 때에는 우대신右大臣까지 초고속 승진하는 등 천황으로부터 총애를 받았다. 하지만 이를 경계하는 좌대신左大臣 후지와라노 토키히라藤原時平(871~909)에게 참소당하여, 규슈九州 다자이후大宰府의 다자이노곤노소치大宰員外帥라는 한직으로 좌천되어 갔다가 그곳에서 사망했다. 그러자 일본에서는 천재지변이 빈번하게 일어나 당시 사람들은 그의 저주가 내려졌다고 믿었다. 사람들은 이를 해결하기 위해 그를 텐만텐진天満天神이라고 하며 신으로 모셨던 것이다. 오늘날에 그는 학문의 신으로서 많은 사람들로부터 신앙되지만, 사실은 원한이 가득 찬 저주의 신으로부터 출발했던 것이다. 이러한 그의 포의총을 신사 측은 다음과 같은 매우 흥미로운 설명을 안내판에 적어놓고 있다.

(1) 〈우측설명문〉

「이 포의총은 당 신사의 제신인 스가하라 미치자네가 이곳에서 탄생하였을 때 탯줄을 매장한 곳으로 중앙에는 배꼽을 상징하는 둥근 돌을 얹어놓고 있습니다. 미치자네의 탄신제에는 안산의 기도를 특별히 봉행하고 있습니다」

(2) 〈좌측설명문〉

「아기가 태어나고 처음으로 신사참배를 할 때에는 본전本殿에 참배한 연후에 포의총 앞에서 아기의 코를 쥐고 힘차게 소리를 지르게(울게) 하여 무사성장을 기원하는 것이 관습으로 되어있습니다. 그리고 이 총의 둥근 돌玉石을 아기가 태어나 처음 밥을 먹는 의례喰い初めの儀(대개 100일)를 행할 때 이용할 수 있는 돌로서도 제공하고 있습니다. 그러므로 100일 또는 120일 행사 때 그 돌을 아기의 입에 살짝 가볍게 갖다 대면 튼튼한 이가 자란다고 합니다」

이처럼 이곳의 포의총은 묻은 곳 위에 돌을 얹어놓고 있는 형태를 취하고 있다. 아마도 그 돌은 후세의 사람이 놓은 것 같다. 그리고 그것이 그곳에 있는 이유는 그곳이 원래는 미치자네가 살았던 집이어서, 그의 태반이 그곳에 묻혔기 때문이었다. 특히 주목할 만한 사항은 아기가 태어나고 무사성장을 기원하기 위해 이곳을 참배하는 자들에게 설명하는 위의 안내문이다. 그것에 의하면 미치자네의 포의총 앞에서 아이의 코를 잡고 크게 울게 하면 무사히 성장할 수 있으며, 그곳에 있는 돌을 가지고 첫돌 때 밥 먹는 시늉을 하게 되면 아이의 튼튼한 이빨을 보장해준다는 민간신앙이 있다는 사실이다.

2) 봉분형의 포의총

이상에서 보는 것처럼 고대의 포의총은 현재 신사의 형태로 숭배되는 경우가 많다. 그러나 드물지만 그 중에는 신사의 형태를 갖추고 있지 않은 것도 간혹 있었다. 대개 이 경우는 봉분의 형태를 취하는 것이 보통이다. 그 대표적인 예가 케이타이천황과 요시쓰네의 포의총이다.

제26대 일본 천황인 케이타이継体(450년경~531년경)의 포의총은 시가현滋賀県 다카시마시高島市 아도가와초安曇川町 미오자토三尾里에 있다. 그 모양은 신사의 형태가 아닌 봉분의 형태를 취하고 있다. 크기는 직경 약11.5미터인데, 얼핏 보아 고분으로 보인다. 위에는 소나무가 심겨져 있고, 그것을 지역민들은 「곤덴의 소나무ごんでんの松」, 그 옆에 흐르는 강을 「곤덴강ごんでん川」이라고 한다. 여기서 곤덴이란 천황이 살았던 집 즉, 「고텐御殿」을 지역말로 나타낸 것이다. 실제로 이 포의총 부근에는 「가미고텐上御殿」, 「시모고텐下御殿」이라는 마을의 이름이 있다. 이것만 보아도 그의 포의도 앞의 미치자네의 경우에서 보았듯이 자신이 태어나고 자라난 집에 묻힌 것으로 보인다. 그러나 오늘날에는 그 집들이 사라지고 포의총만 남아서 전해오고 있는 것이다.

한편 케이타이의 포의총이 오늘날 지역 주민들에 의해 신앙의 대상이 되고 있는 현상은 지금까지 잘 발견되지 않는다. 이것은 아마도 이것에 의지하여 전문적으로 다루는 신사가 나타나지 않았기 때문일 것이다.

그러나 그러한 조짐이 전혀 없는 것이 아니다. 그 증거로 케이타이의 포의총 주변에 「산소産所」라는 지명이 여러 군데에서 발견되는 데, 그곳은 케이타이가 태어난 곳이라는 전승이 있다. 즉, 그의 어머니 후레히메振媛가 케이타이를 낳았다는 것이다. 그러한 곳에는 임산부가 가져다 놓았다는 돌이 쌓여져 있고, 이를 지역민들은 「안산의 돌」이라고 부르

케이타이천황의 포의총

고 있는 것이다. 그리고 인근에 「모타레이시」라는 돌 유적이 있는데, 그것은 그의 모친인 후레히메가 그를 낳을 때 몸을 지탱한 돌인데, 그것을 설명하는 안내판에 「지금도 임산부가 이 돌을 손으로 어루만진 후에 자신의 배를 만지며 안산을 기원하는 풍습이 있다」고 서술되어 있다. 이처럼 그의 포의는 아직까지는 안산의 신이 되지 못했지만, 그의 출생과 관련된 곳은 점차적으로 신앙화되고 있음을 확인할 수 있다.

한편 미나모토노 요시쓰네源義経(1159~1189)의 포의총은 교토시京都市 키타구北区 시치쿠紫竹 우시와카초牛若町의 밭 한가운데 위치해 있다. 그 모양은 케이타이와 같이 봉분의 형태를 취하고 있으며, 또한 그 위에는 소나무가 심겨져 있다. 이곳은 그의 아버지 미나모토 요시토모源義朝(1123~1160)의 별저別邸가 있었던 곳이자, 그의 모친 도키와고젠常盤御前(1138~1180)이 살았고, 그가 태어난 곳이다. 그러므로 이 경우도 케이타이와 같이 태어난 집에 매장되었고, 이것이 오늘에 전하고 있는 것이다.

그의 포의총에도 그것을 신으로 모시는 신사는 없다. 그러나 그것에 관한 민간신앙이 전혀 없는 것은 아니다. 가령 인근의 절 광념사光念寺에 도키와고젠이 요시쓰네를 임신하였을 때 안산을 기원하며 기증했다는 「복대지장腹帯地蔵」이 안치되어 있다하고.[13] 이것이 지역주민들의 안산기원

미나모토노 요시쓰네의 포의총

13 蒲田春樹, 『魅惑の京都ふしぎ発見』, PHP研究所, 2015, 96頁.

의 대상이 되고 있기 때문이다.

이와 같이 본다면 봉분형의 포의총이 신사형의 것보다 신앙화되는 것이 약하게 나타나는 것은 신앙의 강도에 있는 것이 아니라, 그것을 의지하는 전문적인 신사의 존재 여부에 달린 것이라 할 수 있다.

지금까지 신사형과 봉분형의 포의총의 사례들을 살펴보았다. 그 결과 다음과 같은 몇 가지 특징을 발견할 수가 있다.

첫째는 포의총은 태어난 곳에 조성한다는 점이다. 이것은 형태와 관계없이 모든 경우에서도 적용되는 것이었다. 신들의 포의도 그 원칙에서는 예외가 아니었다. 설령 오진과 가메와카마루와 같이 비상의 위기상황이 발생하여 자신의 집이 아닌 다른 곳에서 임시로 만든 산실에서 태어났다 하더라도 그들의 포의는 출생지에서 조성되었던 것이다. 일종의 포의의 속지주의屬地主義라 할 수 있다.

둘째, 조성한 다음 그 위 또는 옆에 나무를 심거나 혹은 돌을 올려다 놓는 것이 일반적이었던 것 같다. 스사노오와 오진 그리고 미치자네의 경우는 돌이 올려져 있었고, 그 밖의 다른 것들에는 나무가 심겨져 있었다. 가령 오오오바세는 버드나무, 케이타이와 요시쓰네는 소나무이었다.

이러한 것은 포의총의 표식이기도 하지만, 누군가에 의해 손상되는 것을 막기 위해 취해진 조치이기도 했다. 왜냐하면 「포의를 묻은 곳에 벌레가 생기거나 개나 여우 등 동물들이 파헤치면 아이는 밤에 자지 않고 계속 운다고 하고, 또 그곳을 처음으로 밟고 지난 간 것에 대하여 매우 두려워한다」는 속신[14]에서 보듯이 포의의 상태가 아이에게 영향을 끼칠 수 있다고 보았기

14 山口麻太郎, 「出産と村のモノイミ」, 『民間伝承』 10-2/通巻100号, 民間伝承の会, 1944, 59~60頁.

때문이다. 앞에서도 언급하였듯이, 만일 포의총을 손상시킬 경우 그 사람은 당장 병에 걸려 머리가 빠진다고 한 오오오바세의 포의총에 관한 속신도 포의총의 손상을 방지하기 위한 것이라 할 수 있을 것이다.

셋째, 인간의 포의들도 신들의 것과 마찬가지로 민간에 있어서 신앙의 대상이 되고 있다는 점이다. 신격은 아이의 출산과 성장에 관한 것이 대부분이었다. 가령 오오오바세는 밤울음, 오진과 케이타이 그리고 요시쓰네와 가메와카마루는 안산, 미치자네는 안산과 아기 이를 튼튼하게 해주는 주력을 가진 것으로 신앙되었다. 이들을 취급하는 대부분은 신도의 신사가 담당을 했고, 오히려 불교사찰의 개입이 적다는 점도 하나의 특징으로 지적할 수 있을 것이다.

넷째, 오늘날의 형태는 평지형과 봉분형으로 나타나지만, 기본적인 형태는 평지형이었다는 점이다. 즉, 현재 봉분형을 취하고 있는 케이타이와 요시쓰네의 경우도 원래는 봉분형이 아니었다. 그들이 태어난 집 안에 포의가 묻혔다는 점을 감안한다면, 그들도 처음에는 평지형이었을 것이다. 이것이 점차 오래되어 집과 마을이 없어지고, 포의만 남겨졌을 경우 보존을 위해 점차적으로 봉분형으로 변화되어가는 것이다. 이러한 사실에 의거하면 일본의 고대 포의총은 평지형에서 신사형과 봉분형이 파생되고 발전되어 갔다고 할 수 있을 것이다.

4. 일본의 포의총과 한국의 태실

최남선은 일본신화를 들여다보면서 매우 독특한 견해를 제시했다. 즉, 우리에게 있어서 일본신화의 연구는 한국신화가 상실한 부분을 찾을 수 있

충북 진천 태령산의 김유신 포의총

을 것으로 기대한다고 했다.[15] 그러한 의미에서 고대 일본의 포의총들도 우리들에게 시사하는 점이 적지 않다고 생각된다.

고대 한국에도 포의총은 있었다. 그것에 관한 최초의 기록이 『삼국사기三國史記』의 「김유신열전」에서 나온다. 그것은 왕이 아닌 김유신의 장태기록이다. 김유신金庾信은 김춘추와 함께 태종무열왕 김춘추와 함께 삼국통일의 위업을 이룩한 인물이다. 일반적으로 김유신은 신라에 귀화한 가야국의 왕족 출신이라고 알려져 있다. 그러므로 당연히 그의 출신지는 가야의 수도이거나 신라의 서울인 경주일 것으로 추정되지만, 의외로 충북 진천에 그의 태실(태총)이 있다. 그 이유는 김유신이 이곳에서 태어났기 때문이다.

『삼국사기』는 그것에 대해 「만노군萬弩郡은 지금의 진주鎭州(현재 진천)이다. 처음 유신의 태를 높은 산에 묻었으므로 지금까지 태령산胎靈山이라 한다」[16]고 간략히 서술되어있다. 이것을 통해 오늘날 진천이 김유신의 태가 산에 묻혔고, 그것으로 인해 산의 이름이 태령산이 되었다는 것을 알 수 있다. 그러나 태가 묻혀있다는 것만으로 산 이름까지 바꾸었다는 이야기는 선뜻 납득이 되지 않는다. 그것에 대하여 『고려사』에서는 다음과 같이 설명하고 있다.

15 최남선, 「조선의 신화와 일본의 신화」, 『육당 최남선전집』 5, 현암사, 1951, 36~37쪽.
16 『삼국사기』 권41, 열전 김유신 상.

> 신라 때 만노군 태수 김서현金舒玄의 처 만명萬明이 유신을 낳고, 태를 현의 남쪽 15리에 묻으니 변하여 신이 되었다. 이로 인하여 태령산이라 이름하였다. 신라 때부터 사우를 짓고 봄, 가을로 향을 내려 제사를 지내니 고려에서도 그대로 하였다.[17]

여기에서 보듯이 이 산이 태령산이 된 이유는 그곳에 묻힌 김유신의 태가 신이 되었기 때문이라고 하고 있다. 이러한 내용은 『세종실록지리지』에서도 확인이 된다. 그것에 의하면 「김서현의 아내 만명이 임신한지 20개월 만에 아들을 낳으니 이름을 유신이라 하고, 태를 현의 남쪽 15리에 묻으니 신으로 화하였으므로 태령산이라 하였다」[18]고 되어있는 것이다.

김유신은 금관가야의 마지막 임금인 구형(혹은 구해)왕의 증손자이다. 그의 부친 서현이 젊은 시절 만노군(충북 진천) 태수로 근무한 경력이 있다. 그때 김유신이 진천 태령산 아래에서 태어난 것으로 보인다. 이것을 증명이라도 하듯이 이곳에는 김유신 관련 유적과 전설이 많이 남아있다. 가령 그의 태실이 묻힌 태령산 아래 생가터가 있고, 또 그의 아버지 서현장군과 어린 김유신이 물을 마신 우물(연보정)이 아직도 남아 있으며, 이월면 사곡리의 장수굴은 김유신이 수도하며 신인을 만났다는 곳이며, 진천읍 신정리 용화사 석조보살입상은 그의 송덕을 기려 세웠다 하여 송덕불상이라는 별명을 지녔다. 만승면 광혜원리에는 김유신이 화랑도를 훈련시키던 곳이라 하여 화랑벌이라 불린다. 또 문백면 구곡리 세금천의 농다리는 김유신의 아버지 김서현이 고구려로부터 낭비성을 되찾은 기념으로 놓았다는 전설

17 『고려사』 권56, 지10 지리1 양광도 청주목 진주.
18 『세종실록지리지』 권149, 충청도 청주목 진천현.

이 있다. 그리고 인근에는 장군을 제사지내는 길상사吉祥祠가 있다.

그런데 위의 기록에서 특이하게도 보이는 기사가 하나가 있다. 그것은 다름 아닌 「태를 현의 남쪽 15리에 묻으니 신으로 화하였으므로 이를 태령산이라 하였다」는 내용이다. 즉, 산의 이름을 태령산으로 한 것은 그의 태반이 신이 되었기 때문이라고 설명하고 있는 것이다. 이것이 사실이라면 김유신의 시대에 이미 위대한 인물의 포의가 신이 되어 숭배의 대상이 되는 신앙이 있었다고 할 수 있다.

그러나 고대 한국에서는 위대한 인물의 태반이 신앙의 대상이 되는 신이 된 사례는 그다지 많지 않다. 과문한 탓인지는 모르지만 지금까지 위의 김유신의 사례 이외에 있다는 사실을 들어 본 적이 없다. 그러므로 김유신의 사례만으로 일반화하기는 어려운 부분이 있다.

그럼에도 불구하고 최남선의 말에 힘입어 이상의 일본 특징을 통하여 김유신의 태실에 관한 성격을 어느 정도 가늠해볼 수 있다. 먼저 김유신의 태총을 일본의 것과 비교하였을 때 매우 닮아있다.

첫째, 출신지에 조성되었다는 점이다. 그가 성장하여 활약하고 사망한 곳이 경주임에도 불구하고, 그의 태실은 태어난 진천을 떠나지 않은 것이다. 이러한 점은 일본의 것과 같다. 더구나 산 정상에 조성되어있다는 점은 일본 신들의 것과 동일하다.

둘째, 태반이 신격화되었다는 것이다. 앞에서 「태가 신으로 변하였기 때문에 태령산이 되었다」는 『삼국사기』의 기록이 바로 그것이다. 그러므로 이곳의 신앙 대상은 김유신이 아니라 그의 포의가 되어야 한다. 그럼에도 불구하고 후세인들이 그 주변에 김유신사金庾信祠, 길상사, 죽계사 등을 세워, 김유신의 포의가 아닌 김유신의 위패를 모시고 봄, 가을로 제사를 지낸다고 하는 것은 그 의미가 시대에 따라 변천하였음을 말해주는 것이라 할 수 있다.

셋째는 그 형태가 봉분형을 취하고 있다는 점이다. 한국학중앙연구원이 펴낸 『한국민족문화대사전』에 의하면 「김유신의 태실은 원형으로 3단의 석축을 쌓고, 그 위에 흙으로 덮은 봉분형의 형태로 우리나라에서 가장 오래된 태실의 형태이다. 자연석으로 둥글게 기단을 쌓고 봉토를 마련했으며, 태령산 정상을 따라 돌담을 산성처럼 쌓아 돌려 신령한 구역을 나타내고 있다. 즉 이곳 주위의 석축형태가 태아胎兒의 모양을 하고 있는데 산의 지세를 따랐다기보다는 신앙과 관련이 있는 듯하다 …(중략)… 현재는 태실 중앙에 1986년도에 보수한 직경 3m, 높이 35㎝의 원형 석단이 있어 잔디를 씌워 놓았다」고 설명하고 있다.[19]

위의 설명만으로는 그것이 원래부터 봉분형이었는지, 아니면 보존하는 과정에 몇 차례 보수한 결과 평지형에서 봉분형으로 바뀌었는지 알 수 없다. 만일 전자의 것이 사실이라면 그 형태가 일본의 케이타이와 요시쓰네의 것과 같고, 그렇지 않고 후자의 것이 사실이라면 다른 일본의 대부분 경우들과 같다고 할 수 있다. 그러나 시대적 상황으로 본다면 후자의 것일 가능성이 더 높다. 실제로 민병삼도 김유신의 태총은 복원된 장태 유적지로 보았고,[20] 심현용은 원래의 모습은 단면 반원형이었을 것으로 추정하고 있다.[21] 만일 이것이 사실이라면, 이것 또한 평지에 묻는 일본의 초기의 모습과 거의 일치한다고 보아야 할 것이다.

이같이 한국의 김유신의 태실이 고대 일본의 것과 차이점보다 공통점

19 한국학중앙연구원, 「진천김유신탄생지와태실(鎭川金庾信誕生址와 胎室)」, 『한국민족문화대백과사전』 참조.

20 민병삼, 「태실의 풍수적 생명사상 연구」, 『영남학』 31, 경북대 영남학연구소, 2016, 224쪽.

21 심현용, 「조선시대 태실의 입지에 관한 재검토」, 『대구사학』 118, 대구사학회, 2015, 47쪽.

을 많이 이루고 있다는 사실은 어쩌면 고대 한국과 일본은 동일한 포의문화권에 속해 있었던 것이 아닌가 한다. 만일 이러한 추정이 허용된다면 최남선이 지적하였던 것처럼 고대 일본의 포의총은 우리가 이미 잃어버린 과거의 요소를 가지고 있을 가능성이 높다고 하겠다.

그럼 고대 일본의 특징을 시대를 훨씬 내려가 성주군의 세종대왕자 태실을 보면 어떠한 것들이 보여질 수 있을까? 세종대왕자 태실을 포함한 조선의 태실은 다음과 같은 몇 가지 점에서 고대 일본과 김유신의 것과 판이하게 달랐다.

첫째, 조선의 태실은 왕실의 독점물이라는 점이다. 그러나 일본의 경우 포의총은 천황족만이 가지는 것이 아니었다. 오오오바세, 미치자네, 요시쓰네, 가메와카마루 등은 물론 호족 또는 귀족의 반열에 오르는 고귀한 신분의 출신이긴 하지만 천황계의 사람은 아니었다. 김유신의 태총도 마찬가지이다. 그에 비해 조선시대의 태실은 왕실 이외의 사람의 것을 묻었다는 태실은 현재까지 없었다. 이것이야말로 가장 두드러진 특징이라 하지 않을 수 없다.

둘째, 출생지가 아닌 곳에서 조성되었다는 점이다. 이것도 고대 일본에서는볼 수 없을 뿐만 아니라, 김유신의 경우와도 다른 특징이다. 이러한 사례는 조선시대에만 있는 것은 아니었다. 고려의 왕실에서도 있었다. 가령 『고려사』의 충렬왕조에 「병자년에 장군 차신을 보내어 세자의 태를 안동부에 안장하였다丙子遣將軍車信 藏世子胎 于安東府」[22]는 기록을 비롯하여 「김포현은 신종神宗(1114~1204) 원년에 왕의 태가 이 현에 묻혔다는 이유로 현령

22 『고려사』 세가 권28, 충렬왕조.

관으로 승격시켰다」[23]든가, 「임하군은 신우辛禑 2년에 왕의 태가 이곳에 묻혔다고 하여 군으로 승격시켰다」[24]든가, 또 공민왕의 태가 치악산雉嶽山에 묻혔다[25]는 등의 기록들을 심심찮게 찾아볼 수 있기 때문이다. 그리고 인종의 태실은 경남 밀양의 태봉산에 있는 것으로 확인되고 있다. 그러므로 이것은 고려의 전통을 그대로 계승하고 있을 가능성이 높다고 하겠다.

셋째, 풍수지리에 의거하여 길지를 선택하여 조성한다는 점이다. 이것은 김유신의 경우와도 달라진 모습이다. 김호의 연구에 의하면 조선초기에서는 『태장경胎藏經』에 의거하여 장태하였으며, 출산 후 태를 거두어 궁궐 안에 안치하였다가 3개월 혹은 5개월 후 장태할 길지가 선정되어야 궁 안의 태를 옮겨 묻었다. 그 업무는 전적으로 태실도감胎室都監이 맡아서 했고, 업무 중 가장 중요한 것이 길지 선정이었고, 이는 태실증고사胎室證考使에 의해 이루어졌으며, 이들은 평상시에 전국의 길지를 미리 찾아다니며 장태 후보지를 3등급으로 분류하여 기록해 두었다고 한다.[26]

성주군의 세종대왕왕자태실도 예외는 아니었다. 전승에 의하면 이곳은 태실이 들어서기 이전 이미 성주이씨의 중시조 이장경李長庚의 묘가 자리 잡고 있었다 한다. 이것이 사실이라면 강제로 이장시키고 왕실의 자손들의 태실이 그 자리를 차지한 셈이 된다. 그만큼 조선왕실은 태실을 통해 길지를 차지하는데 심혈을 기울였음을 알 수 있다. 이러한 점도 일본에서는 찾아볼 수 없는 특징이라 하지 않을 수 없다.

넷째, 석실의 모습으로 되어있다는 점이다. 김유신의 것과 같이 봉분의

23 『고려사』 지 권10, 지리1, 金浦縣條.
24 『고려사』 지 권11, 지리2, 臨河郡條.
25 『고려사』 세가 권56, 제10 지리, 충주목 원주.
26 김호, 「조선왕실의 장태의식과 관련 의궤」, 『한국학보』 111, 일지사, 2003, 168쪽.

도쿠가와 이에야스(德川家康)의 포의총(胞衣塚)

형식도 아니다. 오히려 그것은 불교 승려들의 사리를 보관하는 부도와 닮았다. 그것으로 인해 홍성익은 태실의 석물은 고려말 - 지공 - 나옹 - 무학으로 이어지는 선승의 부도에서 기인한다고 추정하기도 했다.[27] 일본의 경우에는 고대가 아닌 훨씬 시대가 후인 에도막부江戸幕府를 연 도쿠가와 이에야스德川家康(1543~1616)의 포의총이 이같은 형태를 취하고 있다. 고대에는 이러한 형태의 포의총은 찾아볼 수 없다. 그러한 의미에서 부도형식을 취하고 있는 조선 태실의 모습은 독특하다 하지 않을 수 없다.

다섯째, 태실(태반)은 결코 신앙의 대상이 되는 일이 없다는 점이다. 일본의 포의총에 깃든 신들은 출산과 육아와 관련된 신격으로 민간에 의해 신앙화되고 있다는 점에서 본다면 그렇지 못한 조선이 오히려 이상할 정도이다. 설령 김지영의 지적처럼 「정화의식을 거친 태는 태신이 깃들어 있는 신성한 존재로 바뀌고」, 「태실은 태신이 머무는 신성한 장소」[28]라 해도 신앙으로 발전하여 민간에게 영향을 끼치는 일은 없었다. 그 뿐만 아니라 왕실의 여인들이 임신과 출산할 때에도 역대 조상들의 태실의 태신에게 도움을 주는 신적 역할은 기대하지도 않았다.

이러한 인식은 사대부들에게 있어서도 마찬가지였다. 그것과 관련하여 16세기 중엽 성주에 살았던 이문건李文楗(1494~1567)의 『양아록養兒錄』에

27 홍성익, 「조선시대 태실의 역사고고학적 연구」, 『영남학』 27, 경북대 영남학연구소, 2015, 45쪽.
28 김지영, 앞의 논문, 2014, 56~60쪽.

매우 흥미로운 기사가 있다. 그것은 다름 아닌 자신의 손자의 태를 세종대왕 왕자의 태실이 있는 선석산 서동西洞 태봉胎封 밑에 조심스레 묻도록 하인에게 이르고 있는 장면이다.[29] 즉, 그가 손자의 태를 선석산에다 몰래 묻은 이유는 길지에서 나오는 좋은 기운을 얻기 위함이었지, 태실(태반)의 힘을 빌리려는 목적이 아니었다.

최근 세종대왕자 태실이 있는 성주군 월항면에서 괄목할 만한 새로운 민속신앙이 생겨나고 있다. 발생지는 왕자의 태실과 얼마 떨어지지 않은 선석사禪石寺이다. 이 절은 692년(효소왕 1) 의상義湘(625~702)대사가 화엄십찰華嚴十刹 중 하나로 창건한 신광사神光寺로부터 출발하고 있다 한다.[30]

그러나 1722년 성산객星山客이 지은 「선석산기禪石山記」에 의하면 선석사는 세조와 4명의 대군(임영대군, 광평대군, 평원대군, 영응대군), 8명의 군(의창군, 계양군, 밀성군, 수춘군, 영풍군, 영해군, 익현군, 담양군)의 태실을 수호하기 위해 창건한 것이며, 왕실에서 사찰로서 잡역과 세금을 면제받았으며, 그로 인한 폐해도 있었다고 한다.[31] 이처럼 창건의 시기에 대해서 차이를 보이고 있으나 이곳에 태실이 들어서고, 이 절이 왕실로부터 왕자의 태실을 수호하는 사찰로 지정되고, 그것으로 인해 영조로부터 어필을 하사받은 그야말로 세종대왕왕자 태실과 관련이 깊은 곳이라는 사실은 변함이 없다.

이러한 성격의 선석사가 2009년에 국내 최초로 태실법당을 건립하고, 그 안에 전국 각지에서 모집한 아이들의 태항아리들을 안치하고 있다. 이것은 지금까지 없었던 새로운 신앙의 형태로 우리의 주목을 끌기에 충분하다.

29 이문건 저, 이상주 역, 『양아록』, 태학사, 1997, 20~21쪽.

30 조현영, 「성주, 세종대왕자 태실의 공간적 성격과 문화콘텐츠」, 『별고을 성주, 생명을 품다』, 성주군 경북대 영남문화연구원, 2015, 250쪽.

31 조현영, 앞의 논문, 2015, 248~249쪽의 것을 재인용.

그곳이 왕실의 태실과 관련이 깊은 절이기에 그와 같은 신앙이 생겨나는 것은 어쩌면 당연하다 할 수 있다.

그러나 이러한 신앙이 일본의 포의신앙과 근본적으로 다른 것은 태항아리에 들어있는 아이들을 지켜주는 것이 세종대왕 왕자들의 태실(태반)이 아니라 태실법당의 중앙에 자리잡고 있는 자모관음보살慈母觀音菩薩이라는 점이다. 다시 말해 태실과 깊은 관련을 가진 사찰에서 조차도 왕자의 태실(태반)은 물론 그곳의 길지가 주는 땅의 기운도 빌리려고 하지 않는다는 것이다. 그러므로 한국의 태실은 결코 민간신앙화되는 일은 없었다. 이것 또한 고대일본과 큰 차이를 보이는 특징 중의 하나라 할 수 있다.

이상에서 보듯이 성주군 조선왕실의 태실을 포함한 조선왕조의 장태문화는 고대 일본에서 보더라도 매우 독특한 성격을 가지고 있다고 하지 않을 수 없다.

5. 마무리

흔히 조선왕실의 태실은 신라와 고려 사이에 시작된 유습으로서, 중국에는 없는 우리의 고유의 풍습이라고 생각한다.[32] 그러나 이것은 이상에서 보듯이 사실이 아니다. 지금까지 살펴보았듯이 우리와 가장 가까운 일본에서도 태를 묻는 포의문화가 있었다.

그 중 하나의 예로 무로마치 막부室町幕府의 7대 쇼군 아시카가 요시카

32 『선조수정실록』 권4(선조3) 2월 1일.

쓰足利義勝(1434~1443)의 태 처리에 관해 상세히 기록한 『어산소일기御産所日記』에는 다음과 같은 사실들이 기록되어있다. 첫째, 태를 정소의 집사인 이세 사다구니伊勢貞國(1398~1454)가 씻었다. 먼저 맑은 물로 7번, 술로 3번 씻은 다음 식초에 담았다가 꺼내어 백포白布와 붉은 비단赤絹으로 쌌다. 둘째는 「태평太平」이라는 문자가 들어가 있는 동전과 함께 붓, 먹, 종이, 재보財寶, 활, 화살, 칼 등을 항아리에 담았다. 셋째는 음양사陰陽師의 우두머리인 가모 아리가타賀茂在方(?~1444) 등이 길방吉方을 정하면, 이세 사다구니와 전약두典藥頭가 그 방향에 있는 산으로 가서 태를 묻었다고 기록하고 있다.[33]

이러한 일련의 과정은 과거 조선왕실의 태 처리와 거의 같다. 이같이 일본에서도 태를 처리하는 장태문화가 우리와 같이 정립되어있었다. 그리고 앞에서 언급하였듯이 도쿠가와 이에야스의 포의총은 우리의 태실과 같이 석물로 조성된 것이었다. 그러므로 조선왕실에서만 태실을 만드는 장태문화가 있었다고 보기 어렵다.

본 장에서는 한일양국의 장태문화를 비교연구를 위한 일차적인 작업으로 고대에 국한하여 일본의 포의총을 살펴본 것이다. 그럼으로써 몇 가지 중요한 특징들을 찾아내고, 그것을 통해 김유신의 태실과 성주의 세종대왕자 태실을 비교하여 한국의 특징을 도출하려고 하였던 것이다. 그 결과를 간략히 정리하면 다음과 같다.

먼저 고대 일본에는 신들의 것과 인간의 것으로 구분할 수 있는데, 전자는 아마테라스와 스사노오를 들 수가 있고, 후자는 오오오바세, 오진, 케이타이, 미치자네, 요시쓰네, 가메와카마루의 포의총이 있다. 그리고 후자는

33 中村禎里, 『胞衣の生命』, 海鳴社, 19~20頁.

다시 신사의 형식을 취하고 있는 것(오오오바세, 오진, 미치자네, 가메와카마루)과 그렇지 않고 봉분의 형식을 취하고 있는 것(케이타이, 요시쓰네)으로 나누어 볼 수 있다. 여기서 보듯이 포의총은 천황가의 것이 많은 것은 사실이나, 그렇다고 해서 반드시 천황가의 독점물은 아니었다.

이러한 일본의 고대의 포의총에는 다음과 같은 특징을 가지고 있었다. 첫째, 태어난 곳에 조성이 되고, 둘째, 조성 후 그 위에 나무를 심거나 혹은 돌을 올려다 놓으며, 셋째, 태실의 태반이 신격화되어 주로 출산과 양육에 관한 민간신앙의 대상이 되며, 넷째, 원래 포의총은 집안에 조성되기 때문에 땅속에 묻는 것이었다. 이것이 발전하여 신앙화 되면 신사로 나타나고, 그렇지 않고 보존하기 위한 것으로 되면 고분의 형태로 바뀌어 오늘에 이르고 있다는 사실이다.

이러한 특징들을 김유신의 태총과 비교하여 보면 모든 면에 있어서 일치한다. 이러한 점 등으로 미루어 고대 한국과 일본의 포의문화는 동일한 문화권을 형성하고 있었을 것으로 추정이 된다. 그러나 조선의 태실은 고대 일본의 것과 비교하면 다음과 같은 점에서 확연한 차이를 보였다. 즉, 왕실의 독점물이며, 출생지가 아닌 곳에 만들며, 장소는 풍수지리에 따라 길지를 선정하며, 모양은 부도와 같은 석실의 형태를 취하고, 태실(태반)이 결코 민간신앙화되는 일이 없다는 점이다. 이것들은 초기의 태실인 김유신의 것과 비교하여 보아도 크나큰 변화라 하지 않을 수 없다. 무엇 때문에 조선왕실이 이러한 특징들을 지니는 것인지 앞으로 연구가 진행되어야 할 것이다.

본장에서는 고대 일본의 경우만을 살펴보았다. 그 결과 실재를 바탕으로 한 역사적 기록 보다는 신들의 포의총과 같이 전승적인 것도 많이 포함시키지 않을 수 없었다. 그러나 일본은 고대 이후중세, 근세에 걸쳐서 조정의 천황가天皇家, 막부의 쇼군가將軍家를 비롯한 귀족 및 봉건영주의 계층에 있어서도 많은 포의총이 조성된다. 앞에서 언급한 바와 같이 태의 처리 방법이 조선왕실과 유사한 점도 많이 발견된다. 그러므로 이러한 사례들과 우리의 것과 면밀한 비교검토가 이루어진다면 보다 더 명확한 양국의 특징을 살펴볼 수 있을 것이다. 이것이 본 연구의 앞으로 해야 할 과제라 하지 않을 수 없다.

3장

일본의 포의총胞衣塚과 조선의 태실

1. 머리말

최근 고교 동창들과 함께 경북 예천의 문화유적을 답사한 일이 있다. 특히 그 중에서 우리의 흥미를 끌었던 곳이 조선왕실의 태실이었다. 그곳 용문사龍門寺에는 연산군의 생모인 폐비 윤씨(1455~1482), 문효세자文孝世子(1782~1786)의 태실이 있고, 또 명봉사鳴鳳寺에는 문종文宗(1414~1452)과 사도세자思悼世子(1735~1762)의 것이 있었다. 사실 왕실의 태실이 이곳에만 있는 것이 아니다. 수많은 태실이 전국에 흩어져 있으며, 그 중 성주군 세종대왕자 태실과 충북 진천군 김유신 태실은 국가 문화재로 지정될 만큼 문화재적 가치를 인정받고 있다.

태실이란 보통 왕실에서 태어난 아이의 태를 봉안하는 곳을 말한다. 최근 이것에 관한 관심이 높아져 지역을 초월하여 태실이 있는 지역 언론과 함께 학계에서도 활발하게 거론되고 있다. 그 예로 예천의 모신문사는 왕실의 태실문화가 한 · 중 · 일 삼국 중 우리나라에만 유일하게 남아 있는 독특한 왕실 문화라고 보도된 적이 있다.[1] 이러한 주장이 비단 그 신문사만이 아니었다. 영남일보에서도 "왕자가 태어나면 태를 씻어 항아리에 봉안하는 왕실 장태藏胎문화는 세계에서 유일하다."고 하였으며,[2] 문정조 전 고양문화원 이사도 그와 같은 취지로 "태실은 다른 나라 유적에서는 볼 수 없는 독특한 우리 문화이다."고 주장했다.[3]

1 예천신문, 「'문종 · 사도세자 태실터 최초 확인'」, 『예천신문』 승인, 2012.03.02 09 : 06.

2 영남일보, 「성주 세종대왕자 태실 세계유산 등재 신청한다」, 『영남일보』, 입력 2017.01.03, 수정 2017.01.03.

3 윤영현, 「"태실은 세계 유일의 문화자원"」, 『고양신문』, 입력 2006.08.18 00 : 00 댓글 0.

여기서 한 걸음 더 나아가 경기일보는 "태를 보관하는 태실은 세계에서 우리나라가 유일하다. 생명존중의 문화, 세계 유일의 태실 문화를 세계문화유산으로 등재하자."는 주장까지 폈다.[4] 그리고 김항곤 성주군수는 "매년 세종대왕자 태봉안 의식을 열어 세계적인 생명문화 축제의 장으로 만들었다"며 "문화재청을 통해 유네스코에 세계유산 잠정목록 등재신청을 하는 등 등재 절차를 밟고 있다"고도 했다.[5]

전문가들의 의견도 이들과 크게 다르지 않다. 가령 김호는 "조선시대의 왕실 풍속 가운데 독특한 것이 있으니, 바로 출산 후의 장태의식이다. 중국의 고례에는 보이지 않으나 조선에서는 유독 둥근 봉우리를 택하여 그 위에다가 태를 묻어 보관하고 태봉이라는 것이다."라고 했다.[6] 홍성익 또한 "한국의 태실은 세계적으로 그 유례를 찾을 수 없을 만큼 독특한 문화양상으로 보고되고 있다."고 하면서 "조선왕실문화의 독창성을 보여주는 장태문화"라고 규정했다.[7] 그리고 윤석인도 "왕실의 태실제도는 고려시대에 성립된 것으로 보여지며, 왕실 장태의식은 가까운 중국에서도 보이지 않는 우리 고유의 풍속인 것 같다."고 했으며,[8] 특히 김두규는 지금까지 중국이나 일본에 태실제도가 있었다는 기록이나 연구는 없다고 잘라 말하고 있다.[9] 이처럼 전문가들도 언론계와 마찬가지로 조선왕조의 태실문화는 중국과 일본에도 없는 세계 유일한 것으로 보는 경향이 있다.

4 김구철, 「[경기도의 성곽과 능원] 조선 왕조 태실」, 『경기일보』, 입력 2020.09.14.

5 박순기, 「성주 세종대왕자 태실 세계유산 등재 신청한다」, 『연합뉴스』, 2017.01.03 11 : 33.

6 김호, 「조선왕실의 장태의식과 관련 의궤」, 『한국학보』 29, 일지사, 2003, 164쪽.

7 홍성익, 「태실 석물의 미술사적 계승과 변천」, 『사림』 제54호, 수선사학회, 2015, 119쪽.

8 윤석인, 「조선왕실의 태실석물에 관한 일연구 - 서삼릉 이장 원 태실을 중심으로 - 」, 『문화재』 33집, 국립문화재연구소, 2000, 96쪽.

9 김두규, 「성주 세종대왕자 태실과 풍수」, 『영남학』 제28호, 경북대 영남문화연구원, 2015, 211쪽.

과연 그럴까? 필자는 중국전문이 아니기 때문에 중국 사정은 알 수 없으나, 우리와 가장 가까운 일본에도 그러한 것들이 없다는 의견에는 강한 의문을 가지고 있다. 왜냐하면 일본에도 우리의 태실과 같은 것이 신화시대로부터 지금에 이르기까지 최고 권력자들을 중심으로 존재하고 있기 때문이다.

이에 관심을 가지고 필자는 일전에 그것에 관해 학회지를 통해 발표한 적이 있다.[10] 그 때는 주로 일본 고대를 중심으로 다루었기 때문에 그것들은 조선왕실의 태실과 비교하기에는 시대적으로 서로 맞지 않는 면이 있었다. 그리하여 조선의 태실을 일본의 것과 비교하기 위해 기회가 있을 때 마다 일본 천황가와 쇼군가의 태실에 관해 조사를 벌였다. 그 결과 우리와 똑같은 형태의 것은 아닐지라도 권력자들의 태를 묻은 무덤들을 발견할 수가 있었다. 그러므로 조선왕실의 태실문화가 한국만이 가지는 유일한 것이라고 단정내리는 것은 성급한 결론이라고 생각하고 있는 것이다. 그러한 주장을 하기에 앞서 외국과의 비교연구를 철저히 할 필요가 있다고 본다. 특히 그 대상으로는 우리와 인접해 있는 중국과 일본은 매우 중요하다. 그곳들과 충분한 비교검토를 거친 후에 우리만이 가지는 특징을 살려 세계문화유산의 등재에 노력을 기울이는 것이 바람직할 것이다.

그러한 의미에서 본장에서는 필자가 현지조사를 통해 확인된 일본의 태실을 중심으로 소개한 다음, 조선왕실의 것과 비교하면 한일양국이 어떠한 특징을 나타내는지를 살펴보고자 하는 것이다.

10 노성환, 「고대 일본에서 본 한국의 태실문화」, 『일어일문학』 제77집, 대한일어일문학회, 2018, 341~360쪽.

2. 천황가의 포의총

태실은 우리나라에만 있는 것이 아니었다. 일본에도 그러한 것이 있었다. 그것도 모두 권력자에 국한하는 것이어서 우리의 비교대상으로서도 적합하다. 그런데 그 대상이 우리의 것보다 폭이 훨씬 넓다. 위로는 최고의 지위인 천황과 쇼군으로부터 아래로는 지역의 영주와 불교의 고승에 이르기까지 적용의 폭이 넓다. 그리고 명칭도 달랐다. 우리는 태실이라 하였지만, 일본인들은 이를 '포의총胞衣塚' 또는 '에나즈카'라 했다. 그 뜻은 모두 태반의 무덤 즉, 태총胎塚이라는 뜻이다. 여기서 포의란 산후 태반의 다른 표현에 지나지 않는다.

천황가를 비롯한 일본의 지배자들은 태반을 처리하는 하는 데는 시대의 흐름에 따라 조금씩 변화되어왔다. 이를 고고학적으로 접근한 미즈노 마사요시水野正好는 포의처리는 나라시대奈良時代로부터 헤이안시대平安時代의 전반까지는 땅 속에 묻는 매장이었으며, 그것이 11세기말 혹은 12세기 초엽부터는 천정에 매달아두는 보관의 형태로 바뀌었다가 15세기경부터 다시 매장하는 것으로 바뀌었다고 했다.[11]

그의 관심은 포의처리에 있어서 천정에 보관하는 시기에 있었다. 그러므로 15세기부터 다시 매장으로 돌아간 상황에 대한 서술은 보이지 않는다. 이 시기에 매장으로 바뀌었다고 해도 고대와는 그 형태를 달리했다. 즉, 고대에는 집 안 또는 집 부근에 매장하였지만, 이 시기는 산으로 변화되어 있었다. 그 예로 쇼군가의 출산 기록인 니나가와 치카모토蜷川親元(1433~1488)

11 水野正好, 「産育呪儀三題」, 『文化財学報』 13集, 奈良大学文学部文化財学科, 1995, 71~73頁.

의 『친원일기親元日記』에 의하면 1465년(寬正 6) 8월 삭일에 정소政所의 집사인 이세 사다치카伊勢貞親(1417~1473)가 산소産所에 가서 깨끗이 씻은 태를 넣은 항아리를 받아 가지고 나와 길吉한 방향에 있는 우타노 나카야마歌之中山에 가서 포의(태)를 묻는 장면이 나온다. 즉, 나카야마라는 산에 가서 매장하였던 것이다.

이러한 것이 그 이후에도 지속되었던 것 같다. 에도 초기의 범순梵舜(1553~1632)이 쓴 『순구기舜舊記』에는 1623년(元和 9) 11월 메이쇼천황明正天皇(1623~1696)의 태를 가구라오카神樂岡에 묻었다는 기사가 있다. 가구라오카는 천황궁 동방에 위치한 요시다산吉田山의 별칭이다. 그곳에는 1484년 요시다 가네토모吉田兼俱(1435~1511)가 전국의 신을 합사했다는 요시다 신사吉田神社가 있다. 그러므로 그곳에 묻는다는 것은 전국의 신들로부터 축하를 받는 동시에 수호를 받는다는 상징적의 의미도 내포되어 있었다.

그 이후 매장지는 요시다산에서 다른 곳으로도 확대가 되었다. 고실가故實家인 이세 사다타케伊勢貞丈(1718~1784)가 쓴 『정장잡기貞丈雜記』[12]에 의하면 천황가의 태는 대개 이나리야마稻荷山, 가모산賀茂山, 요시다산吉田山에 묻는다고 했다.[13] 이나리야마에는 이나리대사稻荷大社가 있고, 가모산에는 가미上, 시모下의 가모신사賀茂神社가 있다. 이처럼 천황가 아이의 태는 신들에 의해 지켜지는 신성한 산에 묻혔다.

그러나 특이한 것은 그들의 태총(태실)이 그곳에서 잘 발견되지 않는다는 점이다. 그나마 정확하게 파악되는 것이 메이지천황明治天皇(1852~1912)

12 이 책은 자손들에게 고서안내(古書案内) 및 고실연구(故実研究)의 참고서로서 저술된 것으로 전체 16巻, 36部로 구성되어있으며, 1763년(宝暦 13)에서 1784년(天明 4)까지 무릇 22년간에 걸쳐 집필한 것으로 초고의 형태로 전해지던 것을 岡田光大가 교정하여 1843년(天保 14)에 간행했다.

13 水野正好, 앞의 논문, 1995, 73頁 재인용.

의 포의총이다. 『명치천황기明治天皇紀』 第一에 의하면 메이지천황의 태는 요시다산에 묻혔다.

그의 포의를 처리하는 데는 다른 사람에 비해 이례적으로 많은 시간이 걸렸다. 보통 출생한지 2~3일 후에 매장하는 것이 보통인데, 그의 경우는 그렇지 않았다. 그 이유는 좀처럼 길일이 나오지 않아 약 10일 뒤에 이루어졌다. 즉, 9월의 토용土用의 시기[14]가 있어서, 그 기간 3일을 피하지 않으면 안되었고, 토용이 끝나는 그 다음날도 계절이 변화되는 세쓰가와리節替에 해당되어 이 날도 치를 수 없었다. 또 9월 27일은 무이카타레六日垂라 하여 생후 6일째 되는 날에 아이의 머리를 자르는 날이기 때문에 이 날도 안되었다. 그리고 그 다음날 28일은 고메이천황의 제1황녀 요리코나이順子内親王(1850~1852)의 기일忌日이었다. 그리고 29일은 「칠야七夜의 예禮」라 하여 생후 7일, 타인과 첫 대면하는 날로 축하연을 여는 날이어서 이 날도 피했다. 또 9월 30일과 10월 1일은 모두 일진이 좋지 않은 날이었다. 그러므로 메이지의 포의 매장은 늦어질 수밖에 없었다.[15]

이러한 일진을 잡는 역할은 당시 음양두였던 쓰치미카도 하루오土御門晴雄(1827~1869)가 맡았다. 특히 음양도에서는 날짜의 길흉을 정하고 대안大安, 불멸仏滅, 도모비키友引 등이 들어있는 날도 삼가해야하는 날이다. 그의 권고에 의해 10월 2일 천황궁에서 길방위吉方位에 있는 요시다산에 매장하였던 것이다.

이렇게 어렵게 조성된 포의총이지만, 현재 요시다산에는 그곳을 안내

14 立春, 立夏, 立秋, 立冬 전의 18일간을 土用이라 한다.

15 京都歴史研究會 「明治天皇 胞衣塚」 http://rekikenkiroku.blog.fc2.com/blog-entry-76.html(검색일 : 2021.02.09).

◂ 요시다산에 있는 메이지천황의 포의총
▸ 호정원(護浄院)의 경내에 있는 고카쿠천황(光格天皇)의 포의총 석비

하는 안내판 하나도 없다. 그리하여 그곳을 찾기란 여간 어려운 것이 아니다. 정확히 말하자면 과조신사菓祖神社의 좌측을 통과하여 좁은 길을 따라 올라가면 숲속에 사각형으로 석책이 둘러쳐진 곳이 나오는데, 바로 그것이 메이지의 포의총이다. 이곳도 메이지 포의총을 설명하는 안내판은 물론 그것을 나타내는 표식조차 없다. 거의 방치되어있다고 해도 과언이 아닐 만큼 관리가 제대로 되지 않고 있는 것이다.

이에 비해 천황의 포의총이 비교적 잘 보존되어 현장에서도 쉽게 확인이 가능한 것은 18세기 이후 산이 아니라 인근 신사와 사찰에 매장된 경우이다. 고카쿠천황光格天皇(1771~1840)은 119대 천황이다. 그의 포의총은 한군데가 아닌 두 군데나 있다. 한 곳은 청황신 호정원清荒神 護浄院이라는 천태종 계열 불교사원이다. 이곳은 천황궁에서 남동에 위치한다. 경내에 오륜탑五

輪塔과 더불어 「고카쿠천황어포총光格天皇御胞塚」의 비석이 서있다. 비문은 「고카쿠천황어포총光格天皇御胞塚」이라고 되어있을 뿐 건립연도와 건립자도 적혀 있지 않다. 비문도 마멸이 심하여 읽기가 어렵다. 이를 위해서 사찰측이 새롭게 「제119대 고카쿠천황어포총第百十九代光格天皇御胞塚」이라는 목판을 세우고, 읽는 자를 위해 「온에나즈카おんえなづか」라고 적어놓았다.

또 한 곳은 아와타신사粟田神社이다. 이곳은 천태종 사찰 청련원青蓮院에서 동쪽으로 약 250미터 떨어진 곳에 위치해 있다. 신사에 들어서서 본전쪽으로 보면 그 앞에 「고카쿠천황어포의지송光格天皇御胞衣之松」이라는 석비가 서 있다. 이로 보아 포의총의 표식으로 포의총 옆에 소나무가 심겨졌음을 알 수 있다. 이는 아이의 건강한 성장을 기원하기 위해 심겨졌을 것으로 보이나, 현재는 말라죽었는지 자취 없이 사라지고, 그 자리에 단풍나무가 서 있다.

『고카쿠천황실록光格天皇実録』에 의하면 그의 포의 매장지는 음양도陰陽道를 가업으로 하고 있는 고토쿠이가幸德井家의 출신인 고토쿠이 가즈노에가미幸德井主計頭가 점을 쳐 정했고, 포의는 태어난 지 7일째 되던 8월 21일에 「인묘지간寅卯之間」 즉, 동북동東北東에서도 동쪽에 위치해 있는 청황신清荒神에 묻었다고 했다.[16] 그런데 여기서는 아와타신사에 묻었다는 기록은 찾을 수 없다. 그럼에도 불구하고 어떠한 이유인지 모르지만, 현재 아와타 신사에는 고카쿠천황의 포의총이 있다. 만일 그것이 고카쿠의 것이 확실하다면, 천황의 포의는 두 곳으로 나누어 매장을 하는 일이 가능하다는 것을 보여주는 좋은 사례라 할 수 있다.

16 『光格天皇実録』巻1, ゆまに書房, 2006.

닌코천황의 포의총

120대 닌코천황仁孝天皇(1800~1846)의 포의총은 교토京都의 사이인西院 가스가 신사春日神社 본전本殿 건물 왼쪽에 위치해 있다. 천황궁의 남서에 해당된다.

그의 포의처리에 대해 『닌코천황실록仁孝天皇実録』은 태를 항아리胞衣桶에 넣고, 그 위에 흰 천으로 싼 주걱 1쌍, 청석青石 2개, 마른 멸치 2마리를 함께 넣어 봉하고 묻었다고 기술하고 있다.[17] 이를 주관한 자는 당시 음양두陰陽頭였던 쓰치미카도 야스히데土御門泰栄(1758~1807)이었다. 그는 태어난 왕자에게 젖을 먹이고, 첫 옷을 입히고, 또 포의를 매장하는 일 등 출산의 전반에 관여했다.[18]

음양두란 음양료陰陽寮의 우두머리를 말한다. 음양료란 나라시대奈良時代의 텐무천황天武天皇에 의해 설치된 중무성中務省에 속하는 기관으로 점占, 천문天文, 시력時暦의 편집을 담당한다. 쓰치미카도가土御門家는 아베노 세이메이阿倍晴明의 14대 자손에 해당되는 무로마치시대室町時代의 음양사陰陽師 아베노 아리요安倍有世의 후예로, 야스히데는 구라바시 아리요시倉橋有儀(1738~1784)의 장남으로 태어났으나, 훗날 쓰치미카도가에 양자로 들어간 인물이다. 이러한 이력을 가진 음양사의 우두머리에 의해 가스가 신사가 고카쿠천황의 포의 매장지로 선정이 되었다.

현재 가스가 신사의 경내에는 포의를 묻은 곳에 「닌코천황어포의매장

17 中村禎里, 앞의 책, 1999, 56頁.
18 『仁孝天皇実録』 巻1, ゆまに書房, 2006.

지지仁孝天皇御胞衣埋蔵之地」이라고 적힌 목비木碑가 세워져 있고, 그 위에는 나목梛木이 심겨져 있다. 이는 원래 소나무이었던 것이 도중에 바뀌어졌을 것으로 보인다. 그 나무 또한 액을 막아준다는 속신이 있다.

「고메이천황어로의매납소(孝明天皇御胞衣埋納所)」

121대 고메이천황孝明天皇(1831~1866)은 닌코천황의 4남으로 태어났다.『고메이천황실록孝明天皇実録』에 의하면 그의 포의는 와카미야하치만신사의 경내에 묻은 것御胞衣ハ若宮八幡社地ニ被納으로 되어있다. 즉, 천황궁에서 남남동南南東에 해당되는 곳에 위치한 교토의 와카미야하치만궁若宮八幡宮에 매장되었다.[19]

이 신사의 경내 본전 건물 우측에「고메이천황어로의매납소孝明天皇御胞衣埋納所」라는 표식이 세워져 있다. 포의가 매장된 곳에는 신사의 경내에 심는 상록수 비추기나무榊木가 심어져 있다.

천황은 아니지만 황족들의 포의총도 눈에 띈다. 그 대표적인 사례가 청련원青蓮院의 경내 일각에 에도시대의 말기와 근대의 황족인 구니노미야아사히코신노久邇宮朝彦親王(1824~1891)의 4명의 자식들과 그의 가문 출신 두 명의 포의총이 있다. 그는 후시미노미야 구니이에신노伏見宮邦家親王의 4남이며 손유호신노尊融法親王으로 문적門跡[20] 사찰 청련원의 제47대 문주門主로

19 『孝明天皇実録』巻1, ゆまに書房, 2006.

20 황족, 귀족이 주지가 되어야 하는 특정 사원이거나, 그러한 사람들이 주지로 있는 사찰을 말함. 원래는 일본 불교의 개조의 정식 후계자를 일컫는「門葉門流」이라는 뜻이었다. 이러한 경우 문주(門主) 또는 문수(門首)라고도 했다. 가마쿠라시대(鎌倉時代) 이후는 위계가 높은 사원을 門跡寺院이라고

취임했다. 그러한 인연으로 그의 자식들의 포의총이 경내에 자리 잡은 것 같다.

그의 자식 4명은 1911년 4월16일생 제1왕녀 하쓰고久邇宮発子, 1912년 5월 29일생, 장남 요시히코久邇宮賀彦王, 1913년 12월 5일생 차녀 고우코久邇宮珖子, 1917년 5월18생 3녀 구니코久邇宮恭仁子女王이며, 그의 일족으로는 구니노미야 다카오久邇宮多嘉王의 차남 우지이에히코宇治家彦(1920~)와 3남인 나시모토 노리히코梨本徳彦(1922~2007)이다. 이들의 포의총은 현재 그것을 표시하는 비석만이 세워져 있다.

메이지천황의 아내 소헌황후昭憲皇后(1849~1914)의 포의총도 교토시 시모쿄구下京区의 텐도신사天道神社의 경내에 있다. 그녀의 부친인 이치조가一条家의 22대 당주当主 이치조 다다카一条忠香(1812~1863)가 묻었다 한다. 이곳에서는 그녀의 포의를 묻은 곳에 석책을 두르고 그 안에는 「황태후궁어포의매납소皇太后宮御胞衣埋納所」라는 석표가 세워져 있다. 사람들은 오나에즈카胞衣塚라 했다. 그리고 이곳에서는 소헌황후의 생일인 음력 4월 17일을 기준으로 하여 한달 뒤인 5월 17일에 「어포의총신사御胞衣塚神事」라는 제의를 하고 있다. 이처럼 18세기 이후에는 천황가의 포의는 궁성의 인근 신사와 사찰에 매장되었다.

텐도신사(天道神社)의 「어포의총신사(御胞衣塚神事)」

도 했다. 또 황녀 또는 왕녀가 출가한 사원으로 御由緒寺院, 尼門跡寺院이 있었다. 이러한 사원은 寺格이 높고, 황실로부터 특별 대우와 특권이 주어졌고, 주지는 각 종파의 관장(管長)과 동등한 대우를 받았다.

메이지 이후 천황들은 도쿄에서 태어났다. 그러므로 그들의 포의총은 모두 도쿄에 있다. 『다이쇼천황실록大正天皇実録』 권1에 의하면 123대 천황 다이쇼大正(1879~1926)는 「어원御苑 내 매림다옥梅林茶屋의 西二十間의 浄地」에 묻혔고, 또한 그곳에는 「소나무를 심고 그 표시로 삼는다」라 하였듯이 전통에 따라 매장지의 표식으로 소나무가 심겨졌다.[21] 여기서 말하는 어원御苑이란 오늘날 아오야마고쇼青山御所라고 부르는 동궁이 거처하는 곳이다.

그리고 124대 천황 쇼와昭和(1901~1989)도 『쇼와천황실록昭和天皇実録』 第一에 의하면 태어난 해 5월 5일 이른 아침 「青山東宮御所内梅의 서쪽 언덕에 매장하고 언덕 위에 소나무 3그루 심다」라고 되어있다.[22] 즉, 동궁의 처소인 아오야마고쇼에 태를 묻었으며, 선친 다이쇼와 같이 묻힌 곳에는 소나무 3그루가 심겨졌다.

이같이 천황가의 포의는 고대에는 궁성의 인근에서 매장되던 것이 11, 12세기경부터는 천정에 보관하는 형태로 바뀌었다가, 15세기부터는 산에 매장하는 것이 되었으며, 그것이 18세기경부터 궁성의 인근 신사와 사원에 매장되는 것으로 변화되었다. 그러던 것이 메이지가 다시 산으로 갔다가, 그 이후 도쿄의 천도 이후에는 동궁이 사는 아오야마고쇼로 되는 역사를 가지고 있다. 그러한 가운데 뚜렷한 흔적을 남기고 있는 것은 18세기경부터 조성된 천황의 포의총일 것이다.

21 『大正天皇実録』 巻一, ゆまに書房, 2016.

22 『昭和天皇実録』 第一, 「御胞衣埋納の条」, 東京書籍, 2015.

3. 무장들과 고승들의 포의총

막부의 쇼군을 비롯한 무장들의 포의총도 사정은 천황가와 비슷하여 그 형태를 알아볼 수 있는 것이 그다지 많은 편이 아니다. 그 중 오래된 것이 16세기경에 조성되었을 것으로 보이는 도요토미 히데요리豊臣秀頼(1593~1615)와 도쿠가와 이에야스徳川家康(1543~1616)이다. 히데요리는 도요토미 히데요시豊臣秀吉(1537~1598)의 아들이다. 그의 포의는 현재 다마쓰쿠리이나리신사玉造稲荷神社에 묻혔다. 1593년 8월 29일 오사카성大坂城에서 태어나, 그의 포의는 성의 산노마루三の丸에 묻혔다. 다마쓰쿠리이나리신사는 바로 이곳에 건립된 것이다. 그러므로 그는 태어난 곳에 태를 묻은 셈이다.

자신이 태어난 집에 자신의 태를 묻는다는 것은 근세의 무장들에게는 하나의 원칙이었다. 에도막부江戸幕府의 초대 쇼군 도쿠가와 이에야스徳川家康(1543~1616)의 포의총은 오카자키岡崎에 있다. 그 이유는 1542년(天文 11) 12월 26일 오전 4시경 미가와三河의 오카자키에 태어났기 때문이다.

유키 히데야스(結城秀康)의 포의총(静岡県 浜松市)

유키 히데야스結城秀康(1574~1607)는 1574년 3월 1일 도쿠가와 이에야스의 차남이다. 그의 포의총은 시즈오카현静岡県　하마마쓰시浜松市에 있다. 그 이유는 그가 그곳에서 태어났기 때문이다. 좀 더 정확하게 말하자면 1574년(天正 2) 2월 8일 그의 어머니이자 이에야스의 측실인 오만

お万이 지역의 토호 나카무라 마사요시中村正吉의 집에서 출산한 것이다. 그럴 수밖에 없었던 것은 1568년(永禄 11) 이에야스가 이곳으로 진군하였을 때 마사요시는 일체 저항하지 않고 오히려 환영하였으며, 그의 가신이 되었다. 아내와 함께 출정 중이었기 때문에 그의 출산이 이곳에서 이루어졌고, 지금도 그의 포의총이 그의 마사요시의 집 정원에 현존하게 된 것이다. 그 모양은 돌과 흙으로 낮으막한 봉분형태로 되어있으며, 그 위에 매화나무가 심겨져 있다. 일설에 의하면 그 매화나무는 이에야스가 직접 심은 것으로 알려져 있다. 이처럼 소나무가 아닌 매화나무를 심는 경우도 있었다. 그리고 특이한 점은 이 포의총은 대대로 여성들이 접근하지 못하도록 하는 금지가 지켜졌으며, 그 원칙은 오늘날에도 변함없이 지켜지고 있다.

도쿠가와 이에노부徳川家宣(1662~1712)는 에도막부의 6대 쇼군이다. 그의 포의총은 현재 도쿄 분쿄구文京区의 네즈신사根津神社 경내에 있다. 그 이유는 1662년(寛文 2) 6월 11일 도쿠가와 쓰나시게徳川綱重(1644~1678)의 장남으로 이곳 네즈根津의 별저에서 태어났기 때문이다. 그가 5대 쇼군 綱吉의 후계자가 되어 에도성江戸城으로 들어가자 그의 집을 신사로 바꾼 것이다. 그의 포의총은 매우 소박하다. 그 위에 큰 바위가 10여개가 올려져 있을 뿐 다른 어떤 장식이나 석물이 일체 없는 것이 특징이다. 아마도 이것은 동물들이 파 해치지 못하게 하기 위함으로 보인다.

도쿠가와 이에노부(徳川家宣)의 포의총(도쿄 文京区 根津神社)

그 밖에 지역 영주의 것으로는 류조지 다카노부龍造寺隆信(1529~1584), 나베시마 나오시게鍋島直茂(1537~1619), 도쿠가와 미쓰쿠니徳川

류조지 다카노부의 포의총(佐賀県 佐賀市)

光圀(1628~1701)의 것이 알려져 있다.

류조지 다카노부는 전국시대戦国時代부터 아즈치모모야마시대安土桃山時代에 걸쳐 히젠肥前国 지역을 지배했던 영주이다. 그는 1529년(享禄 2) 2월 15일 류조지 치카이에龍造寺周家(1504~1545)의 장남으로서 히젠의 사가군佐嘉郡 미즈가에성水ヶ江城에서 태어났다. 현재 그곳에는 「류조지 다카노부 탄생지龍造寺隆信生誕地」라는 커다란 기념비 옆에 그의 포의총이 있다. 그런데 그 모양이 시멘트로 둥근 봉분 형식으로 취하고 있고, 아랫부분은 돌로 둘러쳐져 있다. 그러므로 원래의 형태를 알아 볼 수 없다.

류조지 다카노부의 뒤를 이어 히젠의 지배자가 된 나베시마 나오시게는 1538년(天文 7) 3월 13일 히젠 사가군 혼쇼무라本庄村에서 지역 토호 나베시마 기요후사鍋島清房(1513~?)의 차남으로 태어났다. 그가 태어난 곳에 그의 포의총이 남아있는데, 이것도 류조지 다카노부의 것과 마찬가지로 시멘트로 봉분형태로 복원하여 원래의 형태를 알아 볼 수 없게 되어있다.

그에 비해 미토水戸의 2대 영주 도쿠가와 미쓰쿠니는 1628년(寛永 5) 6월 10일 미토번의 가신 미키 유키쓰구三木之次(1575~1646)의 집에서 태어났다. 그러므로 그의 포의는 이 집 내에 묻혔고, 그 위에는 작은 비석을 세워 표식으로 삼았다. 이 집이 1901년(明治 34) 철도개설로 인해 철거가 결정이 되자, 그의 포의총은 미쓰쿠니가 은퇴 이후 머물렀던 히타치 오오타常陸太田의 세이잔소西山荘으로 옮겨져 있다.

한편 지금까지 알려진 고승들의 포의총으로는 명혜明恵(1173~1232), 친란

親鸞(1173~1263)의 것이 있다. 명혜는 일본 화엄종 중흥의 시조로서 교토의 고산사高山寺를 창건한 고승이다. 그는 1173년(承安 3) 1월 8일 기이紀伊国 아리타군有田郡 이시가키쇼 요시하라무라石垣庄吉原村(현재 : 和歌山県 有田川町)에서 태어났다. 현재 그곳은 환희사歓喜寺로 되어있으나, 원래는 그의 생가이었다. 현재 그곳에 그의 포의총이 보존되어있다. 외견상 특징으로는 포의가 묻힌 자리에 돌이 얹혀져 있다.

친란의 포의총(伏見区 日野誕生院)

그에 비해 친란의 포의총은 교토시京都市 후시미구伏見区 히노日野에 있다. 친란은 정토진종浄土真宗의 개조開祖이다. 그는 1173년(承安 3) 5월 21일 히노 아리노리日野有範의 아들로서 이곳에서 태어났다. 현재 그곳은 히노 탄생원日野誕生院이라는 이름으로 불교사원이 되어있는데, 원래는 그곳이 그의 생가였던 점은 앞의 명혜의 예와 같다. 또 모양은 명혜의 것과 같이 포의가 묻힌 곳에 둥근 돌이 올려져 있고, 그 주위에는 둥글게 석난간이 둘러쳐져 있다. 이처럼 천황가를 제외하고, 무장과 고승들의 포의는 태어난 곳에 매장되었다.

4. 한국의 태실과 일본의 포의총

이상에서 살펴본 일본 지배자의 포의총을 조선왕실의 태실과 비교하여 보았을 때 어떤 특징들을 알 수 있을까?

먼저 태를 씻고, 태항아리에 넣고 매장하는 과정에서는 조선과 일본은 크게 다르지 않다. 이것이 양국에 유사성을 보이고 있는 것은 중국으로부터 영향을 받았기 때문으로 추정된다.

중국 호남성湖南省 마왕퇴馬王堆의 전한시대前漢時代(기원전 168년)의 묘지에서 출토된 의학서 중 『태산서胎産書』에 포의를 매장하는 방법이 다음과 같이 서술되어있다.

> 출산을 하고 나면 우선 맑은 물로 포의를 씻고, 그 다음에는 잘 익은 술로 씻고, 또 술로 씻어서 항아리에 넣어 밀봉하여 개미들이 들어가지 못하게 한다. 그러면 아이의 머리에 종기가 생기지 않으며, 피부도 좋아지고 장수한다.[23]

이처럼 중국에서는 기원전부터 포의를 물과 술로 씻어서 항아리에 넣어 매장하는 것이 있었다. 이러한 내용이 그 후 가필되어 『산경産經』에 많이 인용되었다. 『산경』에는 포의를 매장할 때 먼저 맑은 물로 깨끗이 씻어서 청결하게 하고, 붉은 비단으로 싼다. 그리고 준비한 새 항아리에 공전貢錢 5개를 글자가 있는 면을 위로 하여 넣고 그 위에 포의를 넣고, 새 뚜껑으로 봉한다. 그리고 진흙으로 밀폐하고, 벌레나 새들이 쪼아 먹지 못하도록 한다고 『의심방醫心方』에 인용되어있다.[24]

우리나라에서는 그러한 내용이 조선 중기 의학자 노중례盧重禮(?~1452)가 편찬한 『태산요록胎産要錄』에 보인다. 그것은 중국 명나라 왕악王嶽이 지

23 杉立義一, 『お産の歷史』, 集英社, 2002, 119頁에서 재인용.
24 杉立義一, 앞의 책, 2002, 119~120頁에서 재인용.

은 『왕악산서王嶽産書』의 내용을 그대로 인용한 것인데, 그 내용을 소개하면 다음과 같다.

> 대체로 태반을 묻는 방법은 먼저 맑은 물로 씻어서 모래와 흙, 지푸라기 등을 털어 버리고 다시 한 번 청주로 씻어준다. 그런 다음 동전 1전을 태반 속에 넣고 새 사기 항아리 안에 담아 깨끗한 비단으로 그 윗부분을 싼 다음 주둥이를 밀봉하여 조용한 곳에 조심스레 놔둔다.[25]

이것으로 우리나라가 얼마나 중국의 의학서로부터 영향이 컸는지를 알 수 있다. 이를 응용하여 조선왕실에서는 아기가 탄생하면 태는 백자 항아리에 넣어 산실 내의 미리 정해둔 길방吉方에 두었다가 세태洗胎하는 날이 되면 도제조都提調 이하가 흑단령을 갖추어 입고 산실의 후정後庭에 차례대로 서고, 의녀가 태항아리를 받들고 나와서 세태를 하게 된다. 세태를 마친 후에는 '某年某月某日 中宮殿 誕生 阿只氏 胎'라고 적고, 뒷면에 삼제조三提調와 의관醫官의 성명을 적은 후에 도두모陶頭毛 안에 넣고 상모전常毛氈으로 사이를 두고 덮개를 덮어 의녀가 봉지奉持하고 다시 예정된 길방에 두었다가 태봉을 택하여 장매藏埋한다고 한다.[26]

특히 『호산청일기護産廳日記』에서는 이를 더욱 세분화하여 "세태수는 월덕 병방에서 떠와 의녀로 하여금 100번 씻게 한 뒤 술로 다시 씻고, 옛날 동전 하나를 글자면이 아래로 가게 하여 먼저 안쪽 태항아리의 밑바닥 가운

25 정경은, 『태산요록에 대한 연구』, 원광대 박사학위논문, 2011, 116쪽.

26 육수화, 「조선왕실의 출산과 안태의 재조명」, 『민족문화논총』 제35집, 영남대 민족문화연구소, 2007, 292쪽에서 재인용.

데에 넣은 다음 태를 넣어 기름종이와 남면주로 항아리 입구를 덮고 붉은 끈으로 묶어 봉한다."고 소상하게 서술되어있다.[27]

일본도 조선의 것과 크게 다르지 않았다. 일본 산부인과의사의 시조라 할 수 있는 아키 모리사다安芸守定[28]가 1358년(延文 3) 무로마치 막부室町幕府 2대 쇼군将軍 아시카가 요시아키라足利義詮(1330~1367)의 측실 기노 요시코紀良子(1336~1413)의 출산의 과정을 상세히 기록한 『어산소일기御産所日記』가 있다. 그것에 의하면 태의 처리는 다음과 같이 했던 것 같다.

첫째, 태를 정소政所의 집사인 이세 사다구니伊勢貞國(1398~1454)가 씻었다. 먼저 맑은 물로 7번, 술로 3번 씻은 다음 식초에 담았다가 꺼내어 백포白布와 붉은 비단赤絹으로 쌌다. 둘째는 「태평太平」이라는 문자가 들어가 있는 동전과 함께 붓, 먹, 종이, 재보財寶, 활, 화살, 칼 등 항아리에 담았다. 셋째는 음양사陰陽師의 우두머리인 가모 아리가타賀茂在方(?~1444) 등이 길방吉方을 정하면, 사다구니와 전약두典藥頭가 그 방향에 있는 산으로 가서 태를 묻었다고 했다.[29]

이처럼 한일양국이 세태하는 부분에 있어서 다소 차이는 있을 수 있으나, 태를 물과 술로 깨끗이 씻은 다음 동전을 넣은 항아리에 넣고 길방의 장소에 매장한다는 큰 테두리는 같다.

심지어 태를 묻을 때 주의사항도 중국으로부터 영향을 받은 것도 한일양국이 같다. 또한 앞의 『태산요록胎産要錄』에는 『왕악산서』에 있는 다음

27 국립문화재연구소, 『국역 호산청일기』, 민속원, 2007, 89~90쪽.

28 南北朝時代의 의사. 日本에서 婦人科医의 시조라 불리는 인물. 安芸平氏 출신. 1358년 室町幕府 제2대 쇼군 足利義詮의 측실인 紀良子의 출산을 도움. 그 공으로 尚薬이 되었고, 嘉慶年間에는 従四位上에 서훈되어 大膳職에 올랐다. 安芸家의 자손들은 대대로 足利家의 출산을 맡았고, 그 기록으로서 『御産所日記』가 있다. 守定의 약으로는 산전과 산후의 약인 「神仙散」이 알려져 있다.

29 中村禎里, 『胞衣の生命』, 海鳴社, 1999, 19~20頁.

과 같은 내용도 함께 소개하고 있다.

> 3달이 지난 뒤에 천덕일天德日, 월덕일月德日, 월공일月空日을 골라서 좋은 땅의 양지바르면서 높고 조용한 곳에 3척 정도 땅을 파내어 묻는다. 항아리 위로는 1척 7촌만큼 흙을 덮고 꾹꾹 다져준다. 이렇게 하면 아이가 오래 살고 지혜롭게 된다. 조심성 없이 묻어 돼지나 개, 까마귀, 참새, 벌레, 개미 같은 것들이 파먹는 일이 없어야 한다. 또 신사나 사당 가까이나 연못, 우물, 부엌, 대문의 옆과 큰 나무 아래와 길옆에 묻어서는 안 된다. 이렇게 하면 아이에게 이롭지 못할 뿐더러 해롭기 때문에 깊이 삼가야 한다.[30]

이러한 내용이 『태산요록』에 포함되어있는 것으로 보아 태실의 조성 때 유용하게 활용되었을 것으로 보인다. 즉, 태는 동물들로부터 피해를 입지 않고, 신사나 사당 인근, 또 연못, 우물, 부엌, 대문의 옆과 큰 나무 아래, 길가는 피해야 했다. 만일 그렇지 못할 경우에는 중국 당나라 의학서 『외대비요外臺秘要』의 「최씨범장아의법崔氏凡藏兒衣法」에서는 다음과 같이 폐해를 적어놓고 있다. 즉,

> 돼지나 강아지가 태를 먹게 되면 아기가 미치게 되고, 벌레나 개미가 먹게되면 아기에게 악창이 생기고, 큰 개나 새가 먹게 되면 아기가 병기兵器에 찔려 죽고, 사묘祉廟 곁 가까이 두면 아기가 익사하게 되고, 오래된 부엌 곁 가까이 두면 아기가 경기를 하게 되고, 우물 근처 두게 되면 아기가 벙어리나 맹

30 정경은, 『태산요록에 대한 연구』, 원광대 박사학위논문, 2011, 116쪽.

인이 되고, 길거리나 골목에 버려두면 아기가 후사가 끊어져 자식이 없게 되고, 문호門戶에 두면 아기가 말을 못하거나 귀가 먹게되고, 흐르는 물밑에 두면 아기가 당달봉사가 되고, 불 속에 던져버리면 아기가 여창癘瘡이 생기고, 숲속 나무 끝에 두면 아기가 스스로 목을 매어 죽으니, 이와 같은 금기사항을 조심해야 할 것이다.[31]

이러한 지식은 고스란히 일본에도 전해졌다. 그 예로 15세기 문헌 『포의납전기胞衣納傳記』에도 그와 유사한 내용이 발견되는 것이다. 즉, 태를 묻을 곳은 우선 청결한 곳을 택하여야 하며, 특히 귀문鬼門과 금신金神의 방향은 흉이기 때문에 피해야 한다고 하면서, 금기사항을 지키지 않을 때 다음과 같은 사태가 벌어진다고 경고했다. 즉, 짐승들이 포의를 묻은 곳을 파헤쳐 그것을 먹으면 아이가 놀라고 미치게 되기도 하며, 벌레가 찌르고 지나가면 아이는 악창惡瘡이 나며, 새들이 쪼아 먹으면 병들어 죽을 때 고생하며, 신사, 묘소, 부엌 주변에 묻으면 신과 부처를 더럽히는 것이기 때문에 아이가 봉사가 되고, 강가 또는 물이 나오는 곳에 묻으면 그 아이는 익사하고, 우물 주변은 습해 잘 썩기 때문에 귀머거리가 되며, 길에 묻으면 부정이 타 신과 부처의 보호를 받을 수 없다고 하였던 것이다.[32] 이처럼 일본에서도 포의는 짐승과 새, 벌레 등이 헤치지 않는 곳이어야 하며, 신사, 묘소, 부엌, 길, 물이 많은 곳을 피하여 매장하여야 한다고 한 것이다.

여기에서 보듯이 한일양국이 태를 처리하는 데 유사성을 보이는 것은

31 진갑곤, 「태실관련 문헌과 기록의 가치」, 『성주 세동대왕자 태실의 종합적 검토』, 성주군, 경북대 영남문화연구원, 2016, 122쪽에서 재인용.

32 陶智子, 「小笠原流における胞衣についての研究」, 『富山短期大学紀要』 36집, 富山短期大学, 2001, 5頁.

중국의 지식을 공통적으로 수용하였기 때문이다. 그렇다고 모든 부분이 공통된 특징을 지니는 것이 아니다. 차이점도 엄연히 존재한다. 차이점은 서로 비교하여 보았을 때 더욱 뚜렷하게 드러난다. 그 차이점을 다음과 같이 적할 수 있다.

첫째는 한국에서 태실이란 왕실 이외의 사람들이 태실을 조성할 수는 없다는 점이다. 다시 말해 그것은 조선왕실의 점유물이었다. 경북 안동 노송정 종택에는 「퇴계태실退溪胎室」이라는 방이 있다. 그것은 이퇴계가 태어난 방이라는 것이지 그의 태를 묻은 곳이라는 뜻이 아니다. 조선시대의 태실은 어디까지나 왕실만이 조성할 수 있었다.

16세기 중반 성주에서 귀향생활을 하던 이문건李文楗은 손자를 얻고서 손자의 태를 처리하는 과정을 다음과 같이 상세히 기술하고 있다.

> 1551년 1월 5일 오전 며느리 김씨가 손자를 낳았고, 출산 후 하루가 지나서 여종 억금이와 삼월이가 태를 가져다가 개울가에서 깨끗이 씻었다. 그리고 그 과정을 뒤따라 가서 감독하였다. 씻기를 마친 후에 황색 사기 항아리에 담아서 기름종이로 덮고 새끼줄로 묶은 다음 돌아와 집에 두었다. 그 후 1월 18일에 남자 종인 귀손과 거공이 이를 받들고 가서 아침에 선석산 서동 태봉 밑에 조심스레 묻도록 하였다.[33]

여기에서 보듯이 이문건은 자기 손자의 태를 하녀로 하여금 개울에서 태를 깨끗이 씻게 한 다음, 그것을 항아리에 넣은 보관하여 두었다가 삼칠

33 이문건 저, 이상주 역, 『양아록』, 태학사, 1997, 20~21쪽.

일이 지난 후에 왕실의 태실이 있는 곳에 남몰래 묻었다. 이처럼 그들은 태를 산에 묻는 일은 있어도 왕실처럼 태실을 만들지 않았다. 그러므로 양반가에서 태실은 있을 수 없다. 만일 있다면 그것은 국왕에게 저지르는 불경죄에 해당할 것이다.

여기에 비해 일본은 그렇지 않다. 포의총은 천황가와 쇼군이라는 최고의 권력층은 물론 지역을 지배하는 영주와 고승들에게도 나타난다는 점이다. 그러한 점에서 일본은 조선보다 적용의 폭이 훨씬 넓었다. 그렇다 하더라도 서민들에게는 보이지 않는 것으로 보아 계층성이 전혀 없었다고 말할 수는 없다.

둘째는 입지선정이다. 조선왕실은 풍수지리적으로 명당을 찾았다. 이를 대비하여 평소에 관상감에서 현지조사를 통해 장소들을 찾아 1등지, 2등지, 3등지로 나누어 『장태등록藏胎謄錄』에 기록해 두었다가 왕실에서 자녀가 생길 때 마다 왕위계승의 서열과 적서의 신분과 지위에 따라 일을 처리했다.

그런데 특이한 점은 조선왕실의 태실이 한양을 중심으로 남부지방이며, 경상도, 충청도, 강원도 지역의 도성에서 멀리 떨어진 곳에 있으며, 특히 왕이나 왕위계승자의 태실은 경상도 지역으로 편중되는 경향을 보인다는 점이다.

그 이유에 대해 역사학자 신병주는 명당이면 어디나 조성이 가능했기 때문이라고 보았다.[34] 이러한 설명은 일견 일리가 있어보여도, 무언가 부족한 느낌을 준다. 왜냐하면 명당은 경상도, 충청도, 강원도에만 있는 것이 아니기 때문이다.

34 신병주, 「조선왕실에서 태실을 조성한 까닭」, 『선비문화』 16집, 남명학연구원, 2009, 13쪽.

이것에 괄목할 만 것이 김지영과 민병삼의 해석이다. 그녀는 서울에서 멀리 떨어진 곳에 태실을 조성하는 이유에 대해 길지확보를 통해 왕실의 번영을 보장할 뿐만 아니라 지방으로 향하는 안태사를 포함한 화려한 장태 행렬을 통해 왕실의 권위와 번영을 과시하는 정치적 효과가 있었다고 보았다.[35] 그러한 효과가 장태행렬이 길면 길수록 극대화된다는 점을 고려할 때 그녀의 해석은 대단한 설득력이 지닌다 하겠다.

한편 민병삼은 먼저 『세종실록世宗實錄』에 음양학을 하는 정앙鄭秧이 상소하기를 태를 묻는 "좋은 땅이란 반듯하고 우뚝 솟아 위로는 하늘의 구름에 닫는 듯 해야 길지가 된다."고 한 내용을 소개한 다음, 그러한 곳은 풍수지리에서 말하는 돌형 형상이 있는 곳을 가리키는데, 이러한 곳은 산이 많은 강원도, 황해도와 같은 곳에서는 찾기가 어려워 하삼도下三道(충청도, 강원도, 전라도)까지 태실의 길지를 찾고자 하였다고 했다.[36] 이것 또한 크게 틀리지 않는다고 본다. 왜냐하면 『성종실록成宗實錄』에서 임금이 풍수학 관원에게 어찌하여 하삼도에서 태실의 땅을 구하는 지를 물었을 때 그 관원은 "멀고 가까운 것 상관없다. 길지를 얻기를 기할 뿐입니다."고 대답하고 있기 때문이다.

다만 여기서 하나를 덧붙이고 싶은 것은 왕릉의 입지선정과 무관하지 않다는 점이다. 왕릉은 풍수지리 이외에도 지역적 근접성을 고려되었다. 그리하여 단종과 같이 특별한 사정을 제외하고는 대다수의 왕릉은 도성(한양)에서 크게 벗어나지 않는 곳에 집중되어 있다.

35 김지영, 「조선시대 출산과 왕실의 장태의례 - 문화적 실천양상과 그 의미 - 」, 『역사와 세계』 45, 효원사학회, 2014, 73쪽.

36 민병삼, 「태실의 풍수적 생명사상」, 『성주 세종대왕자 태실의 종합적 검토』, 성주군, 경북대 영남문화연구원, 2016, 81~82쪽.

그러나 이것은 전국의 명당을 확보한다는 의미에서 보았을 때 한계성을 지닐 수 밖에 없다. 다시 말해 서울, 경기 지역 이외의 명당은 차지할 수 없는 것이다. 이것을 해결할 수 있는 방법이 태실이다. 태실은 서울, 경기 이외 지역까지 대상지역으로 삼음으로써 전국 모든 명당을 조선왕실이 독차지할 수 있는 것이다.

그러한 데는 그 자리에 이미 무덤이 있어도 상관이 없었다. 이를 잘 나타내주는 것이 1939년 이원조李源祖가 쓴 『성산지星山誌』 권1 산천山川조에 기재된 성주의 태봉에 관한 전설이다. 그 내용을 소개하면 다음과 같다.

> 구전에 농서군공 이장경의 장례 때 기이한 스님이 산 위의 녹나무樟木를 가리키며, "이 나무를 베고 묘를 쓰면 참으로 제일의 명당吉地이 될 것이니, 내가 절에 들어갈 때까지 기다렸다가 베십시오. 다만 절 안에는 누樓를 세우지 마십시오. 아마 이씨의 소유가 되지 못할 것입니다."하였다. 스님이 가고 나서 얼마 되지 않아 그 나무를 베었는데, 큰 벌이 도끼날을 따라 나와 스님이 간 곳을 향해 날아갔다. 뒤 따라가 살펴보니 스님은 이미 벌에 쏘여 절의 축대 밑에 죽어 있었다. 그 후 이씨 가문이 몹시 귀하게 되니 사람들이 묘 터의 영험이라고 여겼다. 몇 대를 지난 훗날 스님의 경계를 잊고 누를 세워 재사齋寺로 하였다. 이에 앞서, 지관이 누차 선석禪石에 태를 묻을 곳이 있다며 산 아래에 이르렀으나 산봉우리가 첩첩이 쌓여 있고 숲이 우거져 살필 수가 없어 헛걸음을 하고 돌아왔다. 세종의 태를 묻을 곳을 간택할 때가 되어 지관이 이곳에 이르렀으나 역시 찾지 못하고 돌아가려 하다가 누 위에서 잠시 쉬었다. 짙은 안개가 걷히고 여러 봉우리들이 드러나자 지관이 바라보고 크게 놀라, "길지가 과연 여기에 있었구나!"하였다. 드디어 태를 봉안하기로 결정하고 이씨의 옛 묘는 모두 이장하도록 명하였다. 이때부터 이씨 가문이

점차 몰락하니 세상 사람들이 기이한 일이라고 하였다.[37]

이것에 의하면 현재 성주군 월항면 인촌리에 위치한 세종대왕자태실은 원래 지역 호족 이장경李長庚의 무덤이 있는 곳이었다. 그곳은 명당이어서 후손들은 번영을 누렸으나, 일찍이 절 안에 누를 설치하지 말라는 승려의 말을 잊고 그만 누를 세운 절을 세웠다. 그 결과 명당을 찾던 지관이 누에서 쉬면서 이강경의 무덤이 천하의 명당인 것을 알게 되었고, 그로 인해 왕실의 태를 묻는 장소로 지정됨에 따라 어쩔 수 없이 그의 후손들은 이장경의 무덤을 다른 곳으로 이장할 밖에 없었으며, 그 이후 그의 가문도 점차 몰락하였다는 것이다.

실제로 세종 26년 1월 5일 지중추원사 민의생과 동지중추원사 이진에게 물어 태실도국 옆에 있는 이장경의 묘를 옮기게 하였다는 기록이 있다. 그러므로 이상의 이야기는 전혀 근거가 없는 것이 아니다. 그들에게 있어서 명당의 점유권은 왕실보다 우선될 수 없다는 것이 이상의 설화에 반영되어 있는 것이다.

여기에 비하면 일본의 포의총은 매우 단순하다. 왜냐하면 그것은 태의 주인공이 태어난 곳에 조성되어야 하는 원칙이 있기 때문이다. 그러므로 천황가가 교토에 있는 동안 그들의 포의총은 교토에 있었고, 도쿄로 거주지를 옮긴 후에는 도쿄에 조성되었다.

이러한 원칙은 무장들에게도 그대로 지켜졌다. 오사카성에서 태어난 히데요리는 오사카성에, 오카자키에 태어난 이에야스는 오카자키에, 네즈

37 심현용, 「성주 선석산 태실의 조성과 태실구조의 특징」, 『영남학』 제27호, 경북대 영남문화연구원, 2015, 103쪽에서 재인용.

에 태어난 이에노부는 네즈에, 미즈가에에서 태어난 다카노부는 미즈가에에, 혼쇼무라에 태어난 나오시게는 혼쇼무라에, 미토에 태어난 미쓰구니는 미토에 각각 조성되었다.

이를 좀 더 정확하게 말하자면 일본의 포의총은 태어난 지역을 벗어나지 않았다. 심지어 자신의 집이 아니어도 이 원칙은 지켜졌다. 가령 히데요리는 부친의 가신 나카무라 마사요시의 집에서 태어났기 때문에 그곳에 조성되었고, 도쿠가와 미쓰쿠니도 부친의 가신 미키 유키쓰구의 집에 태어났기 때문에 그 집에 조성되었다. 명혜와 친란의 포의총이 자신의 생가에 조성된 것을 보더라도 이러한 원칙은 고승의 경우에도 마찬가지였다.

일본이라고 길지를 고려하지 않았을 리가 없다. 그러나 그 개념이 조선과는 달랐다. 앞에서도 언급하였듯이 길방을 고려해 짐승과 새, 벌레 등이 해치지 않게하고 신사, 묘소, 부엌, 길, 물이 많은 곳을 피해야 하는 금기가 있다. 일본에서 길지란 풍수지리적으로 명당을 추구하는 우리의 것과 그 의미가 다르다. 따라서 조선의 태실은 광역권적 분포 양상을 보이고 있다면, 일본의 포의총은 탄생지에 국한되는 특징을 보일 수밖에 없는 것이다.

셋째는 태실조성이 조선은 국가적 행사라면, 일본의 그것은 권력자 집안 개인적인 일이었다. 『태봉등록』에 의하면 태실조성지가 선정되면 정2품 이상의 고위관료들 중에 안태사를 임명한다. 안태사는 장태의례의 책임을 지고 산실에 보관되었던 태항아리를 받들어 내오는 의식을 행한 후에 도성을 떠나 지역에 있는 장태지로 향한다. 안태사가 지나가는 주현의 대문과 정청과 태소에는 여러 색의 실, 종이, 천 등으로 장식했고, 도로와 교량도 새롭게 정비되었다. 그리고 각도의 감사와 수령들은 금고金鼓와 의장을 마련하고 공복 차림으로 교외에까지 마중을 나오게 하였다.[38] 그리고 현지에 도착하면 해당지역의 지방관과 지역 유생들과 함께 격식을 갖추어 태를 안치했다. 이처럼 조선에서 태실조성은 거국적으로 행해지는 국가적 행사이었다.

그러나 일본은 그러한 요소가 보이지 않는다. 쇼군가의 출산 기록인 니나가와 치카모토蜷川親元(1433~1488)의 『친원일기親元日記』에는 두 사람의 장태기록이 있다. 하나는 1465년 6월의 것이고, 또 다른 하나는 같은 해 12월의 것이다. 이를 요코이 기요시横井清가 간략하게 정리하였는데, 그 내용을 소개하면 다음과 같다.

(1)정소政所의 집사가 산소産所에 가서 태항아리를 받아서 길방의 방향에 있는 산에 간다. (2)가와라모노河原者(특수 직업의 천민집단)들이 땅을 파고, 밑에 항아리를 놓는다. (3)전약두典藥頭가 그 항아리 안에 태항아리를 넣고 뚜껑을 덮고 흙으로 덮는다. (4)이어서 가와라모노가 마무리하여 묻고는 그 위에 작은 소나무를 심는다. (5)일행이 돌아오기 직전에 집사는 입고 있던 흰 히타타레直垂(일본의 전통 예복의 하나로, 주로 일본의 무가武家사회에서 착용했던 남성용 의복)를 벗고 하카마袴(하반신에 착용하는 전통 의류)로 고쳐 입었다.[39]

여기에서 보듯이 장태행렬도 없으며, 그것을 맞이하는 마을 사람들도 보이지 않는다. 관계자 몇 사람만 산에 가서 이를 처리할 뿐이다. 우리와 같이 왕권의 권위와 번영을 백성들에게 과시하는 정치적 의미는 전혀 없다. 그러므로 일본에서 포의총 조성은 비록 그것이 천황가 또는 쇼군가의 것이라 해도 국가적인 행사가 아닌 개인 집안의 일에 불과하다.

넷째, 조선왕실의 태실은 국가의 차원에서 체계적으로 관리되어졌으

38 육수화, 앞의 논문, 2007, 296쪽.

39 横井清, 『的と胞衣 - 中世人の生と死 - 』, 平凡社, 1992, 44~45頁.

나 일본은 그렇지 못했다. 조선은 태실과 관련한 자료와 기록이 풍부하다. 이를 최홍조는 다음과 같이 4가지로 구분했다. 즉, (1)장태의궤, (2)개수의궤, (3)가봉의궤, (4)등록謄錄이다. (1)은 태봉을 정하고 태실을 만들어 태를 안치하기까지의 절차를 기록한 『장태등록』과 의궤를 말하는 것이고, (2) 손상된 태실의 석물의 수리와 보수 경과를 기록한 개수 의궤이며, (3)은 태실의 주인공이 후일 국왕으로 즉위한 경우 석물 추가 배설과정을 기록한 가봉 의궤이다. (4)는 왕자와 왕녀의 장태, 국왕 태실의 가봉과 개수, 태실의 관리 상태에 관한 여러 문서들을 종합해놓은 것이다.[40]

이상의 자료들은 조선왕실이 얼마나 태실을 잘 관리하고 있었는지를 단적으로 보여주는 것이다. 그러므로 조선은 초대 태조부터 마지막 순종에 이르기까지 태실의 소재와 관리상황을 명확히 파악할 수 있다. 특히 가봉태실의 경우 중앙석물과 난간석으로 치장되는 등 일정한 형식을 갖추고 있었다.

이에 비해 일본은 포의총을 관리하는 체제를 갖추고 있지 않았다. 그러므로 그것을 기록하고 관리한 자료는 물론 조선과 같이 의궤와 등록이 없다. 심지어 14세기 초(恒明親王)부터 17세기 초(明正天皇)까지 약 300년간 천황가의 포의처리에 관한 기록은 찾아보기 어렵다. 앞에서도 언급하였듯이 천황가의 포의총 관리는 너무나 허술하다. 역대 천황 중 포의총의 소재가 명확한 것은 18세기 이후 고카쿠부터이다. 그것도 고카쿠, 닌코와 고메이는 신사의 경내에 있어서 그나마 잘 보존되고 있으나, 요시다산에 묻힌 메이지는 숲속에 석책으로 둘러쳐진 채 방치되고 있다. 이러한 사정은 쇼군가

40 최홍조, 「조선왕실의 장태의례와 태실」, 『별고을 성주, 생명을 품다』, 성주군, 2015, 99쪽.

도 마찬가지이다. 지금까지 그들의 포의총이 파악된 것은 도쿠가와 이에야스, 유키 히데야스, 도쿠가와 이에노부 정도일 뿐 그 밖의 사람들의 것은 어디에 있는지도 파악되지 않고 있다.

그 중에서 우리의 눈길을 끄는 것은 도쿠가와 이에야스의 포의총이다. 이 포의총은 우리의 것과 같이 중앙석물은 물론 석난간도 있어 외견상 우리의 것과 거의 흡사하다. 그러나 이러한 형태를 갖춘 것이 이것이 유일하기 때문에 일반적인 형태라 할 수 없다. 그의 후손인 이에노부의 것은 오로지 돌로 덮여 있을 뿐이다. 이처럼 일본의 포의총은 천황가이든 쇼군가이던 관계없이 양식적으로 규범화되어 있지 않다. 이러한 특징들을 감안한다면 조선에서는 태실을 매우 중시하는 경향이 있지만, 일본에서는 그것에 대해 그다지 가치를 두지 않고 있음을 알 수 있다.

조선왕실이 태실의 입지를 중시한 것은 세종 때 정앙의 상소문에서 "남자의 태가 좋은 땅을 만나면 총명하여 학문을 좋아하고, 벼슬이 높으며, 병이 없을 것이요, 여자의 태가 좋은 땅을 만나면 얼굴이 예쁘고 단정하여 남에게 흠양을 받게 된다."[41]고 하였듯이 태주에게 영향을 끼친다는 풍수지리적 사고가 있었기 때문이다. 그에 비해 풍수지리의 명당 개념이 정착하지 못한 일본에서는 우리와 같은 사고인식이 있을 수 없다. 이것 또한 한국과 일본이 크게 다르게 하는 점이다.

다섯째, 민간 신앙화 문제이다. 조선의 태실 조성은 국가적인 사업이었음에도 불구하고 그것이 민간신앙화되는 현상은 보이지 않는다. 그에 비해 일본은 그러한 현상이 뚜렷하게 나타낸다. 가령 아와타신사는 고카쿠천황

41 『세종실록』 74권 18년 8월 8일(辛未)조.

의 포의총으로 인해 안산과 육아를 기원하는 신사로 각광을 받고 있다.[42]

닌코천황의 포의총이 있는 가스가 신사도 크게 다르지 않으나, 포의총을 적극 활용하고 있다는 점에서 다른 곳과 차별성이 있다. 즉, 포의총과 인접한 곳에 「병기평유석총病気平癒石塚」라는 것이 있고, 그것에는 참배자의 소원을 적은 작은 흰 돌白石이 가득 쌓여져 있다. 참배자에게는 매장지와 「병기평유석총」과 구별이 안되는지 매장지에도 소원을 적은 작은 돌이 많이 놓여져 있다. 그리고 신사측이 「어포의매장지지御胞衣埋蔵之地」를 설명하는 안내판에 다음과 같은 글귀가 적혀있다.

> 1800년(寛政 12) 2월 21일 닌코천황의 강탄 시, 길방吉方에 해당되는 당사 사이인西院 가스가 신사春日神社가 선택되어 포의를 매장하였습니다. 포의란 태반, 즉, 출산 이후 나오는 후산後産이라고도 불립니다. 궁중에서는 길방에 해당되는 장소에 매장하고, 아이의 건강한 성장을 기원하는 관습이 있었습니다. 이로 인하여 안산, 아이갖기, 산모의 건강, 아기의 건강한 성장을 기원하는 풍습이 있습니다. 안산, 아이 갖기, 유유아건강기원석乳幼児健康祈願石. 봉납 수수료 1천엔.

여기에서 보듯이 이곳에서는 닌코천황仁孝天皇의 포의총이 있다는 것을 내세워 안산, 자식점지, 산모와 아이의 건강을 기원하는 신앙적 상품을 만들어가고 있다. 그 뿐만 아니라 매년 음력 2월 11일, 닌코의 생일에 맞추어 아이들의 건강과 무사성장을 기원하는 「닌코천황어포의총仁孝天皇御胞衣

42 福西大輔, 「胞衣を祀る神社ー笆崎八幡宮の事例を中心にー」, 『熊本大学社会文化研究』 8, 熊本大学, 2010, 251頁.

塚」라는 제의까지 개최하고 있다.

포의총이 민간신앙화하는 현상은 무장들의 것에서도 보인다. 가령 도요토미 히데요리의 포의는 포의총대명신胞衣塚大明神으로 모셔지며, 특히 아이들이 밤에 울거나, 또는 부모들의 자식 걱정을 해소하는데 큰 효험이 있는 것으로 신앙되고 있다. 그 뿐만 아니다. 도쿠가와 이에야스의 포의가 있는 곳에는 안산과 아이의 출세에 도움을 준다는 다쓰키신사龍城神社가 있고, 이에노부의 포의총이 있는 네즈신사根津神社도 안산에 도움을 주는 것으로 신앙되고있다. 또 미쓰쿠니의 태어난 곳에 새롭게 미토코몬 신사水戸黄門神社가 생겨나 신앙의 싹이 트고 있다. 이처럼 일본에서는 포의총에 들어있는 포의가 신격화되어 민간신앙화되는 현상이 일어난다면, 한국의 태실에서는 그러한 현상이 전혀 보이지 않는 점도 또 하나의 특징으로 지적할 수 있다.

5. 마무리

지금까지 살펴보았듯이 한일양국의 지배자들은 모두 포의를 중시했다. 그러므로 오늘과는 달리 함부로 다루지 않았다. 그 태가 아이에게 끼치는 힘이 있다하여 정중하게 다루어 매장을 했다. 한일양국을 서로 비교하면 큰 테두리에서는 같은 점도 많다. 가령 태를 물과 술 그리고 식초로 깨끗이 씻은 후에 동전을 깔고 항아리에 넣는 것이 같았다. 또 길지를 택해 매장할 때 지켜야 할 금기사항도, 만일 그것을 지키지 못하였을 때 태주인 아기에게 미치는 영향도 거의 같았다. 이처럼 태 처리에 대해 양국이 공통점을 지니는 것은 우연의 일치가 아니라 중국으로부터 영향을 받은 결과이었다.

그러나 세부적으로 들여다보면 차이점도 많았다. 조선에서 태실이란 왕실에서만 가질 수 있는 특권이었다. 즉, 링컨의 연설을 빌려 표현하면 조선의 태실은 왕실의, 왕실에 의한, 왕실만을 위한 것이었다. 그에 비해 일본에서 그것은 천황가와 쇼군가는 물론 지역의 영주와 고승들도 가질 수 있었다.

또 포의를 묻는 곳은 길지이어야 한다는 점은 양국이 공통되지만, 그 길지에 대한 개념은 서로 달랐다. 즉, 조선은 풍수지리의 지식을 응용하여 그곳은 반듯하고 우뚝 솟아 위로 공중을 받치는 듯하는 곳이어야 했다. 그 결과 하삼도(충청도, 강원도, 경상도)에 집중되는 경향을 보였다. 그러한 장태문화를 통해 조선의 왕실은 지역민에게 왕권의 권위를 나타낼 수 있는 기회를 가지는 동시에 전국의 명당을 독점한다는 정치적 의미도 내포되어 있었다. 그리고 태실을 국가적으로 관리하는 체제를 갖추는 동시에 태를 묻은 곳에 중앙에 석물을 설치하고, 주위에 석난간을 만들었으며, 태실의 주인이 누구인가를 밝히는 귀부龜趺의 비석도 세웠다. 그러므로 일제가 서삼릉으로 모으지 않았다면 비교적 온전하게 원형으로 보존되었을 것이다.

이러한 점에서 일본은 우리와 크게 다르다. 먼저 제일 큰 차이는 명당이라는 개념이 없다는 점이며, 또 포의는 어디까지나 자기가 태어난 곳에 묻혀야 한다는 원칙이 있다는 점이다. 이것은 천황가와 쇼군가뿐만 아니라 지역의 영주와 고승에게도 마찬가지였다. 그러므로 우리와 같이 태를 묻은 포의총이 전국에 분포되어 있을 수 없다.

또한 관리면에서도 조선왕실과 같이 철저하게 국가적으로 관리되는 것이 아니었다. 천황의 포의총이라 할지라도 오늘날 그 형태를 확실하게 파악할 수 있는 것도 불과 18세기경 이래 조성된 고카쿠, 닌코, 고메이, 메이지 정도이다. 이러한 사정은 막부의 쇼군가도 마찬가지이다. 지금까지 알려진 것으로는 포의총으로는 도쿠가와 이에야스와 도쿠가와 이에노부 2명 정도이다. 그 밖의 쇼군들의 포의총은 알려져 있지도 않다. 그나마 신사와 사찰 경내에 있는 것은 신사와 사찰측이 관리하며, 그들에 의해 그것을 민간신앙화하는 현상이 뚜렷하다. 그러나 요시다 신사가 있는 요시다산에 묻힌 메이지의 포의총은 숲속에 거의 방치되어있다. 이것은 일본에서는 포의총을 그다지 중요시하고 있지 않다는 것을 의미하기도 한다. 우리의 태실에서 보듯이 석물 장식도 없다. 다만 있다면 동물로부터 피해를 입지 않기 위해 큰 돌이 올려져 있거나, 그 위에 나무가 심겨져 있을 뿐이다.

이같은 한일 양국의 차이는 풍수지리에서 기인하는 것이었다. 이를 중시하는 한국에서는 태실형태로 발전하였지만, 그것이 없는 일본에서는 단지 포의를 묻는 길지라는 개념만 있을 뿐이다. 그것에는 포의가 묻혀야 할 음택을 고려하는 풍수지리에 관한 지식을 동원하지 않았다. 사실 일본에는 사자를 위한 묘지를 조성할 때도 풍수지리를 적용하는 사례는 극히 없다. 그러므로 포의총에도 그러한 개념이 없는 것은 당연하다. 즉, 풍수지리가 정착하지 않았기 때문에 우리와 같이 포의를 명당에 묻어야 한다는 개념이 나올 수 없는 것이다. 이것으로 인해 한일양국이 다를 수밖에 없었다.

이와 같이 보았을 때 조선의 태실이 가지는 가장 큰 특징은 태실을 만든다는 것에 있지 않다. 또 태실을 보존하고 장식하는 석물에도 있는 것 같지 않다. 그것은 너무나 외양적인 가치평가에 불과하다. 더구나 일본에서도 도쿠가와 이에야스의 포의총은 부도형태로 생긴 중앙 석물도 있고, 그것을 둘러싸고 있는 석난간도 있어서 형태상으로는 우리의 것과 거의 동일하다. 또 친란의 포의총도 형태는 달리 하지만 포의를 묻은 곳 위에는 둥근 돌이 놓여져 있고, 석물로 그 주위를 둥글게 둘러쳐져 있다.

그러나 조선왕실이 태실을 왕실만이 조성케 하고, 그것을 통해 전국에 있는 명당을 독점하고, 왕권의 권위를 백성들에게 과시하는 정치 수단으로도 사용한 것은 분명하다. 이를 위해서 국가적으로 관리체재를 갖추어 유지관리하였다는 점은 일본에서는 보이지 않는 점이다. 바로 이것이 다른 나라에서 볼 수 없는 조선왕실 태실만이 가지는 특징이라 할 수 있다.

4장

빗자루를 통한 일본의 출산민속

1. 머리말

일본 관서지역 고베시神戸市 나타구灘区 한 주택가의 도쿠이신사徳井神社는 매우 독특한 성격을 가지고 있다. 이곳에서 모시는 신은 오진천황応神天皇과 신공황후神功皇后이며, 이들은 제액개운厄除開運, 결연結緣, 안산安産, 가내안전家内安全, 교통안전交通安全을 전문으로 내세우고 있다. 이러한 점만을 본다면 여느 신사와 별반 다를 바 없는 그저 평범한 지역의 신사에 불과하다. 그러나 한걸음 더 들어가 보면 사정은 달라진다.

지역민들은 이 신사를 빗자루를 의미하는 말인 「호오키箒」라는 단어를 사용하여 「호오키노미야箒の宮」라고 부른다. 즉, 빗자루 신사라 하는 것이다. 이 신사가 언제 창건되었는지 명확하지는 않지만, 메이지시대明治時代(1868~1912)에는 오진천황신사応神天皇神社라 불렸고, 1961년에 현재 사용하는 도쿠이 신사로 개명되었다. 그럼에도 불구하고 지역민들은 그러한 신사의 정식 명칭 보다 빗자루 신사라는 의미의 이름인 「호오키노미야」에 훨씬 더 친근감을 가지고 있다.

무엇 때문에 지역민들은 이 신사를 빗자루 신사라고 불렀을까? 그 해답은 신사의 입구에 세워진 안내판에 있었다. 그것에 의하면 「당사에는 옛부터 임산부가 진통을 시작하면 이 신사로부터 「고진호오키荒神箒」라는 빗자루를 빌려가 그것으로 배를 문지르며 안산을 기원한다는 전승이 있으며, 민속학적으로도 매우 희귀한 행사로 인해 호오키노미야라고 신앙되고 있습니다. 안산 기원자들에게 작은 빗자루를 나누어주는 행사는 현재에도 끊임없이 이어지고 있습니다」라고 되어있다. 다시 말해 이 신사가 지역민들로부터 빗자루 신사라 불렀던 것은 신사의 「고진호오키」라 불리는 빗자루에 있었다. 그것은 산모가 아이를 무사히 태어나게 하는데 도움을 주는 영험력이 있는 신성한 물건이었다. 실제로 이 신사의 배전拜殿에는 신에게 제물을 바치는 제기 위에는 「고진호오키」 빗자루가 몇 개 올려져 있다.

도쿠이신사(徳井神社) 호우키노미야(箒の宮)

「고진호오키」란 방이나 마당을 쓰는 빗자루를 말하는 것이 아니다. 빗자루라는 말인 「호오키」 앞에 접두어로 「고진荒神」이라는 말이 붙어있다. 이때 「고진」은 화재를 방지해주는 신이므로 농가에서는 일반적으로 부뚜막(혹은 아궁이) 위에 모셔져 있다. 즉, 우리의 조왕신과 같은 부엌 신인 셈이다. 그러므로 이 신의 이름이 붙여진 「고진호오키」는 부뚜막과 솥 등을 깨끗이 씻을 때 사용하는 빗자루였다. 용도가 바닥을 쓸 때 사용하는 것이 아니므로 그다지 크지 않고, 재질도 벼 싹의 심으로 되어있는 것이 대부분이다.

이처럼 이 신사의 빗자루는 안산을 위한 것이었으며, 그 신앙이 널리 퍼져 지역민들에게 빗자루 신사라는 뜻인 「호오키노미야」라는 이름으로 친숙하게 불리고 있었던 것이다. 지역민들은 그 빗자루의 덕택으로 산모가 무사히 출산하였을 때에는 신사에서 가져간 빗자루와 함께 새로운 빗자루를 제작하여 신사에 봉납한다고도 했다.[1] 이러한 점은 신사 측의 설명대로 그야말로 민속학적으로 희귀한 사례임에 틀림없다.

그런데 우리가 관심을 가지는 것은 무엇 때문에 빗자루가 출산과 관련을 가질까 하는 것이다. 쉽게 생각할 수 있는 것은 빗자루가 쓸어내는 청소

1 吉野裕子, 『山の神』, 講談社学術文庫, 2008, 103頁.

도구라는 점을 고려했을 때 산모의 배를 쓸어내림으로써 체내에 들어있는 아이의 탄생을 수월하게 한다는 유감주술에 의해 생겨난 것으로 볼 수 있다.

그러한 민속을 가지고 있는 신사는 극히 드물지만,[2] 출산과 관련된 빗자루의 민속 사례는 그다지 희귀한 일이 아니다. 지금까지 일본에서는 빗자루에 대한 속신과 전승에 관한 자료는 많이 수집되어있다. 그에 비례하여 연구는 그다지 활발한 편이 아니다. 그러한 가운데 출산과 빗자루와의 관계에 주목한 것으로는 기타노 아키라北野晃,[3] 나이토 미나内藤美奈,[4] 후루가와 노리코古川のり子[5] 등의 연구를 들 수가 있다.

기타노는 아이의 부정을 떨쳐내기 위한 도구로서 빗자루를 보았고, 나이토는 안산기원의 대상으로, 또 후루가와는 아이의 장래를 예언하는 빗자루 신의 이야기를 다루었다. 이들의 연구를 통해 일본에서 빗자루는 신령스러운 것이기 때문에 안산을 위한 주술적 도구로 활용되며, 또 빗자루 신은 아이의 장래를 예언하는 능력을 가지고 있다는 사실을 확인할 수 있다.

그러나 이상의 연구들이 빗자루가 왜 출산에 관여하며, 또 그 기능이 안산과 아이의 장래 예언 이외의 것은 없는 것인지, 또 왜 거꾸로 세워져야 하는지 등 다양한 물음에 대해서는 충분한 해답을 제시하지 못하는 아쉬움이 있다.

2 출산 시 신사의 빗자루를 빌리는 예가 타 지역에 전혀 없는 것은 아니다. 나가사키현 쓰시마(對馬島)의 와타쓰미신사(和多都美神社), 동북지역 이와키시(いわき市) 요쓰쿠라(四倉) 시쓰야마(志津山)의 산신당에서도 빗자루를 빌려 순산한 후 돌려주는 민속이 있다.

3 北野晃, 「蟹守と箒神--産育習俗と蟹」, 『西郊民俗』 179, 西郊民俗談話会, 2002, 9~19頁.

4 内藤美奈, 「対馬のヒジキサマ--箒を使う安産祈願と神名の由来」, 『女性と経験』 29, 女性民俗学研究会, 2004, 48~56頁.

5 古川のり子, 「なぞとき神話と昔ばなし(16) 産神問答 : 箒の力」, 『歴史読本』 57/10, 新人物往来社, 2012, 274~279頁.

이에 본장에서는 여기 저기 산재되어있는 빗자루와 출산에 관련된 금기어와 전승 등을 모아 주제별로 정리하여 검토함으로써, 일본 출산의 민속을 이해하고자 하는데 목적을 두었다. 따라서 개별된 주제의 시각에서 벗어나 종합적으로 검토해보려고 하는 것이다.

이를 위해서 출산에 있어서 빗자루(신)가 첫째, 서민들에게는 어떠한 금기가 있으며, 둘째, 왜 거꾸로 세워져야 하고, 출산에 관여하게 된 유래를 신화로는 어떻게 설명하고 있는지, 셋째, 빗자루가 어떤 성격을 지니고 구체적으로 어떤 기능을 발휘하고 있는지, 넷째, 빗자루 신 이외에 출산에 관여한 산신産神으로는 어떠한 신들이 있으며, 그 신들과의 차별성은 어디에 있는지 등에 대해 살펴보기로 하자.

2. 빗자루와 출산의 금기

중국인이 만들어낸 한자로 보면 빗자루는 특히 결혼한 여성과 밀접한 관련이 있다. 이들을 보통 부인이라고 하는데, 그때 여성을 나타내는 부婦라는 글자의 계집녀女와 빗자루 추帚가 결합되어 있다. 즉, 빗자루를 들고 있는 여인이 결혼한 여성이라는 뜻이다. 고대 중국인들이 어떤 이유에서 이러한 한자를 만들어내었는지 자세히는 알 수 없으나 실제로 민속사회에서 빗자루는 여성에 속하는 것이었다. 이러한 사정은 일본도 예외가 아니다. 그러한 탓인지 빗자루는 여성과 관련하여 금기어가 유난히도 많이 발견된다. 그것을 통해 여성에게 금기시된 빗자루에 대한 속신을 살펴보기로 하자.

첫째, 걸터앉아서는 안된다는 것이다. 이러한 행위는 동서양을 막론하고 대체로 부정적으로 보았다. 서양에서는 빗자루에 걸터앉아 하늘을 나는 사람은 마녀라고 했고, 또 우리나라에서도 산모가 빗자루를 깔고 앉으면 쓸모없는 딸을 낳거나, 부정 타며, 해롭다[6]는 금기어가 부산의 기장지역에 있다.

일본 나가노현長野県에서는 빗자루에 걸터앉으면 쥐가 웃는다고 하며 이를 경계하는 매우 독특한 금기어가 있다.[7] 여기서 쥐가 웃는다는 것이 무슨 이유인지 알 수 없으나, 걸터앉는 것을 금기하는 속신은 전국적으로 보인다. 가령 이 금기를 어겼을 때, 돗토리鳥取에서는 단순히 벌을 받는다고 했으나,[8] 대부분은 여성의 출산과 관련하여 설명했다. 가령 나가노현長野県,[9] 군마현群馬県,[10] 후쿠오카현福岡県,[11] 도쿄도東京都[12] 등지에서 출산이 「무거워 진다」고 표현했고, 와카야마현和歌山県에서는 「괴로워(고통스러워)진다」고 했다. 여기서 「무겁다」, 「괴롭다」고 한 것은 난산을 완곡하게 표현한 것에 불과하다. 미야기현宮城県,[13] 군마현群馬県,[14] 나가노현長野県[15]에서는 그것을 아예 「난산」이라고 솔직하게 표현하기도 한다. 이처럼 여

6 김승찬, 「기장지방의 금기 속신」, 『한국민족문화』, 8, 부산대 한국민족문화연구소, 1996, 396쪽.

7 箱山貫太郎, 「箒に関して」, 『民間伝承』, 3-5, 民間伝承の会, 1938, 3頁.

8 김임숙 · 차윤정, 「환동해 지역 한일 민속어의 비교연구」, 『일어일문학』 39, 대한일어일문학회, 2008, 31쪽.

9 箱山貫太郎, 앞의 논문, 1938, 3頁.

10 根岸謙之介 · 井田安雄, 『群馬県史』 資料編26 民俗 2, 群馬県, 1982, 920~921頁.

11 国学院大学民俗学研究会, 「福岡県八女郡星野村」, 『民俗採訪』, 国学院大学民俗学研究会, 1981, 155~159頁.

12 中島恵子, 「お産に立ちあう神 - 東京都大田区の事例 - 」, 『西郊民俗』 100, 西郊民俗談話会, 1982, 13~15頁.

13 高橋清治郎, 「国々の言い習はし(7)」, 『郷土研究』 3-3, 郷土研究社, 1915, 57~58頁.

14 根岸謙之介, 앞의 책, 1982, 350~352頁.

15 桜井伴, 「人の一生 - 清内路で育つ - 」, 『伊那』 47-1/848, 伊那史学会, 1999, 40~41頁.

성들은 빗자루에 걸터앉아서는 안되며, 이를 어기면 난산의 위기를 맞게 된다는 속신이 있다.

둘째, 밟거나 차서도 안되었다. 이것에 대한 금기어도 여러 곳에서 발견된다. 나가사키현(長崎県 対馬市 厳原町)에서는 「여성은 평상시 빗자루를 밟아서는 안된다」고만 하였지만,[16] 치바현千葉県에서는 「빗자루를 밟으면 출산이 무거워진다」고 하였고,[17] 가가와현香川県에서는 「임산부가 빗자루를 밟으면 빗자루 신이 노해서 출산할 수 없다」고 했으며, [18] 또 에히메현(愛媛県 上浮穴郡 久万町)에서는 「여성이 빗자루를 차서는 안된다는 것은 난산을 피하기 위해서이다」라고 했다.[19] 이처럼 밟거나 차는 것도 난산을 초래하는 일이었다.

셋째, 타 넘어서도 안되었다. 이 경우도 난산을 초래했다. 쓰네미쓰 토오루尙光徹에 의하면 에히메현愛媛県에서는 실수나 무의식중에 빗자루를 타넘은 경우 머리에 이고 사죄하였으며, 미야기현宮城県에서는 그러한 경우 다시 되돌려 타넘도록 했다고 하며, 니가타현에서는 부득이하게 넘어야 할 경우에는 머리 숙여 절을 하고 넘었다고 한다.[20]

넷째, 사용에 있어서 바깥으로 튕겨나가듯이 가볍게 놀려서도 안되었다. 아오모리현(青森県 三戸郡 田子町)에서는 「임신중에 산신産神인 빗자루

16 山口麻太郎, 「出産と村のモノイミ」, 『民間伝承』 10-2/100, 民間伝承の会, 1944, 59頁.

17 高橋清治郎, 「国々の言習はし(15)」, 『郷土研究』 3-12, 郷土研究社, 1916, 60頁.

18 川江久太郎 · 大西紘一, 「荘内半島の人生儀礼 - 産育とイヤダニマイリー」, 『香川の民俗』 67, 香川民俗学会, 2004, 2~4頁.

19 森正史 監修, 「上直瀬(旧川瀬村)の民俗」, 『あゆみ - ふるさとの民俗 - 』 2, 愛媛大学農学部付属農業高等学校郷土研究部, 1960, 5頁.

20 尙光徹, 「비(빗자루)를 둘러싼 속신」, 『한국민속학. 일본민속학』 4, 한국국립민속박물관, 2008, 145쪽.

를 튕기며 사용하면 난산한다」고 하였다.[21] 이처럼 빗자루질을 튕기면서 가볍게 다루어서도 안되었다.

다섯째, 손상을 시켜서도 안되었다. 이것과 관련하여 기후현(岐阜県 吉城郡 坂下村)에 흥미로운 전승이 있다. 한 임산부가 청소할 때 사용하던 빗자루에서 한 개의 심을 뽑아 태워버렸더니 빗자루 신이 화상을 입고 화가 나서 출산을 방해했다. 이에 그녀는 빗자루 앞에 등불을 켜고 잘못했다고 빌었더니 이내 아이가 태어났다는 것이다.[22] 이처럼 일부러 빗자루를 해를 가해서도 안되었다.

여섯째, 그것으로 누구를 때려서도 안되었다. 우리나라에서도 「빗자루로 개도 때리지 않는다」는 속담이 있다. 만일 아이를 때린 경우 그 아이는 커서 번번이 가출한다든가, 큰일을 못한다고도 했다.[23] 그에 비해 일본 미에현(三重県 多気郡)에서는 기형아가 출생한다[24]며 이를 대단히 꺼려했다.

일곱째, 빗자루의 아래 부분을 헝겊 또는 수건으로 씌워두는 것도 안되었다. 그렇게 한 빗자루를 인형처럼 춤추게 한다거나, 부채질을 하면 와있는 손님을 빨리 돌아가기를 재촉하는 신호[25]로 해석되어 손님이 있을 경우 대단히 큰 실례가 된다. 그것을 만일 여성이 하면 「과부가 된다」는 금기어가 사가현(滋賀県 神崎郡)에 있다.[26] 이처럼 여성이 빗자루의 아래 부분을 감싸는 것은 남편에게 치명적인 불행을 가져다줄 수 있는 위험한 행위로 간주

21 青森県史編さん民俗部会, 『青森県史』 民俗編, 青森県, 2001, 242頁.
22 平瀬拠英, 「信仰の諸相 - 岐阜県吉城郡坂下村 - 」, 『西郊民俗』 4, 西郊民俗談話会, 1957, 9頁.
23 김승찬, 앞의 논문, 1996, 400쪽.
24 村林仁八, 「国々の言い習はし(9)」, 『郷土研究』 3-2, 郷土研究社, 1915, 59~60頁.
25 尙光徹, 앞의 논문, 2008, 153쪽.
26 大橋金造, 「国々の言い習はし(10)」, 『郷土研究』 3-7, 郷土研究社, 1915, 59~60頁.

되기도 했다.

여덟째, 일본 전역에 「헌 것을 버릴 때 비를 묶은 끈을 풀고 버려야 한다. 그렇지 않으면 난산한다」는 속신이 보편적으로 보인다.[27] 이처럼 빗자루가 아무리 낡았다 하더라도 버릴 때는 끈을 풀고 분해하여 버려야 했다. 즉, 의무를 다한 빗자루를 용도 폐기할 때에도 최소한 예의가 필요했다.

이처럼 여성이 빗자루를 걸터앉고, 타넘거나, 밟거나 차고, 또 가볍게 사용하고, 일부러 손상시킨다거나, 아랫부분을 헝겊으로 감싸거나, 함부로 버리면 안되었다. 만일 이것을 어기면 빗자루 신이 화를 내며, 출산을 도와주지 않아 난산하게 되며, 낳는다 해도 그 아이는 기형아라고 했으며, 심지어 남편이 죽는다고 했다.

이러한 금기어에서는 특히 여성들은 평상시에도 빗자루를 함부로 다루지 않고 소중히 다루어야 한다는 것이 강조되어 있다. 그렇지 않으면 모든 것이 비정상적인 상태가 되어버린다는 것이다. 이를 잘 표현한 것이 도쿄도東京都 고즈시마(神津島 神津島村)의 「평상시 빗자루를 소홀히 다루면 출산 때 빗자루 신이 오지 않기 때문에 아이가 좀처럼 태어나지 않는다. 만일 태어난다고 해도 5일 이내 갓빠河童가 할아버지 모습으로 아이를 잡으러 온다」는 이야기이다.[28] 여기서 갓빠란 물속에 사는 요괴이다. 평상시 갓빠의 모습은 아이의 모습인데, 빗자루를 소홀히 다룬 여성이 낳은 아이를 잡으러 올 때는 노인의 모습으로 바뀐다는 것이다. 이것도 비정상적인 상태를 나타내는 것으로 볼 수 있다.

27 飯島吉晴, 「箒」, 『大百科事典』 13, 平凡社, 1966, 775頁.

28 國學院大學民俗学研究会, 「神津島」, 『民俗採訪』, 國學院大學民俗学研究会, 1956, 50~63頁.

3. 빗자루의 신성성과 출산신화

무엇 때문에 빗자루를 함부로 다루면 출산 시 재앙을 불러오는 것일까? 이를 상징적으로 대변해주는 것이 「산신産神은 빗자루 신이기 때문」이라고 표현한 에히메현(愛媛県 西条市)의 금기어이다.[29] 즉, 여성의 출산을 돕는 산신이 곧 빗자루라는 것이다. 그러므로 출산을 해야 할 여성이 그것을 함부로 다루면 뱃속에 있는 아이가 세상의 문을 열고 나오는 것이 힘들다고 본 것이었다.

도대체 무엇 때문에 청소 용구에 불과한 빗자루가 출산에 있어서 신성성을 가지는 것일까? 중국문화의 연구자인 전영숙은 중국에서 빗자루가 신성성을 가질 수 있는 것은 빗자루를 나타내는 「추箒」자에서 보듯이 그 재질이 대나무로 되어있기 때문이라고 보았다. 그녀는 대나무는 속은 비어있고, 오로지 하늘을 향해 자라는 속성을 가지고 있어서 하늘과 땅을 연결하는 우주목宇宙木으로 간주했다. 이러한 해석에는 상당한 설득력이 있다. 왜냐하면 천계의 여성인 일본의 「가구야히메かぐや姫」가 대나무를 통해서 이 세상으로 태어나고, 또 우리의 무당이 신을 부르는 도구로서 대나무를 사용하는 것도 그러한 이유라고 볼 수 있기 때문이다. 그리고 그녀는 하늘을 쓰는 빗자루라 불리는 대나무가 중국에 있었다고 이야기하고 있다.[30] 이처럼 대나무는 하늘과 땅, 신과 인간을 연결시켜주는 매개체적인 성격을 가지고 있는 것이기에 그것으로 만들어진 빗자루가 신성하다고 볼 수 있다.

29 森正史 監修, 「集落と村制 - 人生儀礼 - 」, 『あゆみ - 西條市加茂の民俗 - 』 3, 愛媛大学農学部付属農業高等学校郷土研究部, 1961, 18頁.

30 전영숙, 「한국과 중국의 민속의식에 나타난 대나무 의식」, 『중국어문학논집』 33, 중국어문학연구회, 2005, 325~326쪽.

그러나 빗자루의 재질이 대나무로만 되어있는 것이 아니다. 대나무 이외에 수수, 싸리, 짚 등 다양한 것들이 사용되어지는 것도 사실이다. 그러므로 이상의 해석은 대나무로 구성된 빗자루만 제의에 사용된다면 가능하지만 만일 다른 것들도 그러한 용도로 사용된다면 설득력을 잃게 된다.

한편 민속학자 신타니 다카노리新谷尙紀는 빗자루의 주력으로 태내의 아이를 빨리 세상에 나오도록 하기 위함이라고 해석했다.[31] 즉, 안산을 위한 주술적 행위로 본 것이었다. 그리하여 빗자루를 향해 안산의 기도를 올리고, 또 난산일 때 그 빗자루로 임산부의 배를 쓸어내리기도 한다. 이러한 점에서 보았을 때 신타니의 해석은 일단 일리가 있어 보인다. 그의 지적처럼 빗자루는 더러운 것을 쓸어내고 주위를 깨끗하게 하는 본래의 기능을 가지고 있기 때문이다. 그러나 그것만으로 출산시 빗자루가 가지는 신성성이 충분히 설명되었다고 보기 어렵다. 왜냐하면 출산시 산실에 있는 빗자루는 거꾸로 세워지기 때문이다. 이때 빗자루는 쓸어내기 위한 것이 아니다. 신타니의 해석으로는 이 부분이 설명이 되지 않는다.

청소 도구로 탄생한 빗자루는 비가 달려있는 것이 지상을 보고 있어야 정상이다. 그럼에도 그것을 거슬려 하늘을 향해 거꾸로 세우는 것은 정상(일상)에서 일탈하는 비일상을 의미한다. 여기에서 빗자루의 특별성이 발생한다.

우리나라에도 그것에 대한 금기가 있다. 부산 기장지역에서는 「빗자루를 대문 앞에 거꾸로 세워놓으면 재수 없거나 부정 탄다」고 했고,[32] 또 「집이 팔리지 않을 때는 현관에 빗자루를 거꾸로 세워놓는다」[33]는 속신 등이 그러

31 新谷尙紀, 『日本人の禁忌』, 青春出版社, 2003, 150頁.

32 김승찬, 앞의 논문, 1996, 413쪽.

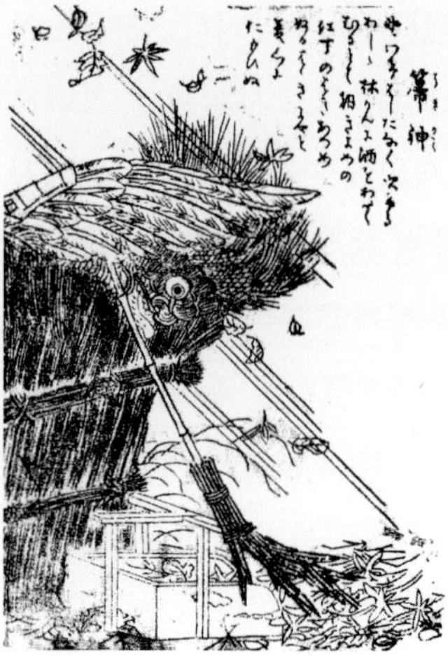

호오키가미(箒神)〈『百器徒然袋』에서〉

한 사고를 대변한다.[34]

일본도 그러한 성격에서 예외는 아니다. 더구나 새로운 생명을 잉태시키는 순간은 매우 특별한 시간이다. 바로 그때 빗자루에게 출산을 돕는 신적인 역할이 맡겨졌다면, 그 순간만은 일상과 다른 특별성을 띠어야 한다. 그것이 표현되어 나타난 것이 거꾸로 세워지는 것이었다. 그리하여 미야기현宮城県에서는 「안산을 위해 출산 시 산모의 머리맡에 거꾸로 세워둔 빗자루를 산신産神으로서 빌게 한다」고 했다.[35]

거꾸로 세워진 빗자루가 신성성을 가지는 또 다른 이유는 그 자체가 신이 머무는 빙의처였기 때문이었다. 가가와현香川県에서는 「출산은 몸채의 난도納戸에서 하는데, 빗자루를 세워놓고 기도를 올리며 빗자루 신을 부른다」는 속신[36]이 있다. 이처럼 그것은 출산의 신이 머무는 신목神木이었다. 빗자루가 그렇게 될 수 있었던 것은 그 모양에 있었다. 거꾸로 세웠을 때 빗자루는 평상시의 모습과는 전혀 다르게 끝 부분에 잎과 가지가 달려있는 나무로 바뀐다. 신들은 직접 평지로 강림하지 않는다. 나무를 통하여 간접 강림하여 인간과 만나는 것이 일반적이다. 신사의 신목이란 그러한 기능을 하는 것이다.

33 한미옥, 「이사 관련 속신의 현대적 지속과 변용」, 『한국민속학』 49, 한국민속학회, 2009, 433쪽.
34 한미옥, 앞의 논문, 2009, 433쪽.
35 宮城縣, 『宮城縣史』 民俗2/20, 財団法人宮城縣史刊行会, 1956, 230~239頁.
36 川江久太郎 · 大西紘一, 앞의 논문, 2004, 2~4頁.

출산을 앞둔 심리적 불안감에 싸여있는 임산부들이 가장 바라는 것은 무사히 아이를 출산하는 일이다. 이때 무엇보다 필요한 것은 안산을 보장해 주는 산신産神의 강림이다. 바깥으로 쓸어내는 주력을 가진 빗자루를 거꾸로 세워놓고, 그곳에 산신의 강림을 바랐던 것이다. 그러므로 출산 시 사용된 빗자루는 산신의 강림처이자, 안산의 기원을 올리는 주술의 대상이었다. 일본인들은 여기에 머무는 신을 빗자루 신이라는 뜻으로 「호오키가미箒神」라 불렀다.

한편 빗자루가 출산시 신성성을 가질 수 있었던 데는 신화와 신사신앙도 한몫을 했다. 헤이안平安 초기의 귀족인 인베 히로나리斎部広成가 807년에 편찬한 것으로 추정되는 『고어습유古語拾遺』에 다음과 같은 내용의 신화가 있다.

> 천손 히코호데미彦火尊가 해신의 딸 도요타마豊玉姫命과 혼인하여 히코나기사彦瀲渚尊를 낳았다. 당시 산실은 해변에 차려졌다. 그 때 가니모리무라지掃守連의 시조인 아메노오시히토天忍人命가 빗자루를 만들어 몰려드는 게蟹를 물리쳤다. 그리하여 그는 포설鋪設(궁중의 청소와 設營을 맡는 직책)을 맡겼다. 그리하여 그를 가니모리蟹守라 한다. 지금 가리모리借守라는 하는 것은 가니모리에서 와전된 것이다.[37]

여기에서 보듯이 위의 내용은 빗자루의 신성성을 설명하는 것이 아니라 고대 씨족 중의 하나인 「가니모리蟹守」의 기원을 설명하는 데 그 목적이

37 安田尚道 · 秋本吉德 校注, 『古語拾遺』, 現代思潮社, 1976, 68~69頁.

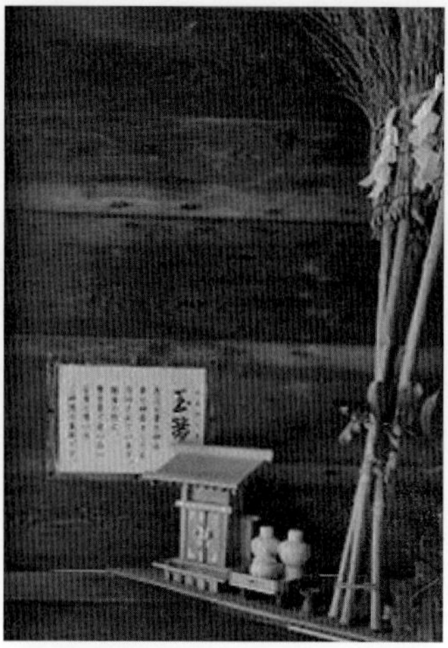
이요군(愛媛県 伊予郡) 다카오시히메신사(高忍日売神社)의 빗자루 신

있다. 「가니모리」란 궁중의 청소를 담당하는 직책(집안)을 말하는데, 그들의 시조가 천황가의 선조인 도요타마히메가 출산을 할 때 몰려드는 게를 빗자루로 물리쳤기 때문에 붙여진 이름이다. 즉, 게로부터 지켜준다는 뜻에서 「가니모리」라는 명칭이 생겨났다는 것이다. 여기서 빗자루는 아메노오시히토에 의해 만들어져 천황가의 선조신인 도요타마히메의 출산을 돕고 있다.

이러한 신화가 훗날 신사뿐만 아니라 의학계에도 영향을 주어 지역 신사의 연기설화 및 신앙 그리고 의학적 해석에도 활용되었다. 이를 이용하여 창건설화로 활용하고 있는 대표적인 신사로는 시마네현 히가와군島根県 簸川郡의 가모리신사加毛利神社와 에히메현 이요군愛媛県 伊予郡의 다카오시히메신사高忍日売神社를 들 수가 있을 것이다. 이 신사들은 모두 순산을 도와주는 신앙으로 유명한 곳이다. 그리고 가니모리의 시조를 모시는 것에서 출발하고 있다는 점도 같고, 그 신의 유래를 설명하고 있는 내용도 대동소이하다. 그 중 후자의 다카오시히메신사의 연기설화가 앞서 『고어습유』에서 본 내용보다 훨씬 더 자세한 내용으로 구성되어있는데, 이를 소개하면 다음과 같다.

> 히코호오데미日子穂穂手見命와 도요타마히메豊玉毘売命가 사이좋게 배로 바다를 건널 때 아내신이 갑자기 산기産気를 느끼고 가까운 해안에 산실을

짓고 아이를 낳게 되었다. 그리하여 우가야鵜茅로 지붕을 잇고 그 안에서 아이를 낳는 것인데, 때마침 바다에서 수많은 게蟹들이 기어 올라와 산실까지 들어가는 바람에 매우 혹심한 난산이 되어버렸다. 이때 도요타마히메가 「다카오시히메신」의 이름을 일심으로 부르자, 다카오시히메신이 나타나 아메노오시히메, 아메노오시히토, 아메노오시오를 보냈다. 이에 아메노오시히토와 아메노오시오는 빗자루를 만들어 게를 쓸어내고, 아메노오시히메는 산실에 들어가 산파역할을 했다. 이로 인해 처음에는 난산이었던 도요타마히메도 안산하게 되었고, 지붕도 다 잇기 전에 무사히 남자아이가 태어났다. 그리하여 히코호오데미는 아이의 이름을 우가야후키아에즈日子波限建鵜葺草葺不合命라고 지었다. 이것으로 인해 이 신사의 제신들은 많은 사람들로 산파와 유모 그리고 빗자루의 신으로 숭앙되고 있다고 하며, 천황가에 출산이 있을 시 이 신사에 안산기도의 의뢰가 있다고 한다.[38]

이상에서 보면 앞의 『고어습유』 내용과는 다소 차이가 난다. 도요타마의 출산과 게의 출현은 같으나, 게들이 산실 안으로 들어가 난산이 되었고, 그것을 퇴치하기 위해 다카오시히메라는 여신이 세 명의 신을 보냈으며, 그 중 2명의 남신은 빗자루를 만들어 게를 쫓고, 1명의 여신은 산파로서 출산을 도왔다고 하는 것은 『고어습유』에서는 전혀 보이지 않는 내용이다. 이러한 신화가 있음으로써 다카오시히메 신사가 모시고 있는 주신과 제신들은 출산과 산파의 신이 되고, 빗자루 또한 순산의 신이 되었다는 것이다. 특히 이 신사의 경내에는 빗자루 신을 모시는 사당玉箒社마저 마련되어있

38 高忍日賣神社, www.takaoshihime.jp(검색일 : 2019.05.01).

다. 이처럼 빗자루가 출산과 결부되었던 것은 출산을 방해하는 게들을 쫓아내는데 사용되었기 때문이라는 것이 일본신화의 설명이다.

그러나 실제로는 빗자루가 그런 역할을 하였다고 보기 어렵다. 왜냐하면 일본의 출산민속에서 게는 방해물이 아닌 아이의 산부정産不淨을 쫓아내주는 영물로 이용되었기 때문이다. 가령 오키나와沖繩 등지에서는 갓 태어난 아이 머리 또는 아이를 싼 포대기 및 옷 위를 게로 하여금 기게 함으로써 아이가 건강하게 자라나기를 기원하는 습속도 있다.[39] 그리고 일본의 귀족층들도 신생아에게 입히는 옷으로 게 그림이 많이 들어간 「가니도리蟹取」라는 옷이 있다. 이것도 아이에게 붙어있는 부정을 쫓고 아이를 보호해주는 것이 게였다는 신앙의 흔적으로 볼 수 있다. 에도江戶 중기의 의사인 가즈키 규산香月牛山(1656~1740)은 여기에 대해 의학적으로 좀 더 구체적으로 논하고 있다. 1703년 그가 펴낸 의술서 『증보회입소아필용기增補繪入小兒必用記』에 다음과 같은 흥미로운 해석이 소개되어있다.

> 이것(신생아의 대변)을 해분蟹糞이라고 하는 것은 도요타마히메가 히코나기사타케우가야후키아에즈를 낳을 때 해신의 딸이어서 산실을 해변에 차렸더니 게들이 올라와 아이의 대변을 먹었기 때문이다. 그리고 가니모리무라지의 먼 선조 아메노오시히토天忍人命에게 빗자루를 만들어 게를 물리치게 하였다. 그 때문에 그를 포설鋪設과 청소와 관련된 일을 관장케 했다. 이로써 그들을 가니모리蟹守라 하는 것이다. 오늘날 그들을 칸모리掃守라 하는 것은 가니모리에서 유래한 것이라는 것이 『고어습유』에 보인다.[40]

39 下野敏見, 『奄美トカラの伝統文化 : 祭りとノロ生活』, 南方新社, 2005, 50~51頁.
40 山住正己 · 中江和惠 編, 「增補繪入小兒必用記」, 『子育ての書』 1 · 2, 東洋文庫(285), 平凡社, 1976,

바다에서 올라오는 게를 빗자루로 물리치는 가니모리 (高忍日売神社의 소원걸이 그림)

여기서 보듯이 가즈키 규산은 『고어습유』의 내용을 인용하면서도, 그의 해석은 신화와 조금 차이를 보인다. 즉, 『고어습유』에서는 빗자루로 게를 물리쳤다고 하였지만, 가즈키 규산은 먼저 게로 하여금 아이의 대변을 먹게 한 후 물리쳤다는 내용이 첨부되어있다. 그리고 신생아의 배설을 해분이라 하는 것은 바로 이 때문이라고 설명했다. 게를 출산의 부정을 물리쳐주는 동물로서 보고 있는 것이다. 실제로 당시 일본에서는 태아의 변은 태독胎毒이라고 불릴 만큼 아이에게는 해로운 것이라 생각했다.[41] 그러므로 신화에 등장하는 가니모리가 게를 빗자루로 물리쳤다는 것은 산실에 들어오는 게가 아니라 해분을 먹은 뒤의 게라고 보아야 할 것이다.

이와 같이 신화에 등장하는 빗자루는 본시 산모의 배를 쓸어내어 아이를 잘나오게 만드는 순산의 주력이 있는 데다가 갓 태어난 신생아의 독을 제거해주는 게를 관리하는 역할도 맡겨져 있었다. 그러므로 산신이 강림지로 선택되었을 때 빗자루는 신목이 되기 위해서 모습을 바꾸어 거꾸로 세워져야 했던 것이다.

328~329頁.

41 島野裕子・白水浩信, 「<かにばば>と胎毒：近世産育書における胎毒観の変遷に関する考察」, 『神戸大学院人間発達環境学研究科研究紀要』 1-1, 神戸大学, 2007, 94頁.

4. 빗자루 신의 성격과 역할

거꾸로 선 빗자루에 강림하여 아이의 출산을 돕는 산신은 어떠한 성격의 신이며, 출산에 있어서 어떤 역할을 하는 것일까? 먼저 그의 출신은 이즈모出雲이며, 성별로는 여성이라는 의식이 있다. 도쿄도東京都의 고즈시마神津島에서는 그를 이즈모 신이라고 하고,[42] 도쿄도 오다구大田区에서는 출산을 돕는 빗자루 신은 여신이라고 하고 있기 때문이다.[43]

이러한 민간의 견해에는 상당히 일리가 있다. 그 이유는 빗자루 신이 이즈모계出雲系의 오호토시신大年神의 자식인 「하하키」의 다른 이름이며, 그 주관의 영역과 이름 등에서도 여신적인 성격이 강하기 때문이다. 특히 이 신은 이세신궁內宮에서 「야노하하키신矢乃波波木神」라는 이름으로 모셔지는데, 신사측은 이 신을 조산부助産婦, 유모, 안산과 육아보호 등과 같은 일을 하는 여신으로 인식하고 있다. 이같이 빗자루 신 「하하키」는 이즈모계 출신의 여신으로 보아도 무방하다 하겠다.

오사카 八王子神社에 바쳐진 임산부용의 빗자루

빗자루 신의 역할에 대해서는 애매하게 표현해놓은 속신어도 많이 있다. 가령 가가와현(香川県 香川郡 香川町)에서는 단순히 「출산 때 빗자루 신이 입회한다」고 하였고,[44]

42 國學院大學民俗学研究会, 앞의 책, 1956, 50~63頁.

43 中島恵子, 「お産に立ちあう神 - 東京都大田区の事例 - 」, 『西郊民俗』 100, 西郊民俗談話会, 1982, 13頁.

44 谷原博信, 『香川県史』 民俗 14, 香川県, 1958, 411~415頁.

도쿄(東京都 大田区)에서는 「출산 때 빗자루 신이 도와준다」[45]고 한 것이 그것이다. 여기서는 산신이 산실에서 입회하여 무엇을 어떻게 도와주었는지 명확하게 나타나 있지 않다.

그러나 그것이 명확히 표시된 속신어도 많이 발견된다. 이러한 속신어를 통하여 추정해볼 수 있는 것은 빗자루 신에게는 적어도 다음과 같은 세 가지 기능이 있었다.

첫째는 순산의 기능이다. 에히메현愛媛県 이마바리今治市에서는 「빗자루를 거꾸로 세워놓으면 안산을 하게 된다」[46]고 한다. 미야기현宮城県에서는 「산기産気가 있으면 빗자루로 배를 쓸어 내린다」고 했다.[47] 이러한 것들은 빗자루 신이 산신으로서 산모를 도와 순산의 주력을 가지고 있다는 것을 나타낸 것으로 볼 수 있다. 물론 이것은 안에 있는 것을 바깥으로 쓸어내는 주력으로 아이를 수월하게 바깥으로 나가게 하는 힘이 있다고 본 것에 지나지 않는다.

이러한 신앙은 상품개발에도 유용된다. 도쿄에는 시라기야덴베이白木屋傳兵衛라는 빗자루 제조 전문회사가 있다. 이 회사는 1830년(天保 元)에 창업하여 지금까지 창업 당시와 변함없는 빗자루를 제조 판매하는 것으로 유명하다. 그런데 이 회사가 판매하는 상품 가운데 「순산기원의 작은 빗자루」가 있다. 회사 측은 그 빗자

시라기야덴베이(白木屋傳兵衛)의 순산기원의 빗자루

45 中島恵子, 앞의 논문, 1982, 13~15頁.

46 森正史 監修, 「人生儀礼」, 『あゆみ - 玉川町の民俗 愛媛県越智郡 - 』, 12, 愛媛大学農学部附属農業高等学校郷土研究部, 1975, 26頁.

47 宮城縣, 앞의 책, 1956, 230~239頁.

루를 산모의 배를 오른쪽으로 세 번 문지르라고 방법까지 친절하게 가르쳐 주며 판매를 하고 있어 우리의 눈길을 끈다. 이처럼 빗자루는 출산의 길을 열어주는 힘을 가지고 있었다. 이러한 기능 때문에 「난산일 경우 빗자루를 깨끗이 씻고 빈다」는 에히메현(愛媛県 上浮穴郡 久万町)의 속신어[48]가 생겨나는 것도 지극히 당연하다.

둘째는 아이의 엉덩이를 멍들게 하는 장본인이라는 점이다. 「아이의 엉덩이에 멍이 든 것은빗자루 신이 때려서 밖으로 나가게 했기 때문」[49]이라는 오이타현大分県의 속신에서 보듯이 몽고반점을 발생시킨 것도 빗자루 신이라는 것이다. 이것은 첫 번째의 기능을 강조한 것에 지나지 않는다. 우리나라에서는 삼신할미가 했던 역할을 일본에서는 빗자루 신에게 맡겨져 있었던 것이다.

셋째는 태어난 아이의 장래를 예언한다는 점이다. 그것과 관련하여 야마나시현(山梨県 西八代郡 上九一色村)에 다음과 같은 흥미로운 이야기가 전해지고 있다.

> 어느 날 장사꾼이 집으로 돌아가는 길에 날이 저물어 고진신荒神을 모신 사당에서 하룻밤을 머물렀다. 그 날 밤 빗자루 신이 찾아와 오늘밤 출산이 있으니 그 집에 가자고 고진신에게 말했다. 그러자 고진신은 오늘은 손님이 있어 안된다고 하여 빗자루 신은 혼자서 그곳으로 갔다. 잠시 후 빗자루 신이 돌아와 말하기를 "오늘 다행히 안산이었지만, 유감스럽게도 아이의 수명은 짧다. 몇월 몇일에 그 아이는 엔코(갓빠)에게 잡혀 죽을 것이다."고 말했다. 이

48 森正史 監修, 앞의 책, 1960, 5頁.

49 郷田洋文, 「東九州の行事伝承」, 『西郊民俗』 6, 西郊民俗談話会, 1958, 10~11頁.

를 들은 장사꾼이 집으로 돌아와 보니 아이가 태어나 있었다. 빗자루 신이 말한 아이가 바로 자기 자식이었던 것이다. 그로 몇 년이 지나 빗자루 신이 말한 그 날이 오자 아이는 강에 놀러가고 싶다고 하여 숙모가 데리고 갔다. 그 숙모가 엔코였다. 두 사람이 강으로 들어가려고 하는 순간 아이의 아버지가 엔코를 겨냥해 철포를 쏘았다. 그러자 엔코는 도망갔고, 아이의 목숨을 구할 수가 있었다.[50]

여기에서 보듯이 빗자루 신은 새 생명의 탄생을 위해 출산을 무사히 할 수 있는 능력 이외에 아이의 운명을 예견할 수 있는 또 하나의 능력을 가지고 있음을 알 수 있다. 이 같은 이야기는 전국적인 분포를 보여주는데, 물론 지역에 따라 내용은 조금씩 다르다. 가령 야마구치현山口県에서는 측신과 빗자루 신이 다리 밑에 사는 거지가 딸을 낳는데 도와주고 돌아와 그 아이와 결혼한 남자는 반드시 부자가 된다는 말을 듣고, 재빨리 그 딸과 결혼하여 부자가 되었다는 남자의 이야기도 있다.[51] 그리고 에히메현(愛媛県 松山市)에서는 다음과 같은 내용으로 되어있기도 하다.

어떤 상인이 머문 곳이 빗자루 신을 모신 신당이었기에 빗자루 신 대신 절구 신이 가서 출산을 도왔고, 그가 돌아와 방금 태어난 여자아이는 18살이 되면 오우미近江에서 메기의 먹이가 된다고 말했다. 그 아이 아버지도 상인이었다. 이 아이가 자라서 18세가 되던 해에 이세신궁에 참배하러 갔다. 그 때 아버지는 도시락과 만두를 사먹을 충분한 돈을 주었다. 그 처녀는 오우미의

50 土橋里木, 「こと八日と山の神」, 『民間伝承』 14-6/145, 日本民俗学会, 1950, 14~21頁.
51 桜田勝徳, 「人間転生譚其他」, 『郷土研究』 7-2, 郷土研究社, 1933, 32~33頁.

다카보오즈(高坊主)〈速水春暁斎의『絵本小夜時雨』(1801)에서〉

호수에서 괴물 다카보오즈高坊主가 나타나 잡아먹으려 하였으나 자신이 가지고 있던 도시락과 만두를 주자 다카보오즈는 목숨을 살려주었고, 그 후 그녀는 83세까지 살았다.[52]

이상의 이야기는 출산을 돕기 위해 간 신은 빗자루 신이 아니라 절구신이 갔다. 그리고 돌아와서 손님 때문에 가지 못한 신에게 갓 태어난 아이의 수명을 이야기하는 것은 앞의 설화와 동일하다. 이러한 이야기를 일본에서는 산신문답형産神問答型의 설화라 한다.

이처럼 지역마다 내용이 다소 다르지만 출산을 도운 빗자루 신이 갓 태어난 아이의 장래(특히 수명)를 예견한다는 하나의 공통점이 있다. 그러나

52 森正史 監修,「昔話」,『あゆみ－忽那諸島の民俗－』8, 愛媛大学農学部付属農業高等学校郷土研究部, 1968, 67~68頁.

이것은 빗자루 신이 아이의 앞날을 예견하는 능력은 가지고 있어도, 그것을 해결할 수 있는 능력은 없다는 것을 나타내는 것이기도 하다. 그리하여 이야기 속의 많은 주인공들은 스스로 또는 가족들의 도움으로 문제를 해결할 수밖에 없었던 것이다. 이같이 빗자루 신은 이즈모계 여신이며, 아이에게 몽고반점을 만들어 주는 안산의 신이며, 또한 아이의 수명을 예고하는 능력을 가진 신이었다.

5. 빗자루 신과 함께 출산에 관여하는 신

그런데 많은 구비전승에 의하면 빗자루 신만이 출산에 관여한 것 같지 않다. 기후현岐阜県에서는 「출산은 모든 신들의 조력을 얻어 아이가 태어난다」고 하는 속신어가 있고,[53] 가나가와현神奈川県에서는 「출산 시에는 모든 신이 모이지 않으면 아이가 태어나지 않는다」[54]고 하는 속신어가 있다. 이는 두말할 나위 없이 출산에는 빗자루 신 이외에도 여러 명의 신들이 관여하는 것을 나타내는 말이다.

그렇다면 그들은 도대체 어떠한 신들이며, 그들이 가지고 있는 성격은 어떠한 것들일까? 속신어 중 빗자루 신과 함께 등장하는 신들은 지역에 따라 매우 다양하게 나타난다. 이와테현岩手県에서는 「빗자루 신, 산신山神, 측신 3명이 오지 않으면 출산을 할 수 없다」고 한 반면, 미야자키현宮崎県

53 國學院大學民俗学研究会, 「岐阜県揖斐郡谷汲村」, 『民俗採訪』, 國學院大學民俗学研究会, 1972, 125~131頁.

54 大藤ゆき, 「神奈川の産神」, 『西郊民俗』 100, 西郊民俗談話会, 1982, 15~18頁.

의 히가시우스키군(東臼杵郡 北浦町)에서는 산신이 빠지고 「빗자루 신과 변소신이 오지 않으면 출산이 되지 않는다」고 하였다.[55] 그리고 미야자키현宮崎県 미야코노죠都城市에서는 「산신은 귀자모신鬼子母神, 빗자루 신箒神, 수신水神인데, 이들이 모이면 출산에 좋다」는 속신이 있다.[56] 그리고 도쿄도東京都 오다구大田区에서도 「출산시 고진신荒神, 변소신, 빗자루 신이 입회한다」고 한다는 속신이 있다.[57] 그리고 에히메현愛媛県 마츠야마시松山市에서는 빗자루 신과 함께 절구신臼神을 산신으로 꼽는 경우가 있다.[58] 이처럼 빗자루 신과 출산에 관여하는 신으로는 측신, 고진신, 귀자모신, 수신, 절구신, 산신 등이 있었다. 이러한 신들은 어떠한 성격을 지니는 것이기에 출산에 관여하는 것일까?

첫째 측신이다. 이 신은 화장실에 거주하는 신으로 산모가 평소에 화장실을 깨끗이 하면 예쁜 아이가 태어나고, 더럽게 하면 곰보, 또는 불구의 아이를 낳게 된다는 속신이 있을 정도로 출산과 관련이 깊다. 특히 동일본 지역에서는 「셋친마이리雪隠参り」라 하여 생후 7일이 되는 날 산파가 아이를 안고 변소에 가는 의례가 있다. 이것을 치르면 여자아이는 예쁘게 자라고, 남자 아이는 씩씩하게 자란다는 속신이 있기 때문이다. 민속학자 이이지마 요시하루飯島吉晴는 변소는 이계와 연결하는 경계적 요소가 있고, 그것은 이계에서 이 세상으로 오는 아이와 관련성이 있을 수밖에 없다고 지적한 적이 있다.[59] 그의 지적대로라면 변소의 경계성과 이계성으로 말미암아

55 郷田洋文, 「東九州の行事伝承」, 『西郊民俗』 12, 西郊民俗談話会, 1960, 18頁.

56 田中熊雄, 『宮崎県史』 資料編 民俗2/2, 宮崎県, 1992, 223頁.

57 中島恵子, 앞의 논문, 1982, 13~15頁.

58 森正史 監修, 「昔話」, 『あゆみ - 忽那諸島の民俗 - 』 8, 愛媛大学農学部付属農業高等学校郷土研究部, 1968, 67~68頁.

측신이 출산에 관여한다고 할 수 있다. 이를 다르게 표현하자면 저 세상에서 이 세상으로 아이에게 경계선을 넘을 수 있는 힘을 제공해주는 역할을 경계성을 지닌 측신이 한다는 것이다. 이처럼 측신은 산전과 산후에도 영향을 끼치는 존재였다.

둘째 고진신이다. 이 신은 태반에 머무는 태신胎神이다. 곤바루 젠치쿠金春禅竹(1405~1471)에 의하면 태신은 하타씨秦氏의 시조 하타 가와카쓰秦河勝라 했다. 1465년경 그가 지은 『명숙집明宿集』에 의하면 하타 가와카쓰는 웅크린 자세로 빈 항아리 안으로 들어가 강물을 따라 흘러내려와 인간세계로 들어온 인물이라 한다. 즉, 그는 알(박)에서 태어난 영웅과 같이 이상탄생아異常誕生兒였다. 그러한 그가 사루가쿠猿樂의 기능을 후손들에게 아낌없이 전수한 뒤 하리마播磨로 가서 태반의 신이 되었다고 했다. 그 부분에 대해 『명숙집』에서는 다음과 같이 서술했다.

> 세상을 등지고 빈 배를 타고 서해에서 표류하다가 하리마播磨의 난바南波(현재 相生市那波) 샤쿠시尺師포구에 도달했다. 사냥꾼蜑人들이 배를 올려 보았더니 그는 이미 신이 되어있었다. 그는 그곳에서 사람들에게 빙의하여 탈을 일으켰기 때문에 사람들은 대황신大荒神이라 불렀다. …(中略)… 그 후 사고시坂越 포구에서 탈을 일으켰기 때문에 사람들은 그를 모시는 사당을 지었다. 그 후 하리마의 산간마을로 옮겼고, 이를 거듭하기를 몇 번하여 이제는 서해도西海道를 수호하는 신이 되었다. 지역사람들은 신당을 사루가쿠궁猿楽宮이라고 했고, 그 신을 숙신宿神이라고도 하며 숭배했다.[60]

59 飯島吉晴, 『竈神と厠神』, 講談社, 2007, 145頁.

60 원문은 다음과 같다. 「世ヲ背キ、空舟ニ乗リ、西海ニ浮カビ給イシガ、播磨ノ国南波尺師ノ浦ニ寄

이렇게 기록한 젠치쿠는 가와카쓰의 영체靈體가 고진荒神이며, 포의胞衣(태반)임에 틀림없다고 했다.[61] 즉, 그는 하타 가와카쓰가 하리마로 가서 포의황신胞衣荒神이 되어 잘 모셔주지 않으면 탈을 일으키는 무서운 존재가 되었다고 본 것이었다. 문화인류학자 나카자와 신이치中澤新一도 이에 동의하면서 하타 가와카쓰가 이 세상에 출현할 때 빈병을 이용했고, 또 이 세상에서 사라질 때 빈 배를 사용하였는데, 안이 텅 빈 물체 또한 태반을 나타내는 것으로 해석했다.[62]

실제로 무로마치室町 시대의 기록인 『황신강식荒神講式』에서는 고진신과 포의는 함께 있는 것이라 했고, 고진신의 탈을 막기 위해 포의를 묻을 때 소금을 뿌렸다고 한다.[63] 이처럼 고진신은 아이와 엄마 뱃속에 함께 있다가 세상에 나와 버려지는 태반에 머무는 태신이었다.

이 신은 이름 그대로 성격이 대단히 거칠었다. 잘 섬기지 않으면 탈을 일으키지만, 그와 반대로 잘 섬기면 아이를 돌보아주는 수호신이 된다. 이러한 성격이 현재에는 많이 퇴색되었고, 또 지역 신인 우지가미氏神와 진수신鎮守神과도 착종이 이루어져 그에 대한 구분도 어렵게 된 부분이 적지 않다.[64] 그 결과 쥬고쿠中國의 오카야마岡山지역에서는 고진신이 「텟줄 코진신」, 「산보코진三宝荒神」이라고 불리기도 했으며,[65] 또 고진신이 모셔져 있

ル。蜑人舟ヲ上ゲテ見ルニ、化シテ神トナリ給フ。当所近離ニ憑キ崇リ給シカバ、大キニ荒ルル神ト申ス。スナワチ大荒神ニテマシマス也。（中略）ソノ後、坂越ノ浦ニ崇メ、宮造リス。次ニ、同国山ノ里ニ移シタテマツテ、宮造リ　ヲビタヾシクシテ、西海道ヲ守リ給フ。所ノ人、猿楽ノ宮トモ、宿神トモ、コレヲ申タテマツルナリ」.

61 中澤新一, 『精霊の王』, 講談社, 2003, 51頁.

62 中澤新一, 앞의 책, 2003, 51頁.

63 中村禎里, 『胞衣の生命』, 海鳴社, 1999, 97頁.

64 岡山県史編纂委員会, 『岡山県史』 民俗 I 号/15, 岡山県, 1983, 530~531頁.

65 岡山県史編纂委員会, 앞의 책, 1983, 548頁.

는 곳의 흙을 밟으면 아이는 튼튼하게 자란다는 속신마저 생겨났다.[66] 이처럼 현재는 많은 변화를 겪고 있지만, 원래는 태신이었다. 그러므로 출산에 관여할 수 있었다.

셋째는 귀자모신이다. 이 신은 일본이 아닌 불교에서 유래된 신이다. 『불설귀자모경仏説鬼子母経』에 이 신에 대한 이야기가 자세히 나와 있는데, 그 내용을 간략히 소개하면 다음과 같다.

> 이 신은 비사문천毘沙門天의 부하인 팔대야차대장八大夜叉大将의 아내로 천 명의 자식을 두었다. 이 아이들을 키우기 위해 인간의 아이를 무자비하게 잡아먹었기 때문에 사람들은 그녀를 무서워했다. 이를 두고 볼 수 없었던 부처님이 그녀가 가장 사랑하는 막내 빈가라嬪伽羅를 바루鉢 속에 숨겼다. 그러자 그녀는 반미치광이가 되어 7일간 온 세상을 헤매고 다니며 찾아보았지만 끝내 찾을 수 없어 석가모니를 찾았다. 이에 석가모니는 「많은 자식을 가졌음에도 한 아이를 잃어버린 것만으로도 그토록 슬프게 울지 않느냐. 그렇다면 한 아이를 잃은 부모의 괴로움은 얼마나 크겠느냐」 하고 훈계를 하자, 그녀는 부처님의 가르침을 구했다. 그러자 부처님은 「계를 받고, 사람들을 괴롭히는 것을 그만 두거라. 그러면 곧 빈가라를 만나게 될 것이다.」 고 했다. 이 말에 그녀는 승낙하고 삼보에 귀의하자 석가모니는 감추고 있던 자식을 돌려주었다. 그리고 오계를 지키며, 시식施食에 의해 굶주림을 채울 수 있는 방법을 가르쳐 주었다.

66 岡山県史編纂委員会, 앞의 책, 1983, 541頁.

이상의 설화는 석가의 가르침을 받아 자식을 잃어버린 부모의 심정을 알고 아이를 잡아먹는 신에서 불법과 아이를 수호하는 신으로 바뀌었다고 한다. 이로 말미암아 일본 전역에서는 귀자모신을 모신 사당이 보인다. 그것에는 반드시라고 해도 좋을 만큼 경내에는 석류나무가 심겨져 있는데, 그것은 석가모니가 아이를 대신하여 석류를 먹게 했다는 것에서 생겨난 것이다. 그러한 가운데 군마현群馬県에서는 「센비키가유千匹ガユ」라는 귀자모신과 관련된 민속행사가 있다.

이것은 1월과 8월의 16일에 귀자모신에게 자식들의 무사성장을 기원하기 위해 볏짚에 쌀, 밀, 과자 등을 담아서 길에 내어놓는 것이다.[67] 이처럼 일본에서는 귀자모신이 안산은 물론 무사성장을 도와주는 아이의 수호신이기에 출산에 관여할 수 있었다.

넷째는 수신이다. 출산에서 물은 빼놓을 수 없는 중요한 요소이다. 아이가 태어나면 처음으로 겪게 되는 것은 따뜻한 물로 목욕하는 것이다. 일본어에서는 그 물을 「우부유産湯」라 한다. 「우부유」란 출산의 부정을 씻어내고 정화시키는 물이다. 특히 귀족층의 자제인 경우 그 물은 단순한 우물물이 아니라 특정 시기의 특정 장소에서 나오는 물을 사용했다. 고대에 니부壬生라는 씨족이 있었다. 이들은 니부乳部라고도 표기되었을 만큼 주로 출산, 육아에 관련된 일에 종사했다. 특히 니부씨는 천황가를 비롯한 귀족층에서 아이가 태어나면 「우부유」를 제공하는 역할까지 했다.[68] 역사학자 히구치 기요유키樋口清之(1909~1997)는 이러한 니부씨의 기원은 고대의 문헌자료인 「출운국조신하사出雲國造神賀詞」에서 나오는 수신인 미누마若水沼間에서

67 都丸十九一, 「道祖神と千匹ガユ」, 『民間伝承』 13-6/134, 日本民俗学会, 1949, 28頁.
68 樋口清之, 『日本人はなぜ水に流したがるのか』, PHP研究所, 1988, 141頁.

유래된 것으로 추측했다.[69] 만일 이것이 사실이라면 니부씨는 재생의 힘을 주는 수신을 모시는 씨족이며, 그에 따라 궁중에서도 그들에게 「우부유」를 맡겼던 것으로 예상된다. 그러므로 그들이 취급하는 「우부유」는 수신이 보내는 신성한 물이라는 인식이 있었다. 이처럼 수신은 「우부유」를 관할하는 존재로서 출산에 참여했다.

다섯째는 절구신이다. 절구의 모양이 임산부의 배와 닮아있기 때문에 생겨난 것 같다. 이 신의 기능도 빗자루 신과 함께 순산과 관련이 있었다. 예를 들면 도치기현栃木県에서는 난산일 때 임산부의 남편이 절구를 짊어지고 집 주위를 도는 풍습이 있었고, 이즈伊豆 미야케지마三宅島에서는 임산부가 절구를 붙들고 출산하고, 북해도의 아이누족에게는 난산인 경우 절구를 배에 대고 출산하는 풍습이 있었다. 특히 에히메현愛媛県에서는 절구 안에 빗자루를 세우고 밀물 때 바닷물을 길러와 바치며, 안산을 기원하면 좋다는 신앙도 있다.[70] 이같이 절구신 또한 안산의 신이었다.

여섯째는 산신이다. 산신과 빗자루는 매우 밀접한 관련을 가지고 있었다. 앞에서 언급한 「산신문답형」의 설화에 빗자루 신과 산신이 함께 등장하는 사례가 전국적으로 보이거니와, 특히 산 벚꽃나무 가지에 까치집처럼 뭉쳐져 있는 것이 있으면, 「산신의 빗자루」(岩手県 下閉伊郡 岩泉町),[71] 「산신의 성근性根이 들어가 있는 나무」(高知県 吾川郡 吾川村)[72]라 하여 자르거나 훼손하면 산신의 노여움을 받는다는 속신이 있다. 이처럼 산신과 빗자루는

69 樋口清之, 앞의 책, 1988, 141頁.

70 森正史 監修, 「年中行事と民間信仰 - 俗信民俗知識 - 」, 『あゆみ - 忽那諸島の民俗 - 』 8, 愛媛大学農学部附属農業高等学校郷土研究部, 1968, 50頁.

71 大森 郁之助, 「岩泉聞書」, 『民間伝承』 24-7, 六人社, 1960, 43~45頁.

72 桂井和雄, 「山の神に関する民俗(続)」, 『民間伝承』 8-6/84, 民間伝承の会, 1942, 41頁.

밀접한 관련성을 가지고 있기 때문에 출산에 있어서 두 신이 함께 등장하여 출산을 돕는다는 신앙은 매우 자연스러운 일이다.

산신은 일반적으로 여신이기 때문에 출산과 월경의 부정을 싫어하는 것으로 알려져 있지만 관동關東으로부터 동북지역에 이르는 지역에서는 순산의 신으로 신앙하는 지역이 많다. 특히 산신을 강조한 이와테현을 중심으로 한 동북지역에서는 출산 시 남편이 말을 끌고 산으로 들어가 산신을 맞이하여 오는 관습이 널리 분포되어있다. 좀 더 구체적으로 설명하자면 남편이 말 등에 모든 짐을 내리고, 빈 채로 말을 끌고 산에 들어가서는 말을 앞장서게 하고 뒤따라간다. 그렇게 가다가 갑자기 말이 몸을 떨며 멈추거나, 부드러운 소리를 내면 산신이 말에 탔다는 신호로 간주하고 집으로 다시 돌아와서 산신이 왔다는 것을 알리면 그에 힘을 얻어 산모가 순산한다는 믿음이 있다.[73] 한편 말이 없는 집에서는 사람이 직접 가서 산신을 등에다 업고 모셔온다. 그리고 무사히 아이가 태어나면 마을의 지역 신 또는 동네 어귀 사거리까지 가서 산신을 배웅한다.

한편 후쿠시마현福島県의 이이다테무라飯館村에서는 산신이 모셔져있는 신사山津見神社에서 빌려온 삼베로 산모의 머리를 단단하게 묶으면 순산한다는 신앙이 있다. 그리고 무사히 출산이 끝나면 작은 베개를 두 개 만들어 빌려온 삼베와 함께 신사에 돌려준다고 한다. 그리고 이와키시いわき市 요쓰쿠라四倉 시쓰야마志津山에서는 산신에게 순산기도를 올릴 때는 옥수수 수염으로 만든 빗자루를 바치기도 하는 것[74]처럼 산신과 빗자루 신이 혼재되어있는 곳도 있다. 이와 같이 산신도 출산에 관여했다.

73 吉野裕子, 앞의 책, 2008, 100頁.

74 福島県 https://www.pref.fukushima.lg.jp/…/shinrinkankyouzei-shinrinbu(검색일 : 2019.05.01).

이상에 보았듯이 일본에는 빗자루 신 이외에도 측신, 고진신, 귀자모신, 수신, 절구신, 산신 등이 있었다. 그 중 측신과 절구신, 산신은 빗자루 신과 같이 순산을 맡고, 고진신은 버려지는 태반에 머무는 신이며. 수신은 아이를 씻는 「우부유」를 관장했다. 그리고 귀자모신은 태어난 이후 육아의 신이다. 이와 같이 구분하였을 때 절구신은 산전, 고진과 수신 그리고 귀자모신은 산후를 관장하는 신이다. 즉, 신들의 역할의 구분이 있었다고 할 수 있다. 그런데 산전과 산후의 경계를 넘나들며 산모와 아이를 돕는 신은 빗자루 신과 측신뿐이다. 그러한 탓인지 출산에 가장 빈번하게 등장하는 신도 바로 이 두 신이다.

그중에서도 특히 빗자루 신에 대해 신뢰도가 가장 컸던 것 같다. 이를 잘 표현한 것이 「출산 시 가장 먼저 달려오는 신이 빗자루 신이다」는 도쿄의 코즈시마神津島[75]와 나가사키현長崎県의 쓰시마對馬島[76] 등지에서 보이는 속신어이다. 이처럼 빗자루 신은 다른 신들보다 출산에 있어서 가장 적극적인 신이었다.

한편 출산은 앞서 보았듯이 출산에 관여하는 신들이 모두 모여 입회한 상태에서 이루어지는 것이 가장 바람직하다. 그러나 「산신문답형」의 설화에서 보았듯이 동네 아녀자들의 출산이 있는 날 자기가 모셔져 있는 사당에 손님이 찾아오면 갈 수가 없는 일도 생기기 마련이다. 그러한 경우 일본인들은 「빗자루 신이 오지 않으면 출산이 되지 않는다」고 한 오이타현大分県,[77]

75 國學院大學民俗学研究会, 앞의 책, 1956, 50~63頁.

76 山口麻太郎, 「出産と村のモノイミ」, 『民間伝承』 10-2/100, 民間伝承の会, 1944, 59頁.

77 郷田洋文, 「東九州の行事伝承(3)」, 『西郊民俗』 8, 西郊民俗談話会, 1959, 15~16頁.
郷田洋文, 「東九州の行事伝承(4)」, 『西郊民俗』 10, 西郊民俗談話会, 1959, 26頁.
川江久太郎・大西紘一, 앞의 논문, 2004, 2~4頁.

기후현岐阜県[78]의 속신과 같이 그 중에서 빗자루 신만은 반드시 와주길 바라는 마음이 산모의 가족들에게는 있었다. 그 이유는 빗자루 신이 산신들 가운데 가장 적극적이며, 없어서는 안되는 순산의 신이기 때문이다.

6. 마무리

오늘날 진공청소기에 밀려난 빗자루가 일본의 출산민속에 있어서 매우 중요한 위치를 차지함은 이상에서 살펴본 바와 같다. 출산에 있어서 빗자루의 신앙은 빗자루 그 자체가 안에서 바깥으로 쓸어내는 기능이 있듯이 배안에 있는 새 생명을 바깥으로 나가게 하는 신비로운 힘을 가진 것으로 인식하는데서 발생한 것이었다. 따라서 특히 출산을 담당하는 여성은 빗자루를 걸터앉거나, 발로 밟고 차서도 안되며, 일부러 흠집을 내고, 또 가볍게 사용하거나, 아예 사용할 수 없도록 가리개로 빗자루 밑을 싸서도 안되었다. 만일 그것을 어기면 아이를 낳을 때 난산을 하거나, 남편이 일찍 죽는 벌을 받게 된다는 속신들이 생겨났다. 이처럼 빗자루는 소중하게 다루어져야 하는 도구이었다.

이러한 빗자루가 출산시 신성성을 가질 수 있었던 것은 쓸어내는 주력 때문만은 아니었다. 그것에는 아이의 태독을 먹어치우는 바다 게를 관리 조절하였다는 신화가 있었고, 그것을 이용하여 순산의 신앙을 퍼뜨리는 신사의 신앙도 있었다. 그리고 거꾸로 세우면 출산을 돕기 위해 강림하는 산

78 國學院大學民俗学研究会, 앞의 책, 1972, 125~131頁.

신이 머무르는 신목의 모습으로 전환이 가능하기 때문이었다.

일본의 빗자루 신은 이즈모계 여신이다. 이는 천황가의 신이 아닌 일본 토착신이라는 것을 나타내는 것이기도 하다. 그리고 출산에 있어서 발휘한 기능은 산모에게 고통을 덜어주고 아이를 무사히 탄생시키는 순산의 능력을 가지고 있다. 이 때문에 아이의 엉덩이에 몽고반점을 남기는 것도 바로 빗자루 신이다. 특히 아이의 장래 운수를 예견하는 능력을 가지고 있지만, 그것을 해결할 수 없는 능력의 한계는 있었다. 그리하여 운명의 주인공과 가족들은 그러한 예견의 이야기를 미리 듣고 문제해결을 할 수 밖에 없었다.

일본의 산신에는 빗자루 신 이외에도 측신, 귀자모신, 고진신, 수신, 절구신, 산신山神 등 여러 명의 신들이 있었다. 그 중에서 빗자루 신은 측신과 더불어 산전과 산후의 영역을 허물며 산모와 아이를 돕는 신이었다. 그러나 측신은 형태가 추상화되어 나타나지 않지만, 빗자루 신은 빗자루를 통하여 자신의 모습을 구체화하여 난산 시 또는 (출산 시) 산모의 배를 쓸어내릴 수 있는 장점을 가지고 있었다. 그 뿐만 아니라 출산의 소식이 전해지면 가장 먼저 달려올 정도로 적극성을 지닌 신이었다. 그러므로 출산 시 일본인들이 가장 좋아하는 신은 바로 빗자루 신이었다고 할 수 있다.

빗자루는 세계 어디서나 흔히 볼 수 있는 물건이다. 그러므로 그것과 관련된 속신도 세계 어디에서나 있을 것으로 생각된다. 특히 출산과 관련한 빗자루의 속신은 일본에만 있는 것은 아닐 것이다. 앞서 보았듯이 우리나라에도 빗자루를 소홀히 다루었을 때 쓸모없는 딸을 낳는다는 속신이 있었다. 그리고 폴란드와 우크라이나에서도 산모가 출산을 할 때 빗자루를 세워놓으면 빗자루가 악령으로부터 보호해준다는 신앙이 있다고 한다. 한편 영국의 요크셔에서는 처녀가 빗자루 위를 뛰어 넘으면 미혼모가 된다고 하여 꺼려했지만, 네덜란드에서는 결혼 시 신랑과 신부가 빗자루를 건너뜀으로써 하객들에게 자신들이 정당한 부부가 되었음을 알렸다고 한다. 이처럼 빗자루는 지역과 민족을 초월하여 어디에나 있는 것이지만 그에 관한 속신은 지역과 문화에 따라 얼마든지 달라질 수 있다. 이러한 외국의 사례들을 모아 일본의 것과 검토하면 일본은 물론 각국의 빗자루의 출산민속에 대한 보편성과 특수성을 가려낼 수 있을 것이다. 이러한 작업이 눈앞에 놓여진 앞으로의 과제가 아닐 수 없다.

5장

일본장례에 관한 현장론적 연구

1. 머리말

92년 1월 27일 새벽1시 20분경 일본에서 걸려온 전화로 말미암아 나는 잠을 이룰 수 없었다. 일본인 나카니시 미치코中西美智子여사가 별세하였다는 전갈이었기 때문이었다. 나라시奈良市에 사는 그녀는 나에게 있어서 특별한 의미를 지닌 사람이었다. 내가 그 곳에서 민속조사를 했을 때 물심양면으로 도와준 사람이었으며, 또한 민속정보를 제공해 주었던 중요한 인포먼트이기도 했다. 그리고 필자가 유학留學이 아닌 유학遊學을 5년 동안 하고 있었을 때 그녀는 나를 자신의 친자식으로 여기며 돌보아 주었던 나의 후견인이기도 했다. 그러기 때문에 그녀의 죽음은 나에게 적지 않은 충격을 주었다.

그날 아침 속옷 몇 가지를 가방에 꾸려 넣고 김해로 달려가 일본으로 가는 비행기를 집어탔다. 오후에 오사카에 도착한 나는 서둘러 나라에 있는 그녀의 집으로 달려갔다. 가면서 참으로 묘한 생각이 들었다. 2년전 정확히 말해 90년 4월 12일에 그녀의 부친인 나카니시 젠고로中西善五郎씨의 장례식을 그녀의 도움을 얻어 처음부터 끝까지 지켜볼 수 있었다. 사진도 충분히 찍을 수가 있었다. 심지어 화장장에 나온 유골사진 마저 슬퍼하는 가족들에 틈에 끼어 카메라의 샤다를 눌러 대었던 것이다. 이것은 대단한 유족들의 배려이다. 물론 이렇게 조사를 하며 필름에 기록할 수 있었던 것도 모두 그녀의 덕택임은 두말할 나위가 없다.

일본의 장례는 우리와는 달리 비교적 폐쇄적이다. 친족이 아닌 다른 사람이 처음부터 끝까지 그것을 지켜보기란 매우 어렵다. 혈연관계가 없는 일반의 문상객들은 상주의 가족들이 정해주는 시간에 한하여 문상하도록 되어 있다. 그러므로 좀처럼 그 진행과정을 전부 지켜보기란 매우 힘이 드는 것이다. 그리고 사진은 찍는 일이 거의 없다. 최근 우리나라에서 장례식 때 카메라 또는 동영상으로 녹화하여 기념으로 남기고자 하는 풍습과는 전혀 다른 것이었다. 이같은 우리의 행동이 오히려 일본에서는 이상하다고 여길 만큼 예외에 속한다. 그러므로 나의 일본장례에 관한 조사에는 정말 그녀의 도움이 컸다.

그런데 이번에는 본인이 사망하여 그 장례식이 나의 눈앞에 펼쳐져 있는 것이다. 이것은 무슨 인연인가? 2대에 걸쳐 한 가정의 장례식을 보게 될 줄이야. 아무튼 문상객으로서 갔지만 이번에도 얼굴에 철판을 깔고 카메라와 조사노트를 가지고 그 장례식을 처음부터 끝까지 유족을 따라 다니며 지켜보기로 하였다. 이렇게 그녀는 최후까지 일본문화를 전공하는 나에게 일본의 장례문화를 가르쳐주고 세상을 떠난 것이었다. 이 글은 바로 여기에서 얻어진 것이다.

우리나라에서도 일본의 장례에 관한 연구가 전혀 없는 것은 아니다. 지난 89년 10월에 민속학자 최길성교수가 그의 일본인 아내 스사하라 사치코 管原幸子여사의 어머니 장례식을 참가하고 그에 관한 보고서를 학계에 발표한 것이 최초의 연구이었다.[1] 그러므로 그의 보고서는 우리나라에 있어서 최초의 연구라는 의미만으로도 그 의의는 큰 것이었다. 더군다나 여기에서 그는 그 과정을 상세히 서술하고 있기 때문에 비교적 일본의 장례를 이해하는데 큰 도움을 주고 있는 것도 사실이다. 그는 일본의 장례를 기술하면서 그 특징을 다음과 같이 세 가지를 지적하였다.

첫째는 시체를 처리하는 과정에서 화장을 한 다음 다시 장례식을 치루

1 최길성, 「일본장례 비교민속학적 고찰」, 『비교민속학』 제5집, 비교민속학회, 1989.

는 이중장제적 요소가 강하다는 것이고, 둘째는 부계 친족의식이 한국에 비해 아주 약하다는 것이며, 셋째는 슬픔의 눈물을 보이지 않는 것이 그 특징이라고 설명하고 있는 것이다.

이러한 그의 결론이 일본의 서북부지방인 아키타秋田지역에서 행하여진 하나의 예에서 도출된 것이기 때문에 일본의 모든 장례에 적용될 수 있는 것은 아니다. 일본의 경우 장례법은 지역에 따라 다르며, 또 종교에 따라 다르다. 더구나 비록 같은 종교라 하더라도 종파에 따라 또 다르게 행해지기 때문이다. 그러므로 우리는 가능하다면 여러 지역의 예를 지켜본 다음, 특수성과 함께 보편적인 특징을 함께 살펴 볼 필요가 있다.

이러한 의미에 있어서도 내가 지켜본 나라시의 장례풍속에 관한 기록이 결코 헛된 것은 아닐 것이다. 오히려 일본의 장례식에 관한 이론을 일반화하기 위해서라도 이러한 작업은 앞으로 보다 많이 이루어져야 한다.

그럼 나라시에서 행하여진 장례의 과정을 자세히 살펴보고 난 다음, 일본의 장례에 관한 특징을 다시 한번 살펴보기로 하자.

2. 사망과 염

「奈良市南永井新町141番地」에 사는 나카니시 미치코씨가 오랫동안 당뇨병의 합병증으로 시달리다가 드디어 92년 1월 26일 늦은 밤 11시 56분 「사이세이카이濟生會」 병원에서 사망하였다. 그러자 그의 가족들은 그녀의 시신을 집으로 모시고 와서 장례 치를 준비를 했다. 병원의 영안실에서 장례를 치루는 경우는 없다. 왜냐하면 우리나라의 경우와 같이 바깥에서 사망한 시신을 집안으로 들이지 않는 「객사客死」라는 의미의 풍습을 일본은 가지고 있지 않기 때문이다.

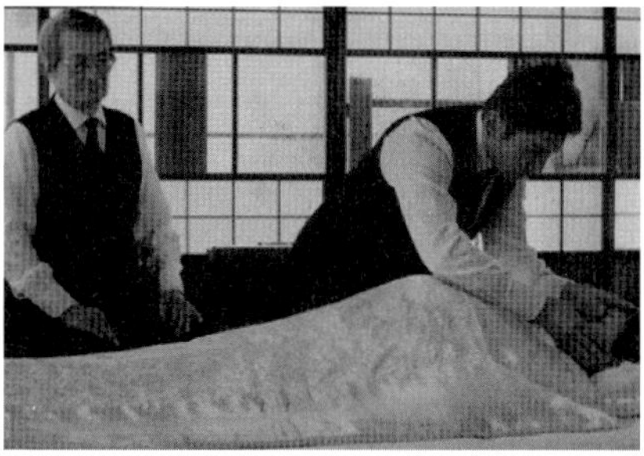
영화 〈오쿠리비토〉에서 장의사가 염하는 장면

시신을 데리고 온 가족들은 불단 앞에 이불을 깔고 그 위에 시신을 편안히 눕히고는 얼굴에다 간단히 화장을 한 다음, 자기가 속해 있는 절에 연락을 했다. 고인의 가족들로 부터 연락을 받은 불교의 승려가 맨 먼저 달려와서 시신의 머리맡에서 독경을 했다. 이는 원래 임종할 때 망자의 머리 곁에서 하기 때문에 흔히 침경枕經이라고 하는 것인데, 이번 경우에는 사망한 후 소식을 접하였기 때문에 변칙으로 그렇게 하는 것이라 했다.

그 다음날인 1월 27일 아침 7시경 연락을 받고 달려온 장의사가 시신에 대한 염을 했다. 그 염의 절차는 먼저 시신의 옷을 거의 다 벗기고 「누카다」라는 가운과 같이 생긴 옷을 입혔으며, 아랫도리에는 팬티대신 기저귀를 채워두었고, 시신의 몸이 부식하는 것을 막기 위해서 「드라이 아이스」를 몸 구석 구석 끼워넣었다. 그리고는 가슴의 옷깃에 10엔짜리 동전 6개를 넣은 봉투를 넣어두었다. 이 돈은 죽은 사자가 저승으로 떠날 때 필요한 노잣돈이라고 장의사는 설명했다. 그리고 이불을 덮고서 다시 그 위에다 화려하게 금박을 입힌 이불을 천을 덮어두었으며, 그것이 끝나자 시신에 붙는 잡귀를 쫓기 위해서 이불 위에 칼을 넣은 주머니를 올려두었다. 그리고는 시신의 얼굴에 흰 천으로 가리는 것으로 염이 끝이 났다.

시신의 머리맡에는 상이 차려져 있는데, 그 위에는 사자에게 받쳐진 밥, 소금, 된장, 양초, 향, 위패 및 시신의 목뼈를 넣을 골호骨壺가 화려하게 수놓은 헝겊에 쌓인 채로 놓여져 있었다. 이 때 인상적이었던 것은 위패에는 아무런 글자가 새겨져 있지 않았다.

이렇게 차려진 다음 고인의 가족들은 가까운 친지들의 문상을 받았다. 문상객은 주로 혈연적 관계에 있는 사람이 대부분이었으며, 그렇지 않은 사람은 지역의 자치회 회장단들이었다. 그리고 평소에 고인과 가깝게 지내던 사람들은 이때 문상을 하지 않았다. 그런데 문상하는 모습이 퍽이나 특이했다. 시신에게 다가가 얼굴에 덮여있는 가리개를 걷고서는 얼굴을 직접 대하는 것이었다. 그 때 사람마다 약간씩 차이는 있으나 시신의 얼굴을 보고 염주를 손에 들고 합장하여 기도하는 자세를 취하는 것이 거의 공통적이었다. 가끔 고인의 얼굴을 만지면서 「참으로 편안한 얼굴이다」라고 인사하는 사람도 있었다. 조문객을 맞이할 때 마다 슬피 울어야 하는 우리의 풍속과는 달리 상주를 비롯한 고인의 가족들이 슬피우는 곡소리를 들을 수 없었다.

3. 오쯔야御通夜

1월 27일 오후 4시경 입관하여 장례식장인 견광사見光寺로 시신이 옮겨졌다. 그때는 이미 시신이 입관되어 있었다. 이 절은 고인 집안이 신자로 되어있는 정토진종淨土眞宗의 사찰이었다. 그곳에서 일반인들의 문상을 맞을 준비를 했다. 이를 일본어로 「오쯔야」라 했다. 그 말의 의미로 보아 원래는 이것은 시신을 지키며 밤을 지새는 풍습이었을 것이다. 그러나 오늘날에는 유족을 포함한 가까운 친척들만 밤을 지샐뿐 그 이외의 사람들은 정해진 시간에 분향하고 돌아갔다.

본당의 사방에는 흰 천으로 막이 쳐져 있었으며 시신은 본존 앞에 놓여졌고 그 앞에는 화려하게 제단이 차려졌다. 문상(오쯔야)의 시간은 7시부터 시작되었다. 이 때 위패에는 그 전날과는 달리 고인의 이름이 불교식으로 적혀있었다. 가령 이번 고인이 된 나카니시 미치코씨의 경우는 다음과 같았다. 즉, 「平成四年 法名 釋尼 妙智 一月二十六日」.

그리고 문상객들의 복장은 정해져 있었다. 남자의 경우, 검은 양복에다 흰 와이싸쓰와 검은 넥타이의 옷차림이었으며, 여자의 경우도 상하의가 모두 검은색의 모습으로 차려 입었다. 그리고 손에는 염주를 들고 신은 양말과 구두가 모두 검은색인 것은 남녀가 공통이었다. 만일 그러한 복장이 여의치 않을 때는 한쪽 팔에다 검은색 완장을 둘러매면 되었다.

이렇게 차려 입은 문상객들은 약 2시간에 걸쳐 분향을 하면서 조문했다. 그들은 먼저 분향하기 전에 접수처에 들러 조의금을 낸 후 고인에게 향을 바치고 고인의 가족들에게 인사를 하고 집으로 돌아가게 된다. 그 때 상주를 비롯한 고인의 가까운 남자 친척들 몇 명이 본당 앞 뜰에 나란히 서서 분향하고 돌아가는 사람들에게 일일히 인사를 하였으며, 나머지 친인척들도 본당의 좌우에 앉아서 엎드려 절하며 인사를 하였다. 그러는 동안 승려들은 본당에 설치된 시신의 제단 앞에 앉아 독경을 계속했다. 이때도 가족들의 곡소리이며, 문상객의 울음소리는 없었다.

9시경 문상객들을 맞는 「오쯔야」가 끝났다. 그러자 평소에 가깝게 지냈던 사람들이 찾아와 친척들과 함께 12시경까지 본당에서 고인과의 추억을 회상하다가 돌아갔다. 그러자 고인의 가족들도 편안한 옷으로 갈아입고서 고인의 관이 놓여있는 본당에서 음식과 술을 마시면서 밤을 지새웠다. 때로는 피곤에 지쳐 자는 사람들도 있었지만, 제단의 향불과 촛불을 보살피는 데는 게을리 하지 않았다. 어느 누군가에 의해서 꺼지는 것이 방지되고 있었다. 향로에 꽂혀있는 향은 하나인데, 거기에서 피어나는 연기를 따라

고인의 영혼이 저승에 가기 때문이며, 촛불은 그 길을 밝혀주는 등불이다. 그러므로 향불과 촛불을 꺼뜨린다는 것은 고인의 영혼으로 하여금 길을 잃고 방황하게 하는 것이기 때문에 이것만은 절대로 꺼뜨리지 않았다.

4. 장례식

장례식은 28일 오후 2시에 진행되었다. 먼저 상주 및 친지들이 상복을 차려입고 본당에서 기념사진을 찍고 자리에 앉아 있었다. 그들이 앉는 것에 있어서도 구분이 있었다. 즉, 고인과 혈연적 관계가 가까운 가족과 친척들은 제단의 오른쪽에 앉았고, 약간 거리가 있는 친인척들은 왼쪽에 앉았다. 그 때 시간을 맞추어서 온 많은 문상객들은 앞마당에 설치된 접수부에서 조의금을 내고 그 주위에서 앞으로 거행되는 장례식을 기다리고 있었다. 화려한 가사를 걸친 승려들이 불당으로 들어갔다. 어제는 견광사 승려 1명만 하던 것과는 다르게 이웃 절에서 초빙해온 승려 2명과 이 절 주지의 아들 1명과 합세하여 도합 4명이 법당 안으로 들어가 독경의 준비를 했다. 장례식은 장례회사에서 나온 사람의 사회로 진행되었다.

먼저 일동 합장하여 고인의 명복을 비는 것으로 부터 시작되었다. 그때 가족 친지들을 포함한 문상객 전원이 각기 염주를 손에 들고 합장하여 묵념을 올렸다. 그것이 끝나자 승려들의 독경이 있었다. 독경소리가 잠시 멈추자 고인과 가장 가깝게 지내던 사람들 중 한 사람이 조사弔詞를 읽었다. 그 역할을 고인이 졸업한 고교동창회 회장인 하시모토 가즈노부橋本和信씨가 맡았다. 그는 현재 나라시의회 의장직을 맡고 있는 시의원으로서 평소에 고인과 의형제처럼 지내던 고교 선후배지간이다. 그의 조사가 끝나자 유명인사로 부터 온 조전弔電을 사회자가 낭독하였다. 그리고 나서 승려들의 독경하는 소리가 다시 들리면서 가족 및 친인척들의 분향이 시작되었다. 분향 순서는 명확히 정해져 있었다. 상주및 친지들이 분향하는 순서는 다음과 같았다.

제일 먼저 상주인 고인의 아들 나카니시 젠이치로中西善一郎씨가 했고, 그에 이어 고인의 남동생인 나카니시 젠스케中西善介씨와 그의 부인 나카니시 케이코中西啓子씨이었다. 그에 이어 고인의 언니인 구노 기누코久野絹子가 했으며, 그에 이어 고인의 여동생 남편 기타오 히로시北尾廣와 그의 아내 기타오 후미코北尾文子가 했다. 그리고 나서 고인의 조카들이 분향을 시작하였다. 그 순서는 그들 부모가 태어난 순서에 의거하여 행하여 졌다. 그들의 순서가 모두 끝나자 이번에는 고인의 둘째 아들 아리타 류지로有田龍次郎씨가 했다.

아리타씨가 고인의 실제 아들이면서도 분향의 순서가 고인의 형제 자매 부부및 조카들의 그것보다 뒤로 되어있는 점은 매우 특이하다. 여기에 대해서는 약간의 설명이 필요하다.

고인 미치코씨는 나카니시 젠고로씨의 차녀로 태어나 아리타라는 집안으로 시집을 갔으나, 남편의 끊임없는 바람끼로 말미암아 이혼하고 만다. 그리고 그녀의 성씨를 친정 아버지의 허가를 받아 다시 친정의 성씨인 「나카니시」를 사용했다. 그런데 문제는 이미 그녀의 슬하에는 자식 2명이 있었다. 그 자식의 이름들이 나카니시 젠이치로(장남)이었고, 아리타 류지로(차남)이었다. 이 자식들은 부모가 이혼하자 장남은 어머니 성을 따라 외가의 성씨를 계승하였으며 생활도 어머니와 함께 하였다. 그 반면 차남은 아버지의 성씨를 그대로 계승하여 생활도 그의 아버지와 같이 했다. 그러므로 엄격하게 본다면 이번 장례식은 나카니시 집안이 중심이 되어 치러지는 것이기 때문에 비록 고인의 실제의 아들이라 해도 분향할 수 있는 서열은 상주의 가족 및 고인의 형제 자매, 조카들 보다 뒤로 된 것이라고 고인의 가족들이 설명했다. 본인도 이 점에 관해서는 충분히 양해하고 있다고 덧붙여 해명했다.

이와같이 고인들의 가족들이 혈연적 관계의 순서에 따라 분향이 끝나자, 이어서 고인의 사촌들이 분향을 시작했다. 그것이 끝나자 친족 분향의 맨 마지막을 알리는 마무리 역을 맡은 고인의 삼촌인 미마스 토라지로오三升寅次郎씨가 했다. 이로써 친인척들의 분향이 모두 끝난 셈이다.

분향이 끝난 친지들은 상주를 포함한 남자 몇 명이 법당의 바깥으로 나와 분향을 마치고 돌아가는 사람들에게 인사를 하기 위해 일렬로 나란히 서 있었다.

혈연적 관계가 있는 친지들의 분향이 끝나자 이번에는 일반문상객들의 분향이 시작되었다. 맨 처음한 사람이 고인이 살던 지역의 자치회 회장이었다. 그리고 조사를 읽은 하시모토씨가 동창회의 회장으로서 분향을 했으며, 그 후에는 평소 고인과 상거래를 했던 산토리주식회사, 이이다주식회사 대표 등 공공기관의 대표들이 분향을 마친 다음, 개인의 자격으로 온 일반인들이 무자격 순으로 분향을 했다. 분향을 한 후 법당 앞에 나란히 서있는 남자 친지들에게 목례로 인사를 나눈 다음 답례봉투를 받아 가지고 돌아갔다.

답례봉투 속에는 찾아와 주어 고맙다는 인사의 편지와 함께 맥주와 교환할 수 있는 상품교환권과 소금이 들어 있었다. 소금은 자그마한 또 하나의 봉지에 들어 있는데 그 겉표지에는 「오기요메시오御淸鹽」라고 적혀 있었다. 그 말은 부정을 물리쳐 주는 소금이라는 뜻이다. 죽음을 부정으로 보는 점은 우리와 공통된다. 그리고 그 부정을 소금으로 물리치려는 것도 우리의 풍습과 동일하다. 다만 다른 것이 있다면 그 소금을 일본의 경우 상가집에서 손님들에게 나누어 주고, 우리의 경우는 상가에서 돌아온 사람이 자신의 집에 들어가기 전에 식구들이 그의 머리에 소금을 뿌린다는 사실뿐이다.

장의사의 말에 의하면 장례식 중 가장 어려운 절차가 분향의 순서를 정하는 일이라 한다. 왜냐하면 그 순서가 곧 고인의 상속 순위를 결정하는 것이며, 또한 친분관계를 나타내는 것이기도 하기 때문이다. 그러므로 순위관계가 애매모호할 경우에는 대개 친척의 장로와 상의하여 본인들에게 사전의 양해를 구함으로써 오해의 발생을 방지한다고 한다. 특별한 경우를 제외하고는 대부분의 경우 다음과 같은 순서로 행하는 것이 일반적이라 한다. 가령 예를들면 결혼한 어느 남자가 죽었다고 하면 그 순서는 다음과 같다.

(1) 상주 : 고인의 장남.

(2) 상주의 어머니 : 고인의 부인.

(3) 상주의 부인 : 고인의 맏며느리.

(4) 상주의 자식 : 고인의 손자 · 손녀로서 이 경우는 태어난 순서에 의거함

(5) 상주의 남동생 : 태어난 순서로 하되. 만일 결혼하였다면 부부가 같이함

(6) 상주의 자매 : 5번의 순서와 동일함.

(7) 상주의 백부와 백모 : 고인의 형제자매를 말함.

(8) 상주 형제자매의 자식 : 고인의 친손자와 외손자를 가리키는데, 그 순서는 자기 부모의 태어난 순서대로 한다.

(9) 상주의 장인 · 장모 : 고인의 사돈.

(10) 상주 부인의 형제자매 : 고인의 며느리 형제자매.

(11) 상주의 친사촌 · 고종사촌 : 고인의 조카.

(12) 자치회 회장 : 고인이 살았던 지역의 자치회회장으로서 어느 장례식에서나 고인의 친족들의 분향이 끝나면 제일 먼저 하는 사람은 그 지역의 자치회 회장이다. 이는 장례식에서 일종의 불문율로 되어있다.

(13) 고인의 우인 : 이 경우는 대개 년장자의 순으로 하는 것이 일반적이다.

이상과 같은 순서로 분향이 끝나자 그 다음에 이어지는 절차는 출관과 시신을 태우는 화장이었다.

5. 출관과 화장

일반 문상객들의 분향까지 모두 끝나자 제단 뒤에 두었던 관을 앞으로 끄집어내어 가족 및 친지들로 하여금 마지막으로 고인의 얼굴을 대면하도록 하였다. 대면할 때 화환으로 들어온 꽃을 꺾어 관 속으로 넣어 주었다. 친지들의 얼굴대면이 끝나자, 고인의 얼굴을 보고 싶어 하는 일반 문상객들도 그 기회를 주었다. 그 때 많은 눈물이 쏟아졌다. 그렇지만 그 울음은 소리를 내지 않고 눈물을 속으로 삼키는 울음이었다. 어떤 이는 슬프게 눈물을 흘리면서 고인의 얼굴을 만지며 「미치코! 부디 극락왕생해라!」는 인사말을 하는 사람도 있었다. 이것이 눈물 속에서 끝나자 상주가 고인의 사진(영정)을 들고 바깥으로 나왔다. 그러자 몇 명의 남자 친지들이 관을 들고 그 뒤를 따랐다.

그리고 관은 미리 절 앞에 대기해둔 화려한 모양의 장의차에 실려졌다. 장의차의 모습은 마치 신사나 절과 같은 모양으로 만든 화려한 고급승용차이었다. 관이 실리자 장의차는 화장터로 출발하였다. 그러자 가족과 친지들을 태운 차들이 그 뒤를 따랐다. 이 때 친척관계가 아닌 일반 문상객의 경우는 고인과의 관계가 각별한 사이가 아니면 가지 않았다. 그러므로 화장장까지 가는 사람은 대부분이 고인의 친척들이었다.

화장장에 도착하자 관을 은행의 금고와 같이 생긴 불 아궁이 앞에 두고 승려의 주관 하에 간단한 제의를 올린 후, 시신의 관을 아궁이 속으로 집어넣었다. 그리고는 화장장의 관계자가 아궁이의 열쇠를 상주에게 건네주면서 다음날 오전 9시 30분에 유골을 찾으러 오라고 했다. 화장장의 관계자에 의하면 오전 중에 시신이 도착하면 그 당일에 유골을 찾을 수 있으나, 그렇지 않고 오후에 오면 시신을 태우는 시간이 필요하므로 유골을 찾는 시간을 아예 그 다음날로 미룬다고 설명했다.

화장장에서 친지들은 다시 장례를 치렀던 절(견광사)로 다시 돌아왔다. 그리고 거기에서 상주의 고맙다는 인사를 한 다음, 주문해둔 음식(도시락)과 술을 가볍게 마시고는 각자 집으로 해산하였다.

6. 유골줍기

다음날인 29일 9시 30분 친지들이 다시 화장장에 모였다. 친지들이 도착하여 불 아궁이가 있는 곳으로 가자 장의사의 직원이 대나무로 만든 기다란 막대기(젓가락)를 나누어 주었다. 그리고 화장장의 직원이 상주로 부터 열쇠를 받아 쇠문을 열고는 시신을 끄집어 내었다. 그 시신은 완전히 살 한 점 없는 불에 탄 뼈만 남아 있었다. 가족들은 유골 주위를 둘러 서서 혈연관계가 가까운 사람의 순서부터 뼈를 줍기 시작했다. 뼈는 나누어 준 젓가락

유골을 주워서 골호에 넣은 장면

으로 집어서 준비해 둔 뼈항아리에 넣었다. 뼈를 주울 때는 혼자서 하지 않았다. 두 사람이 함께 뼈를 조심스럽게 집어서는 항아리에 넣었다. 항아리는 두 개가 있었다. 하나는 머리, 팔, 다리 등 신체의 골격을 이루는 뼈를 담는 것으로서 크기가 다른 것보다 컸다. 그리고 앞의 것 보다 작은 다른 하나는 목뼈를 주어 담는 항아리이었다. 목뼈는 목에 있는 부처님이라는 의미의 이름을 가진 뼈로서 대단히 소중히 여겼다. 그 이름을 일본어로는 「노도보도께」라 하였다. 이는 아마 생명 즉, 목숨이 인간의 목에 있다는 관념에서 생겨난 것 같다.

유골은 다 담지 않았다. 중요한 부분만을 간추려 항아리 속에 담고는 나머지는 그대로 그곳에 남겨 두었다. 남겨진 뼈는 화장장의 직원에 의해 적당히 그 주위에 버려진다고 한다. 모든 뼈를 가루를 내어 유족에게 넘기는 우리의 풍습과는 달랐다. 또 그 뼈를 강이나 바다에 뿌려지지 않는 점도 우리와는 달랐다. 항아리에 담겨진 뼈를 들고 유족들은 그 길로 바로 무덤으로 갔다.

무덤은 절에서 관리하는 공동묘지이었다. 그곳은 한평도 되지 않는 조그마한 토지이었다. 그리고 그 곳에는 절에서 준비한 나무로 만든 묘지의 표시판이 놓여져 있었다. 시간이 조금 지나자 견광사의 승려가 오토바이를 타고 나타났다. 유골을 무덤에 안치하기 전에 공동묘지에 설치되어 있는 사당 앞에서 유족들과 함께 간단한 독경과 함께 간단한 제를 올렸다. 그런 다음 미리 준비해둔 무덤을 쓸 장소로 고인의 유골을 가지고 갔다. 먼저 그

곳에 상주가 땅을 파고 묘지의 표시판을 세운 다음 그 옆에 큰 항아리의 유골을 묻었다. 그리고는 유골이 묻혀진 주위에 꽃과 향불을 놓고 가족들은 합장하여 고인과 작별하였다.

일본의 무덤은 시신을 그 자리에 묻고 봉분을 하는 우리의 것과 다르다. 그것은 돌로서 3층석탑과도 비슷한 모양으로 만드는데, 맨 밑둥치 돌 속에 유골을 넣어두는 형태를 취하고 있다. 1인1실 즉, 개인용의 묘가 있는가 하면, 한편 한 곳에 가족의 여러 명의 유골을 함께 넣어두는 이른바 가족묘도 있다. 이번 나카니시씨의 경우는 개인묘를 고집하였다. 그러므로 나무로 만든 표지판에는 분명히 고인의 이름이 새겨진 「中西美智子之墓」라고 되어 있었다. 그러나 그 날은 돌로 만든 완전한 형태의 묘지로 되어있지 않았다. 집에서 49제를 치른 다음 완전한 형태의 묘지가 갖추어 지는 것이다.

그리고 함께 그곳까지 가져간 고인의 목뼈가 들어있는 작은 항아리는 상주가 손에 들고 집으로 가지고 갔다. 그것을 상주는 자신의 집 불단에 안치하고서는 49일간 모신다 한다. 그리고 나서 「목의 부처님」이라 불리는 그 목뼈도 무덤 속으로 들어간다고 한다.

유골을 묻은 가족친지들은 상주의 집에 모여 주문하여 배달 온 음식을 점심으로 먹고 각자 자유롭게 해산하였다. 이것으로써 미치코씨의 장례식은 끝이 난 셈이다.

7. 마무리

지금까지 일본의 나라지방의 한 장례식을 비교적 자세히 소개했다. 이 장례식은 같은 불교의례임에도 불구하고 최길성교수가 소개한 아키타秋田

지방의 장례법과 약간의 차이가 있었다. 가장 먼저 눈에 띄는 차이점은 아키다가 출관식을 하고 화장을 한 다음 다시 유골을 가지고 장례식을 치루고 있는데 비해, 나라시의 경우는 그러한 이중적 장례식을 거치지 않고 출관과 함께 바로 화장을 하여 유골을 매장하고 있는 것이다.

여기에서 보는 것처럼 일본의 장례는 화장을 하여 유골을 묘지에 넣는 것이 일반적이다. 장례의 형식에 있어서는 다소 차이를 보이고 있지만 최길성교수가 보고한 아키타의 경우에 있어서도 이 점에 있어서는 서로 공통된 사항이다. 그러나 화장을 하지 않고 그 시신을 바로 묘지에 묻는 토장의 풍습도 전혀 없는 것은 아니다. 옛날로 거슬러 올라가면 갈수록 오히려 토장의 풍습이 강하다. 쇼와천황의 장례는 전형적인 토장이었던 것이다.

사회학자 가토오 히데토시加藤秀俊의 말에 의하면 화장은 불교의 영향으로 말미암은 것이라 한다.[2] 특히 불교 중에서도 정토종과 정토진종이 포교가 많이 된 지역에서 화장의 장례법이 강하게 나타난다는 것이 그의 설명이다.

한편 화장의 장례법이 발달하지 않은 지역에서는 곧잘 특이한 묘제에 관한 보고가 행하여지고 있다. 그것은 다름 아닌 망자의 묘지를 한 군데가 아닌 두 군데를 만드는 이른바 양묘제兩墓制의 풍습이 그것이다. 이러한 풍습은 현재 규슈 남부와 동북지방에 주로 보여지고 있다 한다. 한 곳은 마을과 멀리 떨어진 곳으로서 실제로 시신을 묻은 묘지이고, 다른 한 곳은 시신을 묻지 않은 가짜의 묘지로서 마을 가까이에 위치해 있는 것이다. 전자의 묘지에 성묘를 가는 경우는 거의 없다. 가족들이 정기적으로 성묘 가는 것

2 加藤秀俊,『習俗의 社會學』, 日本 php研究所, 1991.

은 후자의 묘지이다. 이렇게 분리하여 묘지를 만드는 풍습 또한 일본의 장제의 특징으로 지적할 수 있다. 이러한 장례를 주로 치르는 규슈남부와 동북지방에는 앞에서 말한 정토종 또는 정토진종의 불교의 포교가 비교적 다른 지역보다 늦어진 곳이다.

그러나 최길성교수나 필자가 지켜본 일본의 장례는 양묘제와 같은 풍습이 보여 지지 않는 점으로 보아 필시 정토종 또는 정토진종의 영향을 크게 받은 장례법임에 틀림없을 것이다. 실제로 나라에서 행한 나카니시씨의 장례는 정토진종의 사찰에서 행하여 졌다. 이 점에서 아키다와 나라의 장제는 공통된 점을 가지고 있었다.

그리고 슬프게 소리내어 우는 곡소리가 없다는 점에 있어서는 나라와 아키타는 공통되었다. 이 점은 초상집에 문상객들이 올 때마다 상주의 가족들이 슬픔을 적극적으로 표현하는 우리의 풍습과는 판이하게 다르다. 그렇다고 해서 일본의 경우 전혀 눈물이 없는 것은 아니다. 고인이 젊은 나이로 죽었을 때는 그 울음이 많고, 그에 비해 고인이 고령이거나 오랜 병고에 시달리다 사망한 경우에는 울음이 적은 것도 사실이다. 그러나 운다고 해도 소리를 내면서 우는 경우는 거의 없다. 소리를 죽여 울기 때문이다. 우는 횟수도 우리에 비하면 훨씬 적다. 이것 또한 일본의 장례에서 보편화할 수 있는 일반적인 특징으로 지적할 수 있을 것이다.

이러한 일본인의 슬픔의 표현은 고대로 부터 내려온 일본 고유의 풍습은 아니었다. 8세기 초엽의 문헌인 『고사기古事記』에 장례를 치를 때 소리내어 슬피우는 모습이 기술되어 있다. 특이한 사실은 그 때는 대신 울어줄 수 있는 사람을 고용하여 울게 했다는 기록도 보인다. 그러나 이러한 풍습이 언제부터 사라졌는지 자세히 알 길이 없으나 현재 일본사회에서는 보이지 않는 것이 일반적이다.

그 밖에도 우리는 다음과 같이 일본의 장례의 특징을 몇 가지 더 지적할 수 있다. 그 첫째는 우리나라와 같이 병원 장례식은 없다는 점이다. 즉, 집 안이 아닌 집 바깥에서 죽는 것을 부정시하는 「객사」의 관념이 강하다. 그러므로 비록 병원에서 임종을 했다 하더라도 그 시신을 얼마든지 집으로 데리고 와 장례를 치룰 수 있는 것이다. 따라서 병원은 별도로 장례식장이라는 공간을 마련할 필요가 없는 것이다. 이러한 점에서 볼 때 병원 장례식이야 말로 한국적 특징이 아닐 수 없다 하겠다.

그리고 둘째로 불교식으로 장례가 치러질 경우 죽음이 곧 출가를 의미했다. 고인의 위패에 적힌 이름은 부모가 지어준 평상시의 이름이 아니었다. 절에서 승려로서의 법명이 하사되는 것이었다. 그 예로 미치코여사는 「묘지妙智」라는 이름을 받았고, 그의 부친인 젠고로씨는 우신祐信이라는 법명을 각각 받았다. 그런데 그 법명 앞에는 예외 없이 승려라는 의미로 남자의 경우 「석釋」자가 붙고, 여자의 경우는 「석니釋尼」라는 여승을 의미하는 말이 붙어있다. 심지어 젠고로씨는 이 절의 신자의 대표인 총대總代라는 직책을 했던 사람이었기 때문에, 그는 법명 뿐만 아니라 적선원積善院이라는 높은 신분의 승려 직책(벼슬)까지 부여 받았다. 이처럼 일본에서 불교식의 장례는 곧 고인의 출가를 의미한다. 즉, 사후출가死後出家이었던 것이다.

셋째는 복장에서 나타나듯이 죽음의 색깔이 흰색과 검은색이라는 것이다. 삼베의 무명옷으로 일관하는 우리의 경우와 다르다. 장례를 치르고 있는 동안 사찰의 법당도 검은 줄무늬가 굵게 일직선으로 들어가 있는 흰천을 휘장으로 둘러쳐져 있었던 것이다. 그러므로 흑백은 흉사를 의미하는 색깔이었던 것이다. 일본에서는 이러한 색깔의 구분이 명확하다. 흉사가 길사의 경우에는 그 색깔을 붉은 것紅과 흰 것白을 이용했다. 그러므로 일본에 있어서는 홍백과 흑백의 구분은 매우 중요하다.

그리고 넷째는 일본의 장례가 매우 획일화되어 있다는 사실이다. 가령 복장의 경우에 있어서도 그러하다. 그에 맞게끔 흑백으로 복장을 하지 않으면 안된다. 대단한 실례가 되기 때문이다. 그리고 사망의 소식을 접하고 찾아온 문상객을 맞이하는 시간을 정하여 그 시간에 일제히 다 하도록 하고 있다는 점에 있어서도 그러한 특징을 발견할 수 있는 것이다.

또한 묘자리에 의해서 후손의 행복과 불행을 좌우한다는 풍수지리설이 없는 점도 일본의 특징이다. 이 점은 좁은 국토에 풍수지리설의 폐해로 골머리를 앓고있는 우리사회에 시사해주는 바가 크다.

최근 우리나라에서 장례에 관한 새로운 풍속이 속출하고 있다 한다. 그 대표적인 예는 병원 장례가 부쩍 늘어나고 있는 점이다. 그 이유는 집에서 치루는 가족들의 번거러움을 피하려는 것뿐만 아니라, 위아래 집에 폐를 끼치게 되는 고층아파트에서 살아가는 현대인의 고충에서도 그 주된 원인을 찾을 수 있을 것이다. 객사를 부정시하여 집 바깥에서 죽은 사자의 장례식은 집안으로 가지고 오지 않는다는 옛 풍습은 현대문명에 밀려 점차 사라지고 있는 것이다.

그 반면 사라졌던 옛 풍속이 현대문명에 맞추어 되살아나는 경우도 있다. 상주 대신 슬프게 울어주는 장의사가 생겨난 것이 바로 그것이다. 이와 같이 급변하는 현대사회는 전통의 가치관까지 변화시키기도 하고 다시 다른 형태로 부활시키기도 한다.

어쩌면 우리가 지켜본 일본의 장례도 옛날보다 많이 변화된 현대사회에 맞게끔 간략화된 것인지도 모른다. 원래의 모습을 재구성하여 그것을 지키려는 문화의 노력도 중요하지만, 무엇이 그것을 변화시켜 나가게 하는 것인지 그 요인을 찾아 그 시대의 문화의 특징을 진단해 나가는 작업도 그에 못지않게 중요하다. 이 두 가지를 아울러 병행하여 노력할 때 전통문화에 관한 참된 의미의 연구가 보장될 것이다. 앞으로 이러한 연구노력의 결실이 절실히 기대되는 바이다. 다시 한번 고인의 명복을 삼가 빈다.

6장

일본 장제葬祭에 있어서 고양이에 관한 속신俗信

1. 머리말

일본의 석가모니 열반도에는 동물이 그려지는 경우가 많은데, 그 중에서 특히 고양이가 들어있지 않은 것들이 많다. 여기에 대해 흥미로운 이야기가 전해지고 있다. 그 중 가장 많이 알려진 것을 하나 소개하면 다음과 같다. 즉, 석가모니가 위독하였을 때 마야부인이 천계에서 불로장수의 약을 담은 봉지를 던졌으나 그만 사라쌍수沙羅双樹 가지에 걸리고 말았다. 이를 본 쥐는 나무에 올라가 열심히 그 가지를 물어뜯어 약봉지를 땅으로 떨어뜨리려고 노력하였으나, 그 때 고양이가 그 쥐를 공격하는 바람에 끝내 약봉지는 전달하지 못해 석가모니가 세상을 하직하게 되었다. 그리하여 고양이를 그려 넣지 않는다는 것이다.

그러나 이것은 사실이 아니다. 일본에서도 교토京都의 동복사東福寺와 천용사泉涌寺 그리고 히로시마広島의 정토사浄土寺 등의 열반도와 같이 가마쿠라鎌倉와 무로마치室町에 걸쳐 제작된 열반도에는 고양이가 그려져 있는 경우가 많다. 그리고 이바라기현茨城県의 청룡사清瀧寺, 도쿄東京의 증상사增上寺의 열반도와 같이 에도江戸시대에 만들어진 것에서도 고양이가 그려져 있는 사례도 얼마든지 찾아볼 수 있기 때문이다. 그럼에도 불구하고 이러한 이야기가 유포되는 데는 고양이가 마성魔性을 가지고 있는 동물로 인식이 되고, 시신과의 접촉을 극도로 꺼리는 민속이 일반화됨에 따라 고양이를 그리지 않게 된 것으로 보인다.

일본에는 사람이 죽으면 고양이의 접근을 막는 속신에 관련된 전승이 너무나도 많다. 그럼에도 불구하고 지금까지 연구가 진행된 적이 거의 없다. 그렇다고 죽음과 고양이의 속신에 관한 연구가 전혀 없었던 것은 아니다. 일본의 민속학자 쓰네미츠 도오루常光徹가 죽은 고양이를 나뭇가지에 매달아 두어야 한다는 속신이 일본뿐만 아니라 중국, 오키나와, 대만 등지에서도 보이고 있다고 지적했다.[1] 이러한 연구는 엄밀히 말한다면 특이한 고양이 장제에 대한 연구이지 우리가 목표로 삼고 있는 사람의 장제에 있어서 고양이를 배척하는 속신에 관한 연구가 아니다.

지금까지 그러한 자료가 모아진 적도 없다. 그러나 자료가 없는 것은 아니다. 그것과 관련된 많은 속신들이 민속 연구자들의 글 속에 단편적으로 언급되고 있을 뿐이다. 다시 말해 여러 글에 산재되어있는 것이다. 이에 본 장에서는 일본의 장례에서 고양이를 금기시하는 속신과 전승을 여러 곳에 흩어져 있는 각종 민속자료를 통해 모으고, 그것을 토대로 시신과 고양이의 접촉을 막기 위해 어떠한 조치를 취하며, 만일 접촉이 이루어졌을 때 어떠한 현상이 일어나며, 또 그것을 어떻게 해결하였는지에 대해 살펴본 다음, 그러한 속신이 어찌하여 고양이에게 부정적으로 이미지화되었는지 그 원인에 대해서도 알아보고자 하는 것이다.

2. 초상이 나면 수난을 당하는 고양이

죽음이 발생하면 장례의 준비에 들어가는 것은 일본도 예외일 수 없다. 먼저 시신을 눕혀야 하는데, 그 방향이 지역에 따라 조금씩 다르다. 가장 많은 것은 북쪽으로 향하게 눕히는 것이다. 그러나 기후현(岐阜県 郡上郡)에서는 시신은 서쪽을 향해서 눕힌다고 했고,[2] 또 이시가와현(石川県 鹿島郡)에

1 常光徹, 「고양이와 뱀 속신의 유래」, 『한국 민속학 일본 민속학』 5, 국립민속박물관, 2009, 163~172쪽.

서는 북서쪽으로 눕힌다는 곳도 있다.[3]

눕힌 시신은 흰옷으로 갈아입히고 두 손을 합장하듯이 모아 복부 위에 얹어놓고, 이불을 덮는다. 이때 중요한 것은 죽음에서 발생하는 부정을 억제하고, 외부로부터 들어오는 액을 막기 위한 조치가 취해진다. 그것도 지역적으로 차이가 있다. 대체로 아키다현(秋田県 大仙市 大曲町)과 같이 시신의 머리 쪽에 병풍을 거꾸로 쳐두는 곳이 많다.[4] 그리고 에히메현(愛媛県 宇和島市 津島町)에서처럼 시신의 주위에 칼 또는 거울을 두기도 하며,[5] 또 구마모토熊本県의 아소阿蘇에서는 빗자루로 시신을 세 번 쓸어내리고, 하오리羽織라는 겉옷으로 덮는 곳도 있다.[6]

바로 이때 반드시 피해야 할 동물이 고양이이다. 그리하여 고양이가 시신에 접근하지 못하도록 여러 가지 방법이 강구되었다. 시즈오카시静岡市에서는 출관 직전까지 시신의 얼굴에 대나무 바구니目籠를 씌웠다.[7] 그것이 없는 경우 고구마를 씻는 대바구니까지 사용했다.[8] 아마도 이것은 「고양이 혹은 마물魔物의 혼이 사자의 머리에 들어가면 사자는 일어난다」(福島県 福島市 飯坂町)[9]는 후쿠시마현(福島県 福島市 飯坂町)의 속신에서 보듯이 고양이의 영혼이 들어가는 곳이 시신의 머리 부분이라는 인식이 있었기 때문으로

2 国学院大学民俗学研究会, 「岐阜県郡上郡高鷲村 世間話」, 『民俗採訪』 通巻昭和61年度号, 国学院大学民俗学研究会, 1987, 83頁.

3 諏訪藤馬, 「石川県鹿島郡地方」, 『旅と伝説』 6巻7号/通巻67号, 三元社, 1933, 63頁.

4 田口松圃, 「秋田県大曲町」, 『旅と伝説』 6巻7号/通巻67号, 三元社, 1933, 42頁.

5 河野正文, 『愛媛県史』 民俗下巻, 愛媛県, 1984, 390頁.

6 松本友記, 「熊本県阿蘇地方」, 『旅と伝説』 6巻7号/通巻67号, 三元社, 1933, 170頁.

7 竹折直吉, 『静岡県史』 資料編24 民俗2, 静岡県, 1993, 1137頁.

8 竹折直吉, 앞의 책, 1993, 1137頁.

9 国学院大学民俗学研究会, 「福島県信夫郡飯坂町茂庭」, 『民俗採訪』 通巻昭和37年度号, 国学院大学 民俗学研究会, 1964, 103頁.

보인다. 그리하여 아예 그 부분을 대바구니로 덮어 차단시켰던 것이다.

나바타 교에이(鍋田玉英 : 1847~?)의 네코마타(猫股)

시신을 덮고 있는 이불 또는 머리 쪽에도 고양이 접근을 막는 액막이 도구가 놓여졌다. 이것도 지역에 따라 조금씩 차이가 나는데, 사이타마현(埼玉県 飯能市)에서는 「시신 위에 낫, 칼 등을 놓는다」고 하였듯이[10] 가장 많이 사용되는 것은 예리한 금속물이다. 니이가타현(新潟県 西頚城郡 能生町)에서는 심지어 「짧은 창鉈 또는 부엌칼出刃包丁과 같은 칼을 베갯머리에 둔다」[11]고 했다. 경우에 따라서는 면도칼, 가위 등도 사용되었다. 즉, 날카로운 것이면 무엇이든 상관없었다.

한편 날카롭지 못한 것도 있었다. 「죽은 사람을 눕히고, 그 위에는 빗자루 또는 물바가지를 올려 놓는다」[12]고 한 사가현(佐賀県 東松浦郡 鎮西町)의 속신처럼 빗자루 또는 물바가지가 등장하는 곳도 있다. 또 여성에게는 별도의 물건을 놓는 경우도 있었다. 가령 사이타마현(埼玉県 秩父郡 東秩父村)과 도치기현(栃木県 芳賀郡 茂木町) 등에서는 「여자는 베틀의 바디筬 등을 올려 놓는다」[13][14]고 하였으며, 미야기현(宮城県 本吉郡 本吉町)에서는 「시신 위에 키箕를

10 内田賢作, 『新編埼玉県史』 別編2 (民俗2), 埼玉県, 1986, 229頁.

11 成城大学民俗学研究会, 「葬送」, 『成城大学民俗調査報告書』 6号, 成城大学民俗学研究会, 1980, 67頁.

12 国学院大学民俗学研究会, 「佐賀県東松浦郡鎮西町打上」, 『民俗採訪』, 国学院大学民俗学研究会, 1968, 19頁.

올려놓는다」[15]고 했다. 이러한 상황은 오키나와에도 크게 다르지 않았다. 오키나와에서는 모기장 또는 막幕 혹은 망을 둘러쳤다고 한다.[16] 이렇게 함으로써 고양이가 사자死者에 들어가는 것을 막기 위한 것이라고 믿었다.

그러한 조치는 시신이 들어가는 관에도 이루어졌다. 가령 가나가와현(神奈川県 相模原市 緑区)에서는 「관 위에 방 빗자루를 올려 놓는다」고 하였고,[17] 미야기현(宮城県 栗原市)에서는 「4,5일 사신을 안치할 경우는 관에다 못을 박지 않고, 두껑 위에 창, 칼을 올려둔다」고 했다.[18] 이처럼 관 위에도 빗자루 혹은 창과 칼을 두어 액을 막으려고 하였던 것이다.

이러한 상황이기 때문에 죽음이 발생하면 고양이는 수난을 맞이할 수밖에 없었다. 그것과 관련된 속신이 다음과 같이 전국적으로 보인다. 가령 기후현(岐阜県 高山市)의 「고양이를 시신에게 다가오지 못하게 한다」,[19] 치바현千葉県의 「고양이를 죽은 사람의 부근에 오지 말게 하라」,[20] 이바라기현茨城県의 「죽은 사람에게 고양이가 다가오지 못하도록 주의한다」,[21] 와카야마현(和歌山県 橋本市)의 「초상난 집에는 고양이를 집안에 들이지 않는다」[22]는 등의 속신이 바로 그것이다.

13 内田賢作,『新編埼玉県史』別編2 (民俗2), 埼玉県, 1986, 229頁.
14 榎戸貞治郎,「芳賀郡の俚諺的俗信(一)」,『旅と伝説』8巻9号/通巻93号, 三元社, 1935, 35頁.
15 東洋大学民俗研究会,『小泉の民俗 - 宮城県本吉郡旧小泉村 - 』, 東洋大学民俗研究会, 1982, 107頁.
16 源武雄・名嘉真宣勝,『沖縄県史』第22巻民俗1号, 琉球政府, 1972, 595~598頁.
17 中里雅堂,「相模大島の俗信」,『旅と伝説』6巻11号/通巻71号, 三元社, 1933, 40頁.
18 国学院大学民俗学研究会,「宮城県栗原郡花山村」,『民俗採訪』通巻昭和48年度号, 国学院大学民俗学研究会, 1974, 26~30頁.
19 国学院大学民俗学研究会,「岐阜県吉城郡上宝村」,『民俗採訪』通巻昭和54年度号, 国学院大学民俗学研究会, 1980, 84~97頁.
20 斉藤源三郎,「房総地方の動物に関する俗信」,『旅と伝説』6-3/通巻63号, 三元社, 1933, 79頁.
21 宮本 馨太郎・大島 暁雄,「下総別所の衣食住(下)」,『民間伝承』38巻1号, 六人社, 1974, 10頁.
22 前田広造,「紀北の俗信(1)」,『旅と伝説』12-6/通巻138号, 三元社, 1939, 26頁.

이처럼 시신의 주변에 고양이가 얼씬도 못하게 막았기 때문에 비록 자신을 애지중지 키워주던 주인이라 할지라도 접근할 수 없었다. 그 기간은 지역에 따라서 다소 차이를 보이나, 도야마현富山県에서는 「장례식 전날 밤에는 고양이가 들어오지 못하게 한다」[23]고 하였듯이 장례식을 치르기 하루 전의 밤으로 한정하고 있지만, 미에현(三重県 上野市)에서는 고양이를 「입관하기까지 이웃집에 맡긴다」[24]고 하듯이 입관까지라고 기간을 정해두는 곳도 있다.

그럼 그 기간 동안 고양이는 어떻게 격리시키는 것일까? 앞에서 본 미에현에서는 이웃집에 맡겼지만, 다른 지역에서는 별도의 공간에 감금했다. 그러한 예를 찾아보면 다음과 같다.

> 상자에 넣어둔다(宮崎県 児湯郡 西米良村)[25]
>
> 대로 만든 울타리籠로 덮어 나오지 못하게 한다(三重県 度会郡)[26]
>
> 사람이 죽으면 고양이를 대 울타리 안에 가둔다(高知県 幡多郡 西土佐村)[27]
>
> 반드시 고양이를 울타리 혹은 통에 가둔다(愛媛県 宇和島市 津島町)[28]
>
> 사람이 죽으면 고양이를 창고에 가둔다(三重県 上野市)[29]
>
> 사람이 임종에 가까우면 고양이를 창고에 넣는다(新潟県 村上市)[30]

23 伊藤曙覧,『富山県史』民俗編, 富山県, 1973, 1080~1081頁.

24 田中久夫,「三重県伊賀上野の墓制と葬制」,『民俗』通巻32号, 日本民家集落博物館, 1967, 17頁.

25 田中熊雄,『宮崎県史』資料編 民俗2/2巻, 宮崎県, 1992, 297頁.

26 国学院大学民俗学研究会,「三重県度会郡紀勢町」,『民俗採訪』, 国学院大学民俗学研究会, 1982, 127頁.

27 芦部伸二・鈴木国英,「奥屋内の聞書(一) - 高知県幡多郡西土佐村 - 」,『西郊民俗』通巻66号, 西郊民俗談話会, 1974, 17頁.

28 河野正文,『愛媛県史』民俗下巻, 愛媛県, 1984, 390頁.

29 田中久夫, 앞의 논문, 1967, 17頁.

30 森谷周野,『新潟県史』資料編22 民俗1, 新潟県, 1982, 197頁.

여기서 보는 것처럼 감금하는 장소가 다양하게 나타난다. 미야자키에서는 상자에, 미에三重県, 고치高知県, 에히메愛媛県에서는 대울타리籠에 가두어 둔다고 했고, 미에와 니이가타 등지에서는 곳간과 같은 창고에 가둔다고 했다. 이같이 고양이를 어느 특정한 곳에 가두어 놓고 바깥으로 나오지 못하게 했다. 그런데 니이가타현의 무라가미시村上市에서는 「사람이 죽을 때 가까이서 고양이를 발견하면, 고양이를 잡아서 목을 매달고는 손으로 무게나 키를 가늠해본다」[31]는 매우 특이한 속신이 있다. 이것은 고양이에게 일종의 위협을 가하는 것으로 보인다. 이처럼 고양이는 자신이 살던 집의 가족이 죽으면 그 주변에 있을 수도 없으며, 특별한 곳에 감금을 당하거나, 목이 매달리는 수단을 겪어야 했다.

3. 시신과 고양이와의 접촉

고양이가 시신과 접촉하면 어떠한 일이 벌어지기에 사람들은 이토록 꺼려하는 것일까? 여기에는 두 가지 측면을 생각할 수 있다. 하나는 죽은 사람이며, 또 하나는 살아있는 고양이에게 이상 현상이 발생한다.

먼저 사람인 경우 미야자키현(宮崎県 西都市 妻町)에서는 「고양이가 시신 위를 타넘으면 좋지 않은 일이 일어난다」,[32] 야마나시현(山梨県 大月市)에서도 「고양이가 죽은 사람을 타넘으면 좋지 않다」[33]라는 속신이 있다. 즉, 이

31 森谷周野, 앞의 책, 1982, 197頁.

32 田中熊雄, 앞의 책, 1992, 297頁.

33 都留文科大学民俗学研究会, 「人の一生 葬送」, 『上和田の民俗』 通巻5号, 都留文科大学民俗学研究会,

곳에서는 좋지 않은 일이 발생한다고만 하였을 뿐 구체적인 사항에 대해 언급을 하지 않고 있다. 그러나 다른 지역에서는 그 결과를 매우 구체적으로 제시하는 경우가 많이 있다. 가령 오키나와현沖縄県에서는 「시신이 썩지 않는다」고 하였고,[34] 후쿠시마현(福島県 石川郡 平田村)에서는 「고양이와 나쁜 것에 밟혀서 지옥으로 간다」[35]고 했다. 그리고 이시가와현(石川県 白山市 河内町)에서는 「고양이가 지나가면 그 정精이 사자에 옮겨 붙어 내세来世에서 사람으로 태어날 수 없다」[36]고 했다.

이처럼 시신이 썩지 않아 장례를 치를 수 없고, 또 사후에 지옥으로 떨어지며, 사람으로 다시 환생할 수 없다고 한 것이다. 그러나 그 밖의 지역에서는 머나먼 사후세계를 말하기보다는 사자의 몸에서 이상 현상이 발생한다는 것이 압도적으로 많다. 그 실예를 들어보면 다음과 같다.

> 고양이가 시신을 타넘으면 시신이 일어난다(熊本県 阿蘇市)[37]
>
> 고양이가 지나가면 시신이 일어나 기어다닌다(愛媛県 松山市)[38]
>
> 고양이가 시신을 타넘으면 죽은 자가 살아난다고 한다(広島県 沼隈郡・神石郡 比婆郡)[39]
>
> 고양이의 혼이 들어가면 사신이 벌떡 일어선다(秋田県 北秋田郡 上小阿仁村)[40]

1977, 69頁.

34 源武雄・名嘉真宣勝,『沖縄県史』第22巻民俗1号, 琉球政府, 1972, 595~598頁.

35 東洋大学民俗研究会,『小平の民俗 - 福島県石川郡平田村旧小平村 - 』, 東洋大学民俗研究会, 1975, 73頁.

36 国学院大学民俗学研究会,「石川県石川郡河内村」,『民俗採訪』, 国学院大学民俗学研究会, 1978, 165~169頁.

37 八木三二,「熊本県宮地町地方」,『旅と伝説』6巻7号/通巻67号, 三元社, 1933, 183頁.

38 河野正文,『愛媛県史』民俗下巻, 愛媛県, 1984, 390頁.

39 小笠原俊郎,「備後の俗信」,『旅と伝説』6巻3号/通巻63号, 三元社, 1933.

40 東洋大学民俗研究会,『上小阿仁の民俗 - 秋田県北秋田郡上小阿仁村 - 』, 東洋大学民俗研究会, 1980,

고양이의 마성이 사자에 붙어 춤을 추는 경우도 있다(秋田県)[41]

고양이가 죽은 자의 앞을 지나가면 죽은 사람이 춤을 춘다고 한다(大分県 佐伯市)[42]

이상에서 보듯이 고양이가 시신을 타넘거나 접촉하거나 앞을 지나가도 시신이 갑자기 벌떡 일어서거나 춤을 추는 등 살아있는 것처럼 움직인다고 했다. 이러한 경우 죽음을 애도하는 유족으로서는 놀라운 일이 아닐 수 없다. 그렇게 되는 이유를 아키다현秋田県에서는 「고양이의 혼(마성)이 들어가(붙어서) 시신을 일으킨다」고 했다.[43]

이러한 현상을 관용적으로 보아 사자와 이별하는 것을 슬퍼하는 유족으로서는 오히려 반가울 수도 있다. 그러나 반드시 그렇지만은 아니다. 왜냐하면 니이가타현(新潟県 上越市 安塚区)에서는 「고양이가 가지고 있는 마성魔性이 옮겨가 살아난다」고 하기 때문이다.[44] 즉, 고양이의 마성이 들어간 것이기 때문에 반갑게 맞이할 수 없는 것이다. 그렇다면 고양이의 영혼이 시신에 들어가 되살아난 시신은 어떠한 존재가 되는 것일까? 여기에 대해 일본인들은 다음과 같이 표현했다.

고양이가 시신 위를 타넘으면 그 시신은 귀신이 된다(宮崎県 宮崎市 原町大塚町)[45]

123頁.

41 小玉曉村, 「葬送習俗」, 『民間伝承』 5巻10号, 民間伝承の会, 1940, 7~8頁.

42 国学院大学民俗学研究会, 「大分県南海部郡米水津村」, 『民俗採訪』, 國學院大学民俗学研究会, 1975, 28~33頁.

43 東洋大学民俗研究会, 『上小阿仁の民俗 - 秋田県北秋田郡上小阿仁村 - 』, 東洋大学民俗研究会, 1980, 123頁.

44 森谷周野, 앞의 책, 1982, 197頁.

고양이가 시신의 위를 넘으면 마魔가 된다(鹿児島県 薩摩郡 さつま町)[46]

고양이가 시신을 넘으면 살아나 유령이 되어 나타난다(山梨県 都留市)[47]

고양이가 타넘으면 사자의 영혼이 악령이 되어 살아난다고 한다(兵庫県 朝来市 山東町)[48]

이처럼 고양이의 영혼이 시신에 들어가면 시신은 악령, 마魔, 귀신이 되어 되살아난다고 보았던 것이다. 에히메현(愛媛県 西予市 城川町)에서는 그 시신이 「집의 기둥에 올라가 날아가 하늘로 올라가 버린다」[49]고 했다.

그러한 이야기가 에도江戸시대의 문헌 『반고풍려부反古風呂敷』에도 보인다. 그것에 의하면 현재 치바현千葉縣의 어느 마을에 한 노파가 사망하였을 때 마을의 젊은 사람들이 장난으로 삼색 고양이를 잡아 시신의 위에 두고 어떻게 되는지 실험을 해보았다.

그러자 갑자기 시신이 벌떡 일어서더니 병풍을 걷어차고 바늘과 같은 머리카락을 치켜세우고 눈을 번뜩이며 노려보았다. 이에 무서워 모두 달아났고 망자는 문밖으로 걸어 나왔다. 이에 사람들이 가래, 쟁기, 막대기 등으로 후려치려고 하자, 망자는 처마에 손을 뻗치더니 훌쩍 지붕위로 날아올라 가더니 행방이 묘연해졌다. 그리고 수일이 지나 들판에 그 시신을 발견했다고 한다.[50] 특히 가나가와현(神奈川県 津久井郡)에서는 고양이의 혼이 들어가

45 田中熊雄, 앞의 책, 1992, 297頁.

46 楢木範行, 「鹿児島県宮之城町」, 『旅と伝説』 6巻7号/通巻67号, 三元社, 1933, 186頁.

47 都留文科大学民俗学研究会, 『沖の民俗』 通巻2号, 都留文科大学民俗学研究会, 1969, 66頁.

48 亜細亜大学 · 日本経済短期大学 郷土研究会, 「葬制」, 『むさしの』 通巻8号, 亜細亜大学 · 日本経済短期大学 郷土研究会, 1983, 37頁.

49 河野正文, 앞의 책, 1984, 390頁.

50 平岩米吉, 『猫の歴史と奇話』, 築地書舘, 1992, 47頁.

살아난 시신이 부엌에서 물통에 담긴 물을 바가지로 떠서 마시게 되면, 그 시신은 천명의 사람들이 힘을 합쳐도 이기지 못하는 네코마타猫股라는 고양이 요괴가 된다고 했다.[51] 이처럼 고양이가 시신을 접촉하면 망자에게 괴이한 현상이 일어난다고 믿었다. 그러므로 접촉을 꺼렸던 것이다.

한편 와카야마현(和歌山県 橋本市)에서는 「고양이가 시신의 위를 타넘으면 그 시신은 고양이가 하는 대로 움직인다」[52]고 하듯이 그 시신은 고양이가 마음대로 조절할 수 있게 된다는 인식도 있었다. 그러한 예가 그 밖의 지역에서도 발견된다. 가령 기후현(岐阜県 郡上郡)에서는 「고양이가 2층에서 손짓하면 죽은 사람도 그대로 했다」고 했고,[53] 니이가타현(新潟県 新発田市)에서는 「고양이가 시신에 가까이 다가가면 고양이가 가지고 있는 마성이 옮겨간다. 그렇게 되면 고양이가 천정에서 내려다보면 사자에게 얼굴 씻는 흉내를 내게 한다」[54]라고 했다. 즉, 고양이가 천정에서 세수하면 사자도 따라서 세수를 하는 흉내를 낸다고 한 것이다. 특히 와카야마현에서는 「3년 묵은 3색을 가진 고양이에게 유채기름을 먹여 시신 곁에 두면 시신이 벌떡 일어났다가, 고양이 뛰쳐나가면 쓰러진다」고 했다.[55] 이처럼 시신의 활동이 고양이가 방 안에 있는 동안이라고 한정시키는 경우도 있다.

그러나 보통은 그 기간이 길다. 가령 니이가타현(新潟県 柏崎市)에서는 「고양이가 시신에 가까이 가면 고양이의 마성이 옮겨가 4일 동안 살아있는 자

51 鈴木重光, 「神奈川県津久井郡地方」, 『旅と伝説』 6巻7号/通巻67号, 三元社, 1933, 82頁.

52 前田広造, 「紀北の俗信(1)」, 『旅と伝説』 12-6/通巻138号, 三元社, 1939, 26頁.

53 国学院大学民俗学研究会, 「岐阜県郡上郡高鷲村 世間話」, 『民俗採訪』, 国学院大学民俗学研究会, 1987, 84頁.

54 森谷周野, 앞의 책, 1982, 197頁.

55 東洋大学民俗研究会, 『南部川の民俗 - 和歌山県日高郡南部川村旧高城・清川村 - 』, 東洋大学民俗研究会, 1981, 473頁.

와 같이 행동한다」라고 하였지만,[56] 기후현(岐阜県 郡上郡)에서는 「고양이가 시신을 타넘으면 그 고양이가 죽을 때까지 시신도 죽지 않는다」라고 했다.[57] 이같은 현상을 총괄하여 사가현(佐賀県 東松浦郡 鎮西町)에서는 「고양이 영혼이 들어갔다」고 표현했다.[58] 이처럼 고양이의 영혼이 죽은 자의 몸에 들어가면 이상 현상이 생겨나는 것으로 보았다. 그러므로 사람들은 이를 막기 위해 고양이의 접근을 엄격히 차단하였던 것이다.

한편 그와 반대로 죽은 사자의 영혼이 살아있는 고양이의 몸속으로 들어가는 경우도 있다. 도치기현栃木県의 「시신이 있는 방에 고양이가 들어가면 고양이에게 사자의 영혼이 붙는다」라고 했다.[59] 미야자키현(宮崎県 西諸県郡)에서는 「고양이가 시신의 위를 세 번 넘으면 신통력을 얻는다」고 했다.[60] 만일 신통력을 얻게 되면 어떠한 고양이가 될까? 아직까지 여기에 대한 속신은 발견되지 않으나, 그것을 추정할 수 있는 설화는 얼마든지 있다. 그 대표적인 사례 중의 하나가 「나베시마의 요괴 고양이 소동鍋島の化け猫騒動」이다. 그 내용을 소개하면 다음과 같다.

> 히젠肥前国 사가번佐賀藩의 2대 영주 나베시마 미쓰시게鍋島光茂(1632~1700)의 시대였다. 성 아래 류조지 마타시치로龍造寺又七郎라는 자가 젊은 무사가 모친과 함께 살고 있었다. 그들에게는 고양이 한 마리를 키우고 있었다. 어

56 森谷周野, 앞의 책, 1982, 197頁.

57 国学院大学民俗学研究会, 「岐阜県郡上郡高鷲村 世間話」, 『民俗採訪』, 国学院大学民俗学研究会, 1987, 83頁.

58 国学院大学民俗学研究会, 「佐賀県東松浦郡鎮西町打上」, 『民俗採訪』, 国学院大学民俗学研究会, 1968, 19頁.

59 阿久津満, 「下野民俗」, 『芹沢風物誌』 8/通巻12号, 下野民俗研究会, 1971, 8頁.

60 矢口裕康, 『宮崎県史』 資料編 民俗2/2巻, 宮崎県, 1992, 877~878頁.

> 느 날 미쓰시게가 바둑의 상대로 마타이치로를 성으로 불러 들였다. 이에 성으로 들어간 마타이치로는 그 날 이후 행방을 알 수가 없었다. 그를 기다리던 모친이 사람들에게 수소문을 해보았지만, 다들 모른다는 대답뿐이었다. 그러던 어느 날 고양이에게 "마타이치로가 어디에 간 것일까? 네가 사람이라면 도움이 되었을 터인데."라고 술회했다. 그러자 비오는 날 밤 고양이가 마타이치로의 목을 물고 돌아왔다. 이를 보고 마타이치로가 미쓰시게에게 살해당한 것을 알고, 고양이에게 "나의 피를 마셔라. 그리고는 나베시마 가문에 저주하여 원수를 갚아다오."라고 말하고는 자해를 했다. 모친의 피를 핥아 먹은 고양이는 요괴가 되어 매일 밤 성안으로 들어가 성안의 사람들을 죽였고, 마침내 미쓰시게도 병으로 쓰러졌다. 이에 따라 미타이치로의 죽음과 관련한 고양이에 관한 괴소문이 성밖으로 퍼져나갔다. 어느 날 고양이가 미쓰시게의 첩으로 변신하여 방으로 들어가 간병하는 척하며 목숨을 노리다가 이를 발견한 치부모토 에몬千布本右衛門(=小森半左衛門)이 창으로 퇴치하였다.[61]

이상의 설화에서 보듯이 마타이치로의 모친이 자해하여 흐르는 피를 고양이에게 먹여 자신의 영혼이 고양이 몸속으로 들어가게 했다. 그리하여 고양이로 하여금 억울하게 죽은 아들의 원수를 갚으려고 했던 것이다. 이러한 유형의 이야기가 사가佐賀만 있는 것이 아니다. 구루메久留米, 사와라相良에도 있었다. 전자는 고양이 스스로 요괴가 되어 억울한 누명을 쓰고 죽은 주인의 원수를 갚는 것으로 되어있지만, 후자는 주인이 고양이를 데

61 日本伝説拾遺会,『日本の伝説』北九州 - 14巻, 山田書院, 1985, 105~106頁.

리고 신사에 참배하여 기도한 다음, 자신의 손가락을 잘라 흐르는 피를 신상神像에 바르고는 그 피를 고양이가 핥아먹게 하여 요괴가 되게 했다. 이처럼 주인의 영혼이 고양이 몸속에 들어가는 경우가 요괴가 되어 무서운 힘을 발휘하게 되는 것도 있었다. 이러한 상황을 되지 않게 하기 위해서라도 시신과 고양이의 접촉을 꺼릴 수밖에 없었다.

사와키 스시(佐脇嵩之 : 1707~1772)의 네코마타〈『百怪図巻』에서〉

그럼에도 불구하고 접촉하여 시신이 일어나 움직이고, 또 요괴가 된 고양이가 발생하였을 때 어떻게 해결하면 좋을까? 먼저 귀신이 된 시신의 경우이다. 여기에서 압도적으로 다수를 차지하는 방법은 「사자에게 고양이 영혼이 들어갔을 때는 빗자루로 힘껏 때린다」는 이바라키현(茨城県 西茨城郡 七会村)의 속신[62]에서 보듯이 빗자루로 퇴치하는 방법이다. 이러한 속신은 후쿠오카현(福岡県 宗像市)[63]과 나가노현長野県[64]을 비롯해 전국적으로 분포되어있다. 특히 구마모토현(熊本県 阿蘇)에서는 빗자루를 거꾸로 하여 때린다고 구체적인 방법까지 제시하고 있다.[65] 그렇게 하면 시신이 쓰러진다고 후쿠시마현(福島県 福島市 飯坂町)의 속신은 말하고 있다.[66] 이처럼 빗자루가 고양이 영혼이 들어간 시신을

62 国学院大学民俗学研究会, 「茨城県西茨城郡七会村」, 『民俗採訪』, 国学院大学民俗学研究会, 1971, 79頁.
63 安川弘堂, 「福岡県大島」, 『旅と伝説』 6巻7号/通巻67号, 三元社, 1933, 161頁.
64 有賀恭一, 「長野県諏訪湖畔地方」, 『旅と伝説』 6巻7号/通巻67号, 三元社, 1933, 78頁.
65 松本友記, 「熊本県阿蘇地方」, 『旅と伝説』 6巻7号/通巻67号, 三元社, 1933, 170頁.

퇴치하는데 큰 효과가 있었다. 그 밖에 고치현(高知県 幡多郡 西土佐村)에서 특이하게도 「고양이가 시신을 타넘으면 사자가 춤을 추기 시작하는데, 그 때 변소를 휘젓는 작대기로 두들겨 팬다」[67]는 곳도 있고, 또 「옛날 죽은 사람의 영혼이 빠진 후에 고양이 영혼이 들어가 시신이 일어선 것을 곤봉으로 제압하여 눕혔다」[68]는 야마가타의 이야기에서 보듯이 똥작대기, 곤봉으로 고양이 영혼이 들어간 귀신을 제압하는 경우도 있었다. 그리고 앞에서 본 고양이가 죽지 않는 한 시신도 살아있다고 한 기후현(岐阜県 郡上郡)의 속신 표현은 그 고양이를 죽여야 시신이 원래의 자리로 돌아온다는 의미와도 같다. 다시 말해 그 고양이를 직접 죽이는 일까지 있었던 것이다.

그리고 고양이의 마성으로 인해 요괴가 된 시신이나 사자의 영혼이 들어가 요괴가 된 고양이 퇴치에는 염주와 부채도 효과적이었다. 그 예로 기후현(岐阜県 郡上郡)에서는 「고양이는 사람이 죽으면 귀신鬼이 된다. 그 때 승려가 염주나 부채로 때리면 원래대로 돌아온다」라 했다.[69] 또 같은 지역에서 「옛날, 절에서 키우던 요괴 고양이가 시신을 타넘고, 그 시신을 달라고 하였기 때문에 그 절의 승려가 염주로 고양이 머리를 때렸다. 그 집에 돌아와 보니, 고양이의 머리가 쪼개져 있었다」는 이야기도 있다.[70] 이처럼 요괴 고양이 퇴치에는 염주와 부채가 이용되었다.

66 国学院大学 民俗学研究会, 「福島県信夫郡飯坂町茂庭」, 『民俗採訪』, 国学院大学民俗学研究会, 1964, 103頁.

67 芦部伸二 · 鈴木国英, 「奥屋内の聞書(1) - 高知県幡多郡西土佐村 - 」, 『西郊民俗』 通巻66号, 西郊民俗談話会, 1974, 17頁.

68 国学院大学民俗学研究会, 「山形県西村山郡朝日町旧西五百川村」, 『民俗採訪』, 国学院大学民俗学研究会, 1982, 60頁.

69 国学院大学民俗学研究会, 「岐阜県郡上郡高鷲村 世間話」, 『民俗採訪』, 国学院大学民俗学研究会, 1987, 83~84頁.

70 国学院大学民俗学研究会, 앞의 책, 1987, 84頁.

4. 장례에 있어서 고양이의 배척

도쿄의 한 장례회사 사장직을 맡고 있는 S씨가 어느 날 모씨로부터 매우 흥미로운 질문을 받은 적이 있다. 그 내용을 소개하면 다음과 같다.

> 20여년 전 저의 아버지가 돌아가셨습니다. 집에는 아버지가 귀여워하던 고양이가 있었고, 저는 고양이에게도 아버지와 작별인사를 하게 하는 것이 좋다고 생각하고 아버지 곁에 고양이를 데리고 갔습니다. 그러나 친척 할머니에게 「고양이가 사자의 얼굴을 핥으면 귀신이 된다. 얼른 치워라」고 야단을 맞았습니다. 그 때 나는 주요한 가족임에도 고양이이란 이유만으로 석별의 인사를 시킬 수 없다는 생각이 들어 매우 슬프고 가슴이 아팠던 기억을 가지고 있습니다. 당시 초등학생이었던 저도 이제 어른이 되었고, 그 후로도 몇 번 친척들의 장례를 치렀는데, 그 때마다 생각이 납니다. 어찌하여 고양이는 안되는 것일까요? 시신에 상처를 내면 안되기 때문일까요, 아니면 동물들은 느낌이 예민하여 아버지가 죽었다는 것을 알기 때문일까요? 저는 개인적으로 동물에게도 작별인사를 시키는 것이 좋다고 지금도 생각하고 있는데, 그 부분에 대해 가르쳐 주시면 고맙겠습니다.[71]

이상의 질문은 반려동물로서 고양이를 키우는 것이 일반화되어 있는 현대와 고양이의 속신을 만들어낸 근대이전의 속신이 서로 충돌을 일으키고 있다는 점에서 대단히 흥미로운 일이 아닐 수 없다. 이 질문을 받은 그

71 https://www.youtube.com/watch?v=xbpZp8omwnE(검색일 : 2019.07.03).

회사의 대표는 「네코마타」라는 고양이 요괴가 시신을 탈취한다는 이야기가 일반화됨에 따라 생겨난 미신이므로 신경을 쓰지 말고 작별인사를 시키는 것이 고인을 위해서라도 좋은 일이라고 대답했다.

그러나 위의 내용은 고양이의 시신 접근을 꺼리는 관습적인 인식이 지금까지도 일본사회에서 작동되고 있음을 보여준다. 민속학은 미신을 과학적으로 증명하여 박멸하는 학문이 아니다. 미신을 통한 사람들의 인식체계를 살펴보고자 하는 학문이다. 더군다나 고양이의 시신접근 막는 속신은 한국과 일본만이 가지는 독특한 관습이 아니다.

이러한 사고는 한국에도 있다. 가령 「고양이가 관을 넘어가면 관이 일어난다」, 「고양이가 송장을 뛰어 넘으면 송장이 일어난다」, 「고양이가 시체가 있는 방의 용마루를 넘으면 송장이 일어난다」, 「고양이가 아궁이에 들어가면 관이 일어선다」, 「고양이가 장례식 때 방고래 밑에 들어가면 송장이 일어난다」는 등이 바로 그것이다.[72] 그리하여 초상이 나면 아궁이와 굴뚝을 막아 고양이가 들어가지 못하게 하고, 또 용마루에 올라가지 못하게 막았으며, 지붕을 타넘지 못하게 고양이를 묶어두기도 한다.

이러한 금기는 우리와 이웃하고 있는 중국에서도 일반적으로 보인다. 가령 「시체가 있는 방에 고양이가 들어오면 안 된다禁忌猫進入停放尸體的房間」, 「고양이가 시체를 넘어가면 시체가 일어선다猫跨過尸體, 尸體會詐尸」가 바로 그것들이다. 내몽골 자치구와 흑룡강 일대에 거주하는 오원커족鄂溫克族은 사람이 죽은 후, 먼저 고양이를 잡아 고양이가 시체에 접근하는 것을 막았다.[73] 그리고 중국의 한족사회에서도 출관하기 전에 고양이가 사자 혹은 관

72 김성배, 『한국의 금기어. 길조어』, 정음사, 1975, 79쪽.
73 우상, 『한중 동식물 관련 금기어 비교연구』, 대구대학교 대학원 석사논문, 2015, 22쪽.

에 접근하는 것을 극도로 꺼렸다. 일반적으로 고양이가 사자를 타넘거나 부딪치면 고양이는 즉사하고 사자는 살아나 강시殭屍가 된다고 한다.[74] 이처럼 동아시아에서는 보편적인 사고이었던 것이다.

한편 유럽에서도 이러한 사고가 있었다. 동유럽에서도 사람이 죽어 장례를 치르기 전에 그 시신의 곁을 고양이가 지나가면 뱀파이어가 되며, 영국에서도 만일 고양이가 관을 타넘으면 그 고양이가 즉시 죽이지 않으면 사자의 혼에 나쁜 일이 일어난다고 한다. 그리하여 북부 지역 노섬브리아Northumbria에서는 우연히 사자의 위를 걷거나 타넘는 고양이가 있으면 즉시 살해당한다고 한다.[75] 이처럼 고양이가 시신에 접근하는 것을 꺼리는 문화는 동서양을 초월하여 존재하는 세계 보편적인 신앙이라 할 수 있다.

그렇다면 왜 세계인들은 많은 동물 가운데 고양이를 시신에 접근하는 것을 극도로 꺼리는 것일까? 여기에 대해 일본인 연구자 고지마 요시유키小島櫻禮는 「옛부터 가축에 관해 전해지던 신앙이 특별한 신앙과 결부되어 인간 가까이에 접근해 있는 고양이의 전래에 의해 고양이가 강조된 것」으로 보았다. 즉, 이 말은 고양이에게 알 수 없는 특별한 신앙이 있기 때문에 그러하다는 것이다. 그러나 그 특별한 신앙이 설명되지 않는 한 이같은 해석은 설득력을 가질 수 없다. 따라서 그 특별한 신앙이 무엇인지 설명할 필요가 있다.

그렇다면 그 특별한 신앙의 정체는 무엇일까? 이를 위해서는 우리는 죽음(장례)의 의미를 재고할 필요가 있다. 죽음의 발생은 세 가지 의미가 있다. 첫째, 죽음의 냄새를 발생시킨다는 것이다. 특히 병사하는 사람은 심정지

74 任騁, 『中國民間禁忌』, 作家出版社, 1990, 386頁.
75 小島瓔礼, 『猫の王』, 小学館, 1999, 241頁.

가 되기 전에 조금씩 장기나 혈액이 부패되기 때문에 평상시와는 다른 냄새가 난다. 미국에서는 동물을 이용하여 암을 발견하게 하는 실험이 이루어지는 것도 정상 때 나는 것과 다르기 때문이다. 이것이 바로 죽음에 가깝게 다가간 신체의 냄새이기도 하다.

둘째 사자의 영혼이 가장 불안정한 시기이므로 마성魔性이 끼어들기 쉽다는 점이다. 경북 경산慶山 자인慈仁지역에서 채집된 「관이 나갈 때 식칼이나 도끼로 문지방을 '어어어'하면서 두 번 두드려야 된다」[76]는 속신은 바로 이를 잘 반영하고 있다. 여기서 식칼이나 도끼는 고양이의 마魔가 끼는 것을 막는 행위임은 두말할 나위가 없다. 그 뿐만 아니라 「시신이 안장할 때 차돌이나 삼끈을 함께 묻지 말라」, 「임종날에 김장을 하지 말라」, 「손 있는 날에 하관하지 말라」, 「상주는 새옷을 입지 말라」는 등의 여러 가지 금기[77]가 발생하는 것도 사자의 영혼에 마성이 개입되는 것을 꺼렸기 때문이다.

셋째, 사자는 죽은 자이면서도 산자의 세계에 머물러있기 때문에 상기간은 생生과 사死가 공존하는 시간이다. 생을 문화(이승), 사를 자연(저승)이라고 표현할 수 있을 것이다. 장례란 사자를 사후세계를 떠나보내는 의례이다. 역으로 말하자면 이는 생과 사를 분리함으로써 죽음의 부정에서 벗어나 일상으로 돌아간다. 그러므로 상기간 동안에는 사자에게 최대한 죽음의 부정적 요소, 그리고 마성 및 문화와 자연의 요소를 동시에 가지는 동물이 접근하는 것을 막아야 하는 것이다. 이러한 3가지 요소에 가장 합당한 동물이 바로 고양이이다. 그 이유를 설명하면 다음과 같다.

76 서종문, 「禁忌民俗의 文學的 形像化 – 屍身 및 葬儀說話를 중심으로 –」, 『인문과학』 제3집, 경북대 인문과학연구소, 1987, 75쪽.

77 서종문, 앞의 논문, 1987, 75쪽.

첫째는 고양이는 죽음의 요소가 강하다. 고양이는 죽음의 냄새를 잘 맡을 뿐만 아니라 그 냄새가 나는 곳에 접근하는 본능을 가지고 있다는 점이다. 실제로 그러한 사건이 미국 로드 아일랜드에 있었다. 2005년 어느 요양원에서 기르던 고양이가 어느 특정 환자의 냄새를 맡거나 물끄러미 쳐다보고는 그 곁에 가서 웅크리고 앉았다. 그러면 그 사람은 얼마 지나지 않아 죽음을 맞이했다. 이러한 사례가 2010년까지 5년간 50건 가까이 임종을 정확하게 맞추었다는 것이다.

이처럼 고양이에게는 죽음의 냄새를 맡고 그 사람에 다가가는 본능을 지녔기에 죽음을 예고하는 동물로 간주되는 것은 당연하다. 중국은 「고양이가 오면 집안에 초상이 난다猫儿来了带麻布」, 「남의 집 고양이가 자기 집에 들어오면 초상이 난다人家猫進自家門有喪事」 이라는 속신도 바로 이러한 것에서 생겨난 것이라 할 수 있다. 그러므로 임종을 가까이 둔 사람에게 있어서 고양이의 접근 결코 좋은 일로 여기기 어렵다. 따라서 고양이를 멀리하는 경우가 발생하는 것이다.

이상과 같이 고양이가 단순히 임종에 가까운 사람에게 다가가 죽음을 예고하는 동물이 아니었다. 장례를 치른 사자가 그 이후 어떠한 상태에 놓여져 있는가에 대해서도 예고하는 능력을 가진 동물이라는 인식도 있었다. 영국의 웨일즈에서는 고양이가 주인의 사후에 곧 나무에 올라가면 천국, 나무에서 내려오면 지옥에 간 것을 나타낸다고 보았다.[78] 이같은 속신은 일본에서도 보인다. 가령 오카야마현岡山県의 「불단 옆에 작은 상을 놓고 재를 뿌려두면 죽은 영혼이 찾아왔다면 발자국을 남기는데, 그 때 참새 발자

78 小島瓔礼, 앞의 책, 1999, 243頁.

국과 고양이 발자국이 나타나는데, 전자이면 사람이 찾아온 것이라 좋아하였으나, 후자이면 좋지 않게 여겼다」고 한다.[79] 이처럼 참새 발자국은 사람이지만, 고양이 발자국은 사람이 아닌 것으로 보고 있는 것이다. 심지어 오사카(大阪府 三島郡)에는 「어느 한 노인이 임종 때 괴로워하면서 좀처럼 숨을 거둘 수가 없었다. 이를 이상히 여긴 사람들이 마루 밑을 살펴보았더니 고양이가 그곳에서 손짓하며 부르고 있었다. 이를 쫓아냈더니 노인은 편안히 눈을 감았다」는 이야기가 있다.[80] 이같이 고양이는 죽음을 앞둔 사람에게 찾아가 임종을 예고하고, 사후에 어디로 갔는지도 나타낼 뿐만 아니라, 자연스럽게 찾아오는 죽음을 방해하여 사자를 괴롭히기도 한다. 이러한 죽음에 대한 부정적인 요소를 지닌 동물이기에 시신의 접근을 막았던 것이다.

둘째는 고양이는 마성의 동물이라는 점이다. 가령 오이타현의 속신에 「고양이는 마성의 동물이기 때문에 죽이면 그 혼이 붙는다」고 했다.[81] 군마현(群馬県 利根郡 みなかみ町)에서는 「고양이를 죽였을 경우 7대까지 탈을 일으킨다」는 속신까지 있다.[82] 이처럼 끈질기게 복수하는 동물로 인식되었다. 또 「자식과 같은 나이의 고양이를 길러서는 안된다」, 「고양이가 일관목一貫目(3,75키로)이 되면 요물이 되기 때문에 너무 살찌워서는 안된다」고 하며, 서양에서도 「고양이는 아홉 개의 목숨Nine Lives을 가진다」고 하여 고양이를 마성을 지닌 동물로 보았다.[83] 그리고 고양이의 본능에서도 마성은 그대로 드러난다. 주로 낮에 자고 밤에 활동하여 밤陰의 동물이며, 또 허공을

79 武田明, 「死霊の去来について」, 『日本民俗学』 通巻97号, 日本民俗学会, 1975, 10~11頁.
80 高谷重夫, 「三島の民俗断片」, 『郷土研究上方』 10巻118号/通巻118号, 上方郷土研究, 1940, 39頁.
81 小玉洋美, 『大分県史』 民俗篇, 大分県, 1986, 365頁.
82 井田安雄, 『群馬県史』 資料編26 民俗2/6巻, 群馬県, 1982, 305頁.
83 宮崎良子, 『招き猫の文化誌』, 青弓社, 1988, 32~33頁.

물끄러미 바라보다가 손짓을 하기도 하고, 그리고 죽을 때가 되면 스스로 자신의 모습을 감추는 것 등으로 인해 사람들은 고양이를 보이지 않는 영계와 교류하는 동물로 인식하기도 했다.

이러한 고양이의 마성은 강할 뿐만 아니라, 그것이 쉽게 사자에게 옮겨간다. 가령 니이가타현(新潟県 上越市 安塚区)의 「고양이가 시신 가까이에 가면 고양이가 가지고 있는 마성이 옮겨가 살아난다」는 속신이 있으며,[84] 또 같은 현 야스즈카초安塚町에서는 「죽은 고양이를 본 임산부는 탈이 생긴다」[85]는 속신이 있다. 이처럼 고양이가 살아있던 죽어있던 상관없이 근처에만 다가가거나 보기만 해도 금방 그 마성이 사람으로 옮겨간다고 보았던 것이다.

우타가와 구니사다(歌川国貞 : 1786~1865)의 네코마타(猫又) <江戸乃花名勝会 氷川下>에서

그런데 그 마성의 고양이는 대단히 위험하다. 그리하여 교토에서 「고양이를 마성을 가진 동물이어서 나이를 많이 먹으면 요괴가 된다」 하여 고양이를 싫어하는 사람들이 있다고 한다.[86] 즉, 그 마성은 오래 살아야 생겨

84 森谷周野, 앞의 책, 1982, 197頁.
85 高橋実, 「安塚町真荻平・上船倉の俗信」, 『高志路』 通巻310号, 新潟県民俗学会, 1993, 34頁.
86 西浦左門, 「続丹波美山の言葉と民俗 その3」, 『近畿民俗』 通巻144, 145号, 近畿民俗学会, 1996, 75頁.

나는 것이며, 그 마성은 고양이로 하여금 요괴가 되게 한다고 설명하고 있는 것이다. 그러한 요괴 고양이를 흔히 일본에서는 네코마타猫股라 한다. 네코마타에 관한 일화가 일본에는 많이 남아있는데, 그 중 오카야마에서 채집된 사례 하나를 소개하면 다음과 같다.

> 장선사掌善寺, 고마야, 기사야에 각각 네코마타가 있었다. 이 세 마리 고양이가 고마야의 주인이 죽어 장례를 치를 때 시신을 탈취하여 먹자는 이야기를 나누고 있는 것을 장선사의 승려가 들었다. 화장장에 가는 도중 갑자기 천둥과 번개가 치자 사람들은 두려워 도망쳤다. 그러자 먹구름 속에서 3마리 고양이가 나타나더니 시체를 탈취하려고 했다. 이 때 화상이 염주로 장선사의 고양이를 후리쳤다. 그리하여 그 고양이는 한쪽 눈이 찌그려졌고, 그 후 얼마 있지 않아 죽어버렸다.[87]

여기서 보는 것처럼 네코마타는 시신을 탈취하는 무서운 존재이다. 그뿐만 아니다. 이것의 최대 악행은 사람을 잡아먹은 다음, 그 사람으로 둔갑하여 그 사람의 가족들을 괴롭힌다는 것이다.[88] 그러한 예가 에도 시대의 소설가 다키자와 바킨滝沢馬琴은 그의 수필에서 「키우던 고양이가 갑자기 사라지자, 그 집의 노모가 이상한 행동을 보였다. 이에 가족들은 고양이가 둔갑한 것이라 판단하고 활로 노모를 사살하였는데, 그 모습이 처음에는 전혀 변함이 없다가 다음날 고양이로 변해 있었다. 그 후 다다미를 들어보니 노모의 뼈로 추정되는 인골이 나왔다」는 이야기를 소개했다.[89] 이같이

87 加藤耕作, 「岡山市の民俗断片 - 葬制その他 - 」, 『岡山民俗』 通巻79号, 岡山民俗学会, 1968, 5頁.
88 平岩米吉, 『猫の歴史と奇話』, 築地書館, 1992, 42頁.

고양이의 마성이 사람들에게 잘 붙어 나쁜 일들을 일으키고, 또 그 마성이 사람을 잡아먹는 요괴 고양이를 만들기 죽음이 발생하여 장례를 치러야 하는 입장에서 본다면 반드시 멀리해야 하는 동물이 고양이가 될 수밖에 없었던 것이다.

셋째는 고양이가 문화와 자연의 성격을 동시에 가지는 동물이기 때문이다. 사실상 고양이는 가축들 가운데 가장 인간과 가까운 거리에서 사는 동물이다. 집에서 기른 역사로 본다면 개보다 역사가 짧음에도 불구하고 개는 집 바깥을 차지하였다면, 고양이는 집안을 차지했다. 다시 말해 동물이면서도 사람과 공간을 함께 공유했던 것이다. 그리고 개는 주인으로부터 끊임없이 충성을 강요당한 결과 주인의 목숨을 구한 충견의 이야기가 많이 생겨났다. 그러나 고양이는 달랐다. 그럴 필요가 없었다. 고양이의 용도는 어디까지 농작물을 해치는 쥐를 퇴치하는 것에 있었기 때문에 순종하는 가축적 성격이 필요한 것이 아니라, 야생적 성격을 그대로 지니게 하는 것이 도움이 되었다. 따라서 고양이는 오랫동안 인위적인 도태를 거의 겪지 않았기 때문에 야성을 남긴 채 자립적인 생활을 했다. 그리고 고양이는 원래 단독으로 살아가는 동물이며, 또 서열이 있는 무리(사회) 속에서 살아가지 않는 본성을 지니고 있다. 그러므로 개에 비해 가축화되기 어려운 특징을 가지고 있을 뿐만 아니라 순순히 주인의 말을 따르지 않는 기질마저 가지고 있다. 이처럼 고양이는 야성(자연)의 성격을 지닌 채 사람(문화)의 공간에 들어와 살고 있는 양의적인 존재이다. 앞에서 말한 바와 같이 일상 때에는 고양이로 인해 자연과 문화가 혼재되어도 상관없지만, 죽음이 발생한 특별한

89 滝沢馬琴, 「兎園小説」, 『日本随筆大成』 第2期 1巻, 吉川弘文館, 1973, 274~275頁.

기간에는 지금까지 동물과 인간이 공존하는 혼돈(일상)의 세계에서 정돈된 카오스(비일상)로 전이되어야 하는 것이다. 이를 이행하는 장례의식에 있어서 가장 꺼려야할 대상은 자연과 문화의 요소를 동시에 가지는 존재인 고양이일 수밖에 없는 것이다.

5. 마무리

이상에서 보듯이 장제에 있어서 고양이에 관한 속신이 많다는 사실을 재확인할 수 있었다. 죽음이 발생하면 먼저 고양이의 접근을 막기 위하여 사자를 무장시켰다. 그 때 동원된 도구들이 예리한 금속으로는 칼, 가위, 단도, 부엌칼, 창 등이 등장했고, 비예리한 것으로는 병풍, 망, 빗자루, 거울, 대바구니, 바디, 바가지 등이 이용되었다. 그와 동시에 고양이의 접근을 막았고, 또 특정한 장소에 감금하거나 매달아 협박을 가했다. 그렇게 함으로써 고양이가 시신에 접근하는 것을 막았다.

그럼에도 불구하고 접촉이 이루어지면 고양이와 사자의 영혼은 어느 한쪽으로 옮겨간다. 먼저 고양이의 영혼이 사자의 몸 속에 들어가면 시신이 살아나 유령이 되고, 사자의 영혼이 고양이 속으로 들어가면 요괴 고양이로 변신한다. 이렇게 변신한 유령과 요괴 고양이는 사람에게 해코지를 한다. 특히 요괴 고양이는 사람을 잡아먹고, 시신을 탈취하며, 사람으로 둔갑하여 그 가족들을 괴롭히는 공포적인 존재가 된다. 이를 막는 방법은 무력으로 제압할 수밖에 없는데, 그 때 동원된 도구가 빗자루, 똥작대기, 곤봉, 염주, 부채이었다. 그 때 가장 많이 사용된 것이 빗자루이었다.

그런데 수많은 동물 가운데 어찌하여 유독 고양이만을 죽음으로부터 배제하려는 것일까? 여기에는 고양이가 가지는 3가지 속성을 가지고 있었기 때문이다. 첫째 고양이는 죽음의 냄새를 잘 맡고, 그 냄새가 있는 곳으로 접근하는 본능이 있다. 둘째, 고양이는 마성이 강하며, 그 마성이 사람에게 옮겨 붙기 쉬운 속성을 지니고 있다. 그리고 셋째 고양이는 동물 가운데 가장 문화(인간) 속에 들어와 있으면서도 자연(동물)적인 성격을 가지고 있는 것이었다. 이러한 성격은 임종을 맞이하는 사람에게는 고양이를 맞아들이기 어렵고, 또 상기간 동안 불안정한 영혼이 된 사자를 파고드는 마성을 막아야 하고, 장례가 곧 生者(문화)와 死者(자연)의 공존을 분리시키는 의례이기 때문에 고양이의 시신과의 접촉금기가 발생한 것이다.

최근 미국에서 고양이를 죽음을 부르는 동물이라는 이미지로부터 벗어나는 움직임을 보이고 있다. 앞에서 언급한 요양원의 고양이를 두고 수명이 얼마 남지 않은 외로운 노인의 곁을 지키며, 끝까지 임종까지 봐준 고마운 동물로 인식하기 시작했다. 반려묘로서 집안에 들어와 있는 오늘의 고양이는 상황이 이전과 여러 가지로 다르다. 다시 말하여 고양이가 본래 가지는 속성으로 인해 부정되는 것이 아니라 긍정적인 평가를 받을 수 있는 새로운 시대에 우리는 살고 있는 것이다.

7장

동아시아의 사후결혼

1. 세상에서 가장 슬픈 결혼식

지난 95년 7월이었다. 그 때 한국에는 어처구니없는 부실공사로 인한 삼풍백화점의 붕괴로 엄청난 인명과 재산적 피해를 가져왔던 적이 있었다. 이러한 충격은 연일 언론의 머리기사를 장식하고도 남음이 있었다. 그러던 중 같은 달 21일자 모일간지는 다음과 같은 흥미를 끄는 기사를 실어 전국의 독자들에게 알렸다.

> 20일 오전 삼풍백화점 붕괴사고의 실종자 가족들이 모여 있는 서울교대 체육관. 그동안 많은 실종자가족들이 생사를 확인, 하나 둘씩 떠나 가버려 썰렁한 공기가 감돌고 있었다. 실종자 가족 박병남씨(54)는 둘째 아들 대규씨(25. 삼풍백화점 직원)를 이미 「죽은 자식」으로 여기고 있지만 시체는커녕 유류품 한 점 찾지 못해 애태우고 있다. "이놈아, 빨리 나와서 결혼식을 올려야 할 것이 아니냐." 아버지 박씨는 이번 사고로 숨진 동료 여직원과 영혼결혼식을 올리기로 약속해놓아 이제는 시체라도 빨리 찾아야 하겠다는 생각뿐이다. 실종된 대규씨는 지난해 봄 백화점 지하1층 가전제품 매장에서 아르바이트생으로 일하던 중 직장동료 임혜영씨(24)를 만나 사귀기 시작, 97년에 결혼하기로 약속했으나 둘 다 변을 당했다. 혜영씨의 언니 혜란씨(29)는 6월 29일 사고소식을 듣고 교대 체육관으로 달려와 동생을 찾는 벽보를 붙이다가 대규씨의 실종내용이 적힌 벽보를 발견했다. 혜란씨는 동생이 대규씨를 여러 차례 집으로 데리고 와 집안 식구들에게 소개한 적이 있어 대규씨를 잘 알고 있었다. 두 젊은이의 양가부모는 참사현장에서 처음으로 대면했다. 양가는 처음에는 "꼭 살아오겠지요. 기운을 냅시다."하며 서로 위로했다. 실종된 혜영씨의 벽보를 대규씨의 벽보아래에 붙이기도 했다. 그러나

> 지난 10일 혜영씨가 먼저 숨진 채로 발견됐다. 가족들은 시체를 화장했으나 유골은 뿌리지 않고 남겨두었다. 그리고 대규씨의 부모를 찾아갔다. "생전에 두 사람이 장래를 약속했는데 대규씨의 시신이 나오면 영혼끼리라도 결혼식을 올려줍시다." 아버지 박씨는 이미 아들의 생환을 포기, 임씨 집안의 제의를 스스럼없이 받아들였다. 박씨는 20일 지하 4층 바닥까지 드러난 발굴현장에서 아들의 시체가 나오지 않자 "이놈아, 어디에 있느냐. 신부가 너를 애타게 기다리고 있는데…"라며 울부짖었다.[1]

그 이후 이들은 가족들이 바라는 대로 결혼식을 올렸는지 모른다. 만약 그들이 결혼식을 올린다면 그것을 바라보는 가족은 물론 하객들도 안타까운 마음으로 지켜보아야 하는 세상에서 가장 슬픈 결혼식이 될 것이다.

그런데 이러한 결혼을 두고 우리의 민법(제 815조 제1호)에서는 "불동거결혼, 동성결혼, 영혼결혼, 위장결혼 등은 처음부터 혼인의 실질적 요건을 결하여 무효이다."하고 혼인으로 보고 있지 않다. 즉, 법에서 말하는 결혼이란 첫째 함께 살아야 하며, 둘째는 서로 성이 다른 남녀를 전제로 하며, 셋째는 살아있는 사람끼리의 결혼이어야 하며, 넷째는 두 사람이 부부관계로 인정되는 정신적 육체적 결합에 대한 의사가 합치되어야 한다는 것을 전제로 하기 때문에 이상과 같은 결혼의 유형들을 인정하기 어려우며, 그리하여 무효라고 정의를 내리고 있는 것이다. 더군다나 살아있지도 않은 영혼결혼은 더더욱 법적으로 보장해주기가 힘들 것이다.

실제로 제주에서 사후결혼이 법정에서 선 예가 있다. 사건은 2004년 7

1 『동아일보』, 95년 7월 21자.

월에 있었다. 제주도 남제주군 안덕면에 사는 이모씨는 지난 78년 교통사고로 사망한 딸과 비슷한 시기에 사망한 같은 마을 양모씨의 아들 부모와 합의해 딸의 사망신고를 미룬 채 둘이 결혼한 것으로 혼인신고를 했다. 문제의 발단은 최근 이씨가 부모의 재산을 상속하는 과정에서 딸에게 할당된 재산이 시부모인 양모씨에게 돌아갈 상황에 처하자 소송을 제기했다. 이를 받아들인 제주지법 가사 1단독 재판부는 "사혼은 당사자 사이의 의사합치 없이 이루어진 것이므로 무효"라 판결을 내렸던 것이다.[2]

이같이 사후결혼은 법으로 보장해주지 않는다. 그럼에도 불구하고 민법에서도 다루고 있다는 것은 그 만큼 그것은 진귀한 것이 아니라 오래 전부터 흔히 있었던 사례들이라는 사실을 입증하여주는 것이기도 하다. 이 기사를 읽고 기회가 있을 때마다 내가 사는 울산지역을 중심으로 그 사례들을 조사해 보았다. 그 결과 사후결혼은 최첨단의 기술이 발달한 21세기 오늘날 우리 주변에도 의외로 많다는 사실에 놀랐다. 위의 삼풍 사건으로 희생당한 대규씨와 혜영씨의 예가 특수한 것이 아니라 매우 일반적인 습속이었다.

이러한 풍속은 우리나라에만 있는 것이 아니다. 일찍이 인류학에서는 이러한 사례가 동아시아 뿐만 아니라 아프리카에도 있다는 사실이 보고되고 있으며, 또 그것에 대해 Ghost Marriage, Sprit Marriage, Hell Marriage, Posthumous Marriage 등으로 사용되고 있다.

이러한 결혼은 우리나라에서처럼 다른 나라에서도 법적으로 보장을 받지 못할지도 모른다. 그럼에도 불구하고 죽은 자들끼리 결혼이 오늘날까지 끊이지 않는 것은 그것이 우리들에게는 법적으로도 해결할 수 없는 개인적

2 『뉴시스』, 2004년 7월 27일자, 강정효기자의 글.

으로 또 사회적으로 매우 소중한 가치와 의미를 지니고 있기 때문이다. 그러한 가치와 의미를 찾아내는 작업이 민속학 또는 인류학이라는 학문을 업으로 삼고 있는 우리가 해야 하지 않을까.

그에 대한 작업을 하기 위해서 먼저 동아시아라는 지역적 범위를 설정하여 그 지역에서는 사후결혼이 언제부터 시작되었고, 또 어떠한 방법과 유형이 있으며, 또 무엇 때문에 치르는지, 그리고 지역적으로 어떠한 차이가 있는지를 살펴보고자 하는 것이 본장의 목적이다.

2. 언제부터 시작되었을까?

역사상으로 본다면 동아시아에 있어서 사후결혼은 아무래도 중국이 가장 오래된 것 같다. 그리하여 중국의 것부터 먼저 살펴보기로 하자.

중국에서는 사후결혼을 일반적으로 명혼冥婚, 음혼陰婚으로 부르고 있으나 지역에 따라 아주 다양하게 불리고 있다. 가령 하북성河北省은 명혼 이외 취골시娶骨屍, 사후성친死後成親, 사혼死婚, 음혼陰婚, 음친陰親 등으로 부르고 있으며, 산동성山東省은 명혼冥婚으로 부르는 경우가 많은 데 별도로 취음친娶陰親, 설사식부說死媳婦 등의 명칭도 사용하고 있다. 그리고 하남성河南省은 배골配骨, 또 협서성陜西省은 취귀처娶鬼妻, 귀인鬼姻이라고도 하며, 절강성浙江省은 명배冥配로 불리운다고 한다.[3] 그 밖에도 귀혼鬼婚, 귀결혼鬼結婚, 유혼幽婚, 상취부喪娶婦, 귀매鬼媒, 귀인연혼鬼人聯婚이라는 명칭 등

3 櫻井德太郎, 『東アジアの民俗宗教 - 櫻井德太郎著作集(7) - 』, 吉川弘文館, 1987, 519頁.

을 찾아볼 수 있어 실로 아주 다양한 명칭들이 있음을 알 수 있다.

그 명칭의 수만큼 기록만을 통하여 본다면 기원전후 1세기경 문헌에 이미 나타난다. 『주례周禮』의 「지관매씨직地官媒氏職」에 "천장遷葬하는 것과 가상嫁殤하는 것을 금한다禁遷葬者與嫁殤者."라는 내용이 최초이다. 천장이란 홀아비와 과부로 죽은 자를 말하고, 가상은 성인식을 치루지 못하고 죽은 남녀 미성년자를 말하는 데 그들의 결혼을 금지시켰던 것이다. 그리고 그것에 대해 정현鄭玄이 주석을 가하기를 "천장인 경우 생시에 부부가 아닌데 죽어서 이미 장례한 무덤을 다시 옮겨 상종토록 하는 것이고, 또 가상인 경우는 19세 이하의 미혼사자를 일컫는 말인데 생전에 예로써 상접하지 못하였으나 사후에 서로 합하는 것이므로 이것은 인륜을 어지럽히는 것이다."라고 금지시키는 이유를 설명하고 있다. 당시 무엇 때문에 사후결혼을 금지시켰는지는 모르지만 그 자체가 있었음을 부정하는 것은 아니다.

『주례』 이후의 문헌으로는 『삼국지三國志』의 「위서魏書」이다. 『권11』의 「병원전邴原傳」에 의하면 황제인 조조가 13세의 나이로 죽은 자신의 아들 창서倉舒를 신하인 병원의 죽은 딸과 결혼시키려고 하였을 때 병원은 "합장은 예에 맞지 않다."하여 거절하는 내용이 나온다. 그러나 조조는 여기에 단념하지 않고 견씨甄氏의 죽은 딸을 그와 결혼시켜 합장하고, 그에게는 작위를 수여했다. 그리고 완후거宛侯據의 아들 종琮에게 명하여 창서의 가계를 계승하도록 했다 한다.[4] 그리고 같은 책 『권5』의 「후비전문소견황후后妃傳 文昭甄皇后」의 내용에서도 발견할 수 있다. 즉, 생후 3개월 때 황녀 숙淑이 죽자 명제明帝는 매우 슬퍼하여 충신들의 간언에도 불구하고 견황후甄皇

4 繁原央, 「中國冥婚說話の二つの型」, 『國學院中國學會報』 38, 國學院大學 中國學會, 1992, 46頁.

后의 종손從孫 황黃과 결혼시켜 이례적인 장례를 치르고 있는 것이다.

그 이후 『구당서舊唐書』에 의덕태자가 죽어 당시 사람들은 이를 애석하게 여겨 중종이 즉위하자 황태자로 추증하였으며, 국자감승國子監丞 배수裵粹의 죽은 딸과 명혼시켜 합장하였다고 한다. 그리고 송대의 문헌 『작몽록昨夢錄』을 비롯한 『당서唐書』, 『원사元史』, 『명사明史』 등에서도 보이며, 청대의 수필 『여묵우담余墨偶談』에서도 찾아볼 수 있는 만큼 중국에 있어서 사후결혼이란 2000년 이상 지속되어온 오랜 역사성을 지닌 민속 관행이었음을 알 수 있다.

한국도 사후결혼이 전국적으로 분포되어있다. 그에 대한 명칭도 다양하다. 제주도에서는 「죽은 혼서」라고 부르며, 호남 무당들은 「저승 혼사」라고 하며, 경상도에서는 「허제비 굿」이라고도 한다. 허제비란 짚으로 만든 인형을 말하는데, 신랑인형에는 사모관대를 하고, 신부인형에는 쪽두리나 화관을 쓰고 혼례를 치루기 때문에 생겨난 말이다.

한편 불교에서는 이를 영가결혼 또는 화혼식花婚式이라 부르며, 통일교에서는 축복결혼이라고 한다. 통일교는 무엇 때문에 축복결혼이라는 명칭을 붙였는지 알 수 없지만, 불교에서 죽은 영혼을 영가라고 하며, 또 영혼이 맺어지게 된 계기가 꽃을 인연으로 영혼이 맺어지는 것이기 때문에 화혼이라 한다는 것이다. 그밖에도 영혼결혼, 영매결혼, 사후혼, 혼백혼인, 혼혼魂婚, 명계혼인, 명혼, 유혼, 명배, 귀혼, 허혼, 죽은 혼인, 「몽달이 장가 간다」, 「사귀 시집간다」 등으로 불리웠다.[5]

그러나 그 역사에 대해서는 자세히 알려진 바가 없다. 기록으로 찾아볼

5 안병국, 『귀신설화연구』, 규장각, 1995, 215쪽.

수 있는 최초의 것은 18세기 때 문인 이규경李圭景의 저서 『오주연문장전산고五洲衍文長箋散考』이다. 그것에 의하면 "증직하고 사제하는 것은 별로 괴이할 것이 없겠으나 가상명혼에 있어서는 더욱 의의가 없다. 옛날에 이런 제도를 만들어냈을 때 무슨 뜻이 있었기 때문인지 알 수 없다."고 하면서 중국의 『주례』, 『위서』, 『구당서』에 있는 사후결혼의 예를 들면서 우리나라에는 원래 없던 것이 중국의 영향으로 성행되고 있다고 했다.

1920년대에 접어들어 일본인 학자 무라야마 지쥰村上智順에 의해 경남 통영의 예가 보고되고,[6] 또 이능화李能和(1869~1943)에 의해 제주도에도 그와 같은 사례가 있음이 확인됨으로써 우리나라에도 그것이 어느 특정 지역의 것이 아니라 전국적으로 널리 퍼져있는 보편적인 습속임이 확인되었다.

특히 이능화는 "제주도 풍속에 처녀가 죽으면 죽은 총각을 구하여 혼인을 맺어주고 한 무덤에 장례하였는데, 이 풍속은 『주례』에도 나타난다. 한, 위 때에도 이를 숭상하였는데, 탐라벽도에 어찌 이런 풍속이 있었을까. 이는 원나라 때 제주도에 목마의 장소를 만든 몽고인들의 왕래가 잦았는데, 이로 인해서 보면 원나라 사람들이 끼친 풍속인 듯하다."고 하면서 제주도의 사후혼인은 원나라의 영향일 것으로 해석하였다.[7] 그러나 원나라 풍속이 제주도에만 전해질 리가 없다. 전해진다면 고려 전체에 전해졌을 것이다. 이러한 가정이 사실이라고 한다면 우리나라에는 그에 대한 민속이 중국의 영향으로 생겨난 것이며, 그에 대한 역사는 적어도 중국의 원나라, 즉 고려 중기까지 거슬러 올라갈 수 있을 것으로 생각된다.

실제로 행한 예는 조선시대 때부터 찾아볼 수 있다. 병자호란 때 인질로

6 村山智順, 노성환 역, 『조선의 귀신』, 민음사, 1990, 432쪽.
7 이능화, 이재곤 역, 『조선무속고』, 동문선, 1991, 296쪽.

잡혀갔던 소현세자가 귀국할 때 청나라 궁녀 9명이 따라왔는데, 그 중 한 명이 죽자 조정에서는 그녀를 사후결혼 시켜 임진강 고랑포 나루 건너에 묻어 무덤을 만들어 주었다. 이를 후세사람들은 「호각시 무덤」이라 불렀다. 비록 그 사례가 중국에서 온 처녀이지만 그들을 가엽게 여기고 사후결혼을 시키고 있다는 것은 그러한 풍속에 대한 인식 없이는 나올 수 없는 것이다. 그리고 그러한 풍속은 민간뿐만 아니라 궁정에도 정착하여 평생 미혼의 상태로 살다가 죽는 궁녀들에게도 사후결혼은 유행했다고 한다. 그들은 죽은 후의 시집살이를 대비하기 위해 돈을 저축하는 명혼계冥婚契가 바로 그것이다.[8]

이규태에 의하면 사후결혼을 통하여 맺어진 사돈을 어둔暗사돈이라 했는데, 사돈맺음에 있어 반상 등 신분과 가문의 지체를 따졌고, 똑같은 당색의 집안이 아니고는 어둔 사돈을 맺질 않았으며, 또 권문 귀가와 어둔 사돈을 맺어 벼슬을 한 사람이 있는데, 이를 어둔 벼슬이라 하고, 그 사람을 암품暗品 참봉, 암품 별감 등으로 불렀다고 한다.[9] 이처럼 한국에 있어서 사후결혼은 오늘날 갑자기 생겨난 것이 아니라 중국을 통해 들어와 고려로부터 시작하여 조선시대를 거쳐 오늘에 이르고 있는 오래된 전통의 풍속이었던 것이다.

이에 비해 일본의 사후결혼은 특이하게도 그 사례가 본토에는 야마가타山形, 아오모리青森, 미야기현宮城 등의 동북지방과 최남단 오키나와지역에서만 주로 발견될 뿐 그 밖의 다른 지역에서는 좀처럼 찾기가 힘들다. 즉, 어느 지역에서나 행하여지는 일반적인 풍속이 아닌 것이다.

이러한 풍속을 두고 일본학계는 명혼冥婚, 명계혼인冥界婚姻, 사후(결)

8 이규태, 『이규태 코너』 하, 조선일보사, 1986, 62쪽.

9 이규태, 앞의 책, 1986, 62~63쪽.

혼, 사령(결)혼, 망령(결)혼, 유령(결)혼이라고 부르지만,[10] 동북지역민들은 영전결혼靈前結婚, 영계결혼靈界結婚, 「무카사리 에마繪馬」이라 불렀고, 또 오키나와 사람들은 「구소오. 누. 니이비치」 또는 「토오토메. 니이비치」「뮤우토. 니게에」 등으로 부르고 있었다.

그 중 동북지역에서 사용하는 「무카사리 에마」라는 말 가운데 「무카사리」는 「받아들여지다」라는 뜻의 동북지방의 방언인데, 일반적으로 「축언」, 「혼례」, 「신부」를 일컫는 말이며, 「에마繪馬」는 그림을 나타내는 일본어이므로 즉, 「무카사리 에마」란 혼례의 그림이란 뜻을 가진 말이다.

여기에는 약간의 설명이 필요하다. 동북지방에서는 미혼사자를 결혼시키는 데는 사자가 결혼한다는 것을 가정하고 그 상황을 그림으로 그려 절이나 신사등지에 바치는 풍속이 있다. 이 때 이용되는 그림을 이곳 사람들은 「무카사리 에마」라고 부르는 것이다. 반드시 「무카사리 에마」만 바치는 것이 아니다. 경우에 따라서는 신랑, 신부의 인형과 사진 등을 바치기도 하는 것이다.

이에 비해 오키나와의 「구소오. 누. 니이비치」라는 말은 사후세계의 후생後生을 의미하는 말 「구소오」와 결혼을 의미하는 「니이비치」와 결합한 말이다. 그러므로 그 말 자체가 사후결혼 즉, 후생결혼이라는 의미이다. 그리고 「토오토메. 니이비치」의 「토오토메」는 사자를 모시는 사당을 가리키거나, 때로는 사자 그 자체를 나타내는 말이기도 하다. 그러므로 그 의미는 「구소오. 누. 니이비치」와 같다.[11] 「뮤우토. 니게에」도 마찬가지이다. 이 말

10 松崎憲三, 「東北地方の冥婚についての一考察(1)」, 松崎憲三 編, 『東アジアの死靈結婚』, 岩田書院, 1993, 45頁.

11 櫻井德太郎, 앞의 책, 1987, 445~446頁.

은 야에야마八重山 이시가키지마石垣島의 지역 언어로서 죽은 영혼이 부부가 되기 위한 무속적인 제의라는 의미이다. 그러므로 본토의 「구소오. 누. 니이비치」와 같은 의미의 말로 볼 수 있는 것이다.[12]

上山市 久昌寺의 「무카사리 에마(絵馬)」

그런데 이러한 일본의 사후결혼의 풍속은 언제부터 시작되었을까? 죽은 영령과 정분을 나누는 괴담은 일찍부터 있었다. 그러나 그것은 중국대륙으로부터 이입된 원형이 일본풍토에 수용되어 변화 발전하여 공통성을 띄게 된 것이지, 습속이 먼저 있고 설화가 그 영향 하에 생겨난 것으로 보기는 어렵다.[13]

아닌게 아니라 결혼을 테마로 그려진 무카사리 에마 중 가장 오래된 것은 명치초기(1870년대)의 것이고, 그 밖의 대부분은 근래의 것이다. 그리하여 일본 연구자 가와무라 구니미쓰川村邦光도 일본에 있어서 사후결혼은 근세 중기부터 실시된 것 같다고 추정했다.[14] 그리고 민속학자 다카마쓰 게이키치高松敬吉도 주로 그 사례들을 아오모리현青森縣에서 찾았는데 이 지역에서의 사후결혼은 전후 전사자들의 영혼을 위로하기 위해 생겨났다고 보고한 바가 있다.[15] 이처럼 일본의 사후결혼은 중국문화의 영향과 관계없이 전쟁터에 나가 죽은 사람들의 영혼을 위로하기 위해 생겨난 것이 일반인들

12 櫻井德太郎, 앞의 책, 1987, 487~489頁.
13 諏訪春雄, 『日本の幽靈』, 岩波新書, 1988, 105頁.
14 川村邦光, 「諸國一見の僧のメツセージ」, 小松和彦 編, 『これは民俗學ではない』, 福武書店, 1989, 139頁.
15 高松敬吉, 「青森縣の冥婚」, 『豊田短期大學研究紀要』 1, 豊田短期大學, 1991, 99頁.

에게까지 확대된 것으로 보인다.

그러나 오키나와는 일본의 본토와는 달리 중국의 영향으로 생겨난 것 같다. 나중에도 언급하겠지만 오키나와의 사후결혼은 철저한 부계혈연사회에 기반을 두고 있다. 오키나와 본토에는 "문중門中"이라는 부계친족조직이 존재하는 데, 그 문중은 시조를 같이하는 총본가를 중심으로 한 부계의 본가와 분가의 관계에 의해서 형성되는 동족조직이기도 하지만 그것은 동일한 조상에 대해 제사를 지내는 단위조직이기도 하다.

많은 연구자들은 이러한 문중이 본래는 정책적으로 수도 중심의 지배계급의 신분을 고정화시키기 위해 중국으로부터 유입된 것이라고 보고 있다. 좀 더 정확하게 말하면 17세기경 오키나와 본토의 중남부의 수도 중심의 지배층 문화로서 일반화된 것이며 그 때 위패제사의 원칙과 가보제도家譜制度와 함께 중국에서 도입된 것이다. 그것이 19세기 말경이 되면 사족뿐만 아니라 일반인에게도 확대되어 간다. 그러므로 위패는 지배층에 있어서는 17세기, 일반서민층에게는 19세기 후반부터 일반화되었던 것이다. 따라서 위패를 합사하는 사후결혼은 빨라도 17세기, 일반화되는 것은 19세기 이후로 보는 것이 정확할 것이다. 그러한 배경에서 일본의 민속학자 사쿠라이 토쿠타로桜井德太郎도 사후결혼은 수리首里 등 수도를 중심으로 사족사회에서 재편성된 것이 지방으로 번져나간 것으로 추정하였던 것이다.[16]

이를 뒷받침 하듯이 사후결혼은 오키나와 본토의 주변에서는 강하게 나타나지만 그곳과 비교적 멀리 떨어진 미야코 군도宮古群島 및 야에야마 제도八重山諸島의 섬 등에는 그다지 강하지 않다. 그리고 미야코지마宮古島

16 櫻井德太郎, 앞의 책, 1987, 479頁.

에서 사후혼인을 관장하는 샤먼인 유다의 대부분이 본토에서 이주를 해왔거나 그곳에 가서 무당이 되어 돌아온 자들이다.[17] 이처럼 오키나와의 사후결혼은 본토를 중심으로 지역으로 확대되어 간 것으로 보아 사후결혼은 오키나와에서 자생적으로 생겨난 것이 아니라 중국으로부터 부계를 중심으로 하는 친족문화가 전래되고 그것을 기반으로 하는 사회로 개편되면서 그 사이에 유다(샤먼)가 관여하여 만들어 낸 것으로 이해할 수 있다.

이러한 가정 하에 동아시아의 사후혼인을 들여다보면 그 원류는 중국에서 찾을 수 있으며, 그것이 부계를 중심으로 하는 유교문화와 함께 한국과 오키나와로 전래되어 갔음을 알 수 있다. 대만, 싱가폴, 홍콩 등지의 한인사회에서 사후결혼을 찾아볼 수 있는 것도 다름 아닌 그 원류가 중국에 있기 때문이다. 한편 중국으로부터 멀리 떨어진 일본의 경우는 그것과 관계없이 근세에 접어들어 자생적으로 발생했다.

이와 같이 지역마다 역사와 사회적인 배경은 다르지만 동아시아에 있어서 사후결혼은 이미 희귀한 민속이 아니라 보편성을 띈 오래된 역사를 가진 민속이라 하지 않을 수 없는 것이다.

3. 어떻게 치를까?

연구자들이 지역민들에게 사후결혼은 어떻게 치러지는가 하고 질문을 던지면 대부분이 "산 자와 같이 한다."고 대답하는 것이 일반적이다. 그런

17 櫻井德太郎, 앞의 책, 1987, 479頁.

데 이를 연구하는 민속학자들은 두 가지 시점을 기준으로 분류하려고 노력하였다.

가령 한국의 최길성은 의례의 주관자(종교적 직능자)가 누구냐에 따라 무속형과 유교형으로 나누었고,[18] 일본의 다케다 아키라竹田旦는 유골과 위패 처리에 따라 유골중시형과 위패중시형으로 나누었는데, 그것이 충분하지 못하였음인지 그것에다 샤먼관여형이라는 또 하나의 형태를 첨부했다.[19]

여기에서 말하는 무속형이란 무당의 주관 하에 치러지는 것을 말하고, 유교형이란 유교식 제사에 의해 행하는 사후결혼을 말한다. 그리고 유골중시형이란 신부의 시신(유골)을 파내어 신랑의 묘지에 이장하여 합장하는 것을 유골중시형이라 하고, 신랑 신부의 위패만을 가지고 합사하여 혼례를 치르는 것을 위패중시형이라 했으며, 결혼의례를 무당(샤먼)이 주관하는 것을 샤먼관여형이라 한다.

그러나 동아시아의 사후결혼이 이들의 이론에 따라 뚜렷하게 구분되어지는 것은 아니다. 경우에 따라서는 그러한 요소들이 복합되어 있는 경우도 적지 않게 나타나고 있으며, 또한 종교적 직능자가 일체 관여하지 않고 전통적인 혼례방법으로 치르는 경우도 많기 때문이다.

한편 유골과 위패의 처리는 지역의 장제와도 관련이 있다. 즉, 유골을 합사하지 못하는 지역은 대개 미혼사자에게 무덤을 만들어 주지 않는 지역인 경우가 많다. 그러므로 유골을 합사하려 해도 유골 자체가 없는 것이다. 따라서 이 지역의 사후결혼은 위패를 합사하고, 또 유골이 있는 경우에는

18 최길성, 「사후결혼의 의미」, 『비교민속학』 1, 비교민속학회, 1985, 33쪽.

19 竹田旦, 「東アジアにおける死靈結婚 - 韓國の習俗を中心に」, 『茨城大學敎養部紀要』 19, 茨城大學, 1987, 37頁.

위패와 함께 유골을 합사하고 있을 뿐이다. 그리하여 여기에서는 일단 유골과 위패처리 보다도 주관하는 사람에 중점을 두어 정리하여 보기로 하자.

1) 한국

(1) 무속형

한국에 있어서 가장 널리 알려진 방법은 무당이 주관하는 결혼식이다. 필자가 조사한 것 중 한 사례를 소개하면 다음과 같다. 이 사례는 1978년 6월 부산 대연동에서 치러진 것이다.

〈사례1〉

부산시 대연동에 사는 정안기씨는 2남1녀 중 차남으로서 월남전에 참가하여 26세의 나이로 전사했다. 그로부터 1년 후 그의 어머니가 몽달귀신이라도 면하라는 배려로 사후결혼을 하게 되었다. 그의 어머니는 평소 궁합을 믿는 사람으로 궁합을 보아 상대를 구했으며, 그 상대는 무당의 소개로 알게 되었다. 신부는 울산출신 김모씨로 당시 24세였는데, 부산에서 회사를 다니다가 연탄가스로 사망했다. 예물로서는 신랑집에서 결혼식 있기 일주일 전 이불, 전자시계, 은반지, 한복 1벌을 함에 넣어 보냈고, 신부 쪽에서는 결혼식 당일 날 아침 이불과 전자시계, 은반지, 한복 1벌을 해왔다. 신랑집은 단독주택 2층으로 오전 10시경 무당이 굿으로 영혼을 불러들인 후 오전11시경 결혼식이 행해졌다. 신방은 밤11시경 평소 신랑이 쓰던 2층 방에 차려졌다. 그 방법으로는 짚으로 신랑신부의 인형을 만들어 전통혼례의 형식으로 치러졌다. 신랑의 인형은 신랑의 형이 맡아했고, 신부의 것은 신부의 여동생이 맡아했다. 결혼식을 마친 후 신방으로 들어가 옷을 벗기고 나란히 눕힌 후

주안상을 차려 주었다. 그 다음날 아침 무당과 양가의 부모들이 들어가 보니 인형이 서로 마주보고 있었다 한다. 그리고 집 앞 공터에 인형, 옷, 예물 등을 모두 태웠다고 한다. 그 후 사돈끼리는 크고 작은 일에 서로 초대하고 있다 한다. 제사는 신랑의 형이 신랑이 사망한 날을 제삿날을 삼고 현재까지 지내고 있다. 처음에는 제사상만 차려놓고 절은 하지 않았는데, 형의 아들이 생기고부터는 그 아들들이 절을 하며 제사를 지낸다는 것이다.

여기에서 보아 알 수 있듯이 이 혼인은 처음부터 끝까지 무당에 의해 진행되었다. 굿을 통한 혼례라는 점 말고는 크게 산 자들과 별반 다를 바가 없었다. 다만 다른 것이 있다면 본인들 대신에 짚 인형(허제비)으로 의례를 치르는 점이다. 궁합까지 보아 상대를 구했다. 결혼예물도 준비했으며, 신혼여행은 떠나지 않았지만 인형의 옷을 벗겨 첫날밤마저 치르게 했다.

굿의 내용도 지역에 따라 조금씩 다르다. 동해안 지방에서는 무당들이 사후결혼의 의뢰를 받으면 「허제비굿」을 하고,[20] 그리고 호남지방에서는 「저승혼사굿」, 「저승대사굿」, 「결혼굿」이라는 굿을 한다고 한다.[21]

(2) 유교형

최길성에 의하면 유교형의 사후결혼은 제주도에서만 보인다고 지적하고 있으나,[22] 실제로는 그렇지 않다. 전라지역에서도 그와 같은 예가 보고되고 있기 때문이다.[23] 그러므로 유교형의 사후결혼이 제주도에서만 국한

20 최길성, 앞의 논문, 1985, 11쪽.
21 竹田旦, 『祖靈祭祀と死靈結婚』, 人文書院, 1990, 232頁.
22 최길성, 앞의 논문, 1985, 31쪽.

되는 것이라고 하기는 어렵다. 다만 제주도가 그런 경향이 강하게 나타날 뿐이다.

유교식 사후결혼에 대해 최길성은 제주도의 것을 자세히 보고하고 있는데, 그것에 의하면 대개는 유교식 혼례처럼 신부 집에서 낮에 잔치 상을 차리고 주로 친척들만이 모이며, 남들은 참석하지 않는다 한다. 그리고 사진을 나란히 제단 위에 놓고 축문을 읽음으로써 행해지는데, 사후결혼의 말은 처음 신랑 측에서 꺼내는 것이 예의로 되어있고 큰상을 차리는 것이나 이부자리 등을 하는 것도 일반 결혼식에 준한다고 한다. 또 신랑이 신부 집에 올 때나 신부가 시집으로 들어갈 때 각각 큰상을 차린다고 한다.[24]

한편 최재석은 묘지에서 치러지는 사후결혼을 소개하였는데, 그것에 의하면 먼저 신랑측 사람들이 신부의 묘로 가서 이장축移葬祝을 고하고 개봉한 후 운구하여 신랑의 묘에 묻어 쌍분을 만듦으로써 사후결혼의 예를 치르는 것도 있다 한다. 그 때 하관제를 지내고 하관한 후 성분한 다음 축문을 고하는데 그 내용을 소개하면 다음과 같다.

먼저 여자의 묘를 팔 때의 축문은 「維歲次干支某年干支朔某日某告于/亡女之霊既有未今( )作配適于某官姓名之靈永世結縁形帰( )魂返室堂唯霊是憑是安」이고, 쌍분하고 읽는 축문은 「維歲次干支某年月日某敢昭告于/顕某官府君之霊亡某封某氏之霊( )魂相応式遵礼夫婦配合永世結縁形帰( )魂返室堂唯靈舎旧従新是憑是依不勝悲念( )以酒饌陳此( )事尚饗」이라 한다.[25] 이처럼 유교형에도 집에서 치르는 경우와 묘지에서 치르는 두 가지

23 竹田旦, 앞의 책, 1990, 226頁.
24 최길성, 앞의 논문, 1985, 29쪽.
25 최재석, 「제주도의 사후혼」, 『한국학보』 13, 일지사, 1978, 113~114쪽.

형태가 있음을 알 수 있다.

(3) 불교형

많은 민속학자들은 무속에 관심을 쏟은 나머지 불교사원에서 치르는 사후결혼에 대해서 그다지 관심을 기울이지 않았다. 그러나 그것이 언제부터 시작되었는지 잘 알 수 없지만 현재 한국에서는 무속형 보다 불교형이 훨씬 더 선호되고 있는 것은 사실이다. 특정 종파의 사찰에 국한되어 나타나는 것이 아니라 모든 종파에 걸쳐 일반적으로 보이는 보편적인 현상이다. 다음의 예는 울산에서 실제로 있었던 것이다.

〈사례2〉

울산시 중구 방어동에 사는 정부윤씨(1946년생. 31세)는 4남 1녀 중 장남이었으나 병으로 사망했다. 맏아들이 결혼하지 않으면 밑에 동생들이 결혼할 수 없다 하여 그를 결혼시키기로 했다. 그리하여 1977년 동네사람들에게 부탁하여 처녀의 몸으로 죽은 울주군 강동면 정자리의 김모양(1951년생. 26세)을 소개받아 궁합도 서로 맞아 길일을 택해 가까운 절에서 혼례를 치렀다. 혼례는 전통혼례식으로 했고, 그 방법은 산 사람과 똑같이 했다. 혼례상에는 대나무, 과일, 떡, 꽃, 위패 등을 올려놓았다. 허제비는 만들지 않았다. 혼례의 주재는 이 절의 승려가 맡아서 진행했다. 간단한 혼례식이 끝나고 혼례상 위에 신랑측 조상의 위패가 올려지고 인사를 올린다. 그리고 나서 신방을 차려준다. 신방에는 이부자리를 펴고 그 위에 신랑. 신부의 위패를 올려놓고 문을 닫고 바깥에서 2시간 가량 염불을 왼다. 그런 다음 지난 후 신방 문을 열어보니 위패가 서로 붙어 있었다고 한다. 이는 서로 궁합이 잘 맞는다는 증거라고 해석했다. 모든 절차가 끝난 후 예물과 이불 등은 모두 불태웠다.

제사는 신랑의 동생이 지낸다고 하며, 지낼 때 절은 동생의 큰아들이 한다고 한다.

사찰에서 치른다고 하여 그 방법이 획일적으로 되어있는 것이 아니다. 가령 위의 경우 앞의 무속형에서 보았던 것처럼 혼례가 다 끝난 후 첫날밤을 치르는 신방까지 차려 주었으나, 사찰의 성격에 따라 그와 같은 절차를 생략하는 경우도 많이 있는 것이다.

밀양시 삼랑진에 위치한 B사의 I라는 주지승은 사후결혼을 조계종단에서 편찬한 『통일법요집』에 근거하여 치루고 있었다. 그 의식순서는 (1)개식선언 (2)법사(주례)등단 (3)신랑 신부 입장 (4)삼귀의 (5)반야심경 낭독 (6)고불문 낭독 (7)신랑 신부의 상견례 (8)신랑 신부의 헌화 (9)혼인서약 (10)성혼선언 (11)주례사 (12)사홍서원 (13)신랑 신부 내빈께 인사의 순이었다. 이런 과정이 다 끝난 후 가족들과 친지들의 결혼기념 사진촬영이 있는 경우도 있었다. 그리고 대부분의 사찰에서는 혼례가 끝난 후 두 영혼이 극락왕생할 수 있도록 천도제를 올린다고 했다.

그는 또 사후결혼을 다른 말로 화혼이라고도 한다고 했다. 그 이유를 석가의 전생담에서 유래한다 하며 그 내용을 다음과 같다고 일러 주었다. 즉, 옛날 선혜라는 수행자가 살고 있었다. 그는 자기의 마을에 연등부처님이 오신다는 소식을 듣고 부처님께 바칠 꽃을 찾아 나섰다. 그러나 모든 꽃집을 다녀 보아도 꽃이란 꽃은 다 팔려 나가고 한 송이도 없었다. 그러던 중에 그는 우연히 구리라는 여인이 운영하는 꽃집을 들르게 된다. 꽃이 있느냐고 묻는 말에 구리는 다 팔리고 한 송이도 없다고 했다. 그러자 그녀가 숨겨놓았던 7송이의 꽃이 저절로 솟아나 그만 들키고 만다. 그 꽃은 그녀가 부처님께 바칠 꽃이었다. 그러자 여인은 선혜에게 금생에서는 이룰 수 없지만 내생에서 서로 결혼하는 조건을 제시하고 이를 선혜가 받아들이자 그 꽃들을 주면서 다섯 송이는 선혜의 이름으로 나머지 두 송이는 자신의 이름으로 부처님께 바쳐달라고 하며 건네주었다. 그 덕분에 선혜는 연등부처님께 꽃을 바칠 수 있었다는 이야기이다.

이 이야기에 근거하여 금생이 아닌 후생에서 인연을 맺는 사후결혼을 불교에서 주관하고 있다고 주지승이 설명해 주었다. 사후결혼을 화혼花婚이라 하는 이유도 꽃을 통해 후생에서 두 사람의 인연이 맺어졌기 때문에 생겨난 말이라 했다. 또 결혼 시 신랑 신부가 부처님께 헌화를 할 때 신부는 2송이, 신랑은 5송이를 바치게 하는 이유도 바로 이 설화에서 그 유래를 찾고 있었다.

이와 유사한 이야기가 『사분율四分律』 제31에도 보인다. 그것에 의하면 정광여래가 연꽃 성을 방문하였을 때 미가큐라는 수행승이 여래에게 연꽃을 바치려고 연꽃을 구하려고 하였으나 아무리 노력해도 구해지지 않았다. 이미 그곳의 왕이 꽃을 독차지하기 위해 연꽃을 파는 것을 금지시켰기 때문이다. 바로 그 때 그를 사모하고 있던 솔라바다이라는 처녀가 자기 집 정원에서 7송이의 연꽃을 가지고 오자 그것을 사려는 미가큐를 향해 "어떻게 제가 당신에게 돈 받고 꽃을 팔 수가 있겠습니까? 그 대신 한 가지 약속을 해주세요. 그것은 미래 영겁, 어디에 다시 태어난다 하더라도 언제까지나 우리들 두 사람은 떨어지지 않고 남편이라고 부르고 아내라고 부를 수 있는 몸으로 태어나도록 부탁합니다."하고 말하며 연꽃을 내미는 것이었다. 그 중 다섯 송이는 미가큐의 강권에 의해서 500 냥을 받고 팔고, 나머지 두 송이는 미가큐에 주면서 다시 그녀는 "이 두 송이는 저의 뜻입니다. 아무쪼록 받아주시기 바랍니다. 그래서 정광여래를 공양해주시기 바랍니다. 미래 영겁, 당신과 함께 끝까지 살겠다는 저의 소원의 증거로 말입니다."라고 말하는 것이었다. 그 꽃들을 모두 가지고 저멀리서 여래가 오는 모습을 보고 손에 들었던 일곱 송이의 연꽃을 여래의 머리 위에다 뿌렸다는 이야기이다.[26] 이처럼 불경에는 이승에서 못다 이룬 사랑을 후생(저승)에서 이루자는 의미의 이야기가 종종 발견되는 것이다. 이러한 설화를 기반으로 불교가 사후결혼에 참여할 수 있는 근거를 만들고 있을지도 모른다.

(4) 통일교형

그 밖에 한국에는 통일교형이 있다. 보통 기독교인들은 사후결혼을 치르지 않는데 1984년 2월 20일 통일교회에서 독특한 영혼결혼식이 있어서 또 한번 세인들의 관심을 이끌었다. 그 내용을 소개하면 다음과 같다.

〈사례 3〉

결혼식은 교주 문선명씨의 둘째 아들 문흥진(1966년 10월 23일생)씨와 통일교의 제2인자인 박보희씨의 딸 박훈숙(1963년 1월 1일생)씨와의 결혼식이었다. 그런데 특이한 점은 신랑 문흥진씨는 이미 80년대 초반에 교통사고로 죽은 사람이었고, 신부 박훈숙씨는 살아있는 보통사람이었다. 흔히 이러한 결혼을 통일교에서는 축복결혼식이라고 하는데 이 때 흥진씨는 이미 사망하고 실물이 없기 때문에 그의 사진을 놓고 식을 올렸으며 그 후 사진은 태우지 않고 그대로 보존하고 있다고 한다. 통일교에서는 문흥진씨가 죽은 날에 찬송과 기도를 올리고 생일날에는 생일음식도 마련해준다고 한다. 그후 박훈숙씨는 남편의 성에 따라 자신의 성을 문씨로 바꾸었으며, 또 문선명씨의 손

26 불교문화연구회, 『불교설화대전집』 (7) - 般若龍船 -, 문영출판사, 1981, 133~137쪽.

자 문신철(1992년 2월 28일생)을 양자로 받아 들였다.

통일교에서 무엇 때문에 어떤 교리를 근거로 하고 있는지 필자의 조사 부족으로 아직 알 수 없다. 그리고 왜 신부로 하여금 신랑의 성을 따르게 했는지에 대해서도 아는 바가 없다. 그러나 혼인 시 신랑의 사진을 이용하고, 또 신랑의 조카에 해당하는 아이를 양자로 삼는 것은 통일교의 특유한 것이 아니다. 그것은 한국의 사후결혼에서 일반적으로 보이는 풍속이다. 그러므로 그 결혼이 기독교계통의 신흥종교에서 생겨났다 할지라도 한국의 전통풍속과 전혀 무관하다고 할 수 없을 것이다.

이처럼 한국의 사후결혼에는 무속형과 유교형과 불교형 그리고 통일교형이라는 다양한 형태의 사후결혼이 있음을 알 수 있는 것이다. 지금도 우리가 모르는 사이에 새로운 형태의 사후결혼이 생겨나고 있을지도 모른다.

2) 일본

(1) 무불혼합형

무속형과 불교형이 혼합되어 있다는 뜻이다. 즉, 어떤 특정한 종교적 직능자가 독점하는 것이 아니라 다른 종교와 상호 역할 분담하여 이루어지는 것을 말하는 것이다. 이에 속하는 한 가지 사례를 든다면 다음과 같은 경우의 것을 들 수 있다.

〈사례 4〉

묘령의 여인이 몹쓸 피부병이 걸려 아무리 병원에 다녀도 낫지를 않았다. 그래서 샤먼(오나카마)에게 찾아가 그 이유를 물어보니, 샤먼이 말하기를

"그녀가 사는 현재의 집은 3백여년 전에 살았던 성주의 딸의 혼령이 붙어있기 때문이다."고 말했다. 그 딸은 혼례 날짜를 잡아놓고 그만 불행하게도 화재로 인해 타죽고 말았다는 것이었다. 그 혼령의 원한이 피부병을 일으키는데, 그 여인을 결혼시켜주면 괜찮아 질 것이라고 샤먼이 말했다. 그리하여 약송사若松寺에 「무카사리 에마」를 봉납하였다. 그 후 5일 만에 그 피부병은 완전히 나았다.[27]

이처럼 특정 개인이나 가정에 끊임없는 불행한 일이 일어나, 그 원인을 샤먼을 통해 알아낸 다음 「무카사리 에마」를 그려 불교의 사찰에 봉납하는 것이다. 즉, 무속에서 그 원인에 대한 해명과 방법을 가르쳐 줄뿐 그것을 봉납하고 제사를 받드는 일은 불교가 맡아서 하는 것이다.

(2) 불교형

이 경우는 샤먼을 통해 사후결혼에 대한 지시를 받는 것이 아니라 불교 승려의 지시에 따라 이루어지는 것을 말한다. 다음과 같은 사례가 여기에 속한다고 할 수 있다.

〈사례 5〉

에이즈에 관한 보도가 한창 유행하고 있을 때 어느 여성이 "내가 혹시 에이즈환자가 아닐까?"하는 의구심으로 인해 노이로제에 결려 그만 죽고 말았다. 그 후 그녀는 그의 여동생 꿈에 자주 나타나 그 여동생이 노이로제에 걸

27 松崎憲三, 앞의 책, 1993, 83頁.

려 몹시 고생하고 있었다. 그리하여 그녀의 가족이 약송사를 찾아와 이를 상담한 끝에 「무카사리 에마」를 봉납했다. 그러자 그 여동생의 노이로제는 완전히 나았다.[28]

이 경우는 샤먼을 통하지 않고 바로 불교사찰을 찾은 경우이다. 이처럼 일본의 사후결혼에는 샤먼이 관여하지 않고 불교승려가 관여하는 경우도 많다. 대개 이런 경우 「무카사리 에마」(인형 또는 사진)를 사찰의 본당에 가져가면 그것을 제단 위에 나란히 놓고 승려가 독경을 한다. 대개 그 독경은 『반야심경』과 『정토삼부경』 중 「무량수경」을 읽는 것이 보통이다. 그런 다음 사찰의 건물에 그것을 안치하거나 걸어놓음으로써 끝을 맺는 것이다. 정토종계 사찰인 아오모리현의 우바사優婆寺에서는 인형이 많이 봉납되는데, 그 인형은 3년간은 그 절에서 책임을 지고 보관하지만, 그 이후는 소각처분한다고 한다. 다만 유족들이 그에 따른 공양료를 지불하며 연장을 희망하는 경우에는 그 기간을 연장할 수도 있다고 한다.[29]

(3) 신도형

야마가타현의 데바산잔 신사出羽三山神社의 본전 옆 건물 영제전靈祭殿에는 수많은 신부인형과 신랑인형이 봉납되어 있다. 이 경우 사제자가 신도계의 사자에 대한 공양의례에 따라 진행하는데, 그 때 공양되는 노리토祝詞는 일반적인 「축사공양문祝詞供養文」이라고 한다. 그것을 관할하는 사제자도 사후결혼을 앞으로 어떻게 다루어야 할지 고민할 만큼 신도형은 시작된지

28 松崎憲三, 앞의 책, 1993, 82頁.
29 高松敬吉, 앞의 논문, 1991, 30~31頁.

얼마 되지 않는 것 같다.

그런데 의외로 도쿄 시내 한복판에 위치한 야스쿠니 신사靖国神社에서 그 같은 일을 대대적으로 행하고 있었다. 그 방법은 전쟁터에 나가서 죽은 남성들의 영정에 신부인형을 바치는 형태로 치러지고 있었다. 신사의 관계자에 의하면 1982년 사토오 다케이치佐藤武一의 모친이 신부인형을 봉납한 것이 최초라 한다. 그것을 본 유족들이 너도 나도 앞 다투어 봉납하여 현재는 190여개나 이른다 한다.

다케이치 어머니가 야스쿠니 신사(靖国神社)의 유취관(遊就館)에 바친 사쿠라코라는 이름을 가진 신부인형.

사토오는 1945년 4월10일 오키나와전투에서 전사했다. 1982년 84세가 된 그의 어머니 사토오 나미씨는 자신의 아들 앞으로 한통의 편지와 함께 신부인형을 봉납했다. 그 편지의 내용을 소개하면 다음과 같다.

〈사례6〉

다케이치의 영전에. 다케이치야. 너는 정말 훌륭했다. 23세의 젊은 나이로 집을 떠나갈 때 "이번에 만날 때 야스쿠니 신사에 와 주세요."라고 씩씩하게 웃으며 떠나갔던 너였다. 얼마나 어렵고 힘든 전쟁이었겠느냐. 오키나와의 격전에서 사라진 너이지만, 나이 먹은 이 엄마에게는 지금도 변함없이 23세 너의 모습만 남아있다. 일본 남자로 태어나 결혼도 하지 못하고 사라져 버린 너를 생각하면 가슴이 메어져 오는구나. 오늘 여기 일본에서 가장 아름다운 신부 사쿠라코桜子를 너에게 바친다. 나도 84살이 되었기 때문에 건강을 유지하면 다시 만나러 오마. 제발 편안하게 잠들어라. 고맙다. 쇼와57(1982)년

3월 28일 엄마 나미로부터.[30]

여기에서 보는 것처럼 자신의 아들에게 가장 아름다운 신부를 바친다는 것은 그들이 말하는 영전결혼임을 알 수 있다. 더군다나 그 인형에게 사쿠라코라는 이름마저 붙여주었다. 이로써 그들은 부부가 된 셈이다. 이들의 신부인형은 현재 유취관遊就館에 전시되어있다.

그 유취관의 전시실에는 다케이치의 것 말고도 5개의 인형이 더 전시되어있다. 그 인형들에 대해서 신사측은 "대동아 전쟁에서 사망한 사람의 대부분은 젊은이들이었다. 그 중에는 아내를 가지지 못하고 산화된 사람도 많다. 유족들은 독신으로 전사한 자식들을 위해, 형제를 위해 최소한의 소원과 기원을 담아 당 신사의 신전에 신부인형을 봉납했다."고 설명하고 있다.

이와 같이 야스쿠니 신사 측에 있어서 전사자의 영정 앞에 바쳐지는 신부인형은 갑자기 생겨난 새로운 풍속이 아니라 동북지역에서 행하여지고 있는 「무카사리 에마」의 전통을 잇고 있음을 알 수 있다. 사후결혼을 죽음을 관장하는 불교뿐만 아니라 신사에서도 행하여지고 있는 것이다. 신도에서는 그 역사가 짧은 만큼 의례가 정형화되기에는 앞으로 좀 더 시간이 필요로 할 것이다. 이처럼 일본의 사후결혼에는 무불혼합형과 불교형 그리고

30 원문은 다음과 같다. 「武一よ貴男は本当に偉かった. 二十三才の若さで家を出て征く時、今度逢時は靖国神社へ来て下さいと雄々しく笑って征った貴男だった。どんなにきびし苦しい戦であっただろうか。沖縄の激戦で逝ってしまった貴男…… 年老いたこの母には今も二十三才のまゝの貴男の面影しかありません。日本男子と産れ、妻も娶らず逝ってしまった貴男を想うと涙新たに胸がつまります。今日こゝに日本一美しい花嫁の桜子さんを貴男に捧げます。私も八十四才になりましたので元気で居りましたなら又逢に来ますよ。どうか安らかに眠って下さい。有がとう。昭和五十七年三月二十八日 母ナミ武一の命 御前に」.

신도형의 세 가지가 있는 것이다.

3) 오키나와

(1) 무속형

오키나와에는 특이하게도 무속형만 존재한다. 한국과 일본에서처럼 불교형과 신도형이 보이지 않는 것이다. 그만큼 오키나와의 사후결혼이 샤먼이 철저하게 관여하여 진행되어진다는 것을 의미한다.

어느 사후결혼이던 가장 바람직한 것은 위패와 유골이 모두 한꺼번에 합사되는 것이다. 그런데 그러한 일이 오키나와에서는 동시에 좀처럼 일어나지 않는다. 왜냐하면 특히 유골합사의 경우 가족묘의 문을 열고 뼈를 끄집어내는 일이기에 우리와 같이 오키나와 사람들도 묘를 함부로 다루는 것이 아니라는 의식을 강하게 가지고 있기 때문이다. 그러기 위해서는 유다(무당)의 여러 가지 일진을 보고 별도로 날을 잡는다. 그러므로 대부분의 경우 위패부터 먼저 합사를 하는 것이다. 그리고 절차에 있어서도 집안과 유다에 따라 다양한 방법이 나올 수도 있다. 그러나 전체적인 흐름에서 보았을 때 대략 다음과 같다.

관계자들이 먼저 촌락의 최고신에게 사실을 알린 후 여자 집안의 문중시조에게 보고한다. 그런 다음 집안에 거주하는 각종 신들에게도 보고하고 위패를 모신 제단에서 여자의 위패와 향로를 끄집어내어 보자기에 싸서 남자 집으로 가져간다. 그리고는 앞에서 했던 것처럼 가택신과 조상들에게 보고한 후 여자의 이름을 위패를 모신 제단에 새로 새겨 넣고 여자의 위패는 태워버린다. 그리고 여자 집에서 가져간 향로에서 재를 끄집어내어 위패를 태운 재와 함께 남자 쪽 향로에다 집어넣고, 만일 그 재가 남으면 집안의

나무 밑에 둔다. 그리고 참가자들이 잔치를 벌이며 결혼을 축하하는 것이다.[31]

그러나 이것만으로 모든 것이 끝이 난 것이 아니다. 유골도 함께 합사하여야 완전하게 끝나는 것이다. 그런데 유골의 이장은 함부로 할 수가 없다. 다음의 예는 그러한 사정을 잘 대변하고 있다.

〈사례 7〉

S씨(여성)의 부부에게는 어쩐 일인지 자식이 생기지 않았다. 부부 모두 건강하여 생활하는데 아무런 불편함이 없음에도 불구하고 자식이 생겨나지 않는 것을 이상하게 생각하고 유다(무당)에게 찾아가 그 원인을 물어보았다. 그 결과 친정 아버지의 전처 K씨가 아이를 임신하였으면서도 시어머니와 사이가 좋지 않아 이혼 후 친정으로 돌아가 여자아이를 낳고 죽어 버렸다. 물론 장례식은 친정에서 치렀고, 또 위패도 친정에서 모시고 있다. 친정 아버지는 이혼 후 재혼을 하여 그 사이에서 장남과 자신이 태어났다. 그런데 전처인 K씨가 전 남편의 뼈 항아리에서 같이 살고 싶다고 원하고 있기 때문에 K씨의 유골과 위패를 전 남편이 있는 곳으로 이장하지 않으면 안된다는 것이다. 그리하여 하는 수 없이 먼저 위패는 마을사람들의 도움으로 하였으나 유골이장은 하지 못하였다. 왜냐하면 묘지의 문을 열 때는 까다로운 절차와 일정한 원칙이 있어야 하기 때문에 그것은 유다의 판단이 필요하다. 그러다가 3년 후 어느 날 친정 남동생(장남)이 철공소를 경영하여 경제적으로 윤택해져 지금까지의 오래된 무덤을 허물고 새롭게 깨끗하게 지었다. 그것을

31 澁谷研, 「沖縄冥界婚からみる女性の地位」, 『常民文化』 16, 成城大學常民文化研究會, 1993, 57~60頁.

계기로 유골을 옮기는 의례를 성대하게 치르고 축하연을 열고 결혼의 절차를 끝냈다.[32]

이처럼 유골이장은 함부로 할 수가 없다. 유다의 판단과 지시에 따라 움직여야 하는 것이다. 그 절차는 관계자들이 여자집의 묘지에 가서 결혼취지를 알리고 조상들의 허가를 받아 문을 열고 유골을 끄집어낸다. 그런 과정의 하나하나 진행을 할 때마다 유다의 가르침을 받는 것은 물론이다. 끄집어 낸 유골은 깨끗이 씻은 다음 용기에 넣어 남자의 묘지로 가져가서 천지신명과 조상들에게 고하고 합사한 다음 축하연을 열고 결혼의 절차를 끝내고 있듯이,[33] 유다(무당)가 철저하게 처음부터 끝까지 관여하고 있다. 그러므로 오키나와의 사후결혼은 주관자의 입장에서 본다면 무속형이라 할 수 있고, 유골과 위패의 처리과정을 보면 위패 합사형과 유골 합사형이라는 두 가지 형태가 겸비되어있다고 할 수 있다.

4) 중국

(1) 무속형

지금까지 연구자들의 보고서에 의하면 중국의 사후결혼에 있어서 특정한 종교적 기능자가 관여한 흔적은 매우 드물다. 동남아시아의 한족사회도 예외는 아니다. 그러나 그러한 요소가 전혀 없었던 것은 아닌 것 같다. 그 예로 『작몽록昨夢録』에 "미혼의 자녀가 요절한 경우 양가에서 귀매인에게

32 櫻井德太郎, 앞의 책, 1987, 448~449頁.
33 櫻井德太郎, 앞의 책, 1987, 456~463頁.

의뢰하여 결혼시키는데, 이러한 의식을 치르지 않으면 남상귀男祥鬼와 여상귀女祥鬼가 되어 인간 세상에 죄악을 일으킨다."고 사후결혼에 대해 설명하면서 「사후결혼을 시켜준 귀매인鬼媒人에 대해서 양가는 폐건幣巾으로 보답을 하고, 귀매인은 매년 죽은 사람을 조사하여 생활비로 쓴다」는 내용이 있다.[34]

여기에서 나타나는 귀매인에 대해 좀 더 세심한 주의를 기울일 필요가 있다. 귀매인이란 홍콩에서는 죽은 사람끼리의 결혼을 전문적으로 취급하는 중매인을 말한다. 그는 상대를 구하기 위해 귀매인은 사자의 팔자, 출생, 사망연월일, 출생지와 사망지 그리고 생활환경, 가족관계, 성격, 기호 등을 상세히 물어 정보를 확보한 다음 그에 맞는 상대를 찾는다고 한다.[35]

『작몽록』에 의하면 매인媒人은 가상家狀의 세첩細帖을 보고 부모의 명命으로서 기도하고 혼인에 대해 점을 치고, 남자는 관대冠帶, 여자는 치마 저고리를 갖추어 남자의 묘에 주과酒果를 차려 합혼을 시키는 데, 그 때 두개의 자리를 마련하고 또 두 개의 깃발을 세우고 제사를 지낸다. 다 지내고 나서 깃발이 움직이면 사자들이 결혼을 기뻐한다는 표시로 이해한다. 그리고 혼인을 한 후 꿈을 통하여 신부는 시어머니에게, 사위는 장모에게 인사를 한다는 기록이 있다.[36]

여기에서 보는 것처럼 귀매인은 사후결혼을 전문으로 하여 생활비를 벌어서 쓸 뿐만 아니라 무당과 같이 점도 치면서 사후결혼을 관장하였던 것이다. 이처럼 샤먼적인 성격을 지닌 귀매인이 있고, 또 그러한 그가 사자

34 廣田律子, 「文獻に見出せる冥婚習俗とその意味」, 『東アジアの死靈結婚』, 岩田書店, 1993, 432頁의 것을 재인용.

35 中生勝美, 「香港の冥婚と世界觀」, 『東アジアの死靈結婚』, 岩田書店, 1993, 386頁.

36 廣田律子, 앞의 논문, 1993, 432頁의 것을 재인용.

의 혼인을 주관한다는 것은 무속형의 사후결혼이 있었음을 방증하는 것으로 볼 수 있을 것이다.

(2) 민간주도형

그러나 대부분의 사후결혼은 종교적 기능자가 관여하지 않는다. 민간의 판단에 따라 자체적으로 그들이 스스로 행하고 있다. 이러한 형태를 민간주도형이라고 부르기로 하자. 그 방법은 결혼의 형태에 따라서 조금씩 달라지기도 한다.

첫째 남녀가 모두 죽은 경우의 결혼식이다. 산동성山東省에서는 신랑 신부의 양가에서 서로 혼서를 교환하고 길일을 택하여 혼례를 치르는 데, 그때 신랑 측에서는 흰 종이, 신부 측에서는 빨간 종이로 위패를 만든다. 매인은 당일 가마 안에 사다리를 넣어 그 위에 예복을 올리고 여자 집에서 그 위에 신부의 위패를 올린 다음 그것을 신랑 집으로 가져가서 위패를 가지고 결혼의식을 치른다. 여자 위패가 신랑 집으로 오면 여자의 시신을 넣은 관을 남자 측의 마을 바깥에 있는 밭에다 신랑의 관과 나란히 둔다. 혼례는 신랑의 여동생 또는 같은 항렬의 신랑보다 나이 어린 여자친척이 수탉 한 마리를 손에 들고 그것으로 신부 위패와 식을 올린다. 그리고 나서 신랑 위패로 신부 위패를 덮고서 앞마당에서 천지신의 앞에서 배천지拜天地의 예를 올리고 신혼방인 동방洞房에 넣어둔다. 그러한 모든 절차가 끝나면 신랑 측의 문중 묘로 시신들을 옮겨 합장하고 신랑 신부의 위패를 태운다고 한다.[37]

37 廣田律子, 앞의 논문, 1993, 434頁.

신부가 가마를 타고 시집에 가서 혼례를 치르고 신방을 차리는 일련의 과정에서 알 수 있는 것처럼 기본적으로는 산 자와 별반 다를 바 없이 동일하게 치러진다. 양쪽 다 살아있는 경우가 아니기 때문에 그들을 대신하여 위패로서 혼례를 치르고 유골을 합사하는 형식을 갖추고 있는 것이 다르다면 다르다 할 수 있을 것이다. 아무튼 샤먼적인 종교적인 기능자가 관여하지 않고서 민간 자체의 힘으로 치르고 있다는 것은 동아시아에 있어서도 매우 특징적인 것이라 하지 않을 수 없다.

둘째는 위에서 보는 바와 같이 사후결혼은 위패와 유골을 합사하는 것이 가장 기본적인 형태를 취하지만 그렇지 못한 경우가 있다. 신랑 신부 중 어느 한쪽만이 살아있는 경우도 있기 때문이다. 그 중에서 남자가 죽고 여자가 살아있는 결혼식의 방법을 생각할 수가 있다. 이러한 경우는 근래에는 좀처럼 찾아보기 힘들지만 예전에는 있었던 모양이다. 1930년 이전의 문헌에 의하면 다음과 같이 간략하게 서술되어 있다. 즉, 여자는 남자 집에서 보내온 교자를 타고 신랑 집으로 들어가 시어머니를 만나 인사하고 신랑의 관으로 가서 통곡을 하며 상을 치르고, 마의麻衣를 입고 곡상봉哭喪棒을 들고 곡을 하면서 신랑 집으로 가서 혼례를 치르며, 그리고 그 방법은 앞에서 본 바와 같이 위패를 안고 결혼식을 거행한다는 것이다.[38] 이처럼 상대의 한쪽이 사자라는 점, 그리고 그 속에 신랑의 장례절차와 이어진다는 점 이외에 산 자의 방법과 크게 다르지 않는 것이다.

셋째는 남자가 살고 여자가 죽은 결혼식이다. 의례는 물론 혼수비용도 보통의 결혼과 마찬가지이다. 대만의 가용림佳榕林이라는 마을에서는 배우

38 廣田律子, 앞의 논문, 1993, 433頁.

자가 결정이 나면 신랑 측으로부터 혼수비가 통상의 혼인처럼 보내어진다. 그러면 신부 측은 지참재(반지, 팔찌 등)를 보낸다. 만약 자매의 남편과 결혼하는 것이라면 자매가 혼수감을 가져가지 않는 것으로 한다. 혼례 당일에는 신부의 위패를 쌀 됫박에 넣고 달력에 있는 여성사진을 이용하여 인형의 형태로 만들고 장신구 등을 달고 흰 천으로 만든 웨딩 드레스를 입힌다. 가능한 한 통상혼인 때의 신부 모습으로 꾸민다. 보통 크기는 7,80센티 정도 되며, 그것보다 아주 큰 것도 있다. 만일 위패혼과 통상혼이 같은 날에 치러진다면 위패혼의 의례를 먼저 치러야 한다. 우선 신랑은 신부 집에 가서 위패를 맞이하며 자기 집으로 와서는 〈청庁〉의 신과 조상신에게 절을 올린다고 한다.[39]

이것에 의해서 혼인이 성립하게 되며 위패의 인형은 〈청〉에 놓여진다. 남편에게 이미 통상혼의 아내가 있다면 그녀는 위패혼의 아내에게 절을 한다. 그리고는 부부가 첫날밤을 치르는 〈진방進房〉을 행한다. 이 때 위패를 향해서 "진방을 위해서 같이 침실로 들어가자."고 권할 뿐 위패는 침실에 놓아두지 않는다. 만일 그 날에 통상혼도 행하여진다면 그 뒤 신랑은 통상혼의 아내를 맞이하러 가고 자기 집으로 돌아와서는 둘이 신과 조상에게 절을 하고 〈진방〉을 신부와 함께 치른다.[40]

1992년 중국 산서성에 올려진 남생여사형의 사후결혼

비록 위패혼과 통상혼의 신부가 자매라 할지라도 우선 위패혼의 신부

39 植野弘子, 「臺灣韓人社會の位牌婚とその變化」, 『東アジアの死靈結婚』, 岩田書店, 1993, 357頁.
40 植野弘子, 앞의 논문, 1993, 357頁.

를 맞이한 후에 피로연이 열린다. 통상혼에는 100~200여명이 참석하지만 위패혼의 경우는 30~40명 정도 가까운 친척만 참석한다. 연회가 끝나면 위패혼의 신부인형이나 의복은 태우고 위패는 제단에 안치된다. 그 날 밤 신랑은 위패혼의 아내에게 침실에 같이 들어가자고 권한다. 침대의 중앙에는 남편의 베개, 남편의 왼쪽에는 위패혼 아내의 베개, 오른쪽에는 통상혼 아내의 베개를 놓고 통상혼의 아내가 남편과 함께 잠을 잔다.[41]

위패혼의 아내의 베개는 결혼 후 1개월가량 놓아둔다. 그 기간 동안에는 식사 때도 위패혼의 아내를 위해서 식기를 준비하고, 또 수면과 식사 때 반드시 위패혼의 아내에게 권해야 한다. 결혼식의 다음날에 친정나들이를 하는데, 이 때 신랑은 먼저 위패혼의 아내에게 알리고 다녀온다. 통상혼의 아내가 있으면 같이 다녀온다. 만일 같은 날에 위패혼과 통상혼을 같이 올렸다면 제일 먼저 위패혼의 아내의 집에 가고, 그 다음날에 통상혼의 아내 집으로 간다고 한다. 이처럼 죽은 여성을 결혼시킬 때 최대한 살아 있는 사람처럼 식을 올려 주었던 것이다.[42]

이상에서 보았듯이 나라마다 지역마다 사후결혼의 방법이 조금씩 다르다. 한국에는 무속형과 유교형, 불교형, 그 밖에 통일교형도 보이는 한편, 일본에서는 무불혼합형, 불교형과 신도형이 보이며, 또 오키나와에는 철저하게 무속형만 보이며, 그에 비해 중국의 한족사회에는 무속과 민간주도형이 보이고 있는 것이다.

이와 같이 보았을 때 한국의 통일교형와 일본의 신도형은 독특한 상황에서 발생한 것이라 할지라도 한국과 일본의 불교는 죽음에 매우 적극적

41 植野弘子, 앞의 논문, 1993, 358頁.
42 植野弘子, 앞의 논문, 1993, 358頁.

인 자세를 취하고 있음을 알 수 있다. 지역의 사정에 따라 그 방법에 있어서 차이를 보이지만 동아시아에 있어서 가장 기본적인 공통점은 어느 지역에서나 나타나듯이 민간의 전통혼례식에 기초를 둔 무속이 관여하는 형태이다.

여러 가지 방법 가운데 시대의 변화에 따라 과거에 있었던 것이 현재에 없는 것도 있으며, 또 옛날에 없었던 것이 오늘날 새롭게 생겨난 것도 있다. 이러한 변화 속에서도 변하지 않는 것은 산 자와 똑같이 치러주고 싶은 유족들의 마음일 것이다. 그 결과 한국과 대만처럼 신방까지 차려주어 첫날밤을 치르는 풍속마저 생겨나는 것이다.

4. 어떤 형태가 있을까?

사후결혼에서 발생할 수 있는 모든 가능성은 다음과 같이 세 가지의 형태를 생각할 수 있다. 그 첫째는 남녀가 모두 죽은 자의 형태로서 이를 편의상 남녀쌍방사형男女雙方死型이라고 하고, 둘째는 죽은 남자와 산 여자가 결혼으로 남사여생형男死女生型이라고 하며, 셋째는 산 남자와 죽은 여자의 결혼으로 이를 남생여사형男生女死型이라고 하자. 어느 나라이던 이 세 가지 경우 이외에 나오지는 않을 것 같다.

1) 한국

(1) 남녀쌍방사형

한국에서는 특이하게 이상의 세 가지 형태 가운데 남녀쌍방사와 남사여생형만 보인다. 남생여사형은 있다고 해도 지극히 예외적이다. 그리고 사후결혼의 대부분은 남녀쌍방사형이 차지한다. 그럼 먼저 남녀가 모두 죽은 영혼을 결혼시키는 남녀쌍방사의 경우부터 살펴보기로 하자. 울산시 울주군 강동면 산하리 화암 마을에서 그러한 예를 찾을 수가 있었는데, 그 내용을 소개하면 다음과 같다.

〈사례8〉

1931년 3남 3녀 중 셋째로 태어난 박씨는 1950년 여름 그의 형들과 함께 6. 25에 참전하여 그만 전사하고 말았다. 당시 그의 나이 19세였다. 그 후 몇 십년이 지나 1981년부터는 그의 형수의 꿈에 박씨가 자주 나타나기 시작했고, 그러자 그의 형수가 갑자기 병이 나 신들린 사람처럼 미친 듯이 마구 돌아다니기까지 했다. 그리하여 시어머니(박씨의 모친)가 점을 보니까 막내아들의 영혼이 지금 며느리를 아프게 하고 있으니, 결혼시켜주면 나아질 것이라 하여 결혼을 시키기로 했다. 상대는 점쟁이에게 부탁하여 소개를 받았다. 여자는 울산시 중구 성안동에 사는 손씨의 딸로서 5남4녀 중 둘째였고, 20세의 나이로 죽은 아가씨였다. 결혼식은 1982년 8월 20일 신랑 집에서 무당들이 굿을 하면서 치러졌다. 신부 집에서는 신부의 어머니만 참석했다.

이처럼 결혼 전에 사망한 두 미혼 남녀를 결혼시키는 것이 전형적이다. 실제로 이 사례가 가장 많다. 그런 만큼 여기에 얽힌 사연도 많다. 그 중에서 〈임을 위한 행진곡〉이라는 노래는 사후결혼과 밀접한 관련을 가지고 있었다.

사랑도 명예도 이름도 남김없이/ 한 평생 나가자던 뜨거운 맹세/ 동지는 간 데 없고 깃발만 나부껴/ 새 날이 올 때까지 흔들리지 말자/ 세월은

흘러가도 산천은 안다/ 깨어나서 외치는 뜨거운 함성/ 앞서서 나가니 산 자여 따르라/ 앞서서 나가니 산 자여 따르라는 가사가 담긴 이 노래는 80년대부터 지금까지 진보권 및 노동권 인사들의 모임 때 반드시 등장하는 인기 높은 노래이다. 한국사람이면 아마도 이 노래를 한번쯤 들어보았을 것이다.

이 노래가 사후결혼과 관계를 맺게된 것은 1980년 광주항쟁 때였다. 당시 「5.18 항쟁지도부」의 홍보부장이었던 윤상원이 진압군이 쏜 총탄에 맞아 31세의 나이로 사망했다. 그러한 그를 친지들이 노동운동에 헌신해오다 과로로 숨진 박기순씨와 사후결혼을 시켰던 것이다. 이 둘은 1982년 5.18묘역에 나란히 합장되었다. 이들의 사후 결혼식에 사용되었던 노래가 바로 이 노래였다. 이 곡은 지난 김종률씨가 작곡을 했고 소설가 황석영씨가 백기완씨의 시를 노랫말로 바꿔 만든 것으로 알려져 있다.

가장 이상적인 사후결혼은 그들을 결혼시킨 다음 부계친족 가운데 조카뻘되는 사람들 중에 한 명을 골라 양자로 받아들여 대를 잇게 하며, 그들의 제사를 지내게 하는 것이다. 과거에는 그러한 형태의 결혼이 많았으나 오늘날에는 그러한 예는 지극히 찾아보기 힘든다. 왜냐하면 자식을 많이 낳지 않는 시대에 이미 접어들어 자기 자식을 양자로 주는 부모가 없어졌기 때문이다.

결혼에 있어서 미혼남녀의 결합만 있는 것이 아니다. 경우에 따라서는 기혼자와 미혼자와의 결혼도 있고, 또 기혼자끼리의 결혼도 있다. 전자는 제주도의 일부지역에서만 보이고 다른 지역에서는 찾을 수 없기 때문에 매우 지역적이다. 그 반면 후자는 결혼식을 올리지 않고 살다가 죽은 부부를 훗날 자식들이 식을 올려주는 경우이기 때문에 지역을 초월하여 존재할 수 있다. 이러한 특수상황을 제외하면 남녀쌍방사의 대부분은 미혼남녀가 기본을 이룬다.

(2) 남사여생형

한편 죽은 남자와 산 여자가 결혼하는 남사여생형도 존재한다. 대부분의 경우 두 사람은 사전에 결혼을 약속하였거나 아니면 실제 혼인상태라 할 수 있는 동거인이었거나, 또 특히 그들 사이에 아이(특히 아들)가 있는 경우가 압도적으로 많다. 2003년 SBS 방송국에서 인기리에 방영했던 〈첫사랑〉이라는 드라마에서도 그러한 내용이 잠깐 보였다. 스승과 제자 사이에 싹튼 사랑의 결과로 아이가 생기지만 불행히도 스승이 죽자 그 여인은 그 사랑을 간직하기 위해 죽은 스승과 결혼하는 것으로 최종회를 장식했다. 다음의 사례도 그와 유사하다.

> 〈사례9〉
>
> 96년 어느 날 울산시 범서면 굴화리에 있는 B사의 주지 J스님은 갑자기 동강병원의 영안실로부터 연락을 받고 매우 특이한 사후결혼의 주례를 해준 경우가 있다. 그것은 죽은 남자와 산 여자와의 혼인이었다. 신랑은 교통사고로 죽은 남자였는데, 신부와는 몇 년 전부터 동거해왔으며, 그들 사이에는 아들 1명이 있었는데, 가족들이 장례를 치르기 전에 식을 올려주어야 한다 하여 급하게 장례와 함께 혼인을 올리게 되었던 것이다.

여기에서 보아 알 수 있듯이 이 혼인은 혼인만을 위한 의례가 아니라 장례와 함께 치러진다는데 그 특징이 있다. 또 하나의 예도 울산시 유곡동 B사의 주지승 L씨로부터 들은 얘기인데, 사연인 즉슨 어느 젊은 남녀가 결혼을 약속하고 예식장을 계약해놓고 살집도 마련해놓은 상태에서 어느 날 신랑이 오토바이를 타고 가다가 교통사고를 당하여 그만 죽고 말았다. 그의 시신을 동강병원의 영안실에 안치해놓고 장례식을 치르는 과정에서 소복을 입은 약혼녀와 간략히 혼례식도 올렸다는 것이다. 여기에서도 앞의 예와 같이 죽은 남자의 장례식과 함께 치러지고 있는 것이다.

이런 경우의 사후결혼은 최재석과 최길성의 보고서에서도 보인다. 최재석이 보고한 제주도의 예는 집안이 부유한 남자측이 노후봉양과 장례제사의 조건으로 의지할 곳 없는 50세 가량의 독신미망인과 혼인시키고, 그 사이에 친지로부터 양자를 받아들였다는 것이다.[43] 그리고 최길성은 속초와 부산에서 그러한 예를 각각 한 가지 발견하여 보고하고 있는데, 그 경우들은 모두 식만 올리지 않았다 뿐이지 실제로 부부관계를 맺고 자식(임신)까지 있는 동거녀들이었다.[44] 이처럼 이러한 경우 신랑 신부는 살아 생전에 서로 어떤 관계를 맺고 알고 지내는 사이이었을 가능성이 높다. 통일교의 박훈숙씨와 문흥진씨의 경우도 생전에 두 사람은 결혼을 약속한 사이었다. 그렇지 않으면 엄청난 일방적인 여성의 희생이 수반되는 것이기에 생면부지의 관계에서는 성립되기가 매우 어렵다.

(3) 남생여사형

앞에서도 언급하였지만 이러한 예는 매우 예외적인 현상이므로 한국에서의 사후결혼 형태로 규정짓기는 어렵다. 그러나 이러한 사례가 전혀 없는 것이 아니기 때문에 그 사례들을 살펴보면 다음과 같다.

1998년 KBS TV 〈사랑의 리퀘스트〉에도 소개된 S양은 백혈병으로 투병생활을 하다가 사망했다. 그녀에게는 자신의 병을 극진히 간호해주던 남자친구가 있었다. 그들은 대학의 선후배로 만나 사귀다가 결혼을 약속한 사이

43 최재석, 앞의 논문, 1978, 119~122쪽.
44 최길성, 앞의 논문, 1985, 15~16쪽.

이었다. 그녀는 죽기 전에 유골을 물 맑고 깨끗한 데다 뿌려달라는 유언을 남겼기 때문에 남자친구는 대학 1년 때 그녀와 함께 갔던 MT장소인 강촌에 뼈가루를 뿌리기로 했다. 그는 유골을 뿌리기 전에 도저히 그냥 보내지 못할 것 같아 친한 친구들과 S양의 동생을 증인으로 영혼결혼식을 올렸다.[45]

여기에서 보듯이 남자친구의 결심으로 우인들의 증인으로 결혼식을 올렸다고 하지만, 그것이 양가 부모를 비롯한 친지들이 인정하는 정식의 결혼식이었는지는 확실하지 않다. 더군다나 사랑하는 연인을 잃은 슬픔에서 나온 행동이기에 그것을 일반적인 유형으로 규정하기도 어렵다.

한편 양가집이 모두 인정하는 결혼으로 남자가 살아있고, 여자가 죽은 경우도 있다. 이것도 매우 특수한 형태로 보통 집을 나가 돌아오지 않는 사람을 가족들이 죽은 줄 잘못 알고 결혼시킨 경우가 있는 것이다.

그 예가 2007년 3월 27일 오전 제 5차 이산가족 화상상봉이 이뤄진 광주 북구 매곡동 대한적십자사 광주전남지사 2층 화상상봉장에서 일어났다. 50여년 만에 북에 있는 형 정도윤씨를 만난 남쪽의 정도섭씨(70)는 "6.25당시 17살이던 형을 인민군이 데려갔고 이후 어머니는 비석도 세우고 제사도 지내왔으며, 특히 20년 전에는 형이 돌아가신 줄 알고 영혼결혼死婚을 시키기도 했다"는 것이었다.[46] 그리고 일본인 납북피해자로 유명한 요코다 메구미씨의 남편으로 확인된 김영남씨도 그러한 예에 속하는 인물이었다. 그가 1978년 8월 전북 군산시 선유도 해수욕장에서 북한공작원에 납치되어 행방불명이 되었을 때 부모는 그가 죽은 줄 알고 사망신고를 내고 영혼결혼을 시킨 것이었다.[47]

45 『주부생활』 8, 학원사, 1998, 354~357쪽.
46 『뉴시스』, 2007년 3월 27일.

이상에서 보듯이 이러한 예는 특수상황에서 생겨난 지극히 예외적인 것이지 결코 일반화될 수 있는 유형이 아니다. 한국에서는 남녀쌍방사가 기본적인 형태이며, 드물게 남사여생형이 보이는 것이다. 그에 비해 남생여사형은 결코 정상적으로 나올 수 없는 지극히 예외적인 현상이라 할 수 있다.

2) 일본

(1) 남녀쌍방사형

일본의 민속학자 다케다 아키라竹田旦는 일본본토의 사후결혼에는 남녀쌍방사가 보이지 않고, 남생여사 그리고 남사여생형만 있다고 지적한 적이 있다.[48]그러나 최근의 연구에 따르면 세 가지 형태가 모두 나타나고 있는 것으로 되어있다. 그 중 첫째 남녀쌍방사형에 속하는 것으로서 다음과 같은 예를 들 수 있을 것이다.

〈사례10〉

어느 부부에게 나이가 34세가 된 자식이 있었는데, 좀처럼 혼인이 이루어지지 않아 샤먼(오나카마)에 찾아가 그 이유를 물었더니 샤먼은 "미혼으로 죽은 형제 때문이다. 그들을 결혼시켜주면 괜찮을 것이다"라고 했다. 그리하여 남편의 남동생과 부인의 여동생을 「무카사리 에마」에 신랑 신부로서 그려 달라는 의뢰가 들어왔다.[49]

47 『한국일보』, 2006년 4월 12일자.
48 竹田旦, 앞의 논문, 1987, 37頁.
49 松崎憲三, 앞의 책, 1993, 88頁.

〈사례11〉

가미노야마시上山市 다이몬大門에 거주하던 S씨는 1943년 뉴기니아에서 전사했다. 그의 부모가 그를 결혼시키기로 마음먹고 구창사久昌寺의 주지에게 찾아가 상의를 했다. 그러자 주지로부터 같은 다이몬에 사는 사람으로서 미혼에 죽은 여자가 있다는 말을 듣고 그 집에 찾아가 청혼을 했다. 그 집에서도 "어려서 죽은 딸에게는 생각지도 못했던 기쁜 일이오니, 기꺼이 서로 결혼시킵시다."고 찬성하여 1985년에 「무카사리 에마」를 그려 절에 봉납했다. 그 이후 양가는 인척으로서 인간관계를 유지하고 있다 한다.[50]

이상의 두 예는 마쓰자키 켄조松崎憲三에 의해 야마가타현에서 채집된 것이다. 이들 모두 남녀가 모두 죽은 경우이다. 그런데 〈사례10〉에서는 남편의 남동생과 부인의 여동생을 혼인시킨 형태이므로 우리나라의 겹사돈과도 같다. 그러므로 이미 두 집안은 인척관계를 맺고 있는 것이다. 이에 비해 〈사례11〉은 사전에 전혀 서로 알지 못한 집안이었으나, 승려의 소개로 혼인이 이루어져 인척관계로 발전한 경우이다. 이처럼 가공적인 인물과 결혼하지 않고, 실재의 인물과 결혼한다면 일본에서도 우리와 같이 사돈관계로 발전할 가능성은 매우 높다 하겠다.

(2) 남사여생형

다음 사례도 마쯔자키가 1991년 7월 야마가타현山形県의 소재 약송사若松寺에서 봉납된 「무카사리 에마」를 조사하면서 채집된 것인데, 그 내용을

50 松崎憲三, 앞의 책, 1993, 89頁.

소개하면 다음과 같다.

〈사례12〉

봉납자는 아키다현秋田県 혼조시本荘市에 거주하는 사토佐藤福夫씨 부부와 그의 장모 아라이荒井貞乃씨이다. 공양대상자는 생후 40일 만에 사망한 아라이씨의 장남과 사토씨 부부의 장남과 차남으로 3장의 신랑 신부의 그림 즉, 「무카사리 에마」를 가지고 왔다. 그 그림은 사토오씨의 3남 부부가 크레용으로 그린 것이었다. 이 3남이 농협의 관광으로 약송사若松寺를 방문하게 되었고, 그 때 「무카사리 에마」의 풍속에 대해 알게 되었다. 그래서 아라이씨의 장남 50회 기일을 맞이하였을 때 "색시를 얻어주면 좋을 텐데…"라는 이야기가 나와 봉납을 하게 된 것이라 한다. 이에 편승하여 사토오씨 부부도 자신들의 자식들을 공양하기 위해 동행했다고 한다. 절의 주지는 이 3장의 그림을 사자의 생년월일과 계명을 기입한 후 영전에 두고 독경을 하며 공양했다. 이것이 곧 영전결혼이라는 것이다.[51]

이 경우는 사망한 남자의 유족이 그를 결혼시키는 이야기이다. 그들이 관광한 약송사에 가기 전까지 사후결혼에 대한 지식이 거의 없었다는 것은 그 만큼 사후결혼이 일반적이지 못하며, 또 그 역사가 짧다는 것을 의미하기도 한다. 그러나 그들이 취한 행동 가운데 특이한 사실은 우리나라와 같이 실제로 어디선가 죽은 여인을 구해 결혼시키는 것이 아니라, 가공적인 인물을 상정하여 그녀를 신부로 하여 그림으로 그녀와 함께 식을 올리거나

51 松崎憲三, 앞의 책, 1993, 82頁.

東根市 黒鳥観音의 「무카사리 에마(絵馬)」

올린 광경을 그려 넣음으로써 결혼을 시키고 있다는 것이다.

(3) 남생여사형

그러한 사례는 남자가 살고 여자가 죽은 경우에서도 찾아볼 수 있다. 다음의 사례도 마쯔자키가 야마가타山形에서 「무카사리 에마」를 전문적으로 그리는 화가에게서 수집한 것인데, 그 내용을 소개하면 다음과 같다.

〈사례13〉

4남매 중 장녀가 미인으로 여러 남자들로부터 구혼이 많았다. 그러던 어느 날 그녀는 고열로 고통을 당하였으나 좀처럼 낫지를 않았다. 그래서 샤먼인 「오나카마」에게 가서 그 원인을 묻자 "5세 때 미혼인 채로 죽은 여동생이 질투를 하며 붙어있기 때문이다."라고 했다. 그래서 그 해결책으로 「무카사리 에마」를 빨리 만들어 봉납했다. 그러자 그녀의 열이 내리기 시작했다.[52]

이 경우에서도 그 대상이 여인이지만 신랑으로 택한 것은 실제로 있었던 인물이 아니라 앞의 경우와 마찬가지로 가공적인 인물을 택해 그를 결혼의 상대로 식을 올리는 그림을 그려 넣어 그것을 절에다 봉납을 했던 것이다. 때로는 샤먼이 공창空唱을 통하여 결혼해야 할 상대가 사는 곳과 용모적

52 松崎憲三, 앞의 책, 1993, 88頁.

특징 등을 비교적 상세히 말하는 경우도 있다. 이 때 가족들은 그 사람을 백방으로 수소문하여 찾아내어 그 사람에게 애원하여 사진을 한 장 얻어 그 사진을 토대로 「무카사리 에마」에 자기의 자식과 결혼하는 초상화를 그려 넣는 것도 있다고 한다.[53]

그렇다고 해서 자신의 사진을 준 사람이 죽은 사자와 결혼할 의사가 있는 것이 아니다. 사진 그대로 사용하는 것이 아니라 그림을 그리는 것으로 보아 어느 특정 인물끼리의 결혼으로 보기가 어렵다. 그러므로 결혼한 양가집이 사돈관계가 성립되기란 불가능하다. 이러한 특징 때문에 일본의 사후결혼을 엄밀한 의미에서 결혼으로 볼 수 없다는 비판이 나올 수도 있다. 그러나 앞의 예에서 보았듯이 남녀쌍방사인 경우 다른 지역처럼 가공적인 인물이 아니라 실제의 인물인 예도 있고, 또 어느 한쪽이 가공적인 인물이라 하더라도 그 방법이 결혼이라는 양식을 빌려서 행해지기 때문에 여기에서는 포괄적인 의미로 그것들도 사후결혼으로 취급하였다. 그 결과 일본에는 남녀쌍방사형, 남생여사형, 남사여생형의 세 가지 형태를 모두 가지고 있다고 하겠다.

3) 오키나와

(1) 남녀쌍방사형

이에 비해 일본의 최남단 오키나와에는 어떠한 형태의 사후결혼이 있을까? 같은 일본이면서도 특이한 본토와는 다르게 남녀쌍방사형과 남생여

53 櫻井德太郞, 앞의 책, 1987, 439頁.

사형만이 보인다. 즉, 남사여생형이 보이지 않는 것이다. 먼저 남녀쌍방사형의 예부터 살펴보기로 하자. 여기에는 또다시 미혼사자형과 기혼사자형으로 나누어 생각할 수 있는데, 미혼사자끼리 결혼시킨 대표적인 예로서 다음과 같은 사례를 들 수가 있다.

〈사례14〉

오키나와 시내에 사는 중년 여성 2명이 유다(샤먼)를 찾아와 사후결혼을 부탁했다. 두 사람은 서로 연애 중이었던 자녀들의 어머니들이었다. 그들의 자식들은 1975년 5월5일에 드라이브를 즐기다가 교통사고를 당해 중상을 입고 입원을 했으나 그만 사망하고 말았다. 시신은 각 가정으로 옮겨져 장례가 치러지고 각 가정의 묘소에 안치되었다. 49일이 다가오자 남자 집에서 "후생에는 독신자로 그냥 보낼 수 없다."고 생각하여 여자 집을 찾아 "우리의 자식들을 불구자로 그냥 놔둬서는 안됩니다. 후생결혼이라도 시켜 함께 있도록 합시다."고 구혼을 했다. 이에 여자 집에서도 "그렇게 하지요. 그렇게 하면 우리 딸도 불구자인 채 저 세상에 가지 않을 테니까요."하고 찬성하여 사후결혼을 시키기로 했다. 그리하여 그 의례를 유다에게 부탁하러 왔다는 것이었다.[54]

이 사례는 사쿠라이 토쿠타로桜井徳太郎가 가데나嘉手納 村屋 출신의 토케지渡慶次라는 유다에게서 직접 들은 것이다. 이 결혼은 우리나라의 그것과도 크게 다르지 않다. 왜냐하면 우리나라에 있어서도 사후결혼의 대부분

54 櫻井德太郎, 앞의 책, 1987, 451~452頁.

은 미혼 사자끼리의 결혼이기 때문이다. 그러나 다음과 같은 사례는 우리와는 상당히 다른 느낌을 준다.

〈사례15〉

S는 18세 때 Y에게 시집을 갔다. 시어머니와 사이가 좋지 않아 시집살이를 고되게 살다가 몇 개월 후 이혼하여 친정으로 돌아갔다. 그 후 갑작스런 병으로 인해 그만 죽고 말았다. 친정에서는 그녀의 장례를 치르고 위패도 만들어 모셔주었다. 이 사실은 그녀의 친정 집 후손이 가계에 대해 유다에게 찾아와 점을 쳐본 결과 알게 된 것이다. 유다를 통해 S는 "전남편에게 돌아가고 싶다. 자기 홀로 쓸쓸하게 친정의 묘에 묻혀있는 것은 좋지 않다. 만일에 전남편이 자기와 이혼한 후 후처를 얻어 지금 같은 뼈 항아리에 묻혀있다 하더라도 그 옆에 가서 마음을 안정시키고 싶다. 시어머니는 지독했지만 남편은 좋은 사람이었다. 빨리 그곳으로 가고 싶다."고 말했다. 이를 들은 유족들은 사후결혼을 서둘러 거행하였다는 것이다.[55]

여기에서 우리는 선뜻 이해가지 않은 점을 한 가지 찾는다면 그 결혼이 예전에 정식으로 결혼식을 올리고 함께 생활했던 부부였다는 점이다. 그러므로 그들의 결혼은 새로운 상대를 만나는 신혼이 아니라 이혼한 부부의 재결합인 셈이다. 이런 경우의 사후결혼이 오키나와에서는 앞에서 본 미혼 사자끼리의 결혼보다 훨씬 많다.

55 櫻井德太郎, 앞의 책, 1987, 471頁.

(2) 남생여사형

한편 오키나와에는 한국에서 찾아 볼 수 없는 형태의 것이 또 하나가 있다. 그것은 다름 아닌 살아있는 남자와 죽은 여자와의 결혼이다. 그 대표적인 것으로 다음과 같은 사례를 들 수 있을 것이다.

〈사례16〉

C의 몸이 갑자기 떨리는 것이 좀처럼 멈추지 않았다. 그래서 그 원인을 알기 위해 유다에게 찾아가 물었다. 그러자 유다는 B의 전처 A가 남편의 곁으로 자신의 유골을 옮기고 싶어서 그러는 것이라고 했다. A는 자식이 생겨나지 않았기 때문에 이혼 당해 친정으로 돌아가 그곳에서 죽고 말았다. 현재 친정의 묘지에 유골이 안치되어 있었다. 그리하여 C가 유다와 함께 A의 묘에 가서 "날을 새로이 잡아서 유골을 모시러 올 것이니 부디 성불하시길 바랍니다."하고 빌었다. 그 후 C의 몸은 깨끗이 치유되었다. 이 일은 A가 죽은 지 5~6년 후의 일이었다.[56]

이상의 내용에서는 자세히 나타나 있지 않지만 이해를 돕기 위해 조금 보충 설명하면 C는 B의 후처이고, B의 전처는 A인데 남편인 B는 현재 죽지 않고 살아있는 상태이다. 그러므로 그들의 결혼은 남자가 살아있고 여자가 죽은 경우이다. 다시 말하여 전형적인 남생여사형의 결혼인 것이다. 그러므로 훗날 남편이 죽고 현재의 아내도 죽게 되면 남편의 곁에는 2명의 아내가 함께 자리를 잡게 된다. 그렇다고 해서 아무렇게나 자리 매김이 정해지

56 新垣智子, 「沖縄における冥婚」, 松崎憲三 編, 『東アジアの死靈結婚』, 岩田書院, 1993, 188~190頁.

는 것이 아니다. 여기에는 일정한 원칙이 있다. 전처라고 해서 후처보다 우선되는 것도 아니다.

아라가키 토모코新垣智子에 의하면 그것은 자식의 유무에 따른다고 한다. 즉, 자식을 낳은 여성은 남편과 같은 골호(뼈 항아리)에 들어가며, 자식을 낳지 못한 여성은 그 항아리 곁에 자신의 뼈가 들어있는 골호가 놓아지는데, 특히 자식 중에서도 장남을 낳은 자를 더 우선적으로 취급하는 것이다.[57] 이처럼 오키나와의 사후결혼을 크게 나누어 생각하면 남녀쌍방사형과 남생여사형이라는 두 가지 형태가 있다.

4) 중국과 대만의 한족사회

(1) 남녀쌍방사형

중국을 비롯한 아시아에 있어서 한족사회는 어떠한 형태의 사후결혼이 있을까? 현재 중국사회를 조사한다는 것은 쉽지 않다. 사회주의 체제가 들어서고, 또 문화혁명이 일어난 이후 급속하게 전통문화가 사라졌기 때문이다. 그러나 다행히 1920년대 일본인들에 의해 몇몇 지역에 대한 조사가 실시되어 『중국농촌관행조사』라는 보고서가 제출된 바가 있다.[58] 여기에 몇 가지 사후결혼에 대한 예도 소개되어 있는데 그 중 10세 이하의 남녀 사자는 밭에 묻고 명혼을 행한다는 하북성과 산동성의 예를 소개하고 있다. 그들의 조사가 실제로 보고 관찰한 것이 아니라 마을사람들의 기억을 더듬어 인터뷰한 것이라는 단점을 가지고 있다. 그러나 최근 나카오 가쓰미中生勝美는

57 新垣智子, 앞의 논문, 1993, 185頁.

58 中國農村慣行調査刊行會 編, 『中國農村慣行調査』, 岩波書店, 1953, 99頁.

홍콩에서 있었던 다음과 같은 실례를 소개하고 있다.

〈사례17〉

1987년 중양절에 19세의 여성이 자택 앞에서 돌연 심장병을 일으켜 급사했다. 장례식을 치른 후 부친의 꿈에 죽은 딸이 자주 나타나 매우 외롭다고 애원했다. 부친은 친구에게 그와 같은 사실을 알리고 어떻게 하면 좋을지 상담했다. 그러자 친구는 어느 묘廟의 샤먼(「문미問米」 또는 「문미파問米婆」)을 소개하여 딸의 소망을 들었다. 샤먼은 딸의 이름, 생년월일, 사망연월일, 사망장소를 물었다. 그리고 딸의 영혼을 불러내어 딸의 불만과 요구를 들었다. 샤먼은 "혼자서 외롭니?"하고 묻자 딸은 "슬프다."고 대답하고 사라졌다. 그리고 부친이 샤먼에게 어떻게 하면 좋은가 하고 묻자 샤먼은 귀결혼鬼結婚을 권했다. 그리하여 귀매인鬼媒人을 소개했다. 귀매인은 딸의 팔자, 출생, 사망연월일, 출생지와 사망지 그리고 생활환경, 가족관계, 성격, 기호 등을 상세히 물은 다음 21세의 나이로 물에 빠져 죽은 남성을 소개했다. 그리고는 다시 샤먼을 찾아가 쌍방의 가족과 귀매인이 지켜보는 가운데 죽은 남녀의 영혼을 불러내어 서로 결혼할 의사가 있는지 없는지를 물었다. 두 영혼이 결혼할 것을 합의하면 귀매인이 두 사람의 가족에게 결혼의 조건을 상담했다. 그 조건이란 「타제打斉」 「염경念経」 「소의焼衣」에 관한 준비와 규모에 관한 것이었다. 그 비용은 4 내지 5만 달러 정도 들었다. 매개인에게는 4 내지 5천 달러를 지불했다.[59]

59 中生勝美, 앞의 논문, 1993, 386頁.

여기에서 보듯이 중국의 남녀쌍방사형은 어느 지역과 크게 다를 바가 없다. 이러한 예는 앞에서 언급한 한대의 문헌이외에도 송대의 『작몽록昨夢録』에도 결혼적령기에 죽은 남녀를 귀매인을 통해 합혼한다고 소개하고 있어 위의 것과 매우 유사하다. 이처럼 남녀쌍방사형의 사후결혼은 매우 일반적인 유형이었던 것이다.

(2) 남사여생형

그런데 중국에서는 죽은 남자와 결혼하는 여성의 경우도 있었다. 그러한 예가 1994년 황건신黃建新 감독의 작품 「목인木人의 신부」라는 중국영화를 통해 세계에 소개되기도 했다. 내용은 어느 여성이 결혼식을 올리기 위해 신랑 집으로 가다가 마적 떼를 만나 납치되고, 그녀를 구하기 위해 나섰던 신랑은 그만 도적들에게 살해당하고 만다. 그 후 천신만고 끝에 탈출한 그녀는 신랑 집으로 찾아가 죽은 자와 혼인하고 그 집안의 며느리가 되었다. 그리고 그녀의 신혼 방에는 남편대신 목각인형이 주어졌다. 그들의 신혼생활은 그렇게 시작되었던 것이다. 그야말로 목각인형의 신부가 된 셈이었다. 영화는 사후결혼이 주제가 아니고, 또 내용이 가공적일 수 있지만 그러한 배경을 설정한다는 그 자체는 죽은 남자와 결혼하는 여성이 있었다는 과거의 풍속을 반영하는 것이라 볼 수 있다.

이러한 경우는 영화의 내용처럼 서로가 약혼한 사이인 경우에는 더욱 빈번하게 일어난다. 가령 『명사明史』 권301의 「열녀전」에 의하면 현재 하남성의 상부祥符라는 지역에서 한 여인이 약혼한 남자가 죽자 그녀는 머리카락을 잘라 남자의 가슴에 놓으면 남자의 모친은 그것을 정혼첩定婚帖으로 싸두었다. 여인은 상복을 입었으며, 부모가 다른 집으로 시집보내려고 하자 자살했다. 사람들은 그녀를 남자와 합장했다고 한다.[60] 그리고 1930년대 이전의 것으로 보이는 『숙산적혼사소기肅山的婚事瑣記』의 「과문수절편過門守節編」에 의하면 절강성의 예로 정조관념이 중시되어 약혼중의 죽은 남자의 집으로 들어가 수절했다고 적고 있다.[61]

이러한 사실은 외국인의 기록에서도 확인할 수 있다. 이데 카즈오井手和夫는 1920년대와 30년대에 걸쳐 중국사회를 조사한 바 있는데 그것에 의하면 약혼 중의 남자에게 정절을 지키고 시부모를 모시는 여인의 이야기가 나온다. 만약 그녀가 다른 집으로 시집가면 사람들은 그녀를 부정시하였고, 또 예의를 모르는 사람으로 간주되어 그녀의 양친마저 주위 사람들에게 웃음거리가 되었다고 했다.[62] 그리고 인류학자 토플레이Topley는 싱가폴에 사는 광동성広東省 순덕현順徳県 출신의 한 여성이 죽은 남성과 명혼을 하였기 때문에 싱가폴에서 일을 한다 하더라도 그 남성의 아내로서 남성의 양친에게 송금을 계속하고 있다고 보고하고 있는 것이다.[63] 이처럼 죽은 남자와 혼인하여 그 집을 위하여 수절하는 형태의 사후결혼이 있었던 것이다.

(3) 남생여사형

한편 살아 있는 남자가 죽은 여자와 결혼하는 경우도 많다. 대만의 경우 오히려 남사여생형이 매우 이례적이며 남생여사형이 보다 일반적이다. 왜냐하면 사후결혼의 대부분이 미혼사망여성의 가족구성원 또는 남성의 가족 구성원이 병이 들어 쉽게 회복되지 않고 그 원인을 규명하기 위해 샤먼에

60 廣田律子, 앞의 논문, 1993, 422頁.

61 廣田律子, 앞의 논문, 1993, 433頁.

62 廣田律子, 앞의 논문, 1993, 422頁에서 재인용.

63 Topley, Majorie, "Ghost Marriage among the Singapore Chinese : A Further Note", *Man* 56, 1955.

1960년 살아있는 남자와 죽은 여인과 올리는 남생여사형의 대만의 사후결혼 (신부의 얼굴이 인형에 붙여져 있다) 〈王智惠 主編, 『高雄市立歷史博物館典藏專輯 - 走過的庶民足跡』, 高雄市立歷史博物館, 2007, 37頁에서〉

게 찾아가 물어보면 그 원인이 미혼여성의 영혼이 상대를 찾아 결혼하고자 하여 병을 일으킨 것이라 판정으로 인하여 치러지기 때문이다. 즉, 미혼여성의 결혼에 대한 적극적인 의지표명에 의해서 이루어지고 있는 것이다.

만일 그 여성이 약혼 중에 사망을 했더라면 사정은 달라질 수 있다. 1932년 전의 조사한 자료집에 약혼중의 여자가 사망한 경우 그 유해를 남자 집으로 옮기고 결혼의식을 거행하고 남자 집에서 매장했다는 광동성의 예를 찾아볼 수 있다.[64] 그리고 대만에서도 이러한 경우는 약혼자와 반드시 혼례를 치른다고 한다.[65] 그만큼 약혼이란 결혼에 준하는 자격을 가지고 있었다.

그러나 그렇지 않은 경우 죽은 여성과 혼인을 달갑게 생각할 남성은 아무도 없다. 그러므로 상대를 찾기란 여간 어려운 일이 아니다. 그리하여 다음과 같은 방법이 강구되는 것 같다.

그 첫째는 길 가는 행인에게 부탁하는 방법이다. 여성의 유족이 금전을 빨간 종이지갑에 넣어 길에 버려두었다가 이것을 집어든 젊은 남자에게 결혼을 의뢰하는 방법이다. 만일 그가 거절하면 사람들은 악령의 저주가 내려

64 廣田律子, 앞의 논문, 1993, 422頁.
65 植野弘子, 앞의 논문, 1993, 351頁.

진다고 하며 납득을 시킨다. 만일 그가 받아들이면 많은 지참금이 보내어지고 결혼식이 거행되고, 여자의 위패는 남자의 집으로 옮겨진다고 한다. 이러한 경우 대부분은 신랑과 신부의 양가는 서로 간의 인척관계가 발생되지 않는다고 한다.[66]

둘째는 가난한 남자를 선택하여 결혼시키는 방법이다. 앞에서 언급한 이데井手和夫의 보고서에는 복건성의 경우의 것을 들고 있는데, 미혼인 상태에서 죽은 딸이 있으면 양친은 딸에게 약혼자가 없는 경우에는 큰돈을 지불하고 사람을 사서 사위로 삼기도 한다고 했으며, 또 경우에 따라서는 거지를 고용하는 경우도 있다고 한다.

그와 비슷한 사태가 대만에서 자주 일어난다. 대만의 사후결혼을 보면 경제적인 부분이 매우 크게 작용한다. 남자측이 보통혼인의 혼수비용 이상으로 지참금을 기대하는 경우가 많은 것이다. 여성이 가져가는 지참금은 사후결혼의 경우에는 남편의 가족의 것이 되며, 이것에 의해 남편 및 그의 가족은 경제적인 이익을 얻을 수가 있다. 죽은 여성의 친정은 결혼 후도 남편의 가족과 좋은 관계를 가지려고 노력한다. 그러기 위해서는 여성의 친정으로서는 지속적인 경제적인 지원을 하는 경우도 발생하기 때문에 경제적으로 커다란 부담이 되지 않을 수 없는 것이다.[67] 일본인 학자 우에노 히로코植野弘子는 다음과 같은 재미있는 사례를 소개했다.

〈사례18〉

A는 1951년에 결혼하였으나 생활은 매우 힘들었다. 당시 가족은 부모와 형

66 中田睦子, 「冥婚から陰陽合婚へ」, 『季刊 人類學』 10-3, 京都大學人類學研究會, 1979, 16頁.
67 植野弘子, 앞의 논문, 1993, 366頁.

제부부와 같이 생활을 하는 합동가족형태를 취하고 있었으나 1958년에 분가를 하여 부부가족형태를 취할 수가 있었다. A는 오랫동안 몸이 좋지 않았다. 그리하여 분가를 계기로 몸 건강을 챙기려고 노력하였다. 그리하여 약을 사서 먹었으나 좋아지지 않아서 "이것은 무언가 원인이 있는 것이 아닌가?"하고 생각하고 신에게 묻기로 했다. 이웃 마을에 잘 본다는 무당이 있어 그곳을 찾아갔다. 그러자 점장이가 그 마을에 미혼으로 사망한 여인이 있는데 그녀가 A에게 시집가고 싶어서 그것을 알리기 위해 A를 병들게 했다는 것이다. A는 위패를 취하고 싶지 않았으나 "어찌할 수 없다."고 생각하고 위패의 아내를 맞이하기로 했다. 혼수비는 보통 결혼과 마찬가지로 준비하고 위패혼의 아내는 당시로서는 고가의 살림이라 할 수 있는 미싱, 자전거, 선풍기를 가지고 왔다. 결혼한 후 A는 건강해졌으며, 위패의 아내가 가지고 온 자전거로 타이난시台南市로 일하러 다니게 되어 이것이 A로서는 하나의 전기가 되었다 한다. 위패혼 이전에 A에게는 아들과 딸이 있고, A는 더 이상 자식은 필요 없다고 느끼고 있었으나 위패혼의 아내에게도 자식이 필요하다고 생각하여 자식을 더 낳기로 했다. 그리하여 차녀와 차남이 태어났다. 이 아이들의 출산 때 외가에서 보내는 선물은 위패혼 아내의 친정에서 행하였다. 또 대만에는 아이가 태어나 1개월 되면 외가를 방문하는 풍속이 있는데, 그 때 위패혼 아내의 친정집을 방문하였다 한다. 그러나 차남은 2세가 되지 못하고 죽고 말았다. 그리하여 아이를 더 낳아보았지만 딸이었다. 결국 위패의 아내에게는 "효남孝男"이라고 쓸 자식이 없어 "언젠가는 장남의 이름을 적지 않으면 안될 것이라고 생각하고 있다.[68]

68 植野弘子, 앞의 논문, 1993, 361~362頁.

1960년 대만 다카오(高雄)에서 실시된 남생여사형 대만의 사후결혼 <王智惠 主編, 『高雄市立歷史博物館典藏專輯 - 走過的庶民足跡』, 高雄市立歷史博物館, 2007, 38頁에서>

여기에서 위패혼이란 사후결혼을 말한다. 위의 사례가 비록 병 치료를 위해 살아있는 남성이 처자식이 있음에도 불구하고 사후결혼을 하게 된 것처럼 서술되어 있지만 그가 결혼함으로써 얻어지는 경제적인 이익은 실로 큰 것이었다. 당시 고가상품인 미싱, 자전거, 선풍기 등이 생겼고, 특히 자전거는 그가 일자리로 다니는데 중요한 교통수단이 되었다. 그리고 자녀들을 낳았을 때도 아이에게 필요한 물품은 위패혼의 아내 친정에서 보내어지고 있다. 이처럼 그는 죽은 여성과 결혼함으로써 경제적인 이익을 보고 있는 것이다. 심지어 남성이 자신의 집을 지을 때 그 자금을 위패혼 아내의 집에서 빌리고 있는 예도 있다. 이러한 사정을 감안하여 보았을 때 죽은 여자와 결혼하는 남자의 대부분은 상대적으로 여성 측보다 경제적으로 가난한 자들이 많은 것도 더 이상 이상한 일이 못된다.

이러한 문제를 해결하기 위해서 고안한 것이 세 번째의 죽은 여성의 자매의 신랑과 결혼하는 방법이다. 이는 경제적인 부담을 줄이고, 또 상대와의 인척관계를 보다 단순화하는데 큰 도움을 준다. 인류학자 조단Jordon에 의하면 타이페이台北의 북부지역인 보안保安에서는 가족 중 누가 병이 들어 의사의 치료를 받아 보지만 별 효과가 없을 때 샤먼을 찾아 점을 치게 되는데 그 결과가 가족 가운데 결혼 전에 죽은 여성이 있어서 그러하다는 것이

나오면 사후결혼을 행하는데, 여기에서도 죽은 여성의 여자형제의 남편과 혼인하는 것이 대부분이라 한다.[69] 그러므로 이런 경우 남편은 아내 두 명을 가지게 되는 것이며, 사후결혼의 아내를 자기 집안의 조당祖堂에 모시고 제사지내는 의무를 지게 되는 것이다.

이렇게 되면 결혼의 상대를 멀리서 찾을 필요도 없고, 또 그로 인해 새로운 인척관계가 형성되어 여러 가지 복잡한 교제를 하지 않아도 되며, 또 생존하는 현재의 아내와는 자매관계이기 때문에 크게 갈등을 일으키지 않을 것이며, 또 양자로 삼는 경우 그에게는 이모이기 때문에 낯선 타인보다 훨씬 더 가깝게 느낄 수 있는 장점을 지니고 있는 것이다. 그리하여 오늘날 대만에서는 이 경우가 가장 인기가 높다.

넷째는 자기 팔자에 두 번 결혼할 운명을 가지고 있는 남자가 죽은 여성과 결혼하는 경우이다. 이 경우는 매우 특별한 케이스이다. 그에 대한 사례가 울프Wolf에 의해서 보고된 바가 있다. 그것에 의하면 타이페이台北의 분지에 있는 객인촌客人村에 사는 어떤 기혼 남성이 점을 쳤더니 일생에 두 번 결혼할 팔자라는 점괘가 나왔다. 그것은 현재의 부인과 사별하거나 이혼해야 한다는 것과 같은 말이었다. 그에게는 이미 처자식이 있었기 때문에 그 불행을 피하기 위해서는 죽은 여성과 결혼하면 그 운을 넘길 수 있다고 생각하여 그의 이모가 중개인이 되어 최근 15세의 나이로 죽은 인근의 여성과 결혼을 했다는 것이다.[70]

이와 같이 중국의 사후결혼은 여러 가지 사정과 이유가 있겠지만 형태

69 Jordon, Darid K., *Gods, Ghosts and Ancestors*, Univ. of California Presspp, 1972, pp.140~154.
70 Wolf, Arther P., *Religion and Ritual in Chinese Society*, 1974(『中國社會之宗教與儀式』, 虹橋書店, 150頁).

론적으로는 남녀쌍방사형, 남사여생형 그리고 남생여사형의 세 가지 형태가 존재함으로 알 수 있는 것이다.

5. 무엇 때문에 하는 것일까?

이처럼 사람들은 무엇 때문에 이토록 죽은 영혼을 끈질기게 결혼시키려고 하는 것일까? 그것이 성립하기 위해서는 무엇보다 먼저 사후세계를 현실세계의 확대라는 인식이 있어야 한다. 그렇지 않으면 사후결혼은 나올 수가 없다. 그렇다면 동아시아인들은 무엇 때문에 사후결혼을 시키는지 그 목적을 지역별로 나누어 살펴보기로 하자.

1) 한국

한국인들이 사후결혼을 시키는 이유에 대해서 지금까지 여러 가지 해석을 내리고 있다. 가령 최재석은 무적귀신의 고혼을 달래주는 것과 더불어 양자를 받아들이기 위한 것이라고 보았고,[71] 김택규는 미혼에 죽은 원혼의 한을 풀려는 것도 있겠으나, 일면 가계계승을 위한 의제혈연의식의 뜻도 큰 것이라고 했으며,[72] 김인회도 사령으로 하여금 결혼 못한 채 죽은 한을 풀기 위한 것과 완전한 조상을 만들기 위한 것이라고 생각했다.[73]

71 최재석, 앞의 논문, 1978, 126쪽.

72 김택규, 『씨족부락의 구조연구』, 일조각, 1979, 308쪽.

73 김인회, 「수영도 수망굿과 무속에서의 죽음의 교육적 의미」, 『교육논총』 3, 건국대 교육대학원,

이상의 해석은 조금씩 표현만 달리했을 뿐 간단히 정리하면 다음과 같이 두 가지로 요약할 수 있다. 그 하나는 고혼을 위로하는 것이고, 또 다른 하나는 사후 양자를 받아들여 조상을 만들기 위함이다. 이를 뒷받침하기 위해서 좀 더 세부적으로 살펴볼 필요가 있다. 내가 조사한 사례들 가운데 울산의 어느 마을에서는 한국전쟁 당시 전사한 영혼이 그의 형수의 몸에 붙어 병을 유발시키는 바람에 이를 치유하기 위해서 행하는 것도 있었다. 이는 결혼하지 못하고 죽은 처녀(손각씨) 총각(몽달귀)은 사후에 원귀가 되어 산 사람의 신변에 나타나 해코지한다는 속신이 강하게 반영된 것이었다. 이를 달래어 몸에서 떨어지게 하여 병을 낫는 것이 가장 큰 목적이었다. 그러므로 이는 일종의 위령제이기도 한 것이다. 또 죽은 영혼이 가족들에게 불행을 초래하지는 않았지만 위령(해원)의 차원에서 사후결혼을 시키는 예는 몽달귀만이라도 면하라는 의미에서 치러진 경우도 있었다.

그리고 사후에 그대로 방치해놓으면 저승에서 독신자로 있게 될 것을 염려하여 치르는 예도 있었다. 그러한 염려 때문에 이혼 당한 기혼남과 기혼녀를 다시 재혼시키는 경우가 제주에서 있었다. 그 실예를 살펴보면 다음과 같다.

〈사례19〉

신랑은 1948년 4. 3사건 때에 21세의 나이로 사망하였으며, 사망 당시 형은 생존해 있었으나 1970년에 사망했다. 그 동안 마땅한 상대가 없어서 결혼을 시키지 못하다가 26년 후인 1974년에 사후결혼을 시켰다. 여자는 2남 4녀의

1983, 88쪽.

막내딸인데 큰오빠와 바로 위의 언니와 일본에 살다가 1943년 31세로 사망한 이혼녀이었다. 큰 오빠가 죽은 3년 후에 일본에서 죽었기 때문에 묘도 일본에 있었으나 1969년 오빠의 유해를 고향으로 모셔올 때 같이 이장하여 이웃부락인 신풍리에 오빠 묘와 나란히 안장하였다. 묘가 일본에 있을 때는 일본에 있는 언니가 제사를 지냈으나 국내 이장 후에는 제주시에 있는 큰 오빠의 장남이 지냈다. 결혼의 중매는 신풍리에 사는 한 부인이 했다. 죽은 영혼의 나이는 사망 시 나이를 기준으로 하며, 또 시간이 아무리 경과하였다 하더라도 계산에 넣지 않기 때문에 신부의 나이는 어디까지 31세이며, 신랑의 나이는 21세였다. 나이 차가 10살이 났지만 두 사람은 혼인을 했다.[74]

이와 같이 기혼녀와 총각과의 사후결혼이 있었던 것이다. 한편 기혼남과 처녀와의 사혼결혼도 있었다. 이것 또한 제주의 사례인데, 그 내용을 소개하면 다음과 같다.

〈사례20〉

신랑은 3남 3녀의 차남인데 결혼한 첫 부인은 신랑의 한쪽 팔이 불구라고 이혼하고 딴 곳으로 개가하여 갔다. 둘째 부인을 맞아 1남을 낳았으나 4.3사건으로 인해 본인은 그만 사망하고, 부인은 자식을 시부모에게 맡기고 딴 곳으로 시집을 가고 말았다. 혼인신고는 첫 부인과 한 것으로 되어있었다. 2년 전까지 첫 부인과 혼인 신고한 것이 호적에 그대로 남아 있었으나 최근 아들이 호적을 열람한 결과 첫 부인이 재혼으로 호적을 이적해 감으로써 본

74 최재석, 앞의 논문, 1978, 112~113쪽.

인은 홀로 남게 되었다. 아들이 이 사실을 알고 아버지를 홀아비로 만들 수 없다 하여 사후결혼을 추진했다. 죽은 남자의 부모가 이웃 친구 집에 이러한 사연을 얘기 했더니 그 친구가 언니의 딸을 소개하여 결혼을 하게 되었다. 신부는 처녀로 죽었으며 죽은지 27~8년이나 경과해 있었다. 신부의 모친이 일본에 있었으므로 그 동안 상대를 구하지 못하고 있다가 이모의 주선으로 하게 된 것이다. 이로 말미암아 남자는 죽은 지 30년 만에 다시 결혼하게 되었으며, 결과적으로는 3번이나 결혼을 한 셈이 되었다.[75]

이처럼 기혼자이지만 이혼으로 말미암아 독신자로 되어있는 경우 가족들은 그들이 저승에서 독신으로 지내게 되어야 할 처지를 고려하여 상대를 구해 혼례를 치러주는 경우가 있는 것이다. 이러한 것들은 모두 죽은 영혼을 달래기 위한 목적이었다.

한편 양자를 받아들이기 위한 목적에서 치러지는 것도 있다. 여기에 해당되는 사후결혼은 전국적으로 보인다. 일본의 민속학자 다케다 아키라는 전남 진도에서 다음과 같은 사례를 발견했다. 즉, 교동리에 사는 P씨 집의 아이가 아파서 병원을 다녀 보았지만 낫지를 않자 면내에 살고 있는 점쟁이에게 물어보니 1952년에 전사한 백부의 탓이라고 했다. 그리하여 황급히 사후결혼을 시키려고 신부를 찾던 중 그 점쟁이가 중매를 하여 사후결혼을 올리게 되었다. 신랑에게는 상속분으로 밭 700평이 있는데, 결혼 후 신랑 남동생의 장남을 양자로 삼고 그에게 밭을 상속케 하여 제사를 계승할 예정이라 한다.[76]

75 최재석, 앞의 논문, 1978, 114~115쪽.

76 竹田旦, 「전남 진도에 있어서 사후혼 - 민속의 지역성 해명을 위해서 - 」, 『민속학술자료총서 2차』,

이처럼 죽은 자의 양자가 되는 것을 우리나라에서는 흔히 「백골양자」 「사후 양자」 「신주양자」라고 부른다. 진도의 예처럼 그들은 대개 신랑의 친족 중 조카뻘에 해당되는 사람들 중에서 선택하는 것이 일반적이다. 양자로 하여금 그들의 제사를 계승케 함으로써 그들은 완전한 조상이 되는 것이다. 이처럼 미혼으로 죽은 영혼으로 하여금 조령으로 승격시켜주기 위한 사후결혼이 있는 것이다. 한국의 사후결혼은 위령(해원)과 조상을 만들어 주기 위해 치러주고 있다고 할 수 있다.

2) 일본

이에 비해 일본인들은 위령(해원)의 목적으로만 행하고 있는 데 그 특징이 있다. 첫째로 순수하게 위로의 차원에서 이루어지는 경우의 이면에는 죽은 자도 나이를 먹는다는 의식이 짙게 깔려져 있다. 그래서 죽은 아이가 유치원이나 초등학교 입학할 나이가 되면 부모들은 새로운 입학복과 책가방을 둘러메고 부모와 함께 학교에 가는 그림을 봉납하고, 또 사자가 나이를 먹어 적령기가 되면 다시 유족들은 결혼 그림 혹은 결혼 인형을 봉납하는 것이다. 이와 같이 동북지방의 일본인들은 아주 어릴 때 죽은 자라도 적령기에 접어들면 결혼의 그림을 그려 위로하였던 것이다. 하물며 적령기에 사망한 자는 두말할 나위가 없다.

이러한 경우에는 순수하게 위로의 차원에서 이루어진다고 하겠지만 다른 한편으로는 죽은 자의 한을 풀어주기 위해서도 치러지기도 한다. 대개

우리마당 터, 2001, 452~453쪽.

이 경우는 신체에 이상이 생기거나 집안에 불행한 일이 연속적으로 생겨나 그 원인을 샤먼에게 찾아가 점을 쳐본 결과 그것이 죽은 영혼의 해코지로 판명된 경우에 행하여진다. 그 대표적인 예로 다음과 같은 사례를 들 수 있을 것이다.

〈사례21〉

모 여인의 딸이 결혼했음에도 불구하고 좀처럼 임신이 되지 않는다. 만일 임신이 되었다 하더라도 곧 유산되어 버린다. 그리하여 그녀는 딸과 명산대찰로 찾아다니며 기도를 했다. 그러던 어느 날 이상한 꿈을 꾸었다. 그것은 어떤 군인이 무언가 말을 걸려고 하는 모습으로 자신을 물끄러미 바라보는 그런 꿈이었다. 그 군인은 한번도 본 적이 없는 사람이었다. 집으로 돌아와 남편에게 말을 했더니 남편의 형이 전쟁에 출정하여 전사했다고 했다. 옛 사진첩에서 꿈에서 본 그 남자의 얼굴과 똑같은 사진을 찾아내기도 했다. 아오모리시青森市에 살고 있었기 때문에 인근에 사는 샤먼에게 찾아가 점을 쳐보았다. 그 결과 샤먼은 지금까지 전사한 남편의 형의 영혼을 모셔주는 사람이 없고 방치되어왔다. 조카딸이 결혼하여 가정을 이루었음에도 불구하고 자신은 아직까지 독신으로 남아 외롭게 지내고 있다. 그 때문에 조카딸의 자식을 유산시키는 것이라고 했다. 그리하여 신부인형을 사서 봉납했다고 한다.[77]

이 경우의 사자는 자신을 모셔주지 않는 유족들에게 한을 품고 조카딸

77 高松敬吉, 앞의 논문, 1993, 35~36頁.

이 임신을 못하도록 자신의 의사를 전하였다. 그 원한을 풀어주고 위로하기 위해 가족들은 신부 인형을 사서 그와 결혼시켰던 것이다. 또 어떤 경우에는 5세 때 죽은 여동생이 언니에게 질투를 느껴 언니의 결혼을 방해하는 사령의 원한을 풀기 위해서 사후결혼을 올리고, 또 자기가 살았던 집터에 살고 있는 여인에게 피부병을 일으켜 낫지 않게 한 사령의 한을 풀기 위해서도 치러지는 것도 있었다.

이처럼 일본의 사후결혼은 위로와 해원의 목적에서 행하여지고 있는 것이다. 즉, 일본에서는 다른 지역처럼 양자를 받아들여 조상으로 승격시키는 예는 일체 보이지 않는 것이다.

3) 오키나와

오키나와에 있어서 사후결혼의 목적을 다케다 아키라는 죽은 영혼의 원념을 풀고 위로하고 그 결과로서 그 영혼을 조상으로 승격시키는 데 있다고 했다.[78] 오키나와에서는 가족의 급병, 불의의 사고, 가축의 돌연사 등의 집안의 불행이 속출하면 「유다」와 같은 샤먼에게 찾아가 점을 치는데, 그러면 대개 (1)이혼하여 죽은 여성 (2)약혼한 상태에서 죽은 여성 (3)연애상태에서 죽은 여성 (4)정식 혼례를 치르지 않고 죽은 아내 등의 영혼이 결혼을 요구하며 유족이나 자손들에게 해코지하는 것이라는 점괘가 나온다. 그러면 가족들은 그 원한을 풀기 위해 사후결혼을 거행하여 영혼을 달래는 것이라고 다케다는 설명했던 것이다.[79]

78 竹田旦, 앞의 책, 1990, 173쪽.
79 竹田旦, 앞의 책, 1990, 173쪽.

(2)(3)(4)는 사고사로 인해 발생하는 것이기에 그렇게 많지 않다. 그 중에서 가장 많이 발견되는 일반적인 것이 (1)의 형태이다. 대개 앞에서도 보았듯이 이혼녀가 전남편에게 돌아가고자 하는 자신의 의지를 전남편의 가족 및 자신의 가족들에게 여러 가지 형태로 불행한 사건을 일으키는 것이다. 즉, 그녀는 일종의 해코지하는 원귀였던 셈이다.

그러한 원념을 풀기 위해서 전남편의 가족들은 그녀의 희망대로 사후결혼을 통하여 전남편과 후처가 묻혀있는 곳으로 유골을 이장하여 묻어 준다. 그 결과 전남편은 살아서는 일부일처이지만 죽어서는 두 명의 아내를 가지는 일부다처제의 형태를 취하게 되는 것이다.

사쿠라이 토쿠타로桜井徳太郎는 이런 경우에 대략 두 가지 유형이 있는데, 한 가지는 앞에서 본 이혼녀가 재혼하지 않은 경우와 또 다른 한 가지는 이혼한 후 다른 사람과 재혼하여 살다가 죽은 여성의 경우가 있다고 했다.[80] 후자에 속하는 사례 한 가지를 들면 다음과 같다.

〈사례22〉

B는 C와 이혼한 후 다른 남성과 재혼을 하여 아들을 낳았다. 그러나 C의 부모가 "B는 우리 집 장남도 낳았고 부모에게 효성이 지극했기 때문에 반드시 우리들의 묘에 넣고 싶다."고 생전에 간절히 원했고 B도 그것을 원했다 한다. 그러나 B의 가족이 브라질로 이민을 갔기 때문에 B의 유골은 재혼한 집안의 묘지에 그대로 안치되어 있었다. 그래서 언젠가는 사후결혼 시켜 이장시키지 않으면 안된다고 한다.[81]

80 櫻井德太郎, 앞의 책, 1987, 447頁.
81 新垣智子, 앞의 논문, 1993, 190頁.

오키나와의 사후결혼의 대부분은 전자에 속하지만 후자의 경우는 매우 희귀한 사례에 속한다. 왜냐하면 이혼녀가 재혼할 경우 대부분의 상대도 이혼남이므로 다시 돌아올 가능성이 거의 없기 때문이다. 그러나 이 경우처럼 장남을 낳고, 본인도 그것을 원하는 경우 사정은 달라지는 것이다.

아라가키에 의하면 오키나와에서는 장남을 우선하고 또 첫번째 남편과의 관계를 중시하는 관념이 강하다고 해석하고 있다.[82] 그러한 사실이 앞의 예에서도 여실히 나타난 것으로 볼 수 있다. 이처럼 이혼하여 다른 남자와 재혼하여 살다가 죽은 여자라도 그녀가 원한다면 첫번째 남편과도 다시 결혼할 수 있는 것이 오키나와의 사후결혼이다. 이처럼 오키나와는 위령(해원)과 조령을 만들기 위한 목적으로 치러지고 있음을 알 수 있다.

4) 중국

이에 비해 중국인들도 크게 다를 바가 없었다. 즉, 첫째 죽은 영혼의 위로의 목적으로 이루어지며, 둘째는 사후에 자손을 만들어 계승의 길을 열어두기 위해서 사후결혼이 이루어지기 때문이다.

1930년대의 조사 자료에서도 "혼백이 재앙을 일으키기 때문에" 시켰다는 복건성의 예도 있고,[83]그리고 어떤 가정에서는 미혼인 상태로 죽은 장남과 장녀가 그들의 동생인 차남과 차녀에게 저주하여 부부의 침상에 끼어드는 나쁜 장난을 하거나 위해를 가하기도 하고, 또 자식들을 죽이기도 하여 그 영혼을 달래어 해코지를 막기 위해 시킨다는 광동성의 예도 있었으며,[84]

82 新垣智子, 앞의 논문, 1993, 193~194頁.

83 井手和夫, 『支那の奇習と異聞』, 平野書房, 1935, 99頁.

또 죽은 영혼이 가족들에게 원인 모를 병을 일으켜 시킨다는 대만의 경우도 있었다.[85] 이처럼 죽어서도 저 세상에 가지 못하고 이 세상에 떠도는 미혼의 영혼을 위로하여 줌으로써 재앙을 막기 위해 그 영혼들로 하여금 결혼을 시켜주었던 것이다.

그러나 그것만으로 모든 것이 해결되는 것이 아니다. 보다 완벽하게 처리하기 위해서는 그들의 죽음을 기억하고 그들을 위해 제사를 지내주는 사람을 만들어 주는 것이 필요하다. 그렇게만 되면 그들의 사후혼의 부부는 살아있을 때 혼례를 올린 부부와 다를 바가 없게 되는 것이다. 그리하여 생겨나는 것이 양자를 받아들여 그들을 조상으로 만드는 것이다.

그러한 요소는 1930년대 중국을 조사했던 일본인 학자 우치다의 연구에도 잘 나타나 있다. 즉, 그가 현지 조사지에서 현지인에게 "왜 사후혼陰親을 행하는 것인가?"하고 묻자 현지인은 "즉, 남자가 미혼인 상태로 죽으면 후계자가 없어서 당연히 과계자過継子를 받아야 하지만 미혼자에게는 자식이 없기 때문에 실제상으로는 부모가 없고 조부모가 있다. 그러므로 조부모의 입장에서 본다면 과계자는 세대 상으로는 과계손에 해당되기 때문에 그를 사아생손자死児生孫子라고 부른다."고 대답했다고 한다.[86] 이처럼 가계의 단절을 방지하기 위한 현실적 합리적 해소수단으로서 사후결혼을 택하는 경우도 있는 것이다.

84 井手和夫, 앞의 책, 1935, 9頁.

85 植野弘子, 앞의 논문, 1993, 364頁.

86 內田智雄, 『中國農村の家族と信仰』, 清水弘文堂, 1970, 32頁.

6. 왜 지역에 따라 같고 다를까?

1) 서로 같고 다른 점

지금까지 내용을 대략 정리하면 다음과 같이 4가지로 요약할 수 있을 것이다.

첫째, 그 역사는 매우 유구하여 2000여년전 부터 중국에서 보이며 그 영향이 한국과 대만, 오키나와 등지에 끼쳤으나, 일본만은 그 영향과 관계없이 근대에 접어들어 독자적으로 새롭게 생겨났다는 점이다.

둘째, 기본적인 방법은 전통혼례이되 그것을 주관하는 사람을 기준으로 나누어 보면 한국은 무속형과 유교형, 불교형, 통일교형 등 다양하게 나타나고, 일본도 무불습합형, 불교형, 신도형 등으로 나타나지만, 오키나와에는 무속형만 있고, 중국에서는 무속형과 민간주도형으로 나타나고 있다. 특히 대만에서는 민간주도형만 보인다는 특징을 가지고 있다.

셋째, 형태로는 한국은 남녀쌍방사를 중심으로 남사여생형이 약간 보이지만 남생여사형이 보이지 않는다. 그에 비해 일본은 남녀쌍방사는 물론 남사여생형과 남생여사형도 보인다. 그렇지만 오키나와는 남녀쌍방사와 남생여사형은 보이지만 남사여생형이 보이지 않는다. 그에 비해 중국의 경우 남녀쌍방사, 남사여생형, 남생여사형 모두 보이지만 대만의 경우는 남사여생형이 일반적이다.

넷째는 사후결혼의 목적이 한국과 중국, 오키나와에는 영혼을 위로하여 한을 없애는 위령(해원)과 조상의 자격을 부여하기 위해 치러진다면, 일본은 위령(해원)의 목적만이 있을 뿐이라는 점이다.

여기에서 우리는 다시 문제를 제기할 수 있다. 즉, 각 지역마다 나타나는 사후결혼에 있어서 어떤 점이 같고 다르며 그 이유는 무엇일까 하는 점이다.

가령 일본은 다른 지역과는 달리 중국의 영향으로부터 벗어나 있으며, 그것도 전 지역이 아닌 동북지역에만 국한하여 보이는 것은 무엇 때문일까? 그리고 한국과 일본에서는 불교가 적극적으로 사후결혼에 개입하는데 비해 오키나와, 대만, 중국에서는 개입하지 않는 이유는 무엇이며, 또 어느 곳의 기독교도 일체 개입하지 않는 이유는 무엇일까?

또 한국에는 남생여사형은 보이지 않고, 또 오키나와와 대만에는 남사여생형이 보이지 않는 것은 무엇 때문일까? 그리고 다른 곳에서는 모두 보이는 조령의 승격의 목적으로 하는 사후결혼이 일본에서만 왜 보이지 않는 것이며, 또 오키나와에서는 한국, 중국, 대만에서 보이는 양자를 받아들이는 형태의 사후결혼이 보이지 않는 것은 무엇 때문일까?

이처럼 각 지역의 사후결혼의 양상을 종합하여 비교하면 여러 가지 점에서 차이가 난다. 그런데 이러한 사실들을 면밀히 검토하여 보면 그 차이점은 불교와 기독교와 같은 고등종교가 관여하느냐 하지 않느냐 하는 점, 그리고 조상에 대한 제사의 방법 가운데 특히 미혼여성의 영혼처리로 말미암아 생겨나고 있음을 알 수 있다.

2) 종교와 사후결혼

죽은 자에 대한 제사에 대해 무속, 불교, 유교, 신도 등 많은 종교가 관여하고 있다. 그 중 어느 지역이던 사후결혼에 관여하는 것은 무속(샤먼)이다. 이는 그만큼 사후결혼이 민간습속으로부터 출발하고 있음을 나타내는 것이다.

그에 비해 일체 관여하지 않는 것은 기독교이다. 기독교는 유일신을 기초로 하는 종교로서 기독교에서 지정하는 신 이외에는 인정하지도 않거니와 숭배해서는 안된다는 교리를 가지고 있다. 그러므로 사람이 죽어서 산자들에게 제사의 대상이 된다는 것은 허용될 수 없다. 만일 그러한 것이 있다면 우상숭배로 치부되어 배교하는 결과가 되고 말 것이다. 더군다나 신자들은 죽으면 천국을 가는 영혼관을 가지고 있다. 그러므로 이 세상에 있지도 않은 영혼들을 결혼시킨다는 것 그 자체가 성립될 수 없다.

이러한 교리는 일반인들에게 머리로는 이해되나 가슴으로 받아들이기 어려울 때도 있다. 조상제사를 우상숭배로 볼 것이냐 아니면 추모의 행사로 볼 것이냐 하는 것 등의 문제는 의견이 첨예하게 대립할 수 있다. 더군다나 조상제사는 전통적인 영혼관과 결부되는 사항이다. 특히 그러한 전통적인 사고의 경향을 강하게 가지고 있는 신자들은 기독교의 교리와 가끔 문화적인 충돌을 일으킬 때가 있다. 어떤 기독교 교회의 목사가 직접 그러한 체험을 한 적이 있는데 그 내용을 소개하면 다음과 같다.

〈사례23〉

신자 가운데 교통사고로 약혼자와 함께 죽은 젊은이가 있었다. 그들의 장례를 집례하게 되었는데, 그의 어머니가 울면서 “이 늙은이의 유일한 소망이니 내 아들을 영혼결혼 시켜 달라”고 그에게 간청하였던 것이다. 그곳에 있던 신부될 사람의 친구들도 어머니의 간절한 소원을 들어 달라고 하였다. 장례식에 참여했던 많은 이들이 이구동성으로 만약 어머니의 소원을 거절한다면 어머니는 세상을 떠날 것이라고 하였다. 아들이 죽은 것으로 하나님께 대한 불신이 깊어 가는데 만약에 “영혼결혼식”까지 거절한다면 하나님을 믿지 않을 것이라고 졸랐다.

그 때 그의 심정을 "분위기로 보아서는 영혼결혼식을 하는 것이 어머니에게 어느 정도 위로가 되리라는 생각이 들었지만 성경 어디에서도 허용되지 않는 부분이었다. 죽은 자에게 결혼식을 시키는 것은 마치 배교하는 것 같은 생각이 들었다. 나는 망설이다가 "부활할 때에는 시집도 장가도 가지 않고 하늘에 있는 천사와 같다"(마태복음 22 : 30)라는 성경의 말씀을 인용하면서 죽은 자의 결혼식은 하지 못한다고 하였다. 그리고 장례식을 인도했다. 장례식은 온통 울음 때문에 진행이 어려울 정도였다. 나는 한 어머니의 마지막 소원을 들어주지 못한 것에 대한 송구스런 생각이 들었다. 그 후에도 나는 그 어머니를 대하면 장례식에서 "내 아들에게 영혼결혼식을 해 달라"면서 무릎을 꿇고 간청하던 모습이 떠올라 그 분에게 빚진 감정을 느낀다."고 고백했다.[87] 이처럼 외래종교가 민간에 수용됨으로써 전통의 민속사상과 충돌을 일으켜 예기치 못한 사건들이 얼마든지 생겨날 수가 있는 것이다.

그 반면 한국과 일본의 불교는 매우 적극적이다. 한국에 있어서 조상제사는 기본적으로 유교식이다. 그러나 그것에는 한계가 있다. 미혼의 사자이거나 그리고 결혼을 하였다 하더라도 아들이 없는 영혼들에 대해서는 책임을 지지 않는 것이다. 다시 말하여 그들을 가족이라는 울타리에서 배제시켜 버리기 때문이다. 이렇게 가족들과 헤어진 불행한 영혼들을 불교가 적극적으로 맡았다. 그러므로 미혼사자의 결혼에 적극적으로 개입하는 것도 전혀 이상할 것이 없는 것이다. 이에 비해 일본불교는 한국불교보다 죽음에 개입하는 것은 더욱 적극적이다. 그 범위도 넓어 장례는 물론 무덤, 제사

87 황규록, 『용서가 지나간 자리 - 황규록목사 신앙에세이』, 2002의 128話 「죽은 내 아들 결혼시켜 주세요」에서 인용.

등 사후관리의 모든 면을 불교가 관장을 하고 있는 것이다. 그러므로 사후결혼에 개입하는 것은 어쩌면 당연하다 하겠다.

그러나 오키나와는 사정이 다르다. 앞에서도 언급하였듯이 오키나와에서는 정책적으로 수도 중심의 지배층에 의해서 중국으로부터 문중門中, 가보家譜, 위패제사 등이 수입되어 유포가 된 것이다. 그 때문에 조상제사, 위패제사는 일본처럼 불교가 맡는 것이 아니라 유교가 맡았다. 1603년 대중상인袋中上人에 의해서 일본불교가 전래되었다고는 하나 불교가 조상제사와 관계를 맺지 못했다. 그리고 유교에서 취급하지 못하는 불행한 죽음과 관련된 것들은 무속(유다)이 맡아서 행하기 때문에 불교가 사후결혼을 개입할 여지가 없는 것이다.

이러한 사정은 중국과 대만에서도 마찬가지이다. 기본적으로 미혼남녀를 결혼시키는 풍속은 불교가 전래되기 이전부터 있었던 것은 앞에서도 언급한 바와 같다. 그러므로 유족들이 그러한 영혼들을 가엽게 여겨지면 자연스럽게 상대를 구하여 전통 혼례식으로 치른다. 그러나 집안에 불행한 사태의 원인으로 치르는 경우는 대개 전문적인 무속(샤먼)이 관여하는 경우가 많다. 왜냐하면 그 원인규명을 샤먼이 하기 때문이다. 그러므로 불교가 사후결혼을 관여하기 매우 힘든 상황에 있는 것이다. 이러한 사정으로 인하여 한국과 일본의 불교는 사후결혼에 대해 매우 적극적이지만 오키나와 대만 그리고 중국의 불교는 매우 소극적인 성격을 띠게 되는 것이다.

3) 미혼여성 영혼의 행방

한편 조상에 대한 제사란 사자에게 있어서 사후에도 가족들과의 관계가 지속되는 것을 의미한다. 그러나 그렇지 못한 경우가 있다. 조상이 되는 데는 일정한 자격이 필요하기 때문이다. 가장 기본적인 자격요건은 결혼을 하고 자기를 기억하고 추모해 줄 후사가 있어야 한다. 이러한 자격을 미달한 영혼들을 다루는 것이 나라마다 조금씩 차이가 난다.

가령 한국의 경우 이러한 자는 과감하게 집에서 방출해 버린다. 즉, 남녀 구분 없이 미혼사자에 대해 제사를 지내지 않는다. 그러므로 미혼사자의 영혼은 자신이 태어나고 자라난 집을 떠나야 하고 또 가족들과 이별을 해야 하는 것이다.

그러나 일본은 매우 관대하다. 비록 미혼인 상태에서 죽었다 하더라도 가족들은 그의 위패를 불단에다 모셔놓고 기일 때 그를 위해 제사(공양)를 지내주고 있는 것이다. 그러므로 그는 죽어서라도 가족과 이별하는 일이 없는 것이다.

이에 비해 오키나와와 대만에서는 사정이 또 달라진다. 이 지역 모두 남녀의 성 차별이 있는 것이다. 오키나와의 경우 젊어서 미혼으로 죽은 사자의 유골은 일단 문중의 공동 묘의 일각에 있는 "소데바카袖墓"라는 별도의 장소에 안치된다. 소데바카에는 흔히 자살자나 범죄자, 사고 등으로 죽은 자들이 들어가는 것으로 보아 정상적인 죽음이 아닌 자들을 매장하는 곳이다. 오키나와에 있어서 문중의식이 강한 지역에서는 분가하여 가족을 형성하고 자손을 남기지 못한 자는 완전한 조상으로서 취급을 받지 못한다.

이러한 경우 위패모시기에 대해 복잡한 문제가 발생하게 된다. 즉, 죽은 미혼남성의 위패는 일단 자기 집의 불단에 모셔지게 되지만 그것을 그대로 놓아두면 언젠가는 그의 형제(특히 장남) 부부와 나란히 모셔지게 되는 것이다. 그러면 문제가 된다. 왜냐하면 오키나와에서는 "쵸오데 카사바이"라 하여 형제의 위패와 나란히 모실 수 없는 원리가 있기 때문이다. 이것을 해결하기 위해 조카들 가운데 한명을 양자로 삼아 그로 하여금 위패를 모시게 하는 것이다. 그러면 그는 부인 없이도 그 집의 시조가 될 수 있는 것이다.

그러나 여성은 그것이 불가능하다. 왜냐하면 오키나와에는 여자를 통한 가계계승이 용인되지 않을 뿐만 아니라, 여자가 집의 시조가 될 수 없다는 제사의 원리가 있기 때문이다.[88] 그러므로 오키나와에서는 여성이 미혼으로 죽는다면 그 영혼은 언젠가는 집을 떠나야 하는 운명에 처하게 되는 것이다.

이에 비해 대만은 오키나와와 사정이 또 조금 다르다. 여기에서도 남녀차별이 있는 것은 오키나와와 마찬가지이지만 남자는 양자를 받아들이지 않아도 집을 떠나는 일이 없다는 점에서 오키나와와 다르다. 즉, 남성은 미혼인 상태에서 죽더라도 자기 집안의 조당으로 옮겨져 제사의 대상이 될 수 있는 것이다. 그러나 미혼여성이 죽었을 때는 사정이 달라진다. 그 시신은 뒷문으로 나가거나, 아니면 뒷문이 없을 때는 벽을 허물고 내보내기도 한다. 그리고 시신은 간단하게 묘를 만들어 묻고, 위패는 사람들의 눈에 띄지 않는 곳에 둔다. 예를 들면 출입문 뒤 또는 부엌의 한쪽 귀퉁이와 같은 다른 사람들의 눈에 띄지 않는 곳에 두며 결코 조당 안에는 안치되는 일은 없는 것이다. 그러므로 미혼여자가 죽으면 한국과 오키나와처럼 집을 떠나야 하는 것이다.

그러나 문제는 이렇게 죽어서 지금까지 살았던 집을 떠나고 가족과 이별하여야 하는 영혼들이다. 그들은 저승에도 가지 못하고 이승에 머물러 있다고 생각되었다. 이처럼 죽어서도 안식처를 가지지 못하기 때문에 살아있는 사람들에게 해코지를 하면서 자기의 존재를 알리는 것이라고 인식되

88 澁谷研, 앞의 논문, 1993, 57頁.

었다. 그러므로 그들은 죽어서 산자들에게 두려움을 느끼는 공포의 대상이 되었다. 중국에서는 이들을 남상귀(남), 여상귀(여)로 불리웠고, 대만에서는 "여귀" 또는 "고랑"으로도 불리웠으며, 또 한국에서는 손각씨, 처녀귀신(여), 몽달귀신(남)으로 불리웠다. 이처럼 자기의 친족조직에서 일탈하여 무소속이 되면 원귀가 된다는 인식이 동아시아인들에게는 널리 깔려져 있는 것이다.

이러한 문제를 해결하기 위해서는 하루 빨리 이러한 영혼들을 달래고 집밖으로 내보내기 위해서는 상대를 구해 결혼시켜 집안의 조상으로 만드는 것이 사후결혼이다. 그리하여 한국에서는 사후결혼을 미혼으로 죽은 남녀를 결혼시키는 것을 기본으로 삼게 되는 것이다. 실제로 동거했던 남자가 죽어서 어찌할 수 없어 혼례를 치르는 경우를 제외하고는 살아있는 남자가 죽은 여자와 결혼하는 경우는 일어날 수가 없는 사정이 바로 여기에 있다. 그러므로 한국에서 가장 이상적인 사후결혼은 그 두 사람 사이에 양자를 받아들이는 일인 것이다.

일본의 경우는 미혼의 상태에서 죽었더라도 집을 떠나는 일이 없다. 그러므로 그들을 원귀로 보는 사상은 매우 약하다. 그러므로 굳이 그들을 결혼시킬 이유가 없다. 이러한 사정으로 말미암아 일본의 사후결혼은 전국적으로 보이는 일반적인 예가 아니라 일부지역에서만 있는 특수한 예이며, 또 있다 하더라도 양자를 받아들일 필요도 없이 위로(해원)의 차원에서만 이루어지게 되는 것이다. 그러므로 남녀쌍방사, 남사여생, 남생여사형 등 어떠한 형태의 결혼이던 상관이 없는 것이다.

그러나 오키나와와 대만은 그와 사정이 다르다. 이 두 곳은 남녀 차별이 심해 여자만 방출하여야 하는 상황이다. 더군다나 오키나와의 경우 죽은 여성(이혼녀)이 헤어졌던 전남편의 가정으로 다시 돌아가는 것을 전제로 하는 사후결혼이 많다. 그 때 남편은 다른 여성과 재혼하여 그 사이에 낳은 자식과 함께 살고 있거나 아니면 이혼녀가 남기고 간 자식을 데리고 살고 있기 마련이다. 그러므로 그들의 결혼은 자식에 관한한 아무런 문제가 발생하지 않는 것이다. 단지 부부관계만 재정립이 되면 자식은 이미 확보되어있는 것이다. 따라서 오키나와가 양자를 받아들이는 형태의 사후결혼이 없다. 그러므로 죽은 남자와 산 여자가 올리는 사후결혼이 나올 수가 없는 가족구조로 되어 있는 것이다.

이에 비해 대만은 가족으로부터 방출되는 미혼여성만을 처리하면 되기 때문에 그와 결혼해줄 수 있는 남자를 찾아야 하는 것이다. 그러나 앞에서도 언급하였듯이 굳이 죽은 여성과 결혼하려는 남성을 찾기란 여간 어려운 것이 아니다. 그리하여 경제적인 이익을 노리는 가난한 자 또는 사자의 자매의 남편에게 간청하여 결혼을 하는 형태를 취하게 되는 것이다. 그러므로 여자가 죽고 남자가 살아있는 경우는 나올 수 있어도 남자가 죽고 여자가 살아있는 경우가 좀처럼 나오지 않는 것도 바로 여기에 있는 것이다. 이러한 점은 중국 본토와는 또 다른 특징이기도 하다.

이와 같이 조상제사의 방식에 따라 각 지역마다 나타나는 사후결혼의 형태가 조금씩 다르게 나타나는 것이다. 특수한 상황에서 일어난 일본을 제외한 동아시아의 사후결혼은 중국의 유교식 제사가 빚어낸 불행한 영혼을 달래주기 위해 생겨난 일반적인 습속이었다. 다시 말하여 죽음으로써 가족으로부터 이탈되는 외로운 영혼들에게 가족을 만들어 줌으로써 상실했던 자신의 소속을 되찾아주는 죽음의 의례이자 이승에서 저승으로 보내는 행위이기도 한 것이다.

지금까지 살펴보았듯이 사후결혼이 조상제사(영혼관) 및 가족제도와 밀접한 관련성이 있으며, 또 지역에 따라 조금씩 차이가 나는 것을 확인할 수 있다. 그러나 지역을 초월하여 가지는 한 가지 공통된 점은 사후결혼이 인간으로서 태어나고 자라나서 배우자를 만나 자식을 낳고 살다가 죽는다는 것이 얼마나 행복한 인생인가를 우리에게 일깨워주고 있다는 사실이다.

8장

신라의 왕생설화

1. 머리말

왕생이란 「가서 태어난다」는 의미의 말이지만, 불교에서는 사후 불보살들이 있는 정토에서 다시 태어난다는 것을 말한다. 불교신자에게는 일찍부터 여기에 대한 관념이 발달하여 미타의 극락왕생을 비롯해 여러 부처가 안주하는 세계에서 태어나기를 염원하는 신앙이 있어왔다. 특히 불교가 거의 국교로 되어 있었던 신라에서는 이것이 예외가 아니었음은 두말할 나위가 없다. 아무튼 이 신앙은 사후를 전제하고 있다.

그렇다면 과연 인간이 죽어서 가는 사후세계란 있는 것일까? 만약 있다면 어떠한 것이 있고 또 어디에 있는 것일까? 그리고 그 중에서 어떠한 것이 우선이 되었으며 사람들이 어떻게 하였을까? 하는 등의 문제는 사후 자기 자신에 대하여 한번쯤 생각해 본 사람이면 관심을 가지지 않을 수 없는 매우 흥미로운 것임에 틀림없다.

본 장에서는 이같은 단순한 문제들을 중심으로 신라의 왕생설화를 살펴보는데 그 목적을 두었다.

2. 신라의 왕생설화

본 장에서 신라의 설화를 다루고 있다 하더라도 그것은 모두 『삼국유사』에 수록되어 있는 것에 의존하고 있음을 미리 밝혀 두고 싶다. 살펴보기에 앞서 신라의 왕생설화를 소개하면 다음과 같다.

(1) 남백월이성南白月二聖

백월산 동남쪽 선천촌이라는 마을에 노힐부득과 달달박박이라는 사람이 살았다. 두 사람은 매우 절친한 친구이었는데 이들 모두 이십세 되던 해 머리를 깎고 출가하여 처자를 거느리고 각 각 살았다. 그러나 이들은 무상의 도를 이루기 위해 속세를 떠날 마음은 잠시도 버리지 않았다. 그리하여 드디어 어느날 그들은 인간세상을 떠나 깊은 골짜기로 들어가 미륵(노힐부득)과 미타(달달박박)의 부처를 각 각 신앙했다. 그러던 어느 날 저녁 미모의 소녀로 가장한 관음이 부득과 박박의 암자에 나타나 자고 갈 것을 청하였다. 박박은 이 청을 계율을 앞세워 냉정하게 거절 하였으나 부득은 자비심으로 이를 기꺼이 받아들였다. 그날 밤 소녀는 아기를 낳는 산고를 치러지만 부득은 끝까지 자비의 마음으로 정성껏 보살폈다. 그러한 은공으로 부득은 박박보다 먼저 성불하여 미륵존불이 되었고, 자비심이 부족한 박박은 성불한 부득의 모습을 보고 깨우쳐 그의 도움을 받아 무량수불이 되었다(『三國遺事』 3卷 南白月二聖條).

(2) 사복불언蛇福不言

만성복리라는 마을에 한 과부가 있었는데 남편도 없이 아이를 낳았는데 그 아이는 열두 살이 되어도 말도 못하고 일어서지도 못하므로 그를 사복이라 했다. 어느 날 그의 어머니가 죽자 그 때 사복은 고선사의 원효대사와 함께 그의 어머니의 장례를 치렀다. 이 때 사복은 「옛날 석가모니께서는 사라수 사이에서 열반 하셨네. 지금 한 사람 그러한 이가 있어 연화장세계로 돌아가려하네」 라는 게를 지어 그 시체를 업고 연화장세계로 돌아가는 영이를 나타내셨다(『三國遺事』 4卷 蛇福不言條).

(3) 욱면비염불서승郁面婢念佛西昇

귀진의 집에 욱면이라는 계집종이 그 주인을 따라 미타사라는 절에 가 뜰에 서서 스님을 따라 염불했다. 주인은 이러한 욱면을 미워하여 매일 곡식 두섬씩 찧게 하였으나 욱면은 빨리 끝내고 염불하기를 밤낮으로 게을리 하지 않았다. 그때 하늘에서 「욱면은 법당에 들어가서 염불하라」는 소리가 들렸다. 이에 따라 법당으로 들어가 염불 하였는데 얼마후 서쪽 하늘에서 음악 소리가 들려오더니 욱면비는 육신을 버리고 부처로 변하여 연화대에 앉아 빛을 발하면서 천천히 사라졌다(『三國遺事』 5卷 郁面婢念佛西昇條).

(4) 광덕廣德, 엄장嚴莊

문무왕때에 광덕(대처승)과 엄장(파계수도승)이라는 승려가 살았다. 이 두 사람은 언제나 약속하기를 먼저 극락 가는 사람은 반드시 알릴 것을 다짐 했다. 그런데 어느날 광덕이 먼저 아미타불의 염불과 십육관법으로 극락을 가면서 이를 엄장에게 알렸다. 엄장은 광덕의 아내와 함께 광덕의 장례를 치르고 나서 그의 아내와 함께 살기를 청하였다. 같이 살기로 한 그날 밤 엄장이 그 여인을 관계하려 하자 여인으로 부터 훈계의 말을 듣고 크게 부끄러워하며 그 자리에서 물러나 원효대사에게 찾아가 간곡히 법을 구했다. 원효대사는 삽관법鍤觀法을 지어서 지도하여 마침내 그는 과거의 잘못을 뉘우쳐 스스로 자기의 몸을 꾸짖으면서 한 마음으로 도를 닦아 마침내 서방극락으로 갔다(『三國遺事』 5卷 廣德, 嚴莊條).

(5) 포천산布川山 다섯 비구五比丘

포천산의 어느 석굴에서 성명이 불분명한 다섯명의 비구가 와서 아미타불을 구하기 몇 십년에 문득 성중이 서쪽으로부터 와서 그들을 맞아 갔다. 이들이 각각 연화대에 앉아 공중으로 날아가다가 통도사 문밖에 잠시 머물러 여러 승려들에게 무상고공의 이치를 설명하고 서쪽으로 가 버렸다(『三國遺事』 5卷 布川山 五比丘條).

3. 사후세계의 유형과 소재

그럼 먼저 신라인들이 가지고 있었던 불교적 사후세계는 어떠한 것들이 있었을까 하는 문제부터 알아보기로 하자. 이를 위해 첫째 (1)의 설화를 보면 『삼국유사』는 남백월이성인南白月二聖人의 노힐부득과 달달박박이 어디로 갔는지 구체적으로 밝혀놓고 있지 않다. 그러나 부득은 정성껏 미륵불을 구했고 박박은 아미타불을 구한 것으로 보아 그들은 제각기 미륵의 도솔천과 미타의 극락세계를 추구하고 있었음을 알 수 있다. 따라서 「두 부처는 불법의 요지를 말하고 나서 온 몸이 구름을 밟고 가 버렸다」고 일연이 간략하게 기술해 놓고 있다 하더라도 그들이 간 곳은 틀림없이 도솔천과 아미타불이 있는 서방정토이었을 것이다.

그리고 (2)의 설화를 제외한 (3)(4)(5)의 설화에서 왕생한 사람도 모두 서방정토로 간 것으로 되어 있다. (3)의 주인공인 욱면은 극락세계에 뜻을 두고 세운 미타사에서 피나는 노력으로 염불을 계속한 결과 지붕을 뚫고 서쪽으로 날아갔다는 것은 그녀의 행방이 서방정토이었음을 단적으로 표현해주고 있는 것이다. 「원왕생가願往生歌」라는 향가의 배경설화이기도 한 (4)의 광덕도 비록 처자를 데리고 살았지만 성적욕구로부터 초탈하여 진리를 달관한 경지에서 이르러 죽어서 극락으로 떠났고, 엄장 또한 광덕의 처와 원효대사의 도움을 받아 서방정토 즉 극락으로 왕생했다. 그리고 (5)의 다섯명의 비구들도 아미타불의 명호를 몇 십년동안 외웠다는 점과 그들이 왕생할 때 서쪽을 향해 날아갔다는 점은 모두 서방정토, 극락세계를 최종의 귀착지로 삼고 있었음을 알 수 있다.

그러나 (2)의 설화에서는 미륵의 도솔천, 그리고 미타의 서방극락과는 다른 양상의 왕생으로 나타난다. 즉, 사복은 그의 어머니 시체를 업고 원효대사에게 「옛날 석가모니께서는 사라수 사이에서 열반하셨네. 지금 또한 그와 같은이가 있어 연화장세계로 돌아가려 하네」 라고 말한 내용에서 보듯이 그들의 왕생은 비로자나불의 연화장세계로 간 것으로 되어 있다는 점이다.

이처럼 신라의 왕생설화에서는 미타의 서방극락과 미륵의 도솔천, 그리고 비로자나불의 연화장세계라는 세 가지유형의 사후세계가 나타난다. 경전상에서 왕생개념의 사후세계는 이상의 세 가지 유형뿐만 아니라 관음의 보타락산과 약사여래의 정유리세계 등 다양한 불보살의 정토가 있다. 그럼에도 불구하고 신라의 왕생설화에서는 오로지 세 가지로 압축되어 나타난다는 점은 신라의 정토사상을 단적으로 보여주고 있다고 하겠다. 즉, 신라의 정토사상은 미타와 미륵 및 비로자나불의 신앙이 주를 이루고 있었던 것이다. 여하튼 신라의 설화에서 나타난 불국토의 관념은 허구의 존재가 아니라 사후에 갈 수 있는 실제의 세계이었던 것이다.

그렇다면 그 불국토들은 어디에 있는 것일까? 그리고 그에 대한 우열을 가린다면 신라인들은 어느 불보살의 정토를 가장 좋은 이상형으로 삼았고, 또 신앙했을까? 여기에 대해 살펴보기로 하자.

그럼 먼저 불국토의 소재에 대하여 살펴보면 극락은 사바세계에서 서쪽으로 십만억 불토를 지나서 있다하고, 도솔천은 수미산 정상에서 12만 유순이나 되는 아주 먼 곳에 있다한다. 그리고 사복이가 그의 어머니를 업고 들어간 연화장세계는 경전마다 조금씩 설명을 달리 하는데 『삼국유사』에서는 풀뿌리를 뽑으니 그 밑에 명랑하고 청허한 세계가 있었다. 「시체를 업고 그 속에 들어가니 그 땅이 갑자기 합하여졌다」[1]는 설명에서 보아 알 수 있듯이 신라인이 생각하는 그 세계는 땅 밑 지하에 있었다. 따라서 사복이가 들어 간 그곳은 「세계의 맨 밑에 풍륜風輪이 있고, 그 풍륜 위에 향수해香水海가 있고 그 향수해 가운데 큰 연화가 있는데, 연화장세계는 그 속에 있다」고 설명하고 있는 『화엄경』에 의거한 것임을 알 수 있다. 남백월이성 중 노힐부득은 달달박박과 함께 구름을 밟고 떠났고, 욱면은 서쪽 하늘을 향해 날아갔다. 그리고 광덕과 엄장 및 포천산의 다섯 비구들도 서쪽을 향해 떠나갔다. 한편 사복과 그의 어머니도 지상에 돋아난 풀뿌리 밑에 감추어진 연화장세계로 들어갔다.

정토는 삼부경에서 설하는 것처럼 극락은 멀리 떨어져 있다. 사바세계와 극락정토는 본래가 일심一心이므로 결국 이는 둘이 아니라는 원효대사의 해석[2]과는 달리 설화상에 나타나는 그것은 결코 사바세계가 아닌 다른 세계가 있었던 것이다. 따라서 그들이 현실세계에서 떠나간 서쪽과 하늘, 그리고 땅 속은 신라인들이 아무렇게나 인위적으로 만들어 낸 것이 아니라 그 바탕이 되는 소이경전에 철저히 의거하여 형성된 사후세계의 개념이었다.

이번에는 정토의 우열에 대해서 알아보기로 하자. 이 문제에 대한 쟁점은 일찍부터 활발하게 이루어져 원효대사는 미타의 극락이 미륵의 도솔천보다 훨씬 좋은 곳이라 했다. 그 이유로서 그는 다음과 같은 조항들을 열거

1 이병도, 『삼국유사』 권4, 광조출판사, 1984, 408쪽.

2 安啓賢, 『韓國史』 古代編, 국사편찬위원회, 1981, 244쪽.

하고 있다.

즉, 도솔천은 (1)땅이 좁고, (2)남녀가 섞여 살며, (3)현재 행하는 욕심에 물듦이 있고, (4)정도正道에 물러남이 있으며, (5)목숨이 사천세 뿐이고, (6)중간에 요절함이 있고, (7)몸의 무게로 또한 그러하며, (8)삼성심三性心이 일어난다. (9)그러므로 약한 마음으로 혹 지옥에 떨어지며, (10)삼수三受가 서로 일어나며, (11)육진六塵의 경계가 사람들을 방일케 하며, (12)또한 남자는 나서 아버지 무릎에 있게 되고, 여자는 나서 어머니 무릎에 있게 되며, (13)오직 보살로서 설법주說法主를 삼고 (14)성인의 과보를 얻기도 하고 혹은 얻지 못하기도 하는 것이라 하였다.[3] 이어서 그는 그러나 이것이 미타의 정토라면 이와 반대가 된다고 하였다. 따라서 서방 극락세계가 도솔천보다 좋은 곳이라 했던 것이다. 그리고 그는 또 왕생하는데 있어서도 미타정토가 미륵정토 보다는 훨씬 용이하다 했다. 그 대표적인 예로 십념十念만이라도 극락왕생이 충분하다고 말하고 있는 것이다.

그러나 그는 『유심안락도遊心安樂道』에서도 명기해 놓았듯이 불국토는 원만하고 융통하여 본래 동과 서가 없다. 그러나 중생의 근기가 여러 갈래이기 때문에 극락세계이니 하는 구분이 생겨난 것이라 하였다.[4] 즉, 그의 참 뜻은 어디까지나 극락왕생을 권장하기 위한 것뿐이었으며 결코 도솔천을 버리라고 한 것은 아니었다.[5] 아무튼 그와 같은 사상이 만연되어 있었음인지 잘 알 수는 없으나 실제 설화에서 가장 많이 차지하는 정토는 미타의 극락세계이다. (2)의 설화를 제외한 모든 설화의 주인공들은 모두 극락을

3 金雲學, 『遊心安樂道』, 三星美術文化財團, 1979, 81쪽.

4 金雲學, 앞의 책, 1979, 17쪽.

5 安啓賢, 앞의 책, 1981, 243쪽.

염원하며 수행하여 그 곳으로 떠나갔다. 이처럼 하나를 제외한 모든 설화가 미타신앙과 관련이 있다는 사실은 정토에 대한 우열을 가릴 수는 없지만 신라에 있어서 가장 일반적으로 보편화된 정토사상은 서방극락을 염원하는 미타신앙이라는 점은 분명히 말할 수 있을 것 같다.

4. 왕생하는 사람들

그렇다면 이같은 곳으로 왕생한 사람들은 과연 어떠한 사람들이었을까? 이번에는 그들의 신분적 특성에 대해 살펴보기로 하자. 그런데 신라설화에서 나타나는 그들의 신분은 매우 특이하다. 왜냐하면 그들은 모두 고승대덕이라기 보다는 아주 서민적인 신분의 사람들이었기 때문이다. 가령 (1)의 노힐부득, 달달박박은 모두 처자를 거느린 대처승이었고, (2)의 사복은 나이가 십이세가 되도록 걷지도, 말도 못하는 불구자이었고, 그와 함께 연화장세계로 간 그의 어머니도 외로이 홀로 살다 간 미망인이었다. 그리고 (3)의 욱면은 귀진의 집에서 일하는 노비이었으며, (4)의 광덕은 처자를 거느린 대처승일 뿐만 아니라 신을 삼는 천한 신분의 사람이었다. 엄장 또한 비록 대처승이 아니라 하나 광덕이가 사망한 후 그의 처와 더불어 같이 산 대처승과 다름없는 일종의 파계 수도승이었다. (5)에서는 불교의 사찰과 직접적인 관련성이 있는 비구로 되어 있긴 하지만 그들 역시 고승대덕이 아닌 성명이 알 수 없는 무명의 여승들이었다.

이처럼 신라의 왕생인들이 지니는 신분적 특질은 일반적이고 서민적이었다. 이같은 점은 귀족만이 낙토로 왕생하는 동남아 및 오세아니아의 민간신앙과도 분명히 다르며 고승대덕만이 주를 이루고 있는 일본초기의 왕생설화와도 대비하여 보더라도 엄격히 다르다. 여기에는 신앙의 전파, 민족성의 차이 등 여러 가지 이유를 찾아 볼 수 있지만, 고승대덕의 왕생은 전혀 찾아 볼 수 없다는 점은 신라설화의 특질이라 말하지 않을 수 없다.

12세기 때 성립 되었을 것으로 보이는 일본의 최대의 불교설화집이라 불리는 『금석물어집今昔物語集』에 실려져 있는 왕생설화들 중 특히 시대적 배경이 통일신라에 해당하는 나라시대奈良時代의 것을 보면 왕생의 주인공이 행기行基, 지광智光과 뇌광賴光 등이었다.[6]

행기는 일본 승단의 최고직인 대승정으로 추존된 승려이다. 그리고 지광과 뇌광은 당나라에 유학한 삼론종의 고승들이다. 이같이 초기 일본의 왕생인들은 모두 고매한 덕망과 학문의 소유자들이었으며 출생부터 입멸에 이르기까지 일관된 전기적인 생애를 알 수 있는 역사상 실존했던 인물들이다.

이에 비하면 신라의 왕생인은 사회의 최저변의 계층에 가까울 정도로 지극히 서민적인 인물들인 동시에 그들의 생애에 대해서도 잘 알 수 없는 무명의 사람들이다. 그런 만큼 그들은 역사상 실존의 인물이 아닌 가공의 인물일 가능성도 매우 높다.

이러한 신라의 왕생설화는 무엇을 의미하는 것일까? 여기에는 두 가지로 살펴볼 수 있다. 첫째는 민중불교가 그 만큼 일반화 되어 있었음을 설화를 통해 알려준다는 점이다. 일반서민이나 대처승 및 노비들에게 까지 왕생의 기회를 준다는 사실은 어쩌면 골품제라는 신분적 폐쇄성이 강했던 신라 사회에 있어서 일대의 사상적 변혁이라 할 수 있다. 즉, 그 만큼 민중불교가

6 松前健,『日本神話と古代生活』, 有精堂, 1983, 71~82頁.

확립되어 있었음을 이 설화들이 나타내고 있는 것이다. 지극한 마음가짐으로 단순히 나무아미타불을 염송하는 것으로도 정토왕생이 가능하다고 믿는 정토 사상은 관음신앙과 함께 민중에게 일어서는 가장 손쉽게 수용될 수 있는 신앙이다.「관세음보살, 나무아미타불」이라고 외우듯이 정토신앙과 관음신앙이 없이는 불교 대중화를 생각할 수 없다. 실제로 신라의 왕생설화에서도 관음보살이 왕생할 수 있도록 매개자적 역할을 하고 있다는 사실은 단적으로 이를 나타내 보이고 있는 것이다 하겠다.

둘째, 원효대사와 밀접한 관계성을 지닌다는 점이다. 즉, 이 설화들의 시대적 배경이 모두 7~8세기에 집중되어있다. 그러므로 7세기 때의 민중불교의 확산에 획기적인 공을 세운 원효대사의 활동과는 전혀 무관하다고 볼 수 없다. 실제로 이들 설화 속에서 끊임없이 나타나는 현실성이 가장 강한 인물은 원효대사이다. (2)의 사복의 모친이 죽었을 때 그의 아들과 함께 장례를 치른 사람도 원효대사였고, (4)의 엄장에게 쟁관법錚觀法[7]을 지어 그를 지도함으로써 서방정토의 왕생에 결정적인 역할을 한 사람도 원효대사였다.

(1)의 남백월이성과 같은 유형의 설화가 경남 양산군 상북면에서는 전해져 내려 오는데,[8] 여기서는 직접 원효대사가 노힐부득의 역할을 하고 있다. 이같이 신라의 왕생설화와 원효대사는 밀접한 관련성을 지니고 있다.「정토의 근본적인 뜻은 본래의 범부를 위하는 것」이라는 그의『유심안락도』의 내용과 같이 성인의 왕생보다 범부의 왕생신앙을 민중으로 전파한 민중불교에 대한 원효대사의 공헌이 그대로 설화상에 반영되어 있다.

7 징 등 악기를 이용하여 요란한 소리를 냄으로써, 마음속의 산란함을 극복하려는 수행방법.
8 成基玉,「願往生歌의 生成背景研究」,『震檀學報』第51號, 진단학회, 1981, 99쪽.

5. 왕생의 수단

그럼 이번에는 이들이 어떻게 했기에 정토로 갈 수 있었을까? 왕생에 필요한 인행因行에 대해서 알아보기로 하자.

먼저 (1)의 설화부터 살펴보자. 남백월이성 중 노힐부득은 「중생의 뜻을 따르는 것도 또한 보살행의 한 가지일 것이다」라는 말에서 보듯이 그는 철저히 보살도를 실천했다. 자비심으로 소녀를 자기의 처소에 받아 주었고 그녀의 해산도 끝까지 지키면서 보살펴 주었다. 그리고 그는 소녀의 요구에 따라 여인이 목욕한 물에 목욕을 했다. 무기력감마저 느끼게 하는 그는 철저히 보살도를 실천에 옮겼다. 소녀의 해산에 대해서는 민속학적으로도 매우 주목할 만 한 사항이다. 왜냐하면 흔히 민간신앙에서는 출산에 대한 부정이 강하게 작용하고 있기 때문이다. 만약 자기 집에 해산에 있다면 마을에서 지내는 동제의 제주는 물론 될 수 없고 사찰 등에 가서 기도하려는 계획을 세웠던 사람들조차도 그것을 포기할 수밖에 없다. 그러한 부정의 힘은 전염성도 강하여 자기와 직접적인 관계가 없다 하더라도 이것과 접촉만 해도 행동의 제약을 받게 되는 것이다.

이러한 관점에서 노힐부득을 달달박박의 행동과 비교하여 보면 그는 보통사람이 행할 수 없는 것을 세 가지나 실천하고 있음을 이 설화에서 보여주고 있다.

그 첫째는 자기 처소에 자고 가기를 청하는 소녀를 받아 들였다는 점이다. 달달박박은 이에 대해 「사찰은 청정을 주로 하므로 너는 가까이 할 곳이 아니다. 지체치 말고 가라」[9] 하는 그의 말에서도 나타나 있듯이 계율을 앞세워 단호히 거절했다. 이에 비해 소녀를 받아들인 노힐부득은 계율보다는 보살행을 강조했던 것이다.

둘째, 그날 밤 소녀와 같이 머물면서 파계를 하지 않고 있다는 점이다. 그날 밤 그는 마음을 맑게 하고 행동을 가다듬어 희미한 등불이 비치는 벽 밑에서 부지런히 염불을 외웠다. 이 점에 있어서는 달달박박의 행동과는 대조를 이룬다. 그는 아직도 성적욕구에서 벗어나지 못하고 있는 달달박박과는 달리 그것으로부터 완전히 초탈한 면을 보여 주었던 것이다.

셋째, 해산에 대한 부정을 서슴치 않고 접하고 있다는 점이다. 즉 그는 일반 민간신앙에서 강한 세력을 가지고 작용하는 출산의 부정不淨을 종교적인 자비심으로 완전히 무시했다. 따라서 미타를 신앙한 달달박박보다는 미륵을 신앙한 노힐부득에게 왕생의 우선권을 주어졌던 것이다. 이 설화에 대해 당시 신라의 불교가 미타보다는 미륵신앙을 우위에 두었다고 해석[10]하기 보다는 오히려 외형적인 계율을 지키기에 급급한 소승적인 태도를 버리고 자비심으로 중생을 대하라는 주제의 설화로 보는 것이 옳을 것이다.

실제 경전상에서도 자비심의 보살전신을 왕생할 수 있는 필수요건으로 삼고 있는 경우를 찾아 볼 수 있다. 가령 「미륵소문경彌勒所問經」에서는 왕생의 조건으로써 십념十念을 매우 강조하고 있는데 십념이란 보살이 갖추어야 할 열 가지 마음가짐을 말한다. 그런데 그 중 가장 먼저 들고 있는 항목이 모든 중생에게 자비심으로 대하라는 내용이다.

(1)의 설화에서 노힐부득은 이를 가장 충실히 실천한 구도자이었다. 따라서 그는 달달박박보다 먼저 성불할 수 있었다.

그런데 (2)의 설화에서는 왕생의 인행이 약간 특이한 현상을 보이고 있다. 사복의 어머니가 연화장세계로 왕생한 것은 전생의 선근으로 이루어진

9 이병도, 앞의 책, 1984, 349쪽.
10 金英泰, 「新羅白月山 二聖說話의 硏究」, 『趙明基博士 甲記念論文集』, 東國大出版部, 1969, 88~89쪽.

것이지 결코 현세의 노력으로 이루어진 것이 아니다. 전생에서 그녀는 불경을 싣고 다니던 암소이었고 그녀의 아들인 사복과 원효대사는 이를 끌고 다니던 사람이었다. 그와 같은 업보로 말미암아 태어난 사복은 그의 어머니를 끊임없이 거듭되는 윤회의 길에서 벗어나 영원한 진리의 세계인 연화장세계로 인도했다. 따라서 여기에 나타난 왕생의 길은 전생의 선근과, 자신의 힘이 아닌 다른 사람의 힘(여기서는 자식의 힘)으로도 갈 수 있다는 것을 보여준다. 친구의 도움으로 무량수불로 성불한 달달박박의 왕생도 이에 속한다고 할 수 있다.

한편 (3)과 (5)의 설화에서는 왕생할 수 있는 수단은 지극한 염불이었다. (3)의 욱면은 「뜰 좌우에 긴 말뚝을 세우고, 두 손바닥을 뚫어 노끈으로 매고서 합장하고 좌우로 흔들면서」 염불을 했고, (5)의 포천산 다섯비구들도 수십년 동안 아미타불의 명호를 외운 끝에 왕생을 했다. 「나무아미타불」이라는 명호만 지극한 정성으로 불러도 왕생할 수 있다는 원효대사의 사상에서 보듯이 염불은 민중을 가장 손쉽게 교화할 수 있는 방편이다. 미륵으로 성불한 노힐부득과 십육관을 행한 광덕도 염불만은 잊지 않았다.

그리고 (4)의 설화에서 보이는 16관법十六觀法과 쟁관법錚觀法도 왕생할 수 있는 방법이었다. 광덕은 염불과 함께 십육관을 실천하여 서방극락으로 갔다. 십육관법은 중생이 죽어서 극락세계로 가기위해 닦는 16가지 수행법인데 여기에 관해 「관무량수경」에서는 다음과 같이 설명하고 있다. 그 내용은 해, 물, 땅, 나무, 연못물, 누각, 연화대, 형상, 관음보살, 대세지보살들 생각하는 관 및 무량수불을 관하는 법, 그리고 통틀어 생각하는 관과 섞어 생각하는 관이 있다. 거기에다 상배, 중배, 하배에 나는 관을 합하여 이를 16관법이라 했다. 광덕은 이를 실천하여 왕생한 것이었다. 한편 엄장은 원효대사로 부터 쟁관법을 받아 수행함으로써 극락왕생 했다.

이처럼 신라 왕생설화에서 나타난 왕생의 인행은 보살도의 실천, 전생의 선근 및 염불, 그리고 십육관법과 쟁관법이 있었다. 이와같은 왕생의 인행으로 신라인으로 하여금 왕생케 하는데 있어서 결정적인 역할을 한 것은 사실이지만 그에 못지않게 그들의 왕생에서 빠뜨릴 수 없는 또 한 가지 중요한 사실은 조정자 즉, 매개자의 역할이다. 이를 선지식이라 해도 좋을 것이다. 남백월이성의 설화에서 「어진 선비의 뜻이 깊고 덕행이 높다는 말을 듣고 그를 도와서 보리를 이루기 위해서이다.」 「대사를 도와서 대보살이 되게 한 것」이라는 내용에서 보듯이 소녀로 가장한 관음의 화신은 분명히 그를 왕생의 길로 연결시켜 주는 매개자이었고 그로 말미암아 미륵불이 된 노힐부득이 다시 그의 친구인 달달박박으로 하여금 성불할 수 있도록 도와주는 매개자적 역할을 하고 있다. 그리고 사복불언의 설화에서도 사복은 전생에 불경을 싣고 다녔던 그의 어머니를 연화장세계로 연결시킨 매개자이었고 또 성욕에서 벗어나지 못한 엄장을 서방극락정토로 갈 수 있도록 도와준 광덕의 처와 원효대사 역시 훌륭한 매개자이었다. 다시 말해 속俗으로 표현되는 인간세계에서 성聖의 세계인 불보살의 정토로 들어 갈 때 그 사이를 자유롭게 왕래가 가능한 매개의 역할을 하는 중간자를 설정해 놓았다는 것이다.

6. 왕생의 의미

그렇다면 이번에는 마지막으로 신라에 있어서 왕생이란 무엇을 의미하는 것일까? 물론 「왕생」이란 말에 대한 사전적인 해석은 사후정토로 표현되는 낙토에 가서 태어난다는 것을 말한다. 그러나 그 개념은 받아들이는 수용자의 태도에 따라 조금씩 바뀌어질 가능성도 충분히 고려해야 한다. 이는 사회계층 또는 지식의 유무 그리고 한걸음 더 나아가 민족의 특성에 의해서도 달라질 수 있기 때문이다. 따라서 신라의 왕생설화에서 나타내고 있는 왕생의 의미도 어쩌면 사전적인 의미가 아닌 지극히 신라적인 의미로 변용이 되었을지도 모르는 것이다. 이번에는 이 점에 대해 논의하여 보기로 하자.

이를 파악하기 위해 다시 (1)의 남백이월성의 이야기를 보자. 이 이야기의 주인공인 노힐부득과 달달박박은 앞장에서도 언급하였듯이 중간적인 매개자의 도움으로 제각기 미륵존불과 무량수불로 되었다. 그들은 수도 끝에 「현신성도現身成道」라는 『삼국유사』의 표현처럼 도를 이루어 부처가 된 것이다.

그렇다면 이 설화에서 말하는 왕생이란 도를 깨쳐 완전한 부처가 되는 것을 말하는 것이 아닐까? 애당초 그들이 속세를 떠나 이루고자 했던 목적도 「불교를 배우면 마땅히 부처가 되고, 참된 마음을 닦으면 반드시 진리를 얻는데 있다」라는 그들의 말에서 보듯이 무상의 도를 이루어 성불하는 것이었다.

(3)의 설화에서도 왕생이란 말은 부처가 되는 것을 의미했다. 욱면이 지극한 염불 끝에 서방정토가 있는 서쪽의 하늘을 향해 날아 갈 때 육신을 버리고 부처가 되어 떠나갔다. 이러한 내용은 왕생의 의미가 무엇인가를 단적으로 나타내고 있다 하겠다. 그리고 (5)의 다섯명의 비구들도 수십년 염불한 공덕으로 서방정토로 떠날 때에는 각각 연화대에 앉아 공중으로 날아갔다는 것도 앞의 예에서 보듯이 그들의 모습은 모두 부처이었을 것이다. 그들은 남백월이성처럼 무상의 도를 깨우친 것이다. 그러므로 그들은 서방정토로 날아가던 도중 통도사의 문 밖에 모여든 여러 승려들에게 무상고공無

常苦空의 이치를 설하셨던 것이다. 남백월이성도 그들이 성불한 후 몰려든 마을사람들에게 불법의 인지를 설했다. 이처럼 신라왕생설화에 있어서 왕생의 개념은 깨우치지 못한 다른 사람에게 진리를 말할 수 있는 완전한 성불을 의미하는 것이었다.

욱면비가 짚신을 떨어뜨린 자리에다 세운 사찰의 이름을 보리사菩提寺로 하였던 것도 부처가 되어 떠나가는 욱면비를 진리를 상징하는 보리의 개념으로 보았을지도 모른다. 그러므로 신라의 왕생설화에서 정토로 떠나기 전에 육신을 버리고 부처의 모습으로 바뀌어 진다는 모티브가 자주 보이는 것도 그와 같은 왕생의 개념이 있었기 때문이다.

이 점은 일본의 왕생설화와 비교하여 보면 매우 대조적인 차이를 엿볼 수 있다. 따라서 남은 금빛물이 모자라 몸에 다 바르지 못했기 때문에 미타상의 몸에는 얼룩진 자리가 있다는 백월산 남사南寺의 기록에 대해서도 그냥 지나칠 수 없는 진정한 왕생이 무엇인가를 나타내 주는 교훈적인 내용으로 보아야 할 것이다. 즉, 친구의 도움으로 미타상으로 성불한 달달박박은 완전한 도를 깨우치지 못한 것이다. 그의 성불은 오로지 자신의 힘으로 이루어진 것이 아니라 단순히 노힐부득이 목욕하고 남은 물에 목욕함으로써 이루어졌다. 그러므로 그는 엄격한 의미에 있어서 진정한 성불이 아니다. 따라서 사람들이 미륵존상을 먼저 받들고 미타상을 나중에 받들었는데 그 미타상을 만들 때에는 도장하는 금빛물이 부족했다는 설명이 백월산 남사의 미타상에게는 필요했다. 이와 같은 신라에 있어서 왕생의 개념은 완전한 성불을 의미했다.

이같은 성격과는 달리 일본의 왕생설화에 나타나는 왕생의 의미는 죽음의 개념으로 받아들여지고 있다. 그 대표적인 예로 다음과 같은 설화를 들 수 있을 것이다.

사누키 산이讃岐三位라는 사람이 오랫동안 왕생하기를 염원했다. 그러나 그의 마음 속에는 노후 나쁜 병이 걸려 임종이 원만하게 이루어지지 않으면 학수고대하던 그의 왕생이 어려울 것이라는 불안한 생각이 자리 잡고 있었다. 그리하여 그는 병에 걸리지 않고 죽는 방법으로 소신燒身할 것을 결심했다. 그런데 자신이 과연 그 뜨거운 불길 속에서 견디어 낼 수 있을지가 의문이었다. 그는 이를 시험하기 위해 괭이 두 자루를 불에 달구어 양쪽 겨드랑이에 끼워 보았다. 충분히 견디어 낼 수 있을 것 같았다. 그러나 소신을 한다 하더라고 극락왕생한다는 보장도 없을 뿐만 아니라 더군다나 임종 때에 신앙에 대한 조금도 흔들리지 않는 정념을 유지할 수 있을지에 대한 의문도 생겨났다. 그리하여 그는 현세에 살아서 갈 수 있는 정토인 관음의 보타락산補陀落山으로 가기로 정하고 도사土佐에서 작은 배를 타고 남쪽으로 향해 길을 떠났다. 사람들은 그의 강한 의지로 말미암아 필히 보타락산에 갔을 것으로 생각했다.[11]

여기에서 우리의 주목을 끄는 것은 설화의 주인공이 왕생하는 방법으로 소신을 계획하고 있다는 점이다. 이같은 일종의 자살행위나 다름없는 변태적인 시도가 실제로 11세기 무렵에는 유행처럼 많이 행하여 졌다. 그 방법에는 자기의 몸을 태우는 소신말고도 입수入水, 단식斷食, 매신埋身 등 여러 가지 있었는데, 그 중 입수의 사례가 가장 많았다.

그럼 왜 일본에서는 왕생하기 위해 이와 같은 이상한 변태적인 방법이 시도되어 지는 것일까? 이유는 병에 걸려 신체적으로 허약해지면 진정한

11 鴨長明, 『方丈記/発心集』, 新潮社, 1976, 79쪽.

염불이 불가능하기 때문에 임종정념에 의한 왕생을 이룰 수 없다고 보았기 때문이다. 그러므로 그들의 왕생에 있어서 최대의 목표는 뚜렷한 의식과 건강한 육체를 지닌 채 죽음을 맞이하는 일이었다.

일본의 왕생설화에서 「흐트림 없이 염불을 끊임없이 하여 죽음을 맞이했다. 그러므로 그는 틀림없이 극락으로 왕생했을 것」이라는 모티브가 현저하게 많이 눈에 띄는 것도 그들이 왕생에서 가지는 최대의 가치는 임종정념에 있었기 때문이다. 왕생에 대한 표징도 이것으로 확인하였던 것이다.

이상의 내용에서 본 바와 같이 일본에 있어서 왕생이란, 사후에 불보살의 정토에서 다시 태어난다는 철저한 사전적인 개념으로 받아들여지고 있었다. 즉, 일본의 왕생은 어디까지나 사후개념이었던 것이다. 그렇다고 해서 신라에서 이러한 예를 전혀 찾아볼 수 없는 것은 아니다. (2)의 사복 어머니 및 (4)의 광덕과 엄장도 사후에 모두 불보살의 정토에 갔다. 이처럼 신라에 있어서 왕생은 이러한 사전적인 해석이 있는가 하면 이상에서 본바와 같이 완전한 도를 이룬 성불의 개념으로 보는 해석도 있는 것이다. 더군다나 전자의 개념으로만 이해되고 있는 일본의 왕생과는 달리 전자와 후자의 개념이 모두 포함된 이중적인 개념을 지닌다는 점은 확실히 신라설화의 특질이라 말하지 않을 수 없다.

7. 마무리

이상에서 논의된 신라의 왕생설화에 나타난 그 특질을 정리하여 보면 다음과 같다. 첫째, 신라의 정토는 경전상으로는 각종 다양한 불보살의 정토가 있음에도 불구하고 아미타불의 극락과 미륵의 도솔천, 그리고 비로자나불의 연화장세계가 그 주를 이루고 있다는 점이다.

둘째, 설화상으로 나타난 정토의 소재는 경전에 명시되어 있는 바와 같이 인간세계가 아닌 타계他界에 있었으며 그곳으로 가기 위한 정토사상으로는 미타에 대한 신앙이 일반적으로 보편화되어 있었다는 점이다.

셋째, 왕생한 사람의 신분적 특질이 지극히 일반적이고 서민적이라는 점이다.

넷째, 그들이 왕생하기 위해 행한 직접적인 방법으로는 보살도의 실천, 전생의 선근, 염불, 십육관, 쟁관법 등이 있었다. 그리고 간접적인 조건으로서 친구와 자식의 도움으로도 성불 및 왕생할 수 있다는 것도 나타났다. 이러한 것은 대개 경전상에 나타나 있는 정토교리에서 크게 벗어나지 않는 것들이다. 그러나 그들이 왕생할 수 있도록 도와주는 매개자의 역할을 설정해 놓았다는 점은 다른 곳에서는 찾아 볼 수 없는 신라왕생설화의 구조적 특징이라 하지 않을 수 없다.

다섯째, 신라에 있어서 왕생이 지니는 그 의미는 사후에 불보살이 있는 정토로 가서 태어난다는 사전적인 의미 이외에 완전한 도를 이룩한 성불의 의미로도 받아들여지고 있었다는 점 등을 들 수 있다.

9장

일본인들은 죽어서 어디로 가는가?

1. 머리말

보통 일반적인 일본인의 가정에는 불단佛檀이 놓여져 있는 방이 있다. 불단 안에는 조상의 위패가 모셔져 있으며, 그 주변에는 고인들의 사진이 걸려 있다. 이곳에 매일 일본인들은 차와 향, 그리고 밥을 올리며 기도를 한다. 만일 그 집을 방문하는 사람이 과자를 선물하면 일본인은 그것을 먹기 전에 반드시라고 해도 좋을 만큼 먼저 불단에 바친 연후에 함께 나누어 먹는 것이 일반적이다. 그러므로 이곳은 선조의 영혼이 깃든 곳이라는 것은 의심할 여지가 없다.

그러나 그러한 신념은 오봉御盆이 찾아오면 여지없이 깨져 버린다. 일본에서 오봉이란 우리의 백중과 같은 것으로 음력 7월 15일을 기준으로 이승에 간 선조의 영혼들이 집으로 돌아온다고 하는 날이다. 사람들은 이 날을 기해 강, 바다, 호수, 산, 절, 묘지 등지로 가서 선조의 영혼을 맞이한다. 그렇다면 평소에 불단에 모셨던 선조의 영혼은 무엇이란 말인가? 다시 말해 일본인의 영혼은 어디에 있단 말인가? 이러한 일본인의 행동을 어떻게 이해하면 좋을까? 이를 위해서는 일본인은 죽어서 영혼이 어디로 가는 지를 명확히 이해할 필요가 있다. 따라서 이 문제는 일본인의 영혼관 또는 내세관의 문제이기도 하다.

우리의 학계에서는 이러한 문제를 본격적으로 다룬 연구는 별로 보이지 않는다. 그렇다고 해서 전혀 없었던 것은 아니다. 그러한 가운데 임순록은 앙케이트 조사를 통하여 한국인이 일본인보다 영혼과 사후세계가 있다고 믿는 사람이 많다는 분석을 내어 놓았다.[1] 그에 비해 정봉택은 고대문헌 『만엽집万葉集』의 가요 분석을 통하여 "일본인은 사후 영혼은 산중山中으로 간다는 신앙이 있다."고 하였고,[2] 성해준은 "일본인의 영혼은 산자의 가까운 곳에 머물며 멀리가지 않는다."는 일본의 사토 히로오佐藤弘夫씨의 견해를 소개하고 있다.[3] 이와 같이 현 단계로는 조금씩 흥미를 가지고 단편적으로 다루어지고 있을 뿐 본격적인 연구가 아직도 이루어지지 않고 있다는 느낌이 든다.

그러한 가운데 이들의 일련의 언설들을 종합해 보면 현대 일본인은 영혼과 사후세계를 믿는 사람은 우리에 비해 적지만, 그것을 믿는 사람은 고대인의 경우 사후에 영혼은 산으로 가서 머문다고 믿었으나, 지금은 산자의 곁을 떠나지 않는 것으로 인식하고 있는 것이 된다. 과연 그러할까? 산자의 가까운 거리에 있다고 생각함에도 불구하고 무엇 때문에 영혼을 맞이할 때는 바깥으로 나가는 행위에 대해서는 이상의 견해로는 충분히 설명이 되지 않는다.

물론 일본인의 영혼관에는 불교의 극락과 지옥이 없을 수 없다. 불교가 전래된 지 1500여년 세월이 흐르는 동안 불교가 일본인의 영혼관에 끼치는 영향은 매우 크다. 이러한 것은 세시민속에도 잘 반영되어있다. 가령 일본인들은 죽은 영혼들이 오봉과 춘분, 추분을 맞이하면 집에 돌아온다고 믿는 것이 바로 그것이다. 그 때 영혼에 대한 제의는 불교가 전적으로 담당한다. 더군다나 이 시기에 지옥도를 걸어놓고, 찾아오는 사람들에게 보이거나 상세히 설명을 하는 사찰도 많다. 그러므로 절에 있는 조상의 묘역을 찾는 일본인의 영혼관에 불교의 사후세계가 깊숙이 관여하고 있는 것이다.

1 임순록, 「한일 사생관 비교 - 불교를 중심으로 - 」, 『일본문화연구』 32, 동아시아일본학회, 2009, 430쪽.

2 정봉택, 「萬葉人의 靈에 대한 의식」, 『외국문화연구』 12-1, 조선대 외국문화연구소, 1989, 224쪽.

3 성해준, 「일본열도의 죽음의례에 관한 근원고찰」, 『일본문화연구』 43, 동아시아일본학회, 2012, 256쪽.

불교의 논리에 의하면 죽으면 그 영혼은 육도六道에 올라 윤회하기 때문에 이승에 남아있을 리 없다. 그럼에도 불구하고 만들어낸 극락도 서쪽으로 10만억 국토를 지나야 있다고 할 만큼 머나먼 곳에 있다고 한다. 아마도 극락과 짝을 이루는 지옥도 필시 가까운 거리에 있는 것이 아닐 것이다.

이처럼 머나먼 곳을 설정한 불교의 사후세계를 인식하면서도 일본인들은 자신들만이 가지고 있는 고유의 영혼관도 버리지 않았다. 사람이 죽으면 불교와 관계없이 인간의 세계와는 다른 별도의 장소에 머물러 있다고 생각하는 사람이 많다. 아마도 이것은 불교가 전래되기 이전부터 가지고 있던 일본인들의 토속적인 영혼관일 것이다.

이 두 가지 영혼관이 지금까지 일본에서는 서로 충돌을 일으키면서도 비교적 조화롭게 공존하고 있다. 그러므로 일본인의 영혼관을 이해하기 위해서는 불교적인 영혼관은 물론 토속적인 영혼관에 대한 이해가 필요하다. 이에 본 장에서는 일본인 고유의 정신세계를 이해하기 위해서 후자의 토속적인 영혼의 세계에 주목하고 일본인은 죽어서 그 영혼이 어디로 간다고 생각하고 있는지에 대한 해답을 찾는데 그 목적이 있다.

2. 영혼이 머무는 곳

1) 하늘

사람이 죽으면 기독교도들은 '하늘에 부르심을 받아 가셨다'고 표현할지 모른다. 이것은 사후 영혼이 하늘로 올라간다는 것을 상정한 데서 나온 말일 것이다. 이와 흡사한 사고를 일본인들도 하고 있다. 그리하여 일본인들도 곧잘 '승천하다', '천상으로 가다'는 말을 조사弔辭로 사용하곤 한다. 그러나 이 말들은 막연히 하늘을 의미할 뿐 구체적인 어느 하늘을 가리키는 것인지는 분명치 않다.

하늘에 이승과 다른 세계가 있다는 사고는 고대에도 있었다. 일본인들은 그곳을 다카마노하라高天原라 했다. 여기에 살고 있는 신들의 이야기는 8세기 문헌인 『고사기古事記』, 『일본서기日本書紀』(이하 이 두 문헌을 합하였을 때 〈記紀〉라 생략하여 표현한다) 등에 자세히 나와 있다. 이곳은 천신들이 살며, 목적에 따라 그들이 지상으로 내려오기도 하지만, 인간이 죽어서 그곳으로 갔다는 사례는 거의 없다. 그러므로 이곳은 인간이 죽어서 가는 곳이라기보다는 신들이 사는 세계이다.

사람이 죽으면 영혼이 하늘로 올라간다고 생각한 사람들도 있었다. 그 대표적인 예로 준나천황淳和天皇(786~840)의 산골散骨을 들 수가 있는데, 그의 장례를 산골한 이유를 『속일본후기續日本後紀』는 "내가 듣건데, 사람이 죽으면 정혼精魂은 하늘로 돌아간다고 한다. 그러므로 부질없이 무덤을 능묘를 남겨 귀물鬼物이 붙고, 최종적으로는 탈을 일으키며, 오랫동안 후대에 누를 끼친다."하여 자신의 능묘를 만드는 것을 반대하며, 화장한 후 "뼈를 갈아서 산중에 뿌려라"는 유언을 남겼기 때문이라고 서술하고 있다.[4] 이처럼 사후 영혼은 하늘로 가는 것이라고 생각한 사람이 있었다.

그렇다면 하늘로 올라가는 일본인의 영혼은 하늘의 어느 곳에 있는 것일까? 일본의 근대문학가 미야자와 겐지宮沢賢治(1896~1933)는 은하세계라고 생각했다. 그의 작품 『은하철도의 밤』에서 이러한 세계를 잘 묘사하고

4 『續日本後紀』 19, 新訂增補國史大系, 102頁.

오카다 유키코(岡田有希子 : 1967~1986)

있다. 사자들은 은하세계에 수많은 별 속에 살고 있다고 생각했다. 이들을 만나기 위해서는 특급열차를 타고 수많은 별의 정거장을 거쳐 가야하는 천국이 있는 것으로 설정되어있다.[5]

그러나 오늘날 현대 일본인들은 그렇게 생각하지 않는 사람들이 많다. 여기에 대해 흥미로운 사례가 있다. 1986년 4월 일본 아이돌 가수 오카다 유키코岡田有希子(1967~1986)가 자신의 소속사 사무실이 있는 빌딩에서 투신자살을 했을 때 수천 명의 팬들이 그녀에게 석별의 정을 담은 편지를 보냈다. 그 내용 가운데, 사람이 죽으면 그 영혼이 하늘로 간다는 의미의 표현이 적지 않았다. 가령 「천국에서 편안히 잠들기를, 천국에서도 언제나 귀엽고 영원한 아이돌로 있기를, 그리고 언젠가 천국에서 만나기를 바랍니다」, 「그대가 천사가 되어 천국에서 우리들을 지켜봐 주세요. 그대가 살아있지 않아도 언제나 지켜 드릴께요」, 「어느 하늘의 별이 되었습니까? 천국의 생활에 빨리 적응하고, 빨리 친구들도 사귀기를」, 「언제나 반짝이는 별이 되기를」, 「당신은 제일 좋아했던 별이 되어 언제나 우리들을 밝게 비추어 주세요.」 하는 등이다.[6]

이러한 표현 가운데 '천국' '천사'라는 부분에 있어서는 기독교적인 세계관의 영향을 받은 것도 분명히 있지만, 하늘의 별이 된다는 표현에서 알

5 宮沢賢治, 『銀河鉄道の夜』, 岩波書店, 1951, 236~309頁.

6 吉岡忍, 「子どもの死生観」, 野田正彰 編, 『現代の世相 あの世とこの世』, 小学館, 1996, 120~121頁.

수 있듯이 사후에 영혼이 하늘로 올라간다는 인식이 짙게 깔려있는 것도 부인하기 어렵다.

또 한 가지 간과할 수 없는 사실은 그 하늘의 범위를 한정시키고 있다는 점이다. 그곳은 '우리들을 지켜봐 주세요' '지켜드릴께요'라는 표현처럼 산자와 사자가 서로 지켜볼 수 있는 거리에 있다. 다시 말해 항상 만나고 볼 수 있는 곳으로 산자의 세계와 가까운 세계로 설정하고 있는 것이다. 이 점은 분명히 불교와 기독교의 사후세계와 확연하게 다른 점이라 할 수 있다. 그리고 조사弔辭에서 자주 사용되는 또 하나의 표현인 "하늘의 한쪽一角에서 지켜본다."라는 것도 산자와 그다지 멀지 않는 하늘을 설정하고 있음은 두말 할 나위가 없다.

이러한 세계관은 민속사회에서도 어느 정도 확인할 수 있다. 「오봉御盆(우란분절)」이 되면 일본인은 조령을 불로 맞이하고 불로 보낸다. 맞이할 때 피우는 불을 「무카에비迎え火」라 하고, 보낼 때 피우는 불을 「오쿠리비送り火」라 한다. 이 불은 개별적으로 피울 수도 있지만, 지역단위로도 할 수 있다. 그 대표적인 예가 교토의 '대문자大文字'의 행사이다. 교토에서는 8월 16일 저녁 영혼을 저승으로 보낼 때 교토를 둘러싸고 있는 북쪽 산에 '大' '妙, 法', '左'라는 글자와 배船 모양으로 장작불을 피우는 행사를 벌인다. 이는 저승으로 돌아가는 영혼들이 길을 잃지 말라는 표시인 것이다. 이 불을 보려면 하늘 위에서 보아야 비로소 완전하게 보인다. 즉, 이는 조령은 새나 구름처럼 하늘을 나는

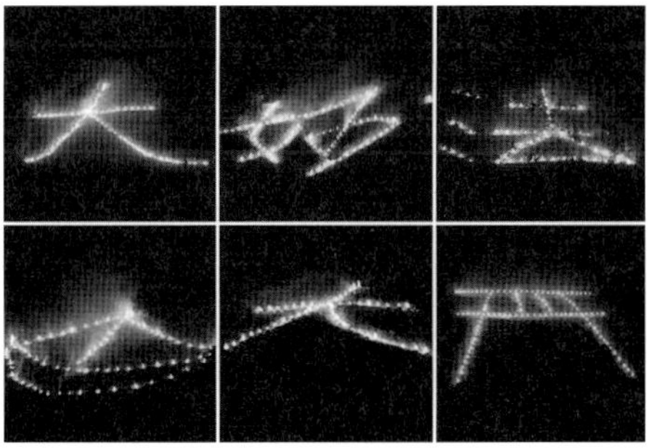

교토 오산의 오쿠리비(送り火) 대문자

존재이어서 공중에서 내려다 본다는 인식하에 만들어진 것이다.

고구려의 담징이 그린 벽화로 우리나라에도 비교적 잘 알려져 있는 법륭사法隆寺가 있는 나라奈良의 이카루가초斑鳩町의 한 마을에서는 오봉이 있는 1달 내내 마을에 다카토로高燈籠라 하여 기다란 장대 끝에 매달린 등롱에 촛불을 켜서 높이 세우는 민속이 있다. 이것 역시 조령이 이를 보고 집을 찾아오기 위한 길을 안내를 하는 표지판이다. 즉, 하늘을 나는 영혼을 전제로 하지 않으면 생겨날 수가 없는 것이다. 이처럼 일본인은 사후에 영혼이 하늘로 올라가 새나 구름 또는 바람과 같은 형태로 이승과 저승을 오가는 것으로 인식했다. 이같이 일본인의 사령은 머나먼 천상의 세계로 가지 않고 가족들이 사는 지역의 하늘에서 새와 같이 자리 잡고 있다는 인식이 이상의 민속에 잘 반영되어있다고 볼 수 있을 것이다.

2) 바다

이즈미 교카(泉鏡花 : 1873~1939)

오키나와인들은 죽어서 바다 저편에 있는 「니라이카나이」라는 세계로 간다고 한다. 그곳의 영혼들은 새해에 찾아와 풍요를 가져다주고 연말에는 돌아가며, 새로운 생명체의 영혼도 그곳에서 온다고 한다. 즉, 그곳은 생명의 근원지이자, 궁극적으로는 돌아갈 곳이었다.

이같은 사후세계를 상상한 근대 소설가가 있었다. 그가 바로 이즈미 쿄카泉鏡花(1873~1939)이다. 그의 작품 「춘주후각春晝後刻」은 한번 스쳐 지나간 것만으로도 남녀 간의 사랑이 싹 터 꿈 속에서 감응이 이루어지고, 다시 꿈속에서 만나고 싶다고 하여 남자가 죽고, 그 뒤를 따라서 여자가 뒤따라 죽는 매우 특이한 내용을 담고 있는 이야기이다.

이 소설의 맨 마지막 장면이 "다음날 시신은 남자가 빠져 죽은 동일한 장소에서 여자에게 안겨서 함께 발견되었다. 타마와키의 아내도 영혼의 행방을 알았을 것이다."라고 끝을 맺고 있다.[7] 즉, 여인은 바다 깊은 곳에서 그리운 남자 영혼과 함께 만났다는 것이다. 이처럼 쿄카는 바다 저편에 사자들의 영혼이 가는 곳이 있다고 생각했다.

실제로 이러한 사고는 민속사회에서는 얼마든지 찾아볼 수 있다. 오봉을 기해 집을 찾아온 영혼을 저승으로 보낼 때 배에 태워 보내는 민속이 바로 그것이다. 흔히 조령이 타는 배를 쇼로부네精靈船이라 하며, 그것을 보내는 행위를 쇼로나가시精霊流し라 한다.

나가사키長崎지역에서는 상을 당하고 처음으로 오봉을 맞이하는 집에서는 오봉의 마지막 날 조령을 배에 태워 그것을 가족과 친지들이 바닷가로 끌고 가서 영혼의 세계로 띄워 보내는 민속이 있다. 이같은 민속은 비단 나가사키에서만 독특한 것이 아니다. 비교적 일본 전역에서 보이는 보편적인 민속이다. 사자의 영혼들이 바다 저편 세계로 간다는 인식이 없다면 이러한 민속은 결코 발생하지 않았을 것이다.

이러한 일련의 인식에는 영혼의 세계가 그다지 먼 곳으로 설정하지 않고 있지 않다. 가령 시코쿠四國 지역 사람들은 죽으면 영혼은 미야지마의

7 泉鏡花, 「春晝後刻」, 『春昼. 春昼後刻』, 岩波書店, 1987, 136~137頁.

이츠쿠시마신사嚴島神社가 있는 미야마彌山으로 간다고 한다. 즉, 자신들이 살고 있는 지역과 얼마 떨어지지 않는 바다 위에 떠 있는 섬을 설정한 것이었다. 그리고 에히메의 해안지역 사람들은 사람이 죽는 것을 '히로시마廣島에 담배 사러 간다'는 은어로 표현하기도 한다.[8] 여기서 말하는 히로시마는 실제의 지명이 아니라 바다 저편에 있는 상상의 섬이다. 이처럼 멀지 않은 바다에 떠 있는 어떤 섬을 영혼이 가는 곳이라고 믿는 신앙이 있었다.

3) 산

영혼들이 머무는 세계가 천상과 바다에 설정하는 민속과 신화가 있음에도 불구하고, 많은 민속학자들은 산을 영혼이 머무는 곳이라고 해석하는 자가 많았다. 그 대표적인 사람이 야나기다 구니오柳田國男(1875~1962)이다. 사토 히로오佐藤弘夫가 지적한 바와 같이 그것은 야나기다 이래 지금까지 내려오는 일본 민속학에 있어서 거대한 하나의 통설이었다. 어쩌면 이러한 세계관은 산이 시신을 묻는 매장지, 묘소라는 이미지에서 형성된 것인지도 모르겠다. 그 예로 후쿠이현福井県의 니소노모리ニソの森와 가고시마

야나기다 구니오(柳田國男 : 1875~1962)

8 柳田國男, 「広島へ煙草買いに」, 『定本 柳田國男集』 15, 筑摩書房, 1969, 574頁.

현鹿児島県의 모이돈森田, 모이야마森山를 들 수가 있다. 여기서 '모리', '모이'는 숲을 의미하듯이 이 두 곳은 모두 산 속 숲이다. 이곳의 지역민들에게 있어서 그곳은 자신들이 죽으면 머무는 곳이며, 점차 시간이 흘러 정화가 되면 조령에서 신으로 승화되는 공간이었다.

이 두 곳은 시신을 처리하는 매장지이자 영지라는 공통점도 지니고 있다. 이처럼 산은 실제로 사자들이 가는 묻히는 곳이며, 머무는 곳이었다. 특히 동북지역의 시모키타반도下北半島의 중앙부에 위치한 오소레산恐山은 고야산高野山과 히에잔比叡山과 더불어 일본의 3대 영장霊場으로서 유명하다. 이 지역민들은 「사람이 죽으면 혼은 오소레산으로 간다」고 한다. 그러므로 이곳에서 봄 가을에 열리는 대제 때 가 되면 '이타코'라는 무녀들이 대거 이곳에 몰려 들어와 텐트를 치고 죽은 조상을 만나고자 하는 고객을 위해 공술행위를 벌이기도 한다. 그 밖에 유명한 영장으로 손꼽히는 고야산, 다이센大山, 구마노熊野, 아사마야마朝熊山, 선광사善光寺, 미륵사彌勒寺, 입석사立石寺 등도 모두 산에 위치해 있다.

고야산은 호네노보리骨のぼり라 하여 뼈의 일부를 가지고 가서 무덤을 만들고, 다이센은 특히 갓난아이들이 죽어서 가는 곳으로 유명하다. 가사오카시笠岡市, 이하라시井原市, 오다군小田郡 야카게초矢掛町 등에는 다이센의 신인 다이센치메이콘겐大山智明權現을 권청하여 모신 대선원大仙院들이 있는데, 매월 음력 24일이 되면 어린 자식을 잃어버린 부모들이 찾아와 과자와 장난감을 제단에 올려놓으면 사자의 세계로 전해진다는 신앙이 있다고 한다.[9] 그리고 구마노熊野의 묘법산 아미타사妙法山阿弥陀寺도 사자가 가

9 佐藤米司, 「あの世の入口 - 聖地としての墓所 - 」, 『仏教民俗学大系』(3) - 聖地と他界観 -, 名著出版, 1987, 139頁.

는 곳으로 가미아게髮あげ라 하여 사자의 머리카락 혹은 뼈의 일부를 가지고 가서 봉납한다. 또 아사마야마는 이세반도伊勢半島에 있는 사자들이 가는 곳인데, 이곳의 금강정사金剛証寺에서는 타케마이이리岳参り라 하여 토오바공양塔婆供養 으로 유명하다. 이같은 신앙이 선광사, 미륵사彌勒寺, 입석사立石寺에도 남아있다.

규슈의 아소산阿蘇山의 산간지역과 가고시마현鹿児島県의 사쯔마薩摩지방에서는 피안이 되면 조상이 있는 산에 올라가며,[10] 시즈오카현静岡県 동부지역에서는 피안에 히가네산日金山에 가면 사자死者를 만날 수 있기 때문에 초상을 치른 다음 3년간 계속 그곳을 간다고 하며, 가가와현香川県의 마루가메시丸亀市와 다도쓰초多度津町에서는 피안의 중일中日에 이야다니마이리弥谷参り이라 하여 사령들이 머무는 이야다니산弥谷山에 간다고 한다.[11] 이처럼 산은 사령들이 머무는 곳이라는 인식이 강하다.

그러한 인식은 묘지를 만들 때에도 나타난다. 천황의 능을 산릉山陵이라 하고, 그것을 만드는 자를 야마쓰쿠리노쓰카사山作司라 했다.[12] 즉, 산을 만드는 관리라는 뜻이다. 이러한 것은 현재의 민속에서 발견할 수 있다. 매장작업을 「야마기메」, 「야마시고토」, 「야마고시라에」, 「야마지마이」라고 하며, 그러한 일에 종사하는 사람을 「야마시」, 「야마히토」라 하고, 시신을 넣는 통(관)을 「야마오케」라 한다.[13] 여기서 말하는 야마란 ‘산’을 말한다. 이처럼 묘지 조성의 용어에서 보듯이 사자는 산을 향해 가는 것이었다.

10 五十嵐謙吉, 「彼岸」, 『歳時の文化事典』, 八坂書房, 2006, 39頁.

11 田中宣一, 宮田登 編, 『年中行事事典』, 三省堂, 1999, 190頁.

12 佐藤弘夫, 「死者は山に棲むのか - 日本人の霊魂観. 再考 - 」, 『アジア遊学』 (128) 古代世界の霊魂観, 勉誠出版, 2007, 15頁.

13 藤井正雄, 「葬制からみた霊魂観, 死後観」, 『大系 仏教と日本人』 (9) - 民俗と儀礼 - , 春秋社, 148頁.

이러한 사고는 불화佛画에서도 그대로 반영되어 있다. 일본의 정토사상 가운데 선한 공덕을 열심히 닦은 사람은 임종할때 아미타여래가 여러 보살과 함께 사자의 영혼을 맞이하러 온다는 신앙이 있다. 그것을 그림으로 그린 것이 아미타래영도阿彌陀來迎圖이다. 그 중에서도 유명한 것이 산월아미타불도山越阿彌陀図와 아미타불이십오보살내영도阿彌陀二十五菩薩來迎図이다. 전자는 10만 억토나 멀리 떨어진 극락에서 아미타불이 산을 넘어서 마중 오는 그림이고, 후자는 아미타불이 25명의 보살들과 함께 구름을 타고 산을 통하여 마중 오는 그림이다. 이처럼 아미타불과 인간의 교류는 산을 통하여 이루어지고 있음을 그림에서 강조하고 있다. 이러한 특징 또한 산이 영혼이 머무는 신성한 곳이라는 이미지와 결코 무관하지 않다.

4) 묘지

어느 해인가 일본의 조동종曹洞宗이 성묘하는 일본 국민들에게 그 이유를 물은 적이 있다. 그 중 83.7%가 "묘지에는 호토케(조상)이 있기 때문"이라고 대답을 했다고 한다.[14] 이 결과는 앞에서 본 바와 같이 현대 일본인들에게는 천상, 바다, 산이라는 영혼세계보다도 묘지에 영혼이 있다고 믿는 사람이 압도적으로 많음을 보여주는 것이라고 할 수 있다. 이것은 유골이 묻혀있는 곳에 영혼이 있다는 지극히 자연스러운 인식이다. 그러한 탓에 일본인들은 자주 "망부가 풀잎 밑草葉の陰에서 지켜보고 있다"든가 "풀잎 밑에서 딸을 걱정한다"는 표현을 한다. 여기서 풀잎 밑草葉の陰은 땅 속을 의미하며, 곧 무덤

14 金山秋男, 「日本人の死生観, 霊魂観, 他界観」, 『明治大學人文科學研究所紀要』 64, 明治大學人文科學研究所, 2009, 34頁.

을 나타내는 말이다. 이러한 표현에서 보듯이 묘지는 영혼이 가는 곳이었다.

그러므로 유령도 시신이 있는 묘지에서 나오는 경우도 많다. 교토의 진황사珍皇寺 부근에 「유령 엿」을 파는 가게가 있다. 그 가게의 엿을 하필이면 무시무시한 유령 엿이라고 이름을 붙인 이유는 임신한 상태에서 죽은 여성이 관에서 아이를 낳았으나 자신의 사자이기 때문에 아이에게 젖을 줄 수가 없어 유령이 되어 매일 밤마다 이 엿집에 와서 엿을 사가지고 갔기 때문이라고 한다. 그녀가 유령이 된 곳은 다름 아닌 자신의 시신이 버려진 관 속이었고, 그 속에서 아이에게 엿을 먹였던 것이다. 즉, 이것은 유골이 있는 곳에 영혼이 있다는 사고가 반영되어 만들어진 이야기이었다.

이같이 묘지를 둘러싸고 여러 가지 영이로운 현상이 일어나는 것에 대하여 에도시대의 국학자인 히라다 아쓰타네平田篤胤(1776~1843)는 일본뿐만 아니라 외국에도 그러한 일이 수없이 많으며, 이는 묘소가 "고대로부터 시신을 숨기고 또한 그 영을 진혼시키기 위해서 만든 것이므로 모든 사람은 죽으면 그 영혼은 사신을 벗어나서 위에 진좌해" 있기 때문이라고 해석했다.[15]

히라다 아쓰타네(平田篤胤 : 1776~1843)

묘지에 영혼이 있기 때문에 그곳으로 간다는 앙케이트 응답자의 말은 지극히 당연하다고 볼 수

15 平田篤胤 著, 子安宣邦 校注, 『霊の真柱』, 岩波文庫, 1998, 173頁.

있다. 가령 아키다秋田의 북부지역에서는 조령을 맞이하고 보내는 무카에비와 오쿠리비를 「마토비萬燈火」라 하는데, 춘분과 추분이 되면 짚과 겨릅대苧殼를 가지고 묘지로 가서 불을 피우고, 그것이 활활 타오르면 아이들이 "할아버지, 할머니 이 불을 따라 집으로 오세요."라고 외쳤다고 한다.[16] 그리고 야마구치현山口県에서는 오봉의 2일 전인 8월 13일 저녁에 묘지로 선조를 맞이하러 가는데, 옛날에는 횃불을 들고 묘지에 가서 향을 피우고 마치 조상을 등에 업은 것과 같은 포즈를 취하여 집으로 돌아와서 툇마루에서 "이제 다 왔습니다."하며 등에서 사람을 내리는 흉내를 내기도 했다.[17] 이러한 행위는 모두 묘지에 영혼이 있다고 생각했기 때문이었다.

근년 일본에 사후이혼死後離婚을 요구하는 여인이 늘어난다고 한다. 이것은 죽어서 시집식구 또는 남편이 묻힌 무덤에 들어가기를 거부하는 것을 말한다. 이러한 요구를 하는 여인의 마음은 오죽하랴마는 그러한 인식의 기저에는 유골이 무덤에 영혼이 있다는 사고가 깔려져 있음을 보여주는 좋은 사례가 아닐 수 없다.

3. 유골과 무덤을 떠나는 영혼

수년 전 대한항공이 추락하는 사건이 일어났을 때의 일이다. 지역경찰에 의해 떨어진 장소에 수사라인이 쳐지고 출입을 통제했다. 그에 따라 많

16 月光善弘, 「東北地方における彼岸行事について」, 『佛教と民俗』 11, 大正大学 佛教民俗學学会, 1974, 12~13頁.

17 鶴藤鹿忠 外 4人, 『中國の歳時習俗 - 山口篇 - 』, 明玄書房, 1975, 146頁.

가쓰 신타로(勝新太郎 : 1931~1997)

은 나라 사람들의 유족들은 그곳에 들어가지 않고 수사과정을 지켜보고 있었다. 그런데 그 중에서 한국인과 일본인의 유족들은 매우 특이한 반응을 보였다. 이를 무시하고 억지로 그 안으로 들어가 유골을 찾으려고 하였던 것이다. 또 이러한 일도 있었다. 고베神戸 대지진이 일어나 주변이 황폐해진 가운데 열심히 무언가를 뒤지는 일본인이 있었다. 이를 목격한 미국기자는 분명히 자신의 집에서 값이 나가는 돈이나 보석을 찾으려는 것인가 생각하여 취재에 나섰다. 그러나 예상과는 전혀 다르게 일본인은 그곳에서 선조의 뼈를 찾아냈던 것이다. 이를 본 미국기자는 아연실색을 했다. 이처럼 일본인들은 한국인과 마찬가지로 유골에 집착하는 경향이 강하게 있다.

매우 특수한 사례이기는 하지만 유골을 먹는 경우까지 있다. 1997년에 사망한 인기 배우이자 가수였던 가쓰 신타로勝新太郎(1931~1997)는 유골을 먹는 사람으로 유명하다. 그는 92년에 두 살 위의 형인 배우 와카야마 토미사부로若山富三郎(1929~1992)가 사망하여 장례를 치르고 납골식을 거행할 때 울면서 형의 유골을 먹었다. 그는 여기에 그치지 않고 부친 기네야 카쓰토오지杵屋勝東治(1909~1996)가 96년 2월에 사망하였을 때도 같은 행위를 했다고 전해진다. 그의 부친도 배우였다.

그가 무엇 때문에 뼈를 먹었는지 그 이유에 대해서 잘 알 수 없지만, 그와 유사한 사례가 조폭의 세계에서도 있는데, 그것이 바로 「호네부리」 의식이다. 이 말은 뼈라는 의미의 「호네」와 핥는다는 의미의 「네부루」의 명사형인 「네부리」가 합쳐져 만들어진 말이다.

이것은 보스가 누군가에 살해당하는 사건이 일어났을 때 장례를 치르고 화장장에서 간부들이 보스의 영혼을 자신들의 몸 안에 넣는다는 의미와 함께 보스에 대한 경애와 복수를 다짐하기 위해 뼈를 핥거나 먹는 경우이다. 아마 이러한 사정으로 보아 가쓰 신타로도 자신과 함께 배우였던 부친과 형이 가지고 있었던 영혼을 자신이 계승하겠다는 의지와 함께 사자에 대한 경애의 표시로 보인다. 이처럼 뼈까지 사랑하는 일본인들이 있다.

이러한 일본인들이 다음과 같은 두 가지 점에 있어서 우리를 한번 더 놀라게 한다. 하나는 사람이 죽으면 시신을 묻는 묘埋墓와 성묘하는 묘詣墓를 만드는 지역이 있는데, 이런 경우 유골이 있는 곳에는 거의 가지 않고 유골도 없는 성묘 전용의 묘지에만 간다는 것이다. 심지어 전자를 버리는 묘라는 뜻의 사묘捨墓라고 까지 말하기도 한다. 유골 혹은 시신을 버려 버린다는 의미이다. 이처럼 우리가 상상도 하지 못할 만큼 시신과 유골을 미련 없이 버리기도 하는 것이다.

또 다른 하나는 화장을 한 후 유골이 나오면 유족들이 기다란 젓가락으로 유골 줍기를 하는데, 관서지역에서는 주요한 부분만을 줍고는 나머지 뼈는 버리고 마는데, 그것에 대해서 놀라지 않을 수 없다. 하나라도 빠뜨릴까봐 노심초사하면서 뼈를 쓸어 담는 우리와는 전혀 다르기 때문이다. 이렇게 버려진 화장장의 유골은 산업폐기물로 분류가 되어 쓰레기와 함께 처리가 되고 있다.

이같이 유골을 소홀히 다루는 것은 현대의 산물은 아니었다. 그보다 훨씬 오래 전부터 그러한 경향이 있었다. 가령 고대 헤이안 시대平安時代(794~1192)의 귀족들은 불교의 영향으로 사람이 죽으면 곧잘 화장을 했다. 후지이 마사오藤井正雄에 의하면 그 때 일가친지들은 화장장까지 가지만, 다비가 시작될 무렵이면 모두 돌아 가버리고, 실제로 유골을 수습하는 사람은 유모

아乳母児와 소수의 승려들뿐이었다고 한다.[18]

민속학자 사토 요네시佐藤米司는 사자는 토장이든 화장이든 간에 묘지에 묻히기 때문에 죽으면 묘지에 가기 때문에 그곳이 영혼의 세계라고 생각하기 쉽지만, 그 후 영혼은 그에서 계속 머무는 것이 아니라 앞서 언급한 다이센, 고야산, 입석사, 오소레산와 같은 영산靈山으로 옮겨가기 때문에 묘지는 저 세상으로 들어가는 입구와 같은 존재라고 지적한 바가 있다.[19] 그러나 최근에는 묘지를 조성하지 않는 일본인 가정들이 늘어나고 있다. 이러한 현상에 대해 다음과 같은 세 가지 요인으로 유추해볼 수 있을 것 같다.

첫째는 화장문화의 보급이다. 화장은 일단 시신에 불을 가해 뼈만 남기기 때문에 그 속에 영혼이 있다고 보기 힘든다. 그리고 일본은 화장한 후 묘 또는 납골당에 들어가는 뼈는 극히 일부에 지나지 않는다. 시신이 온전한 상태로 묻혀서 자연적으로 소멸되어가는 토장과는 근본적으로 다르다. 심지어 성묘 전용의 묘지인 마이리바카參墓에는 뼈가 없는 경우도 많다. 현재 일본은 시신이 없는 무덤이 일반화되어 있다. 따라서 묘지에 영혼이 있다고 보기도 힘들며, 그에 따라 묘지의 필요성을 절실하게 느끼지 못하는 것이다.

둘째는 경제적 부담이다. 불경기에 따른 개인 자산의 감소, 노인 부양비에 대한 부담 등에 의해 평균 250만 엔이 드는 장례비용은 경제적으로 큰 부담이 되지 않을 수 없다.

셋째는 가족사회의 변화이다. 가업을 바탕으로 가계를 계승하던 예전

18 藤井正雄, 앞의 논문, 132頁.
19 佐藤米司, 앞의 논문, 139頁.

과는 달리 현대에는 고향을 떠나 월급에 의존하며 살아가는 도시서민들이 사회의 중심을 이루고, 또 이들이 소수의 자식만을 낳음으로써 딸 하나만 있는 가정도 늘고, 또 자식들이 취업장소에 따라 예전처럼 한 곳에 오래 살며 선조의 묘역을 관리할 수 있는 가정이 대거 사라졌다는 점이다.

이러한 상황까지 벌어지면 종전의 불교사찰 중심으로 이루어졌던 장묘제에 크게 영향을 주지 않을 수가 없다. 흔히 종교이탈宗教離脱 경향에 있는 일본인이라는 표현 뒤에는 이러한 문제들이 숨겨져 있는 것이다.

여기에 발 빠르게 대응하는 사찰도 생겨나지 않을 수 없다. 이러한 부분에 있어서 많은 사람들로부터 주목을 끌고 있는 사찰이 있다. 그곳은 다름 아닌 오사카시大阪市 텐노지구天王寺区 오우사카逢阪에 있는 일심사一心寺이다. 이곳은 유골들을 수습하는 곳으로 유명하여 흔히 「유골 절骨寺」이라고도 한다.

이 절이 첫째로 표방하고 있는 것이 종파 불문이다. 이것은 타 종파의 영혼 취급을 거부하는 기존의 개념을 완전히 무너뜨렸다. 이로 말미암아 종파에 상관없이 조상의 영혼을 이 절에 맡길 수 있는 잇점이 있다. 둘째는 묘지를 만들지 않고 납골을 중심으로 한다는 점이다. 이것으로 묘지 구입에 대한 경제적 부담을 대폭 줄일 수 있다. 셋째는 납골비용을 대폭 낮추었다는 점이다. 유골의 대소로 나누어 전골全骨인 경우는 1만 5천 엔에서 3만 엔이며, 소分骨인 경우에는 1만5천 엔에서 2만 엔이다. 넷째는 10년 주기로 받은 유골을 하나로 뭉쳐서 가공하여 아미타여래상을 만든다는 것이다. 그렇게 만들어진 아미타여래상이 13체나 된다고 한다.[20]

유골로 만들어진 일심사의 불상들

하나의 불상은 약 15~6만 명의 유골로 만들어진다고 한다.

그리고 또 한 가지는 화장한 후 유골을 '자연으로의 회귀'라는 명분하에 뼈를 바다 혹은 산에 뿌려 버리는 자연장이다. 바다에 뿌려서 흔적을 남기지 않는 것에 대해 약간의 저항감이 있는 사람들 가운데는 수목장을 택하는 자들이 많다. 수목장樹木葬도 변화했다. 처음 등장하였을 때는 나무 한그루에 1명씩 배당을 받아서 그곳에 뼈를 묻던 것이 지금은 그와 달리 구역을 정해놓고 그곳에 뿌려 버리는 경우가 많아졌다.

이처럼 자연으로 돌아가는 유골도 있지만 그렇지 못한 유골도 생겨났다. 데모토공양手元供養 혹은 자택공양自宅供養이라는 새로운 방법의 장묘제가 등장했던 것이다. 2006년 6월에는 이를 본격적으로 사회적으로 보급하고 계몽하기 위한 NPO데모토공양협회手元供養協会가 조직되어 현재 활발하게 활동 중이다. 이들 방법은 크게 나누어 다음과 같은 3가지 방법이 있다.

집안에 모셔두는 데모토공양(手元供養)의 한 사례

첫째는 유골을 함에 넣어 자택의 불단에 두는 것이다. 최근에는 불단을 두지 않는 가정도 늘어나고 있다. 이러한 경우는 유골함을 특별한 공간에 안치해둔다. 둘째는 유골을 가공하여 다른 물체로 만들어 보관하는 방법이다. 가령

20 일심사가 처음으로 유골로 불상을 만드는 것은 明治 20年이었다. 그 후 10년마다 하나씩 만들기 시작하여 지금까지 13체를 조성하였으나, 그 중 6체는 2차 세계대전 때 소실되고 말았다. 이러한 공양법의 특이성이 인정되어 2005년에는 오사카시가 무형민속문화재로 지정했다.

첨단기술을 이용하여 유골을 유약 처리하여 도기陶器 혹은 다이몬드로 만들어 집 또는 신체의 장식품(보석)으로 보관 또는 사용하는 것을 말한다. 심지어 꽃 공양花供養이라 하여 유골로 꽃병을 만들어 꽃을 꽂는 경우도 있다. 셋째는 유골의 일부를 보석함과 같은 것에 넣어두며, 장식품처럼 보관하거나 펜단트 또는 목걸이 등과 같은 것에 넣어서 신체에 착용하는 경우를 말한다. 이에 따라 '메모리얼 펜단트', '메모리얼 쥬어리'라는 새로운 용어가 나타났다.

영혼에는 보내고 싶은 영혼과 붙잡아 두고 싶은 영혼이 있다. 전자는 되도록이면 하루 빨리 저 세상으로 가기를 원하지만, 그것과 달리 후자와 같은 경우에는 조금이라도 가까이에 두고자 하는 경향이 있다. 특히 후자는 오랜 시간에 걸쳐 유골 보존에 있어서 내부로 지향하는 경향이 보인다. 처음에는 산에서 시신을 처리하여, 묘지도 그곳에 썼지만, 이를 좀 더 가까이 두고자 마을(절)에 묘지를 만들었고, 또 이를 다시 집 안 불단에 끌어들인 다음, 이제는 신체에 지니는 장식물을 삼기도 하며, 심지어는 먹어버리기도 한다. 다시 말해 유골이 산 - 마을 - 집 - 신체 - 체내로 이동하는 등식을 보여주고 있는 것이다.

이러한 상황까지 진행되어 있다면 일본의 영혼은 더 이상 묘지에 머물러 있다고 볼 수 없다. 그리고 일본인들에게 있어서 사후 영혼이 가는 내세관이 있는지도 의문이 들지 않을 수 없다. 실제로 여기에 대한 조사가 2000년에 와타나베 요시카쓰渡辺喜勝, 이타가키 케이코板垣恵子에 의해 이루어진 바가 있다. 그들의 연구에 따르면 "내세가 있는가 하는 질문에 답한 것 중에서 "그렇다"라고 대답한 자가 30%, "없다"고 한 자가 29%, "잘 모르겠다"고 한 자가 37%라 한다.[21] 내세에 대한 존재에 대해 부정하거나 잘 모르겠다고 대답한 자를 모두 합하면 약 70%가 회의적인 사고를 가지고 있다는 것이 된다.

이러한 통계는 2003년도에도 크게 변화된 것 같지 않다. 가령 당해 제일생명경제연구소가 전국 40세부터 69세까지 남녀 900명을 대상으로 우편조사법으로 앙케이트 조사를 한 적이 있다. 그 때도 내세를 믿는 사람은 43.5%, 믿지 않는 사람은 56.3%이었다고 한다.[22] 이처럼 오늘날 일본인들은 내세관은 매우 약하다. 그러한 성향이 강하면 강할수록 일본의 영혼은 어디로 가야하는지 모르는 상황이 되고 말 것이다.

4. 죽어서 바람이 되려는 일본인

영혼이 갈 곳을 잃어버린다는 것은 확고한 내세관을 기독교도와 불교도들은 괜찮을런지 몰라도 그렇지 않은 사람들에게 있어서 슬픈 일이 아닐 수 없다. 뚜렷한 내세관을 가지고 못했기 때문에 영혼은 어디에도 있고, 어디에도 없는 애매모호 태도를 취할 수밖에 없었다. 그렇다고 해서 영혼의 존재를 믿지 않는 것은 아니다. 앞의 제일생명경제연구소의 보고서에 의하면 특정의 종교가 없는 사람이라도 영혼은 존재한다고 믿는 사람은 59.4%로 과반수를 넘고 있다.[23] 심령과학이라는 미명하에 곧잘 사기극이 벌어지는 것도 영혼의 존재를 믿으면서도 불분명한 내세관으로 말미암아

21 渡辺喜勝・板垣恵子, 「意識調査にみる現代日本人の<来世>観」, 『東北大醫短部紀要』 9, 東北大學醫療技術短期大學, 2000, 245頁.

22 小谷みどり, 「死のイメージと死生観」, 『ライフデザインレポート』 6, 第一生命経済研究所, 2003, 7~9頁.

23 小谷みどり, 앞의 논문, 9~10頁.

생겨난 것이다.

이러한 일본인들에게 일본인만이 가지는 내세관을 제시하는 일본의 지식인들이 있었다. 노벨문학상 수상작가로 알려진 오오에 켄자부로大江健三郎(1935~2023)도 그 중의 한 사람이다. 그는 자신의 작품『M/T와 신기한 숲의 이야기M/Tと森のフシギの物語』에서 영혼의 향방에 대해 다음과 같이 상상했다.

오오에 켄자부로(大江健三郎 : 1935~2023)

> 이 마을에서 태어난 자는 죽으면 혼이 되어 …(중략)… 빙글빙글 선회하여 위로 올라가 숲의 높은 곳에 정해진 자신의 수목의 밑둥치에 자리를 잡고 편안히 지낸다. …(중략)… 대개 숲의 높은 곳에 있던 혼이 날다람쥐와 같이 활동하여 갓난아이의 신체로 들어간다고도 한다. 의심할 이유도 없이 나는 그것을 줄곧 믿어왔다. …(중략)… 숲의 수목의 뿌리에서 활공하여 내려와 골짜기나「아리在」에서 갓난아기로 태어나 살았으며 나이를 먹고 죽으면 선회하여 숲으로 올라가 수목의 뿌리에 안착하여 다음의 활공을 기다린다.[24]

이상에서 보듯이 오오에는 사후 영혼은 골짜기 마을에서 나선형과 같

24 大江健三郎,『M/Tと森のフシギの物語』, 岩波書店, 1996, 388~389頁.

이 빙글빙글 돌면서 산으로 올라가 각자의 나무에 안착을 하여 시간을 보내다가 기회를 얻으면 다시 마을의 갓난아이의 몸에 들어가 인간세상으로 돌아온다고 상상했다. 단도직입적으로 표현하자면 오오에의 영혼세계는 숲이 있는 산을 영혼이 머무는 곳이라고 설정하고 있었다.

시노다 치와키篠田知和基에 의하면 그곳은 사회적 신분도 선악의 구별도 없는 모두가 평등한 사회이며, 또 비록 악한 자이라 할지라도 현세의 죄를 추궁 받는 일도 없다는 관념이 있다고 지적했다.[25] 만일 그렇다면 오오에는 그야말로 사후의 이상향을 그려내려고 한 것이라 하지 않을 수 없다. 이러한 상상의 세계를 두고 혹자는 그 근저에 유럽의 종교학자 미르체아 엘리아데Mircea Eliade(1907~1986)의 영향이 매우 크다고 해석을 하기도 한다.[26]

물론 오오에라면 그의 작품의 완성도를 높이기 위해 엘리아데의 신성한 공간에 대한 이론을 접했고, 또 그것을 자신의 작품에 충분히 반영했을 가능성이 있다. 그러나 오오에가 제시한 바와 같이 사후 영혼의 세계가 산의 숲에 있다는 사고는 앞에서 보았던 것처럼 그 이전부터 있었으며, 또 이를 학문의 이론으로 체계화한 것이 오늘날까지도 일본의 민속학과 문화인류학에서 큰 줄기로 내려오고 있다. 더구나 오오에는 문화인류학자 야마구치 마사오山口昌夫(1931~2013)와 절친한 사이였다. 그러므로 오오에가 이같은 사후의 이상향을 그려낼 수 있었던 것은 멀리 떨어져 있는 유럽의 엘리아데보다도 가까이에 있는 일본 민속학의 영향이 컸다고 할 수 있다. 그가 표현하고 있는 혼이 빙글빙글 나선형을 그리면서 영혼의 세계로 간다는 묘사는 태양이 춤추듯이 빙글빙글 돌면서 저편 세상으로 들어간다는 민속은 히로

25 篠田知和基,「霊魂の行方」,『アジアの遊学』101 - 日中韓の霊魂観の違い -, 勉誠出版, 2007, 11頁.
26 綾目廣治,「『M/Tと森のフシギの物語』論」,『文教国文学』35・36, 広島文教女子大学, 1997, 198頁.

시마広島,[27] 미에三重,[28] 시마네島根[29] 등의 피안(춘추분)의 민속과도 통한다. 이처럼 그가 그려낸 영혼의 세계의 근저에는 엘리아데 보다는 일본의 민속학적인 지식이 깔려 있었다.[30]

사토 히로오가 지적하였듯이 일본민속학에서는 「일본에서는 사자의 영혼은 산에 머문다」는 것은 거대한 통념이 있다는 것은 앞에서 말한 바가 있다. 그러한 지식은 연구자는 물론 일반인들에 이르기까지 이미 일본에서는 상식으로 지배하고 있는 것이 사실이다.[31] 그 이론의 원조는 일본민속학의 아버지로 불리우는 야나기다 구니오柳田國男(1875~1962)이었다. 야나기다는 자신의 저서 『선조의 이야기』에서 다음과 같이 말하고 있다.

> 첫째는 죽어서도 이 나라 안에 영혼은 머물며 멀리 가지 않는다고 생각하는 것, 둘째는 사자와 산자의 교류가 빈번하게 이루어져 단지 봄가을의 정기적인 제일祭日뿐만 아니라 어느 쪽이든 한쪽의 마음의 의지만으로도 초청하기도 하고, 되기도 하는 것이 어렵지 않다고 생각하는 것, 셋째는 산자가 현재 간절히 바라고 있는 것이 사후에는 반드시 이루어진다고 생각하는 것이며, 이것으로 인해 자손들을 위해 여러 가지 계획을 세울 뿐만 아니라 재차 재삼 〈이승〉에 환생하여 같은 일을 계속하는 것과 같이 생각하는 자가 많다는 것

27 新藤久人, 「広島県の歳時習俗」, 『中国の歳時習俗』, 明玄書房, 1975, 68頁.

28 高野進芳, 「彼岸習俗考」, 『佛教と民俗』, 大正大学 佛教民俗学会, 1974, 28頁.

29 高野進芳, 앞의 논문, 1974, 28頁.

30 이 부분에 대해서는 오오에 자신도 "소설을 쓸 때에 미하일 바프친과 야마구치 마사오의 일에 의존하는 것을 했습니다. …(생략)… 내가 채용한 네러티브는 바프친이나 야마구치 마사오의 문체에 오키나와나 한국의 민속지의 소리, 그리고 원래 조모의 이야기의 木靈을 취하게 되었다."라고 말하고 있듯이 스스로 인정하고 있다. 大江健三郎, 앞의 책, 411~412頁.

31 佐藤弘夫, 앞의 논문, 2007, 13頁.

이 넷째이다.[32]

무난히 일생을 보낸 사람들이 갈 곳은 지금보다 훨씬 더 조용하고 청정한 곳이며, 이 세상의 복잡함에서 멀고, 또 구체적으로는 저 부근이라고 대략 바라다 볼 수 있는 장소가 아니면 안된다. …(중략)… 영산의 숭배는 불교전래보다 오래되었다. 오히려 불교가 이러한 고유의 신앙을 선전 상으로 이용했다고 생각된다. …(중략)… 산봉우리는 농작의 풍요를 위해 무한히 관심을 가진 농신田神이 머무는 곳이었다. 봄은 내려오고, 겨울에는 올라가는 백성의 수호신이 머나먼 옛날의 공동 선조이므로, 최초의 가독 효과가 오랫동안 지속되어지는 것을 지켜봐 주신다는 사고가 지금보다 훨씬 더 뚜렷하게 있었는지 모른다. …(중략)… 사후 연수年數와 공양供養에 의해 점점 순서에 따라 산기슭에서 정상으로 올라가며, 궁극적으로는 신이 된다고 하는 신앙이 지금도 행하여지고 있다.[33]

일본을 둘러싸고 있는 여러 민족에도 죽으면 어딘가 모르는 먼 곳으로 여행을 떠난다는 사상이 무릇 정통한 형태로 널리 퍼져 있다. 이러한 가운데 오로지 섬(일본)에서만 죽어도 같은 국토에서 떠나지 않으며, 게다가 고향 산 높은 곳에서 영원히 자손의 생업을 지켜보며, 그 번영과 근면을 돌보아주고 있다 …(중략)… 우리의 선조가 이같이 믿고, 또 미래의 후손들에게 같은 신앙을 전하려고 했다는 것이다.[34]

여기에서 보듯이 야나기다는 사람이 죽으면 그 영혼은 멀리가지 않고

32 柳田國男, 「先祖の話」, 『定本 柳田國男集』 10, 筑摩書房, 1969, 120頁.
33 柳田國男, 「先祖の話」, 앞의 책, 1969, 123~124頁.
34 柳田國男, 「魂のゆくへ」, 『定本 柳田國男集』 15, 筑摩書房, 1969, 561頁.

일차적으로 머무는 곳은 무덤이 있는 산중턱이지만, 연수가 지나면서 또 후손들로부터 공양을 받으면서 차츰차츰 정화되어 머무는 곳을 산 정상으로 옮기며, 궁극적으로는 신이 된다는 것이다. 그러는 동안에 자손들을 항상 지켜보며 오봉과 피안(춘, 추분) 때에는 정기적으로 마을을 방문하고, 필요에 따라서는 비정기적으로도 방문하며 빈번하게 교류하는 존재이므로 자손들의 간절한 소원을 들어주기 위해 심적으로 고민하며 도움을 주고자 노력하는 것이 선조라고 생각했다. 그리고 신이 된 이후에는 봄에는 마을로 내려와 농사를 관리하여 풍요를 가져다주는 농신이 되고, 가을의 수확기가 끝나고 산에 올라가 산신이 되어 겨울을 지낸다고 한다. 이처럼 야나기다는 일본인의 영혼이 머무는 곳은 산이라고 했다. 자신도 그렇게 되기를 희망했다.

> 혼이 되어도 또한 생애의 땅에 머문다는 상상은 나 자신도 일본인이기 때문인지는 모르지만 나에게는 매우 즐겁게 느껴진다. 가능하다면 언제까지나 이 나라에 있고 싶다. 그리고 하나의 문화가 좀 더 아름답게 전개하고, 하나의 학문이 좀 더 세상에 기여하게 되는 것을 어딘가 조그만 산 위에서 지켜보고 싶다고 생각한다.[35]

1962년 87세의 나이로 세상을 떠난 야나기다는 가나가와현神奈川県 가와사키시川崎市 토네초利根町 다마多摩라는 그다지 높지 않은 산(구릉) 춘추원春秋苑이라는 공동묘지에 묻혔다.[36] 그의 바램대로 그는 사후 조령이 되

35 柳田國男, 「魂のゆくへ」 앞의 책, 1969, 561頁.

36 그의 출신은 이곳이 아니라 兵庫県福崎町이다. 이곳은 그의 형이 의사로서 개업을 하고 있었기 때문

어 봄이면 농신이 되어 마을로 내려와 머물다가 가을이면 산으로 돌아가 산신이 되었는지는 알 수 없다.

그러나 그의 저서를 통하여 분명히 알 수 있는 것은 일본의 영혼은 사후에도 일본을 떠나지 않고 동네 뒷산에 머물며, 자손(일본)을 지켜준다는 것을 강조하며, 이를 후세의 일본인들에게 전하려고 하였다는 것이다. 이러한 염원을 오오에가 문학적으로 표현하였는지도 모른다. 야나기다와 오오에의 공통점은 묘지에 영혼을 묶어두지 않고, 산을 영혼의 안식처이자 환생을 기다리는 터미널로 생각하고 있다는 점이다. 즉, 그들에게 있어서 산이란 생과 사를 반복하는 경계의 공간이었던 것이다. 이처럼 오오에와 야나기다는 일본의 민속에 근거를 두고 그려내는 것이기 때문에 이들의 영혼관은 일본 민속학적 영혼관이라고 할 수 있을 것이다.

그렇다면 이러한 영혼관은 일본인 대다수의 의견을 반영하고 있는 것일까? 여기에 대해서는 매우 회의적이다. 왜냐하면 근현대의 종교철학적인 관점에서 사후세계를 적극적으로 수용하고 있는 지식인들은 물론 그와 반대로 그것에 대해 특별한 고민 없이 하루하루를 살아가는 평범한 일반인들도 그것과 다르게 생각하는 경향이 강하기 때문이다.

종교철학적인 관점의 영혼관을 가지고 있는 사람으로서는 기시모토 히데오岸本英夫(1903~1964), 마쓰시타 코노스케松下幸之助(1894~1989), 에하라 히로유키江原啓之(1964~현재), 창가학회創價學會 등을 꼽을 수가 있다. 종교학자 기시모토는 1962년 7월에 출연한 NHK라디오의 「인생독본」에서 "나에게 있어서 나 자신의 생명력이라는 것은 내가 죽은 다음은 커다란 우주의 생명

에, 이것을 연고로 12세 때 이곳에 와서 유소년기를 보낸 곳이기 때문에 제2의 고향이라 할 수 있다.

력 속으로 녹아버린다는 생각한다." 고 말하고 있다.[37] 여기서 그는 굳이 사후 영혼이라는 말은 사용하고 있지 않았으나, 생명력이 그것을 나타내고 있음은 두 말할 나위가 없다. 즉, 영혼은 사후 개성을 상실하고 우주 속에 빨려 들어가 버린다는 것이다. 이는 사람이 사후에 영혼이 대우주의 생명에 녹아 버린다는 창가학회의 세계관과도 유사하다.[38] 이같은 사고는 기업가인 마쓰시타 코노스케도 가지고 있었는데, 그는 사후 영혼의 행방에 대해 다음과 같이 알기 쉽게 설명하고 있다.

마쓰시타 코노스케(松下幸之助 : 1894~1989)

> 새로운 생명은 대우주의 생명체에서 나옵니다. 그리고 개개의 육체에 연결되어 새로운 개개인으로 태어나는 것입니다. 예를 들면 같은 쇠로 만든 것이라도 쟁기가 있는가 하면 칼도 있습니다. 그런데 그것들이 사용할 수 없게 되면 용광로에 집어넣으면 다시 같은 쇠가 됩니다. 그곳에서는 쟁기라든가 칼이라는 개성은 없습니다. 그러나 용광로의 철에 의해 다시 새롭게 쟁기와 칼을 만들 수가 있습니다. 사후의 생명이 귀납하는 대우주의 생명체라는 것은 마치 용광로와 같은 것이라고 생각되어집니다. 사후의 생명에 관해서는

37 岸本英夫, 『死を見つめる心』, 講談社, 1973, 38頁.
38 川上恒雄, 「松下幸之助の死生観. 霊魂観」, 『論叢 松下幸之助』 16, PHP総合研究所, 2011, 50頁.

이같이 우주의 생명체에 귀납하여 하나가 되며, 개별적으로는 존재하지 않는다고 나는 생각하고 있는 것입니다.[39]

여기에서 보듯이 마쓰시타의 영혼관은 생명도 대우주에서 나오고, 돌아갈 때도 대우주로 돌아간다는 사고이다. 그러므로 사후 영혼은 용광로에 들어가는 쇠와 같이 대우주라는 용광로로 들어가 버리기 때문에 곧 개성을 상실해 버린다고 했다. 이처럼 영혼에 대해 적극 수용하고 있는 종교철학적 그룹에서는 사람이 죽으면 대우주로 돌아간다는 사고가 있었다.

이러한 사고가 전통적으로 일본인들에게 있다는 사실을 야나기다도 알고 있었다. 그도 "이전의 일본의 선조에 대한 사고는 …(중략)… 사람은 죽어서 어느 연한이 지나면, 그 후부터는 선조, 또는 「미타마사마」라는 하나의 존귀한 영체靈體에 녹아버린다고 생각하고 있었던 것 같다."하고 술회한 바가 있기 때문이다.[40]

여기서 말하는 미타마사마라는 하나의 영체는 곧 근현대의 지식인들이 말하는 대우주를 나타내는 것이라 해도 무방할 것이다. 다만 차이가 있다면 앞의 지식인들은 죽자마자 영혼은 대우주로 흡수되어버려 형체와 개성을 잃어버리지만, 야나기다는 그렇게 되는 데는 시간이 걸린다는 것이었다.

이와 유사한 영혼관은 현대 일본의 심령과학자 에하라 히로유키와 유사한 점이 적지 않다. 에하라는 심령과학으로 화제가 되었던 인물로 현재에도 살아있는 인물이다. 그의 영혼관을 간략하게 정리하면 사람이 죽으면 궁극적으로 영계靈界에 돌아가는 데, 그 전에 먼저 혼이 육체로부터 빠져나

39 松下幸之助 · 池田大作, 『人生問答』 上, 聖教新聞社, 1997, 203~204頁.
40 柳田國男, 「先祖の話」 『柳田國男全集』 15, 筑摩書房, 1998, 78頁.

와 유체幽体라는 영적 에너지체로 바뀌어 유현계幽現界로 가고, 또 그곳에서 유계幽界로 가서 유체의 껍질을 벗고 영계로 가서 영혼은 유혼으로 귀결되며, 그 일부가 현계에 환생한다고 했다. 이같이 재생과 귀결을 반복하다가 최종적으로는 빛의 에너지 대영혼Great Spirit으로 융합하여 신계神界로 간다고 했다. 즉, 죽자마자 대우주로 흡수되는 것이 아니라 유현계 - 유계 - 영계 - 대영혼이라는 순서를 거쳐 최종적으로 신계로 간다는 것이다.[41] 이처럼 에하라의 영혼이 점차로 승화되어 최종적으로 신격화되는 점에 있어서는 야나기다와 유사성을 가지고 있다. 이같이 종교철학적인 지식인들은 영혼의 최종 종착지는 대우주에 흡수되어 개성을 상실한다는 데 있다.

여기에 비해 일반인들은 이상의 민속학적 그리고 종교철학적인 견해에 비하면 매우 단순하고 소박했다. 그들에게는 민속학의 산(숲), 종교철학의 대우주라는 사후세계는 등장하지 않았다. 2003년도 제일생명경제연구소가 실시한 앙케이트 조사에서 선조의 영혼이 자신들을 지켜준다고 믿는 자가 전체의 78%이었다고 한다.[42] 그리고 그 영혼들이 지켜보는 곳은 머나먼 하늘이 아니라 가까운 하늘이라고 대답하는 사람이 압도적으로 많다. 이러한 점은 임사체험臨死体験을 한 사람들의 대부분이 사람이 죽으면 영혼은 공중으로 부유한다는 말과도 통한다. 그리고 그 영혼들은 다시 인간으로 태어나기 때문에 이 세상에는 자기와 똑같이 생긴 사람이 적어도 3명은 있다고 말하기도 한다. 앞의 제일생명경제연구소의 앙케이트 조사에 의하면 환생을 믿는 사람이 무릇 43%나 된다고 했다.[43]

41 金本拓士, 「スピリチユアルと心霊学 - 近代日本における霊魂観 - 」, 『現代密教』 21, 2010, 71頁.
42 小谷みどり, 앞의 논문, 9頁.
43 小谷みどり, 앞의 논문, 9頁.

이 말들을 곱씹어보면 영혼은 높은 하늘이 아니라 나지막한 위치의 공중에 있다가 인간으로 다시 환생한다는 것을 의미한다. 즉, 이들에게 있어서 영혼은 지근의 거리에 있는 하늘(공중)을 설정하고 있는 것이다. 그런데 그 영혼이 어떠한 형태로 있는지, 또 항상 가족들의 주변에만 맴돌고 있는지, 그리고 그들이 사는 곳은 어디인지 등 구체성이 없이 매우 막연하다. 그러한 가운데 영혼의 환생도 믿고 있는 것이다.

일본을 대표하는 철학자 우메하라 타케시梅原猛(1925~2019)에 의하면 사후에 영혼이 가는 곳을 하늘이라고 생각하는 것은 죠몬繩文시대 때부터 있었던 것이며, 그러한 흔적이 현재 아이누족의 영혼관에서 남아있다고 한다. 우메하라에 의하면 인간은 죽으면 반드시 하늘로 간다. 원래 인간의 혼은 하늘에서 온 것이기 때문에 죽으면 인간의 혼은 육체를 빠져나와 하늘로 돌아가며, 하늘로 빠르게 올라간 혼은 잠시 하늘에 머물다가 다시 자손이 되어 태어난다고 했다. 그러므로 장례는 인간의 혼을 무사히 하늘로 보내는 행사이며, 그러기 때문에 엄숙히 거행하여야 하며, 그렇지 못하면 인간의 혼은 무사히 하늘로 돌아갈 수 없다는 사고가 있다는 것이다.[44] 그렇다면 하늘로 올라가 머물며 산자들을 지켜본다는 현대인의 영혼관은 불교 이전부터 오늘에 이르기까지 면면히 내려오는 신앙이었음을 알 수 있다.

죠몬시대의 일본인들이 영혼의 환생을 믿었듯이 현대 일본인들도 환생을 믿는 사람들이 많음은 앞의 통계에서 알 수 있었다. 그리하여 그와 관련된 이야기는 지금도 손쉽게 찾아볼 수 있다. 이러한 사례의 하나를 민화 연구가인 마쓰야 미요코松谷みよ子의 저서에서 가져와서 소개하면 다음과 같다.

44 梅原猛, 『日本人のあのよ観』, 中央公論社, 1989, 82頁.

이시가와현石川県 주주군珠洲郡의 어느 마을에 언제나 아이가 일찍 죽는 집이 있었다. 다음에 태어날 때에는 오래 살도록 등에 기다란 선을 긋고 입관을 했다. 그러자 이상하게도 다음에 태어난 여자아이의 등에 검은 먹 자국이 있었다. 그 아이는 65세 때 죽었다고 한다. 또 그 근처 우치우라초內浦町에도 그와 비슷한 이야기가 있다. 송강사松岡寺에서 생후 얼마 되지 않은 갓난아이가 사망하여 오른 손 바닥에 나무아미타불을 적고 입관하여 장례를 치렀다. 그리고 13일째 되던 날에 같은 마을에서 남자아이가 태어났는데, 아이의 손바닥에 나무아미타불이라고 적힌 문자가 있었다. 이를 아무리 지우려 해도 지워지지 않았다. 그리하여 송강사의 주지와 상의하였더니 깜짝 놀라며 "그 아이의 손에 적은 글자는 내 아이의 손바닥에 적은 것임에 분명하다. 내가 맡아서 키우고 싶지만 그럴 수도 없고, 붓순나무 잎을 잘게 썰어서 즙을 내어, 그것으로 씻으면 괜찮을 것이다"고 말했다. 아이의 부모가 주지가 가르쳐준 대로 했더니 과연 깨끗하게 자국이 없어졌다.[45]

이상의 이야기에는 두 가지 사례가 들어있다. 하나는 사령이 자신이 죽은 집에 다시 태어난다는 것이고, 또 다른 하나는 자신의 집이 아닌 다른 집의 아이로 태어난다는 것이다. 이처럼 사령의 환생은 혈연적일 수도 있고, 아닐 수도 있다. 이처럼 일정치 않을 뿐만 아니라 새롭게 태어나는 데 걸리는 시간 또한 정해진 것은 아니었다. 전자는 자신의 집에서 아이가 생겨날 때까지 기다렸지만, 후자의 경우는 죽은 지 13일 만에 다른 집에서 태어난 것으로 되어있기 때문이다.

45 松谷みよ子, 『現代民話考』 5, 立風書房, 1986, 434~435頁.

이러한 이야기는 현대에만 있는 것이 아니었다. 에도시대江戶時代에도 얼마든지 있었다. 그 중에서도 무사시武藏 타마군多摩郡에서 벌어졌던 가쓰고로勝五郎 이야기는 너무나 유명하다. 가쓰고로는 1815년 10월 10일 나카노마을中野村 농민 겐조源藏의 아들로 태어났다. 8살이었을 때 어느 날 형과 누나에게 "너희들은 원래 누구의 자식이냐?"하고 물었다. 전생의 일은 모른다고 하자 가쓰고로는 "나는 알고 있다. 원래는 호도구보마을程窪村의 구베이久兵衛의 아들 도조藤藏였다."고 말했다. 누나가 이를 이상히 여기고 부모에게 말을 하려고 하자 가쓰고로는 울면서 싫어했다. 그러나 결국 부모도 가쓰고로로부터 전생에 살았던 곳, 부모의 이름과 부친이 죽고 나서 의붓아버지가 왔으며, 6살 때 죽었으며, 관에 들어갔을 때 혼이 바깥으로 나와 책상 위에 있었는데, 백발노인이 나타나 자신을 나카노마을로 데리고 가서 현재의 집에서 태어나게 되었다고 했다. 이에 다음해인 1823년(文政 6) 모친은 가쓰고로와 함께 전생의 집이 있는 호도구보마을을 찾았다. 가쓰고로가 모친을 안내하여 그 집을 방문했다. 집의 형태, 나무의 모습도 옛날 그대로였으며, 양부養父인 한시로半四郎을 만나 얘기를 나누었더니 모든 것이 일치한다고 한다.[46]

이 이야기는 1823년 4월 19일부로 관가에 공식적인 문서로 제출된 것이므로 단순히 흥미 위주로 지어낸 이야기가 아니다. 그리하여 이것이 널리 알려져 마쓰라 세이산松浦靜山(1760~1841)의 『갑자야화甲子夜話』에 수록되었고, 또 이를 히라다 아쓰타네平田篤胤는 「가쓰고로재생기문勝五郎再生記聞」, 고이즈미 야쿠모小泉八雲(1850~1904)는 「가쓰고로勝五郎의 전생轉生」이라는

46 松谷みよ子, 앞의 책, 425~426頁.

제목으로 다시 재생산하여 세상에 널리 알렸다.[47] 이처럼 영혼의 환생은 오래 전부터 일본인의 영혼관에 뿌려 박혀 있었다.

마쓰라 세이산(松浦静山 : 1760~1841)의 목상
(平戸松浦史料博物館)

민속학자 쓰보이 히로부미坪井洋文(1929~1988)도 여기에 관심을 가지고 “환생하는 영혼은 동일한 씨족의 자손의 범위라는 원칙이 있다고 했다. 그 예로서 조부가 손자로 태어나는 전승도 있으며, 또 조부나 조모의 이름을 손자에게 명명하여 계승하는 습속에서 인정된다.”고 말하고 있다.[48] 이상에서처럼 결코 그러한 일만 있는 것이 아니다. 얼마든지 혈연관계가 없는 가정에서도 환생은 가능하다.

그런데 여기에서 주목할 만한 대목은 관에서 빠져 나온 혼이 산으로 향하지 않고 책상 위에 있었다고 하는 점이다. 이것은 어떤 형태이었을까? 이것은 눈에 보이지 않는 공기와 같은 투명한 존재이었다. 특히 이 이야기에 주목한 히라다는 영혼의 향방에 지대한 관심을 가지고 있는 자이었다. 그러한 그가 이론적으로 영혼의 향방을 설명할 때는 일본의 고전적인 신화를 동원하여 사람이 죽으면 오호구니누시大國主神이 지배하는 곳으로 가며, 그곳은 오호구니누시를 중심으로 수직적 사회로 조직되어있으며, 영혼들에게도 상하, 귀천, 강약의 구별이 있으며, 영혼은 그곳에 머물면서 오호구니누시의 지배하에 현세에 살고 있는 부모와 자식을 돌본다고 했다. 그리고

47 松谷みよ子, 앞의 책, 425~426頁.

48 坪井洋文, 「むら社会と通過儀礼」, 『村と村人』, 小学館, 1984, 502~503頁.

그곳은 멀리 떨어진 곳이 아니라 바로 일본에 있다고 했다.[49]

그러한 그가 환생에 있어서는 전혀 다른 영혼관을 나타낸다. 그는 실제로 환생했다는 도라고로寅五郎라는 소년을 통해 많은 사례들을 모으고, 관찰한 끝에 내린 결론은 사람이 죽으면 그 영혼은 육체에서 빠져 나와 하늘 높이 날아다니다가 인연이 닿으면 이 세상으로 돌아와 사람의 몸에 붙어 다시 태어난다는 것이었다.[50] 즉, 그는 영혼을 공중에 맴돌고 있는 바람 또는 공기와 같은 존재라고 생각한 것이었다. 이 점은 앞의 민속학적 사고와 종교철학적 사고와도 전혀 다른 것이었다. 오늘날 일본인들이 선조가 「어디선가가 가까운 하늘에서 자신들을 내려다 본다」고 한 것은 야나기다와 오오에의 영혼관이 아닌 히라다의 사고와 서로 통한다고 볼 수 있다. 다시 말해 오늘날 일본인들은 죽어서 바람과 같은 존재가 되어서 살아있는 가족들의 주위에 맴돌고 있다고 생각한 것이었다.

영혼이 하늘을 난다는 사고는 일본 고대신화에서도 보인다. 그것은 다름 아닌 일본인이면 누구나 다 알고 있는 야마토타케루日本武尊의 이야기이다. 야마토타케루는 제12대 게이코천황景行天皇의 아들로 태어나 어릴 적부터 남달리 용맹하여 부왕의 명을 받아 규슈, 이즈모, 동북지역을 정벌하여 영토 확장에 크게 기여했다고 하는 일본 고대의 영웅이다. 그가 죽어서 무덤을 만들고 장례를 치렀더니 그 영혼이 백조가 되어 하늘로 날아가 버렸다는 이야기가 『기기記紀』에 있다. 특히 『일본서기』에서는 그가 백조가 되어 야마토大和를 향해 날아갔다고 표현하고 있다. 즉, 그는 새가 되어 머나먼 곳으로 날아간 것이 아니라 자신이 태어나고 자라난 곳이자 가족들이 있는

49 金本拓士, 「平田篤胤 <霊能眞柱>における霊魂観」, 『現代密敎』 23, 2012, 258~259頁.
50 宮田登, 『霊魂と旅のフオークロア』, 吉川弘文館, 2006, 20頁.

곳으로 갔다는 것이다.

이같이 새라면 가시적이기 때문에 분명히 어디에 있는지를 알 수 있다. 그러나 현대 일본인들은 그렇게 생각하지 않았다. 영혼은 불가시적인 존재라고 생각했다. 그 대표적인 사례를 대중가수 사다 마사시佐田雅志(1952~현재)의 「쇼로나가시精霊流し」라는 노래에서 찾을 수 있다. 이 노래는 제목에서 보듯이 나가사키의 민속 중 영혼을 배에 실어 바다로 보내는 민속을 소재로 한 것이다. 그 자신이 나가사키 출신이므로 이것에 대해 너무나 잘 알고 있었다. 이 민속행사는 앞에서도 언급한 바와 같이 바다 저편에 죽어서 영혼의 세계가 있다고 믿는 민간신앙을 바탕으로 만들어진 것이다. 그럼에도 불구하고, 그는 이승을 떠나가는 영혼을 향해 "하늘 위에서 향불과 불꽃놀이가 보이십니까."라고 외쳤다. 이 때 영혼은 보이지 않지만 하늘 위에서 이 세상을 바라보는 존재이다.

그러한 예가 오키나와에서도 보인다. 민속학자 타니가와 켄이치谷川健一(1921~2013)가 야에야마八重山에서 유다를 만나 나눈 대화에 이러한 내용이 있다. 즉, 「타니가와 : 당신은 후생(저승)을 가 본적이 있는가? 유다 : 가본적이 있다. 죽은 어머니의 소매를 잡고 하늘을 날아갔다 …(중략)… 타니가와 : 당신은 어떻게 저승에서 돌아왔는가? 유다 : 역시 하늘을 날아서 돌아왔다」라고 대화를 나누었다.[51]

여기서 보듯이 오키나와의 샤먼은 몸은 그대로 두고, 영혼이 바람과 같이 하늘을 날아서 다녀온 것이었다. 볼 수도 없고, 형체도 없는 상태로 공중(하늘)에 나는 것이라면 바람(공기)밖에 없다. 다시 말하여 사람이 죽으면 영

51 谷川健一, 『魔の系譜』, 講談社學術文庫, 131~132頁.

아라이 만(新井満 : 1946~2012)

혼은 하늘로 부유하여, 바람과 같은 존재가 되어 가족들의 곁에 머물고 있다는 것이다. 앞에서 언급한 죽음을 '승천昇天하시다', '하늘나라로 가다', '하늘의 일각에서 지켜본다.'는 표현은 바로 이를 나타낸 것에 지나지 않는 것이다. 그러나 그 존재는 부는 대로 힘없이 흘러가는 단순한 바람이 아니다. 자신의 의지에 의해 가족의 곁을 떠나지 않는 영혼의 바람이었다. 이러한 현대 일본인의 영혼관을 가장 잘 표현하고 있는 것이 아라이 만新井満(1946~2012)의 〈천 개의 바람이 되어〉라는 노래이다. 가사를 소개하면 다음과 같다.

> 나의 무덤 앞에서 울지 마세요.
> 거기에 나는 없습니다. 잠들어 있지도 않습니다.
> 천의 바람으로 천의 바람이 되어
> 저 넓은 하늘을 날아다니고 있습니다.
> 가을에는 햇살이 되어 들판을 비추고
> 겨울에는 다이아몬드처럼 반짝이는 눈이 되어
> 아침에는 새가 되어 당신을 깨우고
> 밤에는 별이 되어 당신을 지켜 볼께요.
>
> 나의 무덤 앞에서 울지 마세요.

거기에 나는 없습니다. 죽은 것이 아닙니다.
천 개의 바람이 천 개의 바람이 되어
저 넓은 하늘을 날아다니고 있습니다.
천 개의 바람이 천 개의 바람이 되어
저 넓은 하늘을 날아다니고 있습니다.
저 넓은 하늘을 날아다니고 있습니다.[52]

이 노래는 원래 미국의 것으로 원제는 〈Do not stand at my grave and weep〉로 2001년 아라이 만이 일본어로 번역하여 스스로 곡을 지었고, 그 노래를 원시에 "I am a thousand winds that blow"라는 것을 빌려 '천 개의 바람이 되어'라는 타이틀을 붙인 곡이다. 이 노래를 2006년 연말 새해를 맞이하기 하루 전인 그믐날 NHK홍백가합전紅白歌合戰[53]에 테너가수 아키가와 마사후미秋川雅史(1967~현재)가 불렀다. 그런 일이 있고나서 2007년에 대히트를 쳤던 것이다. 내용은 위에서 보는 것처럼 죽은 나는 무덤에 영혼이 없으며, 천개의 바람이 되어 가을에는 햇살, 겨울에는 눈, 아침에는 새, 밤에는 별이 되어 당신을 지키겠다는 것이다.

이 노래가 일본국민들에게 대호응을 얻을 수 있었던 것에 대하여 민속학자 신타니 다카노리新谷尙紀는 일본이 장례문화에 있어서 「공양과 기념」

52 원곡의 일본어 가사는 다음과 같다. 「私のお墓の前で 泣かないでください. そこに私はいません 眠ってなんかいません. 千の風に 千の風になって, あの大きな空を 吹きわたっています./ 秋には光になって 畑にふりそそぐ, 冬はダイヤのように きらめく雪になる. 朝は鳥になって あなたを目覚めさせる. 夜は星になって あなたを見守る./ 私のお墓の前で 泣かないでください. そこに私はいません 死んでなんかいません, 千の風に 千の風になって. あの大きな空を 吹きわたっています./ 千の風に 千の風になって, あの 大きな空を 吹きわたっています, あの 大きな空を 吹きわたっています.」

53 일본의 공영방송인 NHK가 1953년부터 매년 12월 31일 그믐말 밤에 생방송으로 진행하는 남녀대항 형식의 대형 음악프로그램. 일본에는 가족들과 함께 이를 시청하며 새해를 맞이하는 가정이 많다.

의 시기에서 「기억과 교류」의 시기에 들어가 있는 하나의 징후로서 보았다.[54] 이를 좀 더 알기 쉽게 설명하자면 산자가 떠나가야 하는 사자를 위로하던 기존의 시대에서 떠나 보낸 산자가 위로를 받고자 하는 개인화 사회에 돌입되어 있다는 것이다. 가족장, 밀장 등으로 표현되듯이 오늘날 사자를 떠나 보내는 장례 의식도 마을(집단)을 떠나 개인화되고 있는 추세에 있는 것으로 보아 이 같은 그의 설명은 대단한 설득력을 지닌다고 본다.

그러나 나는 그것과 함께 또 다른 측면이 있다고 본다. 첫째는 사령이 비록 죽어서 형태가 보이지 않는 바람과 같은 존재로 산자의 곁을 떠나지 않는다는 점이다. 둘째는 사령이 죽어서 자신의 개성을 상실하는 것이 아니라 살았을 때처럼 자신의 성격을 그대로 유지하며, 셋째는 영혼이 묘지에 얽매이지 않고 있다는 점이다. 특히 영혼의 묘지의 이탈 현상은 앞에서 언급한 바와 같이 현대 일본사회의 한 단면이기도 하다. 이러한 세 가지 요소가 사랑하는 사람의 영혼은 묘지와는 관계없이 영혼의 천 갈래 바람이 되어 살아있을 때와 같이 늘 자신의 곁에 있으면서 때로는 눈, 새, 별이 되어 자신을 지켜주는 수호령이 되어주기를 바라고 있는 현대 일본인의 심정과 부합되었기 때문이었다고 생각된다.

이러한 특징을 기존의 영혼관과 비교하면 상당한 점에 있어서 두드러진 특징을 보인다. 즉, 산자의 곁을 떠나지 않고 지근한 거리에 있다는 점에 있어서는 오오에, 야나기다, 히라다와 맥을 같이 하지만, 근현대에 접어들어 새롭게 논의된 대우주로의 회귀해 버린다는 기시모토, 창가학회, 코노스케, 에하라가 말하는 영혼관과는 차이를 보이고 있다. 즉, 사후에도 개성

54 新谷尚紀, 『お葬式 ―死と慰霊の日本史―』, 吉川弘文館, 2009, 163~165頁.

이 그대로 유지되는 것을 바라고 있는 것이다. 이러한 점에서는 야나기다, 오오에의 영혼관에 매우 가깝다고 할 수 있으나, 영혼이 머무는 곳을 산이 아니라 바람으로 하고 있다는 점은 야나기다와 오오에와는 다르며, 오히려 이 점은 공중에서 날고 있다가 인간의 체내로 들어가 새로운 생명체로 인간 세상으로 돌아온다는 아쓰타네의 영혼관과 닮아있다.

이처럼 오늘날 일본의 영혼관은 가족사회의 변화와 함께 여러 가지 가치관이 혼용되어 매우 복잡하게 나타나고 있다. 그에 따라 사자는 죽어서도 편안한 안식처를 찾지 못하고, 영혼의 바람이 되어 산자들을 위해 끊임없이 봉사하여야 하는 존재로 바뀌어져 있는 것이다.

5. 마무리

이상에서 보듯이 일본인의 영혼관은 실로 복잡하다. 그 속에는 전통적인 영혼관과 불교적인 영혼관이 세계관이 서로 공존하고 있으며, 본 장에서는 그 중에서도 전통적인 영혼관을 중심으로 일본의 사령은 어디로 가는가 하는 테마를 중심으로 살펴본 것이다. 일본의 영혼이 가는 곳은 한 곳이 아니었다. 하늘, 바다, 산, 묘지 등 다양하게 나타났다. 그러나 하늘, 산은 멀리 떨어져 있는 타계라는 막연한 이미지가 있는 것에 비해 묘지는 실제로 시신 또는 유골이 묻히는 가시적인 곳인 만큼 그곳을 영혼이 깃드는 곳이라는 인식이 강했다. 그에 따라 유골에 영혼이 있다고도 하는 사고마저 낳게 했다.

그러나 화장문화의 보급, 그리고 근대화에 따른 가족문화의 변화와 경제적 부담이 가중되어 유골에서 영혼을 분리하고, 또 묘지에서 유골을 이탈

하는 경향을 낳았다. 이것은 유골처리에 있어서 해결은 되어도 영혼의 문제는 미해결인 채로 남아있었다.

이같이 묘제가 변화되어가는 과정 속에서 야나기다 구니오와 오오에 켄자부로와 같은 연구자와 지식인들은 영혼의 향방을 명확히 밝히려고 노력했다. 그 결과 그들은 마을에서 멀리 떨어지지 않은 산을 영혼세계로 설정했다. 그곳에서 영혼들은 마을로 오가며 후손들과 빈번하게 교류하며, 또 후손들을 지켜주는 친근한 이미지를 구축하였던 것이다. 그러한 영향으로 지금도 지식인 사회에서는 그와 같은 영혼의 세계를 일본 고유의 문화라고 생각하는 사람들이 많다.

그러나 종교적인 전문가와 일반대중들은 그것과는 거리를 두었다. 전자는 금속도구가 용광로에서 녹아서 본래의 쇠로 돌아가듯이 영혼도 대우주로 돌아가 개성을 상실한다고 보았다. 그에 비해 평범한 일반인들은 영혼이 바람과 같은 존재로 가까운 하늘에서 머물며 가족들을 보살펴주는 수호령이라고 생각했다. 그들의 사고에는 지식인들이 말하는 산(숲) 그리고 대우주라는 개념이 좀처럼 나타나지 않았다. 산자와의 교류도 야마토 타케루의 새, 미야자와 겐지의 열차가 아닌 바람의 상태에서 하기를 바랬다. 그러다가 인연이 닿으면 갓난아기의 신체로 들어가 인간세계로 다시 돌아오는 것으로 생각하고 있었다.

이러한 사고는 아득히 먼 죠몬시대의 세계관과 통하는 것이었다. 에도시대의 국학자 히라다 아쓰타네도 그와 같은 영혼관을 가지고 있었으므로 고대로부터 내려오는 영혼관이 현대에 이르기까지 면면히 이어져 오고 있는 것이었다. 비록 미국 시의 번역이지만 〈천 개의 바람이 되어〉가 일본의 전 국민이 공감을 불러 일으켰던 것도 바로 이러한 영혼관을 가지고 있었기 때문이다. 일본에 불교가 전래된 지 1천 5백여년이 지나면서 정토사상이 강하게 뿌리를 내렸지만 '영혼의 바람'이 된다는 일본인의 영혼관을 지우지 못했던 것이다. 이것이 일본인 고유의 영혼관이라고 생각하지 않을 수 없다.

10장

한국의 분신과 일본의 할복

1. 머리말

나는 몇 해 전부터 관심을 가지고 작업해 온 테마 중의 하나가 스스로 온몸을 불태우며 죽는 "한국인의 분신자살"이었다. 문제의 초점은 자살자가 수 많은 죽음의 방법 중에 하필이면 분신을 택하는 이유는 무엇일까 하는 것이었다. 즉, 나의 관심은 자살 그 자체에 있는 것이 아니라 자살방법에 있었던 것이다. 여기에 대해 자료를 수집하고 분석한 결과 분신은 자신의 죽음을 다른 사람들에게 공개함으로써 자신의 욕구를 강렬하게 표출하려는 의지에서 발생한다는 사실을 알게 되었다.

이러한 분신이 일본에도 있는 것일까? 만약 있다면 한국과 같은 목적에서 이루어질까? 아니면 다른 목적에서 이루어지고 있는 것인지 그것에 대해 알고 싶었다. 그리하여 시간이 있을 때마다 조금씩 문헌을 조사하며 사례들을 모으기 시작한 결과 일본에도 분신자살이 전혀 없지 않다는 사실을 알아낼 수 있었다. 그러나 그것은 한국의 분신과 사뭇 달랐다. 역사적으로 볼 때 한국의 분신은 현대에 접어들어 갑자기 일어난 새로운 자살법이라면, 일본의 분신은 우리와 반대로 현대사회에는 거의 없고, 고대와 중세에 국한하여 집중적으로 나타나며, 분신을 택하는 자들도 한국은 일반인들이 주로 많은데 비하여 일본은 종교적인 신분의 승려들이 많았다. 또 분신의 목적도 달랐다. 한국의 경우 자살자의 목표가 자신의 격분한 상황에서 상대를 공격하기 위한 것이라면 일본의 경우는 꿈에도 그리는 영원한 이상향 극락에 가기 위한 것이었다. 그러므로 일본의 분신은 종교적인 자살이며, 자기의 목숨을 걸고 사회의 개혁을 이루어 보겠다는 한국 분신의 성격과는 너무나 큰 차이를 보여주고 있었다.[1]

일본이 모든 사람을 만족시켜주는 천국이 아닌 이상 한국의 분신자살자처럼 사회에 강한 불만을 가지고 있는 사람이 전혀 없을 리 없다. 그들은 개혁을 꿈꾸며, 그 희망을 펼치려다가 좌절하여 사회에 대한 강한 불만을 품고 자기에게 공격을 가해 자살을 할 수도 있다. 그 때 극단적인 죽음의 방법으로 울분을 터뜨린다면 일본인들은 어떤 자살을 선택할까? 다시 말해 한국분신과 같은 성격의 자살을 일본에서 찾는다면 어떠한 자살이 있을까? 여기에 대한 해답을 구체적인 사례를 통하여 살펴보고자 하는 것이 본 장의 목적이다.

불란서의 저널리스트이자 작가인 마르탄. 모네스티에Martin Monestier는 지금까지 "자살에 관한 저서는 적어도 5000권 이상 될 것"이라 하며 더군다나 "세계문학의 반 정도는 직접 간접으로 죽음과 관련되어있다."고 말하고 있다.[2] 그 정도로 지금까지 자살에 관한 연구는 여러 분야에서 이루어지고 있다. 이는 자살에 대한 관심도가 그만큼 높다는 의미이기도 하다.

최근 우리나라에서도 자살에 관한 연구 및 저서가 적지 않게 쏟아지고 있다. 특히 그 중에서 한국과 일본의 자살 또는 죽음을 비교 연구한 대표적인 것으로는 최길성, 김양기, 김용운 등의 연구를 들 수 있다. 최길성은 한일 양국이 유교적인 사상적 배경을 이루고 있는 것은 서로 공통되지만 양국의 서로 다른 사회구조로 인해 한국의 자살이 〈孝의 윤리〉가 강조된 것이 많은 것에 비해, 일본의 자살은 〈仁義의 윤리〉가 강조된 자살이 많다는 데 큰 차이를 보이고 있다고 지적했다.[3]

이에 비해 김양기는 한국인은 저승에서 꿈을 실현시키려는 의지가 희

1 노성환, 「일본분신자살에 관한 연구」, 『일본문학연구』 2, 한국일본문학회, 2000.
2 Martin Monestier, 大塚宏子 譯, 『自殺全書』, 原書房, 1997, 3頁.
3 최길성, 「한일의 자살을 통해 본 생명관」, 『일본학지』 8, 계명대일본문화연구소, 1988, 27~28쪽.

박한 반면, 일본인은 현세에서 이루지 못한 것을 저승에서 이루려는 경향이 강하기 때문에 자살하는 빈도수가 한국보다 일본이 훨씬 더 높다고 해석하고 있다.[4]

한편 김용운은 일본인들이 죽음을 미화시키는 것은 그들의 문화가 충을 강조하는 집단주의 문화에 기반을 둔 것이며, 그 원형은 기마민족에서 찾을 수 있다고 했다. 즉, 기마민족의 특징은 전쟁인데, 전쟁은 죽음이 따르기 마련이고, 따라서 죽음을 긍정하는 철학이 요청되는데 그것이 바로 조직 강화의 윤리를 강조하는 죽음의 미학으로 발전했다는 것이다. 이러한 전통이 한국에서는 일찍이 사라졌지만, 일본에서는 무사들에 의해 오늘날까지도 지속되고 있다고 보았던 것이다.[5]

이처럼 한국에서도 한국과 일본의 자살을 비교하려는 시도는 적지 않았다. 그러나 이들 연구 중 자살방법을 중심으로 본격적으로 비교 검토된 연구는 별로 없었다. 더군다나 한국의 분신과 같은 성격의 자살을 일본에서 찾고 그것과 비교를 시도한 연구는 거의 전무하다고 해도 과언이 아니다. 이는 일본에서도 마찬가지이다. 여기에 본장에서는 과감히 한국의 분신을 비교문화론적인 관점에서 접근하려는 것이다.

2. 일본의 할복

한국분신에 해당하는 일본인의 자살법을 찾기 위해서는 먼저 그 특징

4 김양기, 「자살의 한일비교」, 『가면속의 일본인』, 한나라, 1994, 349~352쪽.
5 김용운, 『한국인과 일본인』 (4) 정착과 정복, 한길사, 1994, 84쪽.

에 대해서 정리해 둘 필요가 있다. 한국의 분신은 다음과 같은 몇 가지 특징을 지니고 있다. 그 첫째는 죽음이 공개된다는 것이고, 둘째는 눈에 강렬한 자극을 주는 시각적인 효과를 노린 자살이라는 점이며, 셋째 죽음을 야기시킨 상대에게 매우 공격적이며, 넷째는 살아남은 사람이 거의 없을 정도로 죽음에 이르는 확률이 매우 높다는 점이다. 따라서 어느 죽음의 방법보다도 용기와 인내가 필요하기 때문에 그 죽음에 대한 가치를 높게 평가하는 경향이 있다. 이러한 조건들을 모두 갖춘 일본인의 자살이 있다면 과연 그것은 어떠한 죽음일까?

결론부터 말하자면 일본에 있어서 한국의 분신과 같은 성격의 자살은 할복이라 생각한다. 왜냐하면 할복이 한국 분신이 가지는 공개성과 시각성 그리고 죽음에 대한 확실한 보장 및 공격성을 갖추고 있기 때문이다.

할복에는 동기에 따라 분류하면 다음과 같이 몇 가지 형태로 정리할 수 있다. 첫째는 자신이 섬기는 주군이 죽음에 따라 그 뒤를 좇아 죽는 순사형 할복이 있고, 둘째는 자신의 책무를 다하지 못한 것에 대해 책임을 지고 자결하는 책임형 할복이 있으며, 셋째는 자기 동료나 집단의 의리를 지키기 위해 자결하는 의리형 할복도 있고, 넷째로 처형의 수단으로 자행되는 형벌형 할복도 있다. 그리고 다섯째는 자기 스스로 죽음을 선택하는 자유형의 할복도 있다. 그밖에도 상세한 부분까지 파고든다면 더 많은 동기를 발견할 수 있을 것이다.

그런데 다섯번째 할복을 제외하고는 할복을 하는데 일정한 형식과 절차가 있었다. 함부로 배를 가르고 자결하는 것이 아니었던 것이다. 그 절차에 대하여 치바 토쿠지千葉德爾와 히라마쓰 요시로平松義郎는 상세히 서술하고 있는데, 그 내용을 종합하여 정리하면 다음과 같다.

에도막부의 법에는 500석이상의 무사는 주군이 정해주는 집에서, 그 이하의 무사에게는 감옥에서 치루어 졌다. 주로 할복의 장소는 정원에서, 또 시간은 저녁부터 밤에 걸쳐서 했다. 먼저 정원에 모래를 깔고, 그 위에 다다미 2장을 놓고, 그 위에다 흰 무명천이나 붉은 천등을 깔고 처형의 장소로 한다. 수형자는 무늬가 없고 또 가문의 문양이 없는 옷을 입고 자리에 착석을 한다. 카이샤쿠의 역할도 3명이 맡아서 한다. 즉, 카이샤쿠介錯는 목을 치는 역할이고, 소에카이샤쿠添介錯는 제기에 단도를 놓고 수형자 앞에다 운반하여 놓는 역할의 무사이며, 코카이샤쿠小介錯는 카이샤쿠가 목을 치면 그 목을 들고 검사檢使에게 보여주는 역할을 맡은 무사이다.[6] 소에카이샤쿠가 단도를 제기에 담아서 할복자의 앞 1미터 정도 떨어진 곳에 놓으면 할복자가 윗옷을 벗고 할복 준비를 하고, 그 칼을 잡으려고 목을 빼고 손을 내미는 순간 뒤에서 대기하고 있던 카이샤쿠닌이 단칼에 목을 날린다. 그러면 코카이샤쿠가 목을 들고 검사에게 보이면 검사는 이를 처음부터 끝까지 할복이 원만하게 이루어졌다는 취지의 말을 하면 비로소 모든 형식절차는 모두 끝이 난다. 시신은 이불에 덮고 절에 보내어진다. 만일 시신을 유족이 원하는 경우에는 그 절에서 인도될 수 있다.[7]

여기에서 보듯이 할복은 여러 사람들이 지켜보는 가운데 치루어 지기 때문에 그 죽음은 공개성을 지니고 있다고 할 수 있으며, 또한 카이샤쿠닌이 뒤에서 목을 쳐주기 때문에 죽음에 대한 보장성도 확실하다. 위의 경우에서는 칼을 잡으려는 순간 다른 사람이 목을 쳐 목숨이 끊어지게 했지만

6 平松義郎, 「切服」, 『大百科辭典』 8, 平凡社, 1985, 607頁.
7 千葉德爾, 『切腹の話』, 講談社現代新書, 1972, 104頁.

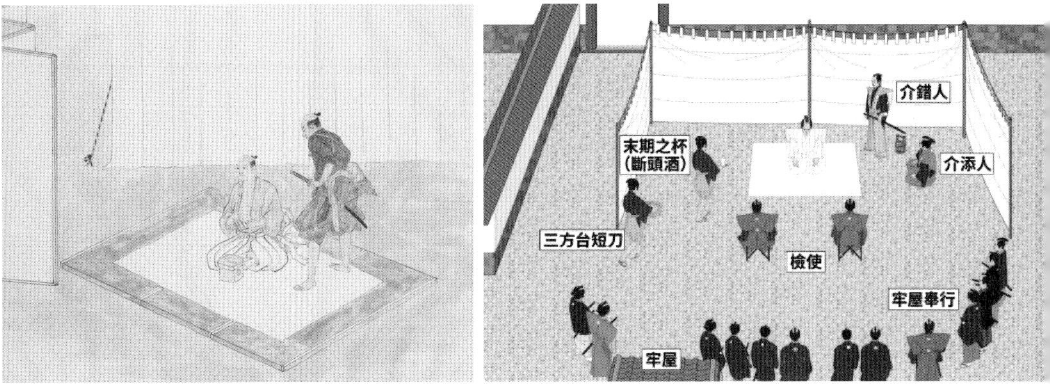

나가야스 가잔(長安雅山)(1875~1963)가 그린 오이시 요시오(大石良雄 : 1659~1703)의 할복도(切腹圖)(赤穂市立歷史博物館 소장)와 할복의 상황도

실제로 직접 배를 가르는 경우도 많았다. 그 때 배를 가르는 것 행위 그 자체가 매우 강렬한 시각적 효과를 준다. 할복 시 복부를 한일자로 왼쪽에서 오른쪽으로 가르는 경우가 대부분이지만 때로는 그것에다 배꼽을 중심으로 아래 위로 가르는 열십자의 형태도 있다. 만일 그렇게 한 경우 뱃 속에 들어 있는 내장이 터져 나와 선혈이 낭자되게 된다. 특히 이런 경우 보는 자로 하여금 끔찍하게 여겨질 정도로 시각적인 자극을 받게 되는 것이다. 여기에 그치지 않고 할복장소에 하얀 모래를 깔고 게다가 그 위에 하얀 이불을 덮고 할복자의 옷까지 흰옷으로 한다면 할복 시 튀어나오는 피는 백색과 어울려 더욱 강렬한 시각적인 효과를 높여줄 것이다.

그러한 할복이 실제로 1708년(寶永 5) 마에다번前田藩에서 있었다. 이곳 무사인 스기모토 큐지로杉本九十郞라는 16세의 소년이 친구와 함께 바둑을 두는 데 13세 되는 소년이 상대편에 여러 가지 훈수를 놓기에 스기모토가 몇번인가 주의를 주었으나 제대로 먹혀들지 않자 화가 난 그가 칼을 뽑아 휘두르는 바람에 그 소년에게 상처를 입혔고, 그것이 악화되어 그만 죽고

말았다. 이로 인해 그는 할복의 명을 받았다.[8]

그 때 할복의 준비과정을 살펴보면 먼저 정원에다 임시로 천막을 쳤는데 그것을 모두 흰색 천으로 했으며, 그곳에 놓는 다다미도 흰 테두리를 둘렀고, 또 그 위에는 흰색의 이불을 깔았으며, 그가 입는 옷도 흰색으로 준비를 했다.[9] 그는 마치 온통 흰색으로 준비된 무대 위에서 연기하는 배우처럼 칼을 가지고 자신의 배를 왼쪽에서 오른쪽으로 서서히 가르고 죽었다. 할복은 그 자체만으로도 시각성이 강함에도 불구하고 일본인들은 그것에다 흰색과 조화를 시킴으로써 더욱 강렬하게 표현될 수 있도록 했던 것이다. 이와 같이 일본의 할복은 공개적이고, 시각적이며, 또 확실한 죽음에 이르는 자살의 방법이었던 것이다. 이러한 점들은 한국의 분신이 가지고 있는 성격과 같은 자살이다.

3. 공격적인 죽음으로서의 할복

여기에서 보듯이 일본의 할복은 방법을 통하여 노리는 효과는 같을지 몰라도 그 동기에 있어서는 한국의 분신과 큰 차이가 난다. 즉, 한국의 분신에는 일본의 할복처럼 순사형, 의리형, 그리고 책임형이 없고 단지 강한 항의성이 담긴 공격적인 자살이기 때문이다. 그러나 이러한 자살은 주로 다섯 번째 자유형의 할복에서 자주 나타난다.

1984년 3월30일이었다. 도쿄도 신쥬쿠구 오오쿠보출장소東京都 新宿區

8 千葉德爾, 『日本人はなぜ切腹するのか』, 東京堂出版, 1994, 45頁.
9 千葉德爾, 앞의 책, 1994, 47頁.

大久保出張所에서 근무하는 우라시마浦島政保씨가 가부키초歌舞伎町에 있는 구청區役所의 구청장실區長室에서 부엌칼로 배를 갈랐다. 그는 평소에 노조 활동을 열심히 하는 사람이었으며, 「미크로네시아독립투쟁」, 2차대전 때 일본군의 군속으로 근무했던 인도네시아에 사는 대만인들을 위해 「대일본 정부보상요구투쟁」에도 열성적으로 참가하는 강경파에 속하는 사회운동가였다. 이러한 그의 행동에 못마땅하게 여긴 구청에서 그를 다른 곳으로 전근발령을 내려 버린 것이었다. 그는 이 조치가 노조를 와해시키기 위한 구청의 계산에서 나온 처사라고 생각하고 "자신의 전근발령을 철회하라." 라고 요구하며 할복하였던 것이다. 이에 하마구치濱口拓雄 직원과장이 일단 그의 주장을 받아들임으로써 문제가 해결되었지만 그는 실신하여 구급차로 병원에 옮겨져 목숨을 구할 수 있었다.[10]

부당한 처사에 항의하는 공격형 자살은 지난 93년 12월 24일 크리스마스 이브에도 있었다. 동경 국세청에서 히로가와 마사오라는 50대 남자가 할복자살을 한 것이었다. 그는 건설기자재업체 「하닉크스 공업」의 사장이었던 자로 국세청이 93년 5월 "자사 주식을 상장하면서 임원들 이름으로 주식을 대량 매입해 공개후 처분하는 수법으로 30여 억엔의 매매차익을 챙기고 법인세를 횡령했다."는 혐의로 「탈세범」이라는 굴레를 씌웠던 것이다. 그러나 그는 "임원들이 은행에서 대출을 받아 개인적으로 투자한 것"이라며 억울함으로 호소했고, 급기야 "탈세했다는 오명을 뒤집어 썼지만 맹세코 무죄다. 사원 모두에게 정말 면목없다. 죽음으로써 항의한다."는 유서를 남기고 할복자결한 것이었다.[11] 이처럼 우리나라에서는 분신으로 나올

10 朝倉喬司, 『犯罪者も夢お見る』, 角川春樹事務所, 1998, 55~58頁.

11 『조선일보』, 96년 6월 28일자.

수 있는 공격적인 자살이 일본에서는 할복으로 나타난 것이다.

그런데 그들의 자살에서 한 가지 공통점은 할복 장소가 외부와 차단된 구석진 곳이 아니라 구청장실. 국세청이라는 장소에서 보듯 자신의 공격 목표가 되는 집단의 중심부를 택하고 있다는 점이다. 이는 죽음이라는 극단적인 방법으로 자신의 항의 의사를 가장 효과있게 상대에게 전달하려는 의지가 담겨져 있는 것으로 보아야 할 것이다.

이러한 공격적인 자살의 할복은 오늘날에 생긴 것이 아니다. 일본에서는 할복으로 항의하는 풍습은 오래 전부터 있어왔다. 기록으로 처음 보여지는 것은 8세기 초엽이다. 당시 문헌인 『풍토기風土記』에는 여신이 할복 자결하는 내용을 다음과 같이 싣고 있다. 즉, 아주 오랜 옛날 하라사키누마腹壁沼라는 연못이 있었는데, 그와 같은 이름이 붙여지게 된 계기는 화랑신花浪神의 아내 오우미신淡海神이 남편의 뒤를 좇아 이곳까지 왔는데, 너무나도 분하고 화가 치밀어 올라 칼로써 배를 가르고 연못 속에 뛰어들어 죽었다. 이로 인하여 그 연못에 사는 붕어들은 내장이 없다. 그런 연유로 이 연못을 배를 가른 연못이라는 뜻으로 「하라사키누마」라고 한다는 것이다.[12]

이상의 신화가 너무나도 간결하게 서술되어 있으므로 여신이 무엇 때문에 남편의 뒤를 좇아왔는지, 그리고 자신의 할복을 많은 사람들이 지켜보는 가운데 행하여졌는지, 또 무엇 때문에 격분하여 자살하였는지 정확하게는 알 수 없다. 그러나 한가지 여기서 분명하게 알 수 있는 것은 그녀의 할복이 마음 속에서 부글부글 끓어오르는 남편에 대한 원한과 분노가 직접적인 동기가 되었다는 사실이다. 그러므로 그녀의 자살은 남편에 대한 강한 불만

12 吉野裕 譯, 『風土記』, 平凡社, 1969, 90頁.

의 표시이자 공격적 행위였던 것이다.

여기서 또 한 가지 특이한 사실은 "연못에 사는 붕어들이 내장이 없다"고 하는 기록이다. 즉, 이는 그녀가 배를 가르는 것에만 그치지 않고 내장을 드러내고 죽었다는 것을 강하게 전달해주고 있는 부분의 기록임에 틀림없다.

이러한 항의와 분노가 담긴 공격적인 자살은 특히 싸움에서 패한 장수에게서 자주 일어난다. 1441년 6월 당시 막부의 쇼군將軍이었던 아시카가 요시노리足利義教(1394~1441)를 암살한 아카마쓰 미쓰스케赤松滿祐(1381~1441)가 야마나씨山名氏의 군대로부터 공격당하여 그의 군사들이 전멸상태에 놓여 있었다. 그 때 그의 휘하에 있었던 아사카 나카무라탄조安積中村彈正가 할복자결을 하여 생애를 마쳤는데, 이를 묘사한 『가길물어嘉吉物語』에 의하면 그는 함락되는 성의 전망대에 올라서서 열십자로 배를 가르고 내장을 드러내어 밑에 있는 적군을 향해 던졌다 한다. 그러나 워낙 강건한 자였는지라 좀처럼 목숨이 끊어지지 않았다. 그리하여 하는 수 없이 성으로 다시 들어가 그의 주군 아카마쓰 미쓰스케의 숙소 안에서 불을 지르고 타죽었다.[13]

여기에서 보듯이 그의 할복은 많은 사람들이 지켜보는 가운데 치루어짐으로써 죽음을 공개하고, 또 내장을 배에서 끄집어 냄으로써 시각적인 효과를 자아내며, 그것을 다시 적군에게 던짐으로써 강렬하게 불만을 표시했다.

그러한 죽음은 『평가물어平家物語』에서도 보인다. 구조 모토후사九條基

13 千葉德爾, 앞의 책, 1994, 63~64頁.

房의 가신인 오에 토오나리大江遠成와 그의 아들인 이에나리家成 부자는 당시 최고의 권력자 다이라노 기요모리平淸盛(1118~1181)의 미움을 사 기요모리가 보낸 군사가 이들 부자 집으로 쳐들어와 함성을 질렀을 때 그들은 "잘 보아라. 그리고 돌아가서 너희들 대장에게 이 광경을 똑똑히 보고하라."고 큰 소리로 외친 다음 스스로 배를 가르고 집에다가 불을 질러 불길 속에서 장렬하게 죽었다.[14]

이러한 항의성의 할복은 남자에게서만 일어나는 것이 아니었다. 여자에게도 종종 일어났다. 그 대표적인 것으로 무로마치시대室町時代(1336~1573) 이마마이리노쓰보네今參局의 예를 들 수 있을 것이다. 그녀에 관한 것은 『노치카가미後鑑』에 비교적 상세히 서술되어 있는데, 그것에 의하면 그녀는 무로마치막부의 중신 오다치씨大館氏의 딸로서 총명하고 재주가 뛰어나 당시 쇼군 아시카가 요시마사足利義政(1436~1490)의 시녀가 되어 쇼군의 부인의 동정을 좌지우지할 만큼 권세를 부렸던 여성이었다. 그녀를 시기하는 무리가 음모를 꾸며 그녀가 쇼군의 부인 히노 토미코日野富子(1440~1496)의 출산을 저주하고 있다는 말을 쇼군에게 직접 일러 바쳤다. 이로 말미암아 그녀는 오우미近江로 귀향을 가게 되었으며, 또 나중에 그 곳에서 자결의 명을 받았다. 여기에 격분한 그녀는 절에 들어가 단도로 자신의 배를 가르고 내장을 드러내고 카이샤쿠를 통하지 않고 죽어 버리고 말았다 한다.[15]

기록이 분명치 않아 그녀의 죽음은 여러 사람이 지켜보는 가운데 행하여졌는지 알 수 없지만 죽음의 동기가 자신에게 취해진 쇼군의 처사에 부당하다고 격분한 나머지 행하여진 공격형 자살이며, 여기에서 촉발된 그녀의

14 이원희, 『일본인의 죽음』, 영남대출판부, 2000, 74~75쪽 참조.

15 千葉德爾, 앞의 책, 1994, 67~68頁.

할복은 카이샤쿠닌이 없이 배를 가르고 창자를 끄집어내고 죽었던 것이다. 이처럼 일본에서는 강력한 항의성의 자살로서 할복이 선택되어지는 것은 오래 전부터의 전통이었다. 일본이 굳이 한국처럼 분신을 수용하지 않았던 이유도 바로 여기에서 찾을 수 있는 것이다.

이러한 자유형의 할복은 앞에서 본 형식과 절차에 의해 할복하는 순사와 형벌로서의 할복과는 큰 차이가 난다. 죽음의 동기가 매우 공격적이라는 것이 큰 특징이 있기는 하지만 그 형식적인 면에서도 크게 다르다. 즉, 첫째 카이샤쿠닌이 보이지 않는다는 것이고, 둘째는 할복 후 내장을 드러낸다는 것이며, 셋째는 실제로 목숨을 끊는 데는 할복이 아닌 다른 보조수단을 강구한다는 것이다.

할복만으로 생명이 단절되지 않는다. 앞에서 본 『풍토기風土記』의 자살하는 여신, 『가길물어』의 아사카 나카무라탄조, 『평가물어』의 토오나리遠成 부자의 예가 그것을 잘 말해주고 있는 것이다. 그들은 하나같이 할복만으로 목숨을 끊었던 것은 아니었다. 그들은 할복한 후 물에 뛰어들거나, 건물에 불을 질러 함께 타죽는 방법을 택하고 있는 것이다. 그렇게 죽는다는 것은 다른 할복과 같이 카이샤쿠닌이 없기 때문에 적절한 시간의 선택과 고통을 줄이기 위해 생겨난 보조수단이었다. 카이샤쿠닌이 없다는 것은 그 만큼 죽음에 이르는 확실한 보장이 없다는 것을 의미한다. 신쥬쿠에서 일어난 사건처럼 할복 후 실신하고 병원에 옮겨져 치료를 받으면 생명이 건져지는 경우가 바로 그것이다.

이 점은 한국의 분신과 크게 차이가 난다. 그러나 그 밖의 요소는 서로 일치한다고 볼 수 있다. 그러므로 엄밀히 말한다면 한국의 분신은 공개적이고, 시각적이며, 죽음에 대한 확실한 보장성이 있다는 점에 있어서는 일본의 순사와 형벌로서의 할복과 성격이 같지만, 자신의 울분을 터뜨리는 공격적인 면에 있어서는 일본의 항의형 할복과 그 성격과 같다고 할 수 있다.

4. 왜 하필이면 배인가?

그런데 같은 목적에서 자살이 이루어짐에도 불구하고 도대체 무엇 때문에 일본인은 할복을 택하고, 한국인은 분신을 택하는 것일까? 먼저 일본인의 할복부터 살펴보기로 하자.

앞에서도 언급하였듯이 할복이란 많은 자살방법 가운데서도 죽음에 이르게 하는 데는 최악의 자살방법 중의 하나이다. 그럼에도 불구하고 일본은 왜 할복이라는 방법을 택하여 죽는 것일까? 일본인들이 목숨을 끊는 다른 방법을 몰랐을 리 없다. 그럼에도 불구하고 다른 부위가 아닌 복부를 선택한다는 것은 신속히 목숨을 끊는 생리학적 지식에 있는 것이 아니라, 그와 반대로 치사율이 낮은 것을 이용하려는 정신적인 가치관에 있는 것인지도 모른다.

일본인이 신체부위 중 생명의 단절과 별반 관계가 없는 배를 선택하는 데는 다음과 같은 몇 가지 정신적 이유를 생각할 수 있다. 그 첫째는 고통을 견디어 냄으로써 용기를 나타내려고 했기 때문이다. 『의정기義經記』에 의하면 요시쓰네義経(1159~1189)는 할복하기 전 자기 부하 가네후사兼房에게 "이제 자해할 시간이 온 것같다. 자해는 어떻게 하면 좋은가?"하고 물었다. 이에 카네후사는 "사토

중존사(中尊寺) 소장의 미나모토노 요시쓰네(源義経 : 1159~1189) 초상화

타다노부佐藤忠信(1153~1186)가 교토에서 한 것을 사람들이 훗날까지도 칭송을 하고 있습니다."고 대답했다. 그러자 그는 "그렇다면 이유가 없다. 자른 자국이 넓으면 좋겠구나."하며 산조三條의 대장간에서 특별히 주문한 칼을 가지고 왼쪽 젖가슴 밑에서 칼을 찔러 칼 끝이 등에까지 관통을 할 정도로 깊게 찌르자 칼을 돌려 세 방향으로 돌려 가르고 내장을 눈쌀을 지푸릴 정도로 많이 밖으로 내고는, 칼에 묻은 피를 닦고서 무릎 밑에 숨겨놓고는 가족 등 측근의 사람들과 이야기를 나누며 서서히 죽어갔다고 한다.[16]

여기에서 보듯이 요시쓰네가 자기 부하에게 어떻게 하면 좋은가 하고 물었다는 것은 당시 그 시대에는 아직 정형화된 할복의 방법이 없었다는 것을 나타내는 대목이기도 하지만, 다른 한편으로는 장수에 걸 맞는 할복을 하고 싶다는 욕구에서 나온 것이라고도 해석이 가능하다. 왜냐하면 적어도 자신에게 맞는 할복이라면 자기 부하보다 장렬하게 죽어야 하기 때문이다. 그러기 위해서는 부하보다 훨씬 더 잔혹하게 할복을 하고 그 고통을 견뎌내며 죽는 수밖에 없다. 그래서 취해진 것이 상처부위가 사토오의 것보다는 커야한다는 생각에서 칼을 등골까지 미칠 정도로 깊숙이 찌른 다음 그 속에서 세 가지 방향으로 가른 다음, 내장을 드러내고 카이샤쿠 없이 죽었던 것이다. 이처럼 할복은 자신의 용기와 인내의 표현으로서 선택된 것이 할복이었다.

둘째는 자기의 육체를 학대함으로써 즐거움을 희열을 느끼려는 심리 즉, 사디즘, 마조히즘, 에로티시즘 등의 변태와 같은 심리를 만족시키기 위해서이다. 다시 말하여 이는 복부를 노출시켜 자살하는 행위는 일종의 노출

16 梶原正昭,『義経記』, 小学館, 1971, 490~491頁.

우타가와 구니요시(歌川国芳 : 1798~1861)가 그린 사토 타다노부(佐藤忠信 : 1153~1186)

증과도 통하는 것으로 자학의 취미가 강한 에로티시즘의 단적인 표현이라는 시점의 해석이다.[17] 1960년대 일본에서는 『기담奇譚 클럽』이라는 잡지가 있었는데, 그것에 「할복통신」이라는 코너가 설치되어 있었다 한다. 그 곳에는 여러 가지 할복사건을 실었는데, 아카마쓰 요시오赤松義夫가 그것을 토대로 분석한 통계표가 있다. 그것에 의하면 이에 해당하는 할복이 전체의 5~6%정도 차지할 정도로 결코 적지 않다는 것을 알 수 있다.[18] 분명히 할복을 통해 정신적 희열을 느끼려는 자도 있는 것이다.

셋째 신체 부위 중 배를 선택해 가른다는 것은 그것에 특별한 정신적 의미가 있기 때문이다. 특히 일본어에는 배와 관련된 언어가 발달되어 있다. 예를 들면 화가 난다는 말로 "배가 서다"라고 말하고, 속이 검다는 말로 "배가 검다"라고 말하며, 또 도량이 크다는 의미로 "배가 크다" 또는 "배가 두껍다"라고 말하고, 분풀이한다는 말로 "배를 푼다"라고 하며, 마음을 정하다는 말로 "배를 정하다"라고 하고, 사물에 동하지 않는다는 말로 "배가 안정되어 있다"고 말한다. 그리고 마음 속에 넣어 둔다는 말을 "배에 넣어둔다"

17 布施豊正, 『自殺と文化』, 新潮社, 1985, 116頁.
18 千葉德爾, 앞의 책, 1994, 39頁.

고 말하며, 마음 속에 엉큼한 계획을 품고 있는 것을 "배에 하나의 물건이 있다"하고, 분노를 억누를 수 없다는 말을 "배를 가라 앉일 수 없다"고 하며, 또 마음을 합한다는 말을 "배를 합친다"라고 하고, 최악의 사태를 각오하고 결심하는 것을 "배를 묶는다"는 표현을 쓴다. 그리고 터놓고 얘기를 한다는 말을 "배를 가르고 얘기를 한다."하고, 상대방 의중을 떠보는 것을 "배를 살핀다"한다. 여기에서 보듯이 이같은 배에 관련된 표현은 신체의 일부를 가리키는 말이라기 보다는 오히려 인간의 정신. 인격등과 관련시켜 사용되는 말이다.

이러한 관점에서 니도베 이나조오新渡戶稲造(1862~1933)는 배를 가르는 것은 영혼과 애정이 그 속에 깃들어 있다는 고대의 해부학적 신념에서 비롯된 것이라고 설명했다.[19] 좀 더 구체적으로 설명하자면 뱃속에 있는 내장에 그 사람의 성의誠意 또는 본심本心이 존재한다고 보았다. 그러므로 배를 가르고 창자를 끄집어 냄으로써 자신의 본심을 표현하고자 했던 것이다.

『무사도』의 저자 니도베 이나조오(新渡戶稲造 : 1862~1933)

여기에 대해 할복의 연구가인 치바토쿠지千葉德爾씨도 기본적으로 찬성이었다. 그는 생명의 원천이 내장에 있다는 인식을 고대인들은 가지고 있었으며, 그것 때문에 동물을 죽여 내장을

19 新渡戶稲造, 『武士道』, 岩波書店, 1974, 98頁.

끄집어내어 토지의 신에게 바침으로써 풍요를 기원하는 종교의식에서 할복은 유래되었다고 해석하기도 했다.[20] 여하튼 뱃속에 들어있는 내장에 특별한 의미(생명의 원천. 영혼과 정신이 존재)가 있다고 믿었기 때문에 자신의 결백을 증명하고, 자기의 주장을 관철시키고자 할 때 일본인들은 배를 갈라 창자를 드러내고 죽었던 것이다.

넷째, 시각적인 효과를 최대한 노린 자살법이라는 것이다. 왜냐하면 그것은 여러 사람들이 지켜보는 가운데 치루어 지는 공개된 자살이기 때문이다. 자신의 죽음을 공개한다는 것은 이를 지켜보는 사람들의 시선을 의식한다는 것이고, 이는 곧 자신의 죽음의 의도를 사람들에게 무언가를 전달하려는 의사가 강렬하다는 것을 의미한다. 이러한 자기 현시의 의도가 강렬하면 할수록 시각적인 자극의 효과가 최대한 높일 수 있는 죽음의 방법을 택하지 않을 수 없는 것이다. 그 효과를 올리기 위해서는 편안하고 일찍 죽는 자살방법은 안되며, 그와는 정반대로 고통스러워야 하며 빨리 죽지 않고 서서히 죽어가야 한다. 즉, 가학성과 잔인성이 가미된 특별한 죽음의 방법이 강구되는 것이다.

따라서 이런 경우 가장 효과적인 할복의 방법으로서는 할복할 때 나오게 되는 피의 붉은 색을 두드러지게 표현하기 위해서는 앞에서 본 스기모토 큐지로의 할복처럼 할복자의 옷을 흰옷으로 하고 그 장소까지도 온통 흰색의 무대로 만드는 것이다. 그리고는 배를 한일자의 형이 아니라 열십자 또는 X형 또는 그 이상의 형태로 가른 다음 내장을 손으로 끄집어내고 서서히 죽는 것이다. 전쟁 때는 평상시와는 달리 모든 면에서 만족할 수 있는 효과

20 千葉德爾, 앞의 책, 1972, 180~183頁.

를 올린다는 것은 불가능하다. 그러므로 흰색의 무대는 설치한다는 것은 불가능할지 모르지만 배를 잔인하게 가르고 내장을 드러내며 죽는 것은 가능할 것이다. 일본의 역사 속에 많은 무사들이 편안한 죽음의 방법이 있음에도 불구하고 굳이 할복이라는 방법을 택하여 죽은 것은 바로 그것이 용기와 인내의 표현이자, 내장에 생명의 원천(영혼과 정신)이 있다는 인식과 함께 가장 효과적인 시각성도 함께 고려했을 것으로 해석되어지는 것이다.

5. 한국에서는 왜 할복이 아니라 분신일까?

이처럼 일본인의 할복은 한국형 분신자살과 너무나도 많이 닮았다. 용기와 인내 그리고 시각성 및 죽음의 확실성을 위해 일본인들은 할복을 택하는 데 비해, 한국인들은 무엇때문에 자신의 온 몸을 불사르는 분신을 택하는 것일까? 한국인들도 할복이라는 자살방법을 몰랐을 리가 없다. 식민지의 교육을 통해 어느 민족 못지않게 할복자결에 대해서도 잘 알고 있었을 것이다. 그럼에도 불구하고 한국에서는 할복이 발달하지 못한 이유는 어디에 있는 것일까?

가장 큰 원인은 한국인의 정신적 가치관에 있었다. 즉, "신체발부는 부모로 부터 받은 것이니 감히 훼손치 않는 것이 효의 시작이다身體髮膚 受之父母 不敢毁傷 孝之始也"는 사상으로 인해 부모로 부터 물려받은 신체를 상처를 가한다는 것 자체가 부모를 거역하는 불효에 해당되었다. 그러므로 개화기 단발령이 내려졌을 때 목숨을 걸고 거세게 반발했던 것도 바로 여기에 기인되는 것이었다.

자살을 할 때도 음독 · 익사 · 교사 등 최대한 신체에 손상이 가지 않는 범위 내에서 선택되어졌다. 그러므로 할복이란 한국의 역사에서 찾기란 무척 어렵다. 심지어 한일합방에 반발하여 많은 애국지사들이 자살할 때도 할복은 좀처럼 보이지 않았다. 가령 이한응 · 조병세 · 홍만식 · 송병선 · 황현 등은 음독자살했고, 최익현은 단식을 했으며, 그리고 이경석은 처음에는 최익현처럼 식음전폐하다가 토혈, 기절 등을 거쳐 손으로 자신의 목을 졸라 자살하였다. 이처럼 국가가 가장 위태로운 지경에서도 자신의 몸을 해치지 않는 범위에서 자살로써 항거를 했던 것이다. 어쩌면 자신의 칼로 배를 가른 다음 목을 찔러 죽은 민영환의 죽음이야말로 예외적인 자살법이었는지도 모른다.

한국에서 할복자결로 가장 유명한 인사는 이준 열사이다. 현재 4 · 50대의 한국인들이 국민학교를 다녔던 시절 교과서를 통해 이준 열사의 장렬한 죽음에 대해 배우지 않는 사람은 없을 것이다. 필자는 담임선생으로부터 그는 황제의 밀사로 헤이그에 파견되었으나 만국평화회의에 참석하려고 하였으나 실패하자, 이에 격분하여 배를 가르고 창자를 내어 자르며 목숨을 끊었다고 들은 바가 있다. 이준 열사의 일대기를 쓴 이선준은 그 부분에 대해 다음과 같이 묘사했다.

> 일성은 최후의 비장한 말을 마치자 미리 준비하였던 보검을 주머니에서 꺼내들었다 …(중략)… 경호원의 손이 미처 가기 전에 일성은 연설대 위에 선 채로 "대한독립만세! 세계약소국가만세!"를 크게 외친다음 단숨에 쥐었던 칼로 배를 갈랐다. 솟구치는 선혈을 만국 사신 앞에 뿌리고 쓰러졌다. 이상설과 이위종은 좌석에서 일어나 어찌할 바를 모르고 있다가 이준을 붙들었으나 이미 때는 늦었다. 두 특사는 이준을 붙잡고 대성통곡을 했다.[21]

당시 신문 대한매일신보에서는 "만국 사신 앞에서 이준은 할복하여 피를 뿌리고 자결하였다더라"고 보도했고,[22] 황성신문도 "한국 정부에 들어온 전문에 의하면 이준은 할복자살하였다더라."고 보도했다.[23] 이를 믿은 당시 일반청년들은 "국권 찾아든 이준씨는 평화회의도 私가 있다고 배를 갈라 혈서를 지어서 하느님께 호소하였네."라고 노래를 지어부르기도 했다.[24]

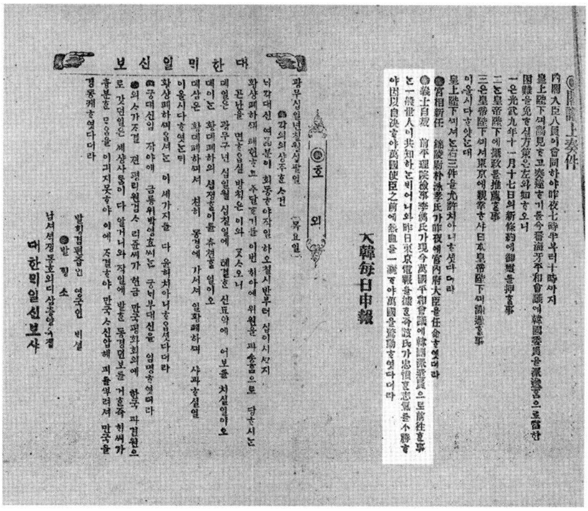
大韓每日申報

대한매일신보

호외

이준 열사의 자결을 호외로 보도한 대한매일신보

그러나 이는 시대적인 상황과 가치관으로 보아 일본인이면 몰라도 우리나라 사람들이 취했다고 믿기에는 도저히 어렵다. 왜냐하면 앞에서도 보았듯이 그러한 자살방법은 당시 한국사회에서는 매우 낯선 것이었으며, 또한 할복만으로 목숨을 끊었다는 것은 도저히 불가능하기 때문이다. 아니나 다를까 1960년대 초 대한민국 정부는 이준 열사의 정확한 사인을 조사한 결과 그가 지금까지 알려진 것처럼 분을 못 이겨 할복자살 한 것이 아니라 병에 의해 사망한 것임을 밝혀졌다.[25] 보다 정확하게 말한다면 뺨에 난 급성

21 이선준, 『일성 이준열사』, 을지서적, 1994, 217~218쪽.

22 『대한매일신보』, 광무 11년 7월19일자.

23 『황성신문』, 광무 11년 7월 17일자.

24 이선준, 앞의 책, 1994, 219쪽.

종기의 일종인 단독丹毒때문에 현지병원에서 수술까지 받았으나 회복 못하고 사망하자 그 죽음을 대일 항쟁에 활용하려고 할복자살을 퍼뜨렸던 결과이었던 것이다.

자신의 몸에 상처를 내는 것이 곧 불효라는 등식이 존재하는 한 한국의 전통사회에서 할복이란 자살법이 발달하기는 어렵다. 이런 사고는 병자호란 때도 있었다. 즉, 적군들로부터 남한산성이 포위되었을 때 상신 장유는 판서 이식에게 사사로이 다음과 같은 말을 했다. "성이 만약 불행하게 된다면 선비로서 자살하기는 심히 어려우니 어찌해야 잘 죽을 수 있겠는가."고 묻자, 이에 이식은 "칼을 빼어 제 목을 찌르는 것은 장사가 할 일이지 선비로서 할 일은 못된다. 우리 중신은 군부에 옆에서 떠나지 않고 있다가 만약 난병에게 죽지 않고 잡힌 몸이 되면 굴하지 않을 뿐이다. 내가 비록 내 목숨에 손을 대질 않더라도 적이 칼질은 할 터이니 잘 죽는 도리는 이 길밖에 없다."고 말하고 있는 것이다.[26] 이처럼 유교문화가 강하게 뿌리박힌 선비들에게는 자살 그 자체가 죄악시되었을 뿐 아니라, 자신의 신체를 손상시키는데 강한 거부감을 가지고 있었음을 잘 대변해주고 있다.

그러나 상황은 바뀌어 시대적 요청에 따라 장렬한 죽음을 요구하는 경우 그러한 전통적인 가치관은 무너지게 마련이다. 그런 변화는 70년대 이른바 반정부운동권에서 부터 일어나기 시작했다. 그 때 상징적인 사건이 서울대생 김상진군의 할복이었다. 1975년 4월 10일 구속학생석방을 촉구하는 700여명의 서명이 학교측에 전달되었고, 그 다음날인 4월 11일에는 잔디밭에서 자유성토대회가 열렸다. 그 때 김상진군은 감색바지에 흰색 티셔츠

25 『조선일보』, 93년 7월 12일자.

26 이규태, 『한국인의 생활구조』, 조선일보사, 1984, 255쪽.

를 입고 잔디밭 한 가운데로 걸어 나와 양심선언문을 읽어 내려갔다. 선언문 뒷부분에서 그는 "나의 앞으로의 행동에 대해서 여러분은 조금도 동요하지 말고 이성을 되찾아 우리가 해야 할 바를 명실상부하게…"라고 말하며 품속에서 20cm 과도를 끄집어냈다. 그는 칼을 오른손에 움켜쥐고 왼쪽 하복부를 찔러 고정시킨 채 위로 비스듬히 온힘을 다해 그어 올리고 쓰러졌다. 그를 다급히 병원으로 옮겼으나 가는 도중 숨을 거두고 말았다.[27]

그야말로 이 사건은 무엇보다 유교적 전통의 자결방법과는 전혀 다른 새롭게 시도된 것인 만큼 사회적인 충격도 매우 컸다. 그 이후 이른바 운동권에서는 심심찮게 할복자결이 결행된다. 가령 90년 12월 2일 전북도의원이었던 이경해씨는 UR에 따른 우리농민 대표로 스위스 제네바에 가 당시 가트의 둔켈 사무총장과 만나 한국농촌의 어려움을 설득하다가 할복자살을 기도, 외국대표들의 간담을 서늘케 했고,[28] 91년 3월 5일 낮 12시 15분께 국회의사당 안 잔디밭에서 한국 전력 직원 이준상씨가 "수서 비리 은폐주범 노태우 정권 타도하자"는 등의 구호를 외치며 할복자살을 기도했으며,[29] 91년 4월 19일에는 경북산업대 이수미양이 학교 측에 등록금 환불과 예결산 공개를 요구하며 면도칼로 할복을 했던 것이다.[30] 그 밖의 수 명의 사람들이 오늘날까지도 할복은 간헐적으로 이루어지고 있다.

그러나 이러한 일련의 할복 사건을 들여다 보면 일본의 그것과 크게 다른 점들이 있다. 그 중 하나는 카이샤쿠가 없으며, 또 다른 하나는 일본의 항의형 할복처럼 할복한 후 생명과 직접관계가 있는 목이나 심장을 찔러

27 『내일신문』, 95년 4월 12일자.
28 『경향신문』, 93년 12월 6일자.
29 『한겨레신문』, 91년 3월 6일자.
30 『조선일보』, 91년 4월 20일자.

죽는 보조수단도 취하지 않고 있다는 것이고, 또 다른 하나는 내장을 드러내지 않는다는 것이다.

그러한 방법상의 특징은 죽으려는 본인의 의사와는 관계없이 좀처럼 죽지 않는다. 다시 말하자면 죽음에 대한 확실한 보장성이 없다는 것이다. 위에서 든 사례들 중 75년의 김상진군은 죽음에 이르렀지만 그 밖의 사람은 모두 상처만 입혔을 뿐 병원으로 옮겨져 치료를 받고 무사히 살아 남았다. 그 이유로는 할복 자체가 생명이 끊어지지 않는 것에 가장 큰 이유도 있지만, 그 보다 더 큰 이유는 그것을 제지하는 주변상황도 죽음을 이르는데 어렵게 하는 장애적 요소로 작용한다는 것이다. 90년 제네바에서 할복을 기도한 이경해씨는 93년 12월 서울역 앞에 설치된 단상에 올라가 또 한번의 할복을 시도했다. 그러나 주변에 있던 민주당 소속 청년들의 제지로 실패로 끝났던 것이다.[31]

이러한 문제점을 해결하기 위해서는 다른 방법 하나를 할복에 첨부시키는 것이 강구되었다. 그것이 바로 할복한 다음 투신하여 죽는 방법이다. 그 단적인 예로 88년 5월 15일 서울대생 조성만군의 할복사건을 들 수 있다. 당시 그는 명동성당에서 통일문제 · 반미 · 양심수 석방 등을 주장하며 할복 투신하여 죽은 것이었다.[32] 그러나 이러한 자살방법이 유감스럽게도 한국에서는 발달하지 않았다. 그만큼 할복은 혼자서 죽는 외로운 죽음이 아닌 관중을 의식하여 공개적으로 행할 경우 죽음에 이른다는 것은 매우 힘이 드는 것이다. 그런 경우 당연히 죽음의 효과도 감소하기 마련이다.

이러한 성격은 죽음으로써 항거하는 형태를 취하면서 죽지 않으려고

31 『경향신문』, 93년 12월 8일자.

32 이강운, 「분신 해결책이 안된다」, 『동아일보』, 91년 5월 4일자.

하는 약삭빠른 할복자에 의해 악용될 수도 있다. 만일 그렇다면 그들의 할복은 죽음을 빙자한 하나의 퍼포먼스에 불과하다. 이미 할복자에 의해 그렇게 계산된 할복의 행위가 지금도 우리 주변에서 일어나고 있을지도 모른다. 그에 대한 정확한 해답은 우리가 아닌 할복에서 살아남은 자만 가지고 있는 것이다.

주변사람들의 제지는 죽음을 달성하지 못하기 때문에 그것이 가지고 있는 메세지도 강한 힘을 발휘할 수 없을 뿐만 아니라, 시각적인 효과도 그만큼 감소된다. 이러한 면에서 볼 때 흰색 티셔츠를 입고 할복한 김상진군은 일단 성공하고 있다고 보아야 할 것이다. 이처럼 한국의 할복은 시각적인 효과와 죽음에 대한 보장이 확실하지 않다는 단점을 지니고 있기 때문에 일본처럼 발달되지 못했다. 더군다나 이러한 문제를 깨끗하게 해결해주는 분신이라는 자살법이 등장하게 되면서부터 할복은 더욱더 그 힘을 잃어갔다. 분신이 한국사회에서 일본의 할복과 같이 용기와 인내 그리고 공개성과 시각성, 죽음이 보장된 자살방법으로 자리를 잡았기 때문이었다.

6. 마무리

일본에 있어서 한국 분신과 같은 성격의 자살은 할복이었다. 특히 할복 가운데서도 순사, 책무, 의리, 형벌로서 행하여 지는 할복이 아니라, 자신의 울분을 표시하기 위해 치러지는 항의형과 그 성격이 같았다. 같은 성격이면서도 일본인들은 할복을 택하고 한국인들은 분신을 택하는 이유는 무엇일까?

일본인들은 할복이란 전통적인 자살법이 있었기 때문에 굳이 분신이라는 새로운 자살법을 강구할 필요가 없었지만 한국은 그렇지 않았다. 즉, 한국은 일본처럼 할복을 통해 상대를 공격하는 자살법을 가지고 있지 않았다. 70년대 김상진군이 그러한 방법을 택하여 성공을 하지만 다른 많은 사람들은 실패를 하고 만다. 실패할 수밖에 없는 가장 큰 이유는 그것을 제지하는 주변 상황이 있기 때문이다. 그러므로 한국에서의 할복은 아픔을 견뎌내는 용기와 인내의 표현은 되지만 확실한 죽음, 공개성과 시각성에 대한 보장이 희박하다.

이러한 문제점을 해결하기 위해 찾은 자살법이 분신이었던 것이다. 그러한 의미에서 분신은 항의성의 자살로서 완벽한 조건을 갖추고 있다. 한국사회에서 할복이란 분신이라는 새로운 자살법이 등장함에 따라 그 힘은 상실했던 것이다. 할복은 일본과 같은 문화적 배경을 가진 나라에서 어울리는 것이지, 결코 우리나라에 맞는 자살법이 아니었다. 다시 말하여 일본인의 독특하고도 전통성을 지닌 죽음의 방법인 것이다. 그럼에도 불구하고 가끔 유감스러운 할복의 사건들이 우리사회에서 벌어지고 있다.

91년 1월 10일 일본 카이후총리가 종로 3가 파고다공원 앞에 도착하는 순간 독립유공자의 자손 김모씨가 길 건너편 인도에서 동료회원과 함께 항의시위를 벌이던 중 갑자기 등산용 칼을 꺼내 "대한민국 만세"라고 외친 뒤 배 한가운데를 두차례 가로 그었다. 김씨는 동료들에 의해 한국병원으로 옮겨져 응급실에서 봉합 수술을 받았다. 김씨는 배가 1~2㎝ 깊이로 25㎝가량 갈라져 50여 바늘을 꿰매는 중상을 입었으나 생명에는 지장이 없다고 병원측은 말했다.[33] 김씨는 할복전 작성해둔 성명서에서 "카이후 일본 총리

33 『조선일보』, 91년 1월 11일자.

의 방한은 7천만 겨레의 일본에 대한 뿌리깊은 원한과 불신을 호도하려는 얄팍한 기만책에 불과하다."며 "일본의 간계에 대한 7천만 동포의 분노를 대신해 할복함으로써 우리겨레의 민족혼이 살아있음을 만천하에 보이고자 한다."고 적혀 있었다고 한다.

그의 말대로 일본에 대한 7천만 한국인의 분노를 대신해서 죽음으로써 대변한다고 한다면 왜 하필이면 그것도 가장 일본적인 죽음의 방법으로 일본인에게 항의해야 하는 것인지 나로서는 도무지 이해가 가지 않는 것이다. 이를 두고 지하에 있는 항일전선에서 독립을 쟁취하기 위해 목숨을 걸고 싸웠던 그의 조상은 무엇이라 생각할 것인가.

어떤 이는 여기에 한 수 더 떠서 그것도 일본대사관 앞에서 자행하기도 한다. 가령 92년 10월 26일 서울에 사는 오모씨는 일본대사관 앞에서 안중근 의사 의거 83주년을 맞아 일본 핵무장반대 등을 주장하며 시위를 벌이던 중 미리 준비한 칼로 자신의 배를 찔러 자살을 기도했다.[34] 이를 두고 그가 가장 존경한다는 안중근 의사가 만약 살아있다면 어떻게 생각할 것인가?

이러한 잘못된 죽음으로써 항의하는 인식은 정신대에 끌려간 종군 위안부의 할머니에게도 있었다. 93년 8월4일 태평양전쟁당시 종군 위안부로 끌려갔던 김모 할머니(70)등 피해자 16명은 4일 오후 서울 용산구 한강로 2가 태평양전쟁 희생자 유족회 사무실에서 일본정부의 군대위안부 문제에 관한 2차 조사보고서발표회와 관련 기자회견을 갖고 피해자들에 대한 배상을 촉구했다. 이들은 이날 회견에서 "일본정부는 강제연행사실을 시인하면서도 사죄발표로 종군 위안부문제를 해결하고 있다."며 "피해자들에

34 『한겨레신문』, 92년 10월 27일자.

대한 배상을 실시하지 않을 경우 할복자살등 극단적인 행동도 불사하겠다."고 위협을 가했다.[35] 그러나 94년 1월 26일에는 주한 일본대사관 앞에서 또 다른 3명의 할머니가 강제군대 위안부에 대한 일본정부의 조속한 배상을 요구하며 할복시위를 벌였다. 이들은 성명서를 낭독한 후 저고리에서 부엌칼을 꺼내 할복하려다 경찰에 제지당하자 실신, 병원으로 옮겨졌던 것이다.[36]

그들은 과거 일본으로 부터 가장 피해를 많이 입었던 사람들 중의 한사람들이다. 그럼에도 불구하고 그들이 가장 싫어하는 일본에 극렬하게 항거하기 위해 취해진 것이 가장 일본적인 죽음의 방법인 할복을 택한다는 것에 대해 우리는 어떻게 생각하면 좋을까? 이는 어쩌면 소설가 송우혜의 말처럼 「우리민족의 관습과 정체성에 어긋나는 일그러진 문화 형태이며 돌출현상」[37]일지도 모른다.

나는 차라리 그들에게 계산된 죽음의 연극이 아닌 진실로 죽음으로 항거하는 것이라면 분신을 권하고 싶다. 왜냐하면 그것은 자신의 용기와 인내의 표현일 뿐 아니라 확실하게 죽을 수 있으며, 또 시각적인 효과도 엄청나게 높일 수 있기 때문이다. 더군다나 그것은 60년대부터 국적과 관계없이 항의형 자살로 세계적으로 알려져 있고, 한국의 운동권에도 이미 그러한 용도로 정착되어 있기 때문이다. 만일 그렇지 않다면 굳이 할복을 택한다면 배를 가르고 내장을 드러내고 카이샤쿠 없이 죽는 항의형 할복을 권하고 싶다. 그것이 바로 일본에 있어서 정확한 항의용 할복 자살법이기 때문이다.

35 『세계일보』, 93년 8월 5일자.
36 『한국일보』, 94년 1월 26일자.
37 『동아일보』, 99년 8월 15일자.

참고문헌

1장 일본 태반(胎)의 민속

고부자, 「제주도의 산후속」, 『한국민속학』 9, 한국민속학회, 1976.

김승찬, 「부산지방의 해산속」, 『국어국문학지』 11, 문창어문학회, 1974.

김미영, 「한 · 일 여성민속의 비교연구」, 『비교민속학』 24, 비교민속학회, 2003.

박공례, 「중국산속에 관한 고찰」, 『중국인문과학』 26, 중국인문학회, 2003.

박환영, 「한 · 몽 출생의례의 비교민속학적 고찰」, 『비교민속학』 40, 비교민속학회, 2009.

상기숙, 「중국민속문화의 출산금기 고찰」, 『동방학』 13, 한서대학교 동양고전연구소, 2007.

신미진, 「원씨물어의 탄생의례 우부야시나이 고찰」, 『일어일문학연구』 67, 한국일어일문학회, 2008.

이경화 · 안미선, 「제주도 전통 산육속의 전승」, 『아동학회지』 25-1, 한국아동학회, 2004.

이경화, 「제주도 전통 산속의 의미 이해」, 『동북아문화연구』 18, 동북아문화학회, 2009.

이복규, 「조선전기의 출산, 생육관련 민속」, 『한국민속학보』 8, 한국민속학회, 1979.

이헌홍, 「고성지방의 통과의례」, 『한국문화연구』 7, 부산대 한국민족문화연구소. 1995.

임동권, 「한일 산육속의 비교」, 『한국민속학』 12, 한국민속학회, 1980.

장관진, 「산청지방 통과의례 조사보고」, 『한국문화연구』 3, 부산대 한국민족문화연구소. 1990.

한미라 · 전경숙, 『한국인의 생활사』, 일진사, 2004.

飯島吉晴, 「胞衣笑いの深層 - 靈魂の交通」, 『比較民俗研究』 10, 1994.

市古貞次 校注 · 譯, 『平家物語』 1, 小學館, 1975.

伊藤敏行, 「胞衣習俗と胞衣容器」, 『學藝研究紀要』 8, 1991.

興津要 編, 『古典落語』 上, 講談社, 1972.

川口宏海, 「胞衣壷考」, 『大手前女短大研集』 9, 大手前女子學園大學, 1989.

小川望, 「胞衣處理」, 江戸遺跡研究會 編, 『圖說江戸考古學研究事典』, 柏書房, 2001.
渡邊友左, 『日本語と性』, 南雲堂, 1982.
北野晃, 「胞衣と臍の緒と産湯の水」, 『東アジアの古代文化』, 2006.
金田鬼一 譯, 「黄金の毛が三本はえてる鬼」, KHM29, 『グリム童話集』 1, 岩波書店, 1979.
慶滋保胤, 「日本往生極樂記」, 『日本思想大系』 7, 岩波書店, 1982.
林立路, 「立路隨筆」, 『日本隨筆大成』 第2期 第18卷, 吉川弘文館, 1977.
辻雄二, 『萩市郷土博物館研究報告』 7, 萩市郷土博物館, 1996.
佐藤紘子, 「明治大學記念館前遺跡の胞衣埋納遺構」, 『明治大學博物館研究報告』 12, 2007.
猿渡土貴, 「近. 現代における胞衣處理習俗の變化 - 胞衣取扱業者の動向をめぐって」, 『日本民俗學』 226, 日本民俗學會, 2001.
重久幸子, 「胞衣處理と福岡」, 『海路』 (6) 女性史・女性學, 2008.
潮地悅三郎, 『人生の習俗』, 三彌井書店, 1976.
サーゼエームズ。ジョージ。フレーザー, 永橋卓介 訳, 『金枝論』, 岩波文庫, 1966.
嶋田敬子, 「奈良県添上郡月ヶ瀬村長引の民俗」, 『史園』 5, 園田學園女子大學歴史民俗學會, 2004.
長門市史編輯委員會, 『長門市史』, 長門市, 1979.
夏堀謹二郎, 「各地の誕生習俗 - 青森縣八戸市 -」, 『旅と傳說』 6-7, 1933.
松岡悅子, 『出産の文化人類學 - 儀禮と産婆 -』, 海鳴社, 1991.
宮田登, 『冠婚喪祭』, 岩波書店, 1999.
宮田登・伊藤比呂美, 『女のフオークロア』, 平凡社, 1986.
萩市郷土博物館 編, 『萩市郷土博物館研究報告』 5, 萩市郷土博物館, 1993.
藤井裕之, 「胞衣の象徵」, 『民具マンスリー』 39, 神奈川大学 日本常民文化研究所, 2006.
本莊雅一, 「心意傳承 - 遊動世界に生きる -」, 『國文學』 4, 學燈社, 2010.
矢野敬一, 「誕生と胞衣 - 産育儀禮再考 -」, 網野善彦 外 4人 編, 『列島の文化史』 4, 日本エデイタースクール出版部, 1987.
山里純一, 「胞衣について」, 『日本東洋文化論集』 3, 琉球大學, 1997.
横井清, 『的と胞衣 - 中世人の生と死 -』, 平凡社, 1988.

2장 고대(古代) 일본(日本)에서 본 한국(韓國)의 태실문화(胎室文化)

김지영, 「조선시대 출산과 왕실의 장태의례」, 『역사와 세계』 45, 효원사학회, 2014, 40쪽.
김　호, 「조선왕실의 장태의식과 관련 의궤」, 『한국학보』 111, 일지사, 2003, 168쪽.
민병삼, 「태실의 풍수적 생명사상 연구」, 『영남학』 31, 경북대 영남학연구소, 2016, 224쪽.
심현용, 「조선시대 태실의 입지에 관한 재검토」, 『대구사학』 118, 대구사학회, 2015, 47쪽.
이문건 저, 이상주 역, 『양아록』, 태학사, 1997, 20~21쪽.

홍성익, 「조선시대 태실의 역사고고학적 연구」, 『영남학』 27, 경북대 영남학연구소, 2015, 45쪽.
조현영, 「성주, 세종대왕자 태실의 공간적 성격과 문화콘텐츠」, 『별고을 성주, 생명을 품다』, 성주군 경북대 영남문화연구원, 2015, 250쪽.
최남선, 「조선의 신화와 일본의 신화」, 『육당 최남선전집』 5, 현암사, 1951, 36~37쪽.
鐘方正樹, 「胞衣を納むる位置と方角」, 『奈良市埋蔵文化財調査センター紀要』, 奈良市教育委員会, 1989, 12頁.
中村禎里, 『胞衣の生命』, 海鳴社, 19~20頁.
蒲田春樹, 『魅惑の京都ふしぎ発見』, PHP研究所, 96頁.
山口麻太郎, 「出産と村のモノイミ」, 『民間伝承』 10-2/通巻100号, 民間伝承の会, 1944, 59~60頁.

3장 일본의 포의총(胞衣塚)과 조선의 태실(胎室)

김두규, 「성주 세종대왕자 태실과 풍수」, 『영남학』 제28호, 경북대 영남문화연구원, 2015, 211쪽.
김지영, 「조선시대 출산과 왕실의 장태의례 - 문화적 실천양상과 그 의미 - 」, 『역사와 세계』 45, 효원사학회, 2014, 73쪽.
김 호, 「조선왕실의 장태의식과 관련 의궤」, 『한국학보』 29, 일지사, 2003, 164쪽.
노성환, 「고대 일본에서 본 한국의 태실문화」, 『일어일문학』 제77집, 대한일어일문학회, 2018, 341~360쪽.
민병삼, 「태실의 풍수적 생명사상」, 『성주 세종대왕자 태실의 종합적 검토』, 성주군, 경북대 영남문화연구원, 2016, 81~82쪽.
신병주, 「조선왕실에서 태실을 조성한 까닭」, 『선비문화』, 16집, 남명학연구원, 2009, 13쪽.
심형용, 「성주 선석산 태실의 조성과 태실구조의 특징」, 『영남학』 제27호, 경북대 영남문화연구원, 2015, 103쪽.
육수화, 「조선왕실의 출산과 안태의 재조명」, 『민족문화논총』 제35집, 영남대 민족문화연구소, 2007, 296쪽.
윤석인, 「조선왕실의 태실석물에 관한 일연구 - 서삼릉 이장 원 태실을 중심으로 - 」, 『문화재』 33집, 국립문화재연구소, 2000, 96쪽.
이문건 저, 이상주 역, 『양아록』, 태학사, 1997, 20~21쪽.
정경은, 『태산요록에 대한 연구』, 원광대 박사학위논문, 2011, 116쪽.
진갑곤, 「태실관련 문헌과 기록의 가치」, 『성주 세동대왕자 태실의 종합적 검토』, 성주군, 경북대 영남문화연구원, 2016, 122쪽.
최홍조, 「조선왕실의 장태의례와 태실」, 『별고을 성주, 생명을 품다』, 성주군, 경북대 영남문화연구원, 2015, 99쪽.
홍성익, 「태실 석물의 미술사적 계승과 변천」, 『사림』 제54호, 수선사학회, 2015, 119쪽.
陶智子, 「小笠原流における胞衣についての研究」, 『富山短期大学紀要』 36輯, 富山短期大学, 2001, 5頁.
杉立義一, 『お産の歴史』, 集英社, 2002, 119頁.

福西大輔,「胞衣を祀る神社ー笠崎八幡宮の事例を中心にー」,『熊本大学社会文化研究』8, 熊本大学, 2010, 251頁.
水野正好,「産育呪儀三題」,『文化財学報』13集, 奈良大学文学部文化財学科, 1995, 73・71~73頁.
横井清,『的と胞衣 - 中世人の生と死 - 』, 平凡社, 1992, 44~45頁.

4장 빗자루를 통한 일본의 출산민속

김승찬,「기장지방의 금기 속신」,『한국민족문화』8, 부산대 한국민족문화연구소, 1996, 396쪽.
김임숙・차윤정,「환동해 지역 한일 민속어의 비교연구」,『일어일문학』39, 대한일어일문학회, 2008, 31쪽.
전영숙,「한국과 중국의 민속의식에 나타난 대나무 의식」,『중국어문학논집』33, 중국어문학연구회, 2005, 325~326쪽.
尙光徹,「비(빗자루)를 둘러싼 속신」,『한국민속학. 일본민속학』4, 한국국립민속박물관, 2008, 145쪽.
한미옥,「이사 관련 속신의 현대적 지속과 변용」,『한국민속학』49, 한국민속학회, 2009, 433쪽.
青森県史編さん民俗部会,『青森県史』民俗編, 青森県, 2001, 242頁.
飯島吉晴,『竈神と厠神』, 講談社, 2007, 145頁.
大森郁之助,「岩泉聞書」,『民間伝承』24-7, 六人社, 1960, 43~45頁.
大橋金造,「国々の言い習はし(10)」,『郷土研究』3-7, 郷土研究社, 1915, 59~60頁.
大藤ゆき,「神奈川の産神」,『西郊民俗』100, 西郊民俗談話会, 1982, 15~18頁.
岡山県史編纂委員会,『岡山県史』民俗Ⅰ号/15, 岡山県, 1983, 530~531頁.
桂井和雄,「山の神に関する民俗 (続)」,『民間伝承』8-6/84, 民間伝承の会, 1942, 41頁.
川江久太郎・大西紘一,「荘内半島の人生儀礼 - 産育とイヤダニマイリー」,『香川の民俗』67, 香川民俗学会, 2004, 2~4頁.
北野晃,「蟹守と箒神--産育習俗と蟹」,『西郊民俗』179, 西郊民俗談話会, 2002, 9~19頁.
郷田洋文,「東九州の行事伝承」,『西郊民俗』6, 西郊民俗談話会, 1958, 10~11頁.
________,「東九州の行事伝承(3)」,『西郊民俗』8, 西郊民俗談話会, 1959, 15~16頁.
________,「東九州の行事伝承(4)」,『西郊民俗』10, 西郊民俗談話会, 1959, 26頁.
________,「東九州の行事伝承(5)」,『西郊民俗』12, 西郊民俗談話会, 1960, 18頁.
國學院大學民俗学研究会,「神津島」,『民俗採訪』, 國學院大學民俗学研究会, 1956, 50~63頁.
______________________,「岐阜県揖斐郡谷汲村」,『民俗採訪』, 國學院大學民俗学研究会, 1972, 125~131頁.
______________________,「福岡県八女郡星野村」,『民俗採訪』, 国学院大学民俗学研究会, 1981, 155~159頁.
桜田勝徳,「人間転生譚其他」,『郷土研究』7-2, 郷土研究社, 1933, 32~33頁.
島野裕子・白水浩信,「<かにばば>と胎毒：近世産育書における胎毒観の変遷に関する考察」,『神戸大学院人間発達環境学研究科研究紀要』1-1, 2007, 94頁.
下野敏見,『奄美, トカラの伝統文化：祭りとノロ生活』, 南方新社, 2005, 50~51頁.

新谷尙紀,『日本人の禁忌』, 青春出版社, 2003, 150頁.
高橋清治郎,「国々の言い習はし(7)」,『郷土研究』3-3, 郷土研究社, 1915, 57~58頁.
田中熊雄,『宮崎県史』資料編 民俗2/2, 宮崎県, 1992, 223頁.
谷原博信,『香川県史』民俗 14, 香川県, 1958, 411~415頁.
土橋里木,「こと八日と山の神」,『民間伝承』14-6/145, 日本民俗学会, 1950, 14~21頁.
箱山貫太郎,「箒に関して」,『民間伝承』3-5, 民間伝承の会, 1938, 3頁.
樋口清之,『日本人はなぜ水に流したがるのか』, PHP研究所, 1988, 141頁.
古川のり子,「なぞとき神話と昔ばなし(16) 産神問答 : 箒の力」,『歴史読本』57/10, 新人物往来社, 2012, 274~279頁.
平瀨拠英,「信仰の諸相 - 岐阜県吉城郡坂下村 - 」,『西郊民俗』4, 西郊民俗談話会, 1957, 9頁.
内藤美奈,「対馬のヒジキサマ--箒を使う安産祈願と神名の由来」,『女性と経験』29, 女性民俗学研究会, 2004, 48~56頁.
中村禎里,『胞衣の生命』, 海鳴社, 1999, 97頁.
中澤新一,『精霊の王』, 講談社, 2003, 51頁.
中島恵子,「お産に立ちあう神 - 東京都大田区の事例 - 」,『西郊民俗』100, 西郊民俗談話会, 1982, 13~15頁.
根岸謙之介・井田安雄,『群馬県史』資料編26 民俗 2, 群馬県, 1982, 920~921頁.
都丸十九一,「道祖神と千匹ガユ」,『民間伝承』13-6/134, 日本民俗学会, 1949, 28頁.
宮城縣,『宮城縣史』民俗 2/20, 財団法人宮城縣史刊行会, 1956, 230~239頁.
村林仁八,「国々の言い習はし(9)」,『郷土研究』, 3-2, 郷土研究社, 1915, 59~60頁.
森正史 監修,「上直瀬 (旧川瀬村) の民俗」,『あゆみ - ふるさとの民俗 - 』2, 1960, 愛媛大学農学部付属農業高等学校郷土研究部, 5頁.
__________,「集落と村制 - 人生儀礼 - 」,『あゆみ - 西條市加茂の民俗 - 』3, 愛媛大学農学部付属農業高等学校郷土研究部, 1961, 18頁.
__________, 「昔話」,『あゆみ - 忽那諸島の民俗 - 』 8, 愛媛大学農学部付属農業高等学校郷土研究部, 1968, 67~68頁.
__________,「年中行事と民間信仰 - 俗信民俗知識 - 」,『あゆみ - 忽那諸島の民俗 - 』8, 愛媛大学農学部附属農業高等学校郷土研究部, 1968, 50頁.
__________,「人生儀礼」,『あゆみ - 玉川町の民俗 愛媛県越智郡 - 』12, 愛媛大学農学部附属農業高等学校郷土研究部, 1975, 26頁.
山口麻太郎,「出産と村のモノイミ」,『民間伝承』10-2/100, 民間伝承の会, 1944, 59頁.
山住正己・中江和恵 編,「増補繪入小兒必用記」,『子育ての書』1・2, 東洋文庫(285), 1976, 328~329頁.
安田尙道・秋本吉德 校注,『古語拾遺』, 現代思潮社, 1976, 68~69頁.
吉野裕子,『山の神』, 講談社学術文庫, 2008, 103頁.

5장 일본장례에 관한 현장론적 연구

최길성, 「일본장례 비교민속학적 고찰」, 『비교민속학』 제5집, 비교민속학회, 1989.
加藤秀俊, 『習俗의 社會學』, 日本 php研究所, 1991.

6장 일본 장제(葬祭)에 있어서 고양이에 관한 속신(俗信)

김성배, 『한국의 금기어. 길조어』, 정음사, 1975, 79쪽.
서종문, 「禁忌民俗의 文學的 形像化 - 屍身 및 葬儀說話를 중심으로 -」, 『인문과학』 제3집, 경북대 인문과학연구소, 1987, 75쪽.
우　상, 『한중 동식물 관련 금기어 비교연구』, 대구대학교 대학원 석사논문, 2015, 22쪽.
常光徹, 「고양이와 뱀 속신의 유래」, 『한국 민속학 일본 민속학』, 5, 국립민속박물관, 2009, 163~172쪽.
有賀恭一, 「長野県諏訪湖畔地方」, 『旅と伝説』 6巻7号/通巻67号, 三元社, 1933, 78頁.
阿久津満, 「下野民俗」, 『芹沢風物誌』 8/通巻12号, 下野民俗研究会, 1971, 8頁.
亜細亜大学・日本経済短期大学 郷土研究会, 「葬制」, 『むさしの』 通巻8号, 亜細亜大学・日本経済短期大学 郷土研究会, 1983, 37頁.
芦部伸二・鈴木国英, 「奥屋内の聞書(一) - 高知県幡多郡西土佐村 -」, 『西郊民俗』 通巻66号, 西郊民俗談話会, 1974, 17頁.
井田安雄, 『群馬県史』 資料編26 民俗2/26巻, 群馬県, 1982, 305頁.
伊藤曙覧, 『富山県史』 民俗編, 富山県, 1973, 1080~1081頁.
内田賢作, 『新編埼玉県史』 別編2 (民俗2), 埼玉県, 1986, 229頁.
榎戸貞治郎, 「芳賀郡の俚諺的俗信(1)」, 『旅と伝説』 8巻9号/通巻93号, 三元社, 1935, 35頁.
小笠原俊郎, 「備後の俗信」, 『旅と伝説』 6巻3号/通巻63号, 三元社, 1933.
加藤耕作, 「岡山市の民俗断片 - 葬制その他 -」, 『岡山民俗』 通巻79号, 岡山民俗学会, 1968, 5頁.
国学院大学民俗学研究会, 「福島県信夫郡飯坂町茂庭」, 『民俗採訪』, 国学院大学民俗学研究会, 1964, 103頁.
__________, 「佐賀県東松浦郡鎮西町打上」, 『民俗採訪』, 国学院大学民俗学研究会, 1968, 19頁.
__________, 「茨城県西茨城郡七会村」, 『民俗採訪』, 国学院大学民俗学研究会, 1971, 79頁.
__________, 「宮城県栗原郡花山村」, 『民俗採訪』, 国学院大学民俗学研究会, 1974, 26~30頁.
__________, 「大分県南海部郡米水津村」, 『民俗採訪』, 国学院大学民俗学研究会, 1975, 28~33頁.
__________, 「石川県石川郡河内村」, 『民俗採訪』, 国学院大学民俗学研究会, 1978, 165~169頁.
__________, 「岐阜県吉城郡上宝村」, 『民俗採訪』, 国学院大学民俗学研究会, 1980, 84~97頁.
__________, 「山形県西村山郡朝日町旧西五百川村」, 『民俗採訪』, 国学院大学民俗学研究会, 1982, 60頁.
__________, 「三重県度会郡紀勢町」, 『民俗採訪』, 国学院大学民俗学研究会, 1982, 127頁.

__________________, 「岐阜県郡上郡高鷲村 世間話」, 『民俗採訪』, 国学院大学民俗学研究会, 1987, 83~84頁.
河野正文, 『愛媛県史』 民俗下巻, 愛媛県, 1984, 390頁.
小玉洋美, 『大分県史』 民俗篇, 大分県, 1986, 365頁.
小玉暁村, 「葬送習俗」, 『民間伝承』 5巻10号, 民間伝承の会, 1940, 7~8頁.
斉藤源三郎, 「房総地方の動物に関する俗信」, 『旅と伝説』 6-3/通巻63号, 三元社, 1933, 79頁.
成城大学民俗学研究会, 「葬送」, 『成城大学民俗調査報告書』, 6号, 成城大学民俗学研究会, 1980, 67頁.
鈴木重光, 「神奈川県津久井郡地方」, 『旅と伝説』 6巻7号/通巻67号, 三元社, 1933, 82頁.
諏訪藤馬, 「石川県鹿島郡地方」, 『旅と伝説』 6巻7号/通巻67号, 三元社, 1933, 63頁.
高橋実, 「安塚町真荻平・上船倉の俗信」, 『高志路』 通巻310号, 新潟県民俗学会, 1993, 34頁.
高谷重夫, 「三島の民俗断片」, 『郷土研究上方』 10巻118号/通巻118号, 上方郷土研究, 1940, 39頁.
竹折直吉, 『静岡県史』 資料編24巻, 民俗2号, 静岡県, 1993, 1137頁.
田口松圃, 「秋田県大曲町」, 『旅と伝説』, 6巻7号/通巻67号, 三元社, 1933, 42頁.
田中熊雄, 『宮崎県史』 資料編 民俗2/2巻, 宮崎県, 1992, 297頁.
田中久夫, 「三重県伊賀上野の墓制と葬制」, 『民俗』 通巻32号, 日本民家集落博物館, 1967, 17頁.
滝沢馬琴, 「兎園小説」, 『日本随筆大成』 第2期 1巻, 吉川弘文館, 1973, 274~275頁.
武田明, 「死霊の去来について」, 『日本民俗学』 通巻97号, 日本民俗学会, 1975, 10~11頁.
前田広造, 「紀北の俗信(1)」, 『旅と伝説』 12-6/通巻138号, 三元社, 1939, 26頁.
都留文科大学民俗学研究会, 『沖の民俗』 通巻2号, 都留文科大学民俗学研究会, 1969, 66頁.
__________________, 「人の一生 葬送」, 『上和田の民俗』 通巻5号, 都留文科大学民俗学研究会, 1977, 69頁.
東洋大学民俗研究会, 『小平の民俗 - 福島県石川郡平田村旧小平村 - 』, 東洋大学民俗研究会, 1975, 73頁.
__________________, 『上小阿仁の民俗 - 秋田県北秋田郡上小阿仁村 - 』, 東洋大学民俗研究会, 1980, 123頁.
__________________, 『南部川の民俗 - 和歌山県日高郡南部川村旧高城・清川村 - 』, 東洋大学民俗研究会, 1981, 473頁.
__________________, 『小泉の民俗 - 宮城県本吉郡旧小泉村 - 』, 東洋大学民俗研究会, 1982, 107頁.
平岩米吉, 『猫の歴史と奇話』, 築地書舘, 1992, 42頁.
中里雅堂, 「相模大島の俗信」, 『旅と伝説』, 6巻11号/通巻71号, 三元社, 1933, 40頁.
楢木範行, 「鹿児島県宮之城町」, 『旅と伝説』, 6巻7号/通巻67号, 三元社, 1933, 186頁.
西浦左門, 「続丹波美山の言葉と民俗 その3」, 『近畿民俗』 通巻144, 145号, 近畿民俗学会, 1996, 75頁.
日本伝説拾遺会, 『日本の伝説』 北九州 - 14巻, 山田書院, 1985, 105~106頁.
前田広造, 「紀北の俗信(1)」, 『旅と伝説』 12-6/通巻138号, 三元社, 1939, 26頁.
松本友記, 「熊本県阿蘇地方」, 『旅と伝説』 6巻7号/通巻67号, 三元社, 1933, 170頁.
源武雄・名嘉真宣勝, 『沖縄県史』 第22巻民俗1号, 琉球政府, 1972, 595~598頁.
宮本 馨太郎・大島 暁雄, 「下総別所の衣食住(下)」, 『民間伝承』 38巻1号, 六人社, 1974, 10頁.

宮崎良子,『招き猫の文化誌』, 青弓社, 1988, 32~33頁.
森谷周野,『新潟県史』資料編22 民俗1, 新潟県, 1982, 197頁.
芦部伸二・鈴木国英,「奥屋内の聞書(1) - 高知県幡多郡西土佐村 -」,『西郊民俗』通巻66号, 西郊民俗談話会, 1974, 17頁.
安川弘堂,「福岡県大島」,『旅と伝説』6巻7号/通巻67号, 三元社, 1933, 161頁.
八木三二,「熊本県宮地町地方」,『旅と伝説』6巻7号/通巻67号, 三元社, 1933, 183頁.
矢口裕康,『宮崎県史』資料編 民俗2/2巻, 宮崎県, 1992, 877~878頁.
任騁,『中國民間禁忌』, 作家出版社, 1990, 386頁.

7장 동아시아의 사후결혼

김인회,「수영포 수망굿과 무속에서의 죽음의 교육적 의미」,『교육농촌』3, 건대 교육대학원, 1983, 88쪽.
김택규,『씨족부락의 구조연구』, 일조각, 1979, 308쪽.
다케다 아키라,「전남 진도에 있어서의 사후혼 - 민속의 지역성 해명을 위해서 -」,『민속학술자료총서 2차』, 우리마당 터, 2001, 452~453쪽.
무라야마 지쥰, 노성환 역,『조선의 귀신』, 민음사, 1990, 432쪽.
불교문화연구회,『불교설화대전집』(7) - 般若龍船 -, 문영출판사, 1981, 133~137쪽.
안병국,『귀신설화연구』, 규장각, 1995, 215쪽.
이규태,『이규태 코너』하, 조선일보사, 1986, 62쪽.
이능화, 이재곤 역,『조선무속고』, 동문선, 1991, 296쪽.
최길성,「사후결혼의 의미」,『비교민속학』1, 비교민속학회, 1985, 15~16 · 29 · 33쪽.
최재석,「제주도의 사후혼」,『한국학보』13, 일지사, 1978, 114~115 · 112~113 · 126 · 119~122 · 113~114쪽.
井手和夫,『支那の奇習と異聞』, 平野書房, 1935, 99頁.
植野弘子,「臺灣韓人社會の位牌婚とその變化」,『東アジアの死靈結婚』, 岩田書店, 1993, 357 · 361~362 · 366 · 358頁.
內田智雄,『中國農村の家族と信仰』, 清水弘文堂, 1970, 32頁.
大貫恵美子,『日本人の病氣觀 - 象徵人類學的考察 -』, 岩波書店, 1985.
川村邦光,「諸國一見の僧のメツセ-ジ」, 小松和彦 編,『これは民俗學ではない』, 福武書店, 1989, 139頁.
新垣智子,「沖縄における冥婚」, 松崎憲三 編,『東アジアの死靈結婚』, 岩田書院, 1993, 193~194 · 185 · 188~190頁.
櫻井德太郎,『東アジアの民俗宗教』,『櫻井德太郎著作集』7巻, 吉川弘文館, 1987, 471 · 451~452 · 439 · 519頁.
澁谷研,「沖縄の冥界婚(グソ-ヌニ-ビチ)からみる女性の地位」,『常民文化』16, 成城大學常民文化研究會, 1993, 57~60頁.

諏訪春雄,『日本の幽靈』, 岩波新書, 1988.
高松敬吉,「青森縣の冥婚」,『豊田短期大學硏究紀要』1, 豊田短期大學, 1991, 99頁.
________,「青森縣の冥婚」, 松崎憲三 編,『東アジアの死靈結婚』, 岩田書院, 1993, 35~36・30~31頁.
諏訪春雄,『日本の幽靈』, 岩波新書, 1988, 105頁.
竹田旦,「東アジアにおける死靈結婚 - 韓國の習俗を中心に」,『茨城大學敎養部紀要』19, 茨城大學, 1987, 37頁.
______,『祖靈祭祀と死後結婚』, 人文書院, 1990, 37・232・226頁.
中國農村慣行調査刊行會 編,『中國農村慣行調査』, 岩波書店, 1953, 99頁.
繁原央, 1992,「中國冥婚說話の二つの型」,『國學院中國學會報』38, 國學院大學 中國學會, 46頁.
中田睦子,「冥婚から陰陽合婚へ」,『季刊 人類學』10-3, 京都大學人類學硏究會, 1979, 16頁.
中生勝美,「香港の冥婚と世界觀」,『東アジアの死靈結婚』, 岩田書店, 1993, 386頁.
松崎憲三,『東アジアの死靈結婚』, 岩田書店, 1993, 88・82・45頁.
廣田律子,「文獻に見出せる冥婚習俗とその意味」,『東アジアの死靈結婚』, 岩田書店, 1993, 432・433頁.
魯成煥,「韓國の死後結婚」,『比較日本文化硏究』5, 待兼山比較日本文化硏究會, 1999.
Jordon, Darid K., *Gods, Ghosts and Ancestors*, Univ. of California Press, 1972, pp.140~154.
Wolf, Arther P.,「Religion and Ritual in Chinese Society」,『中國社會之宗教與儀式』, 虹橋書店, 1974, 150頁.
Topley, Majorie, "Ghost Marriage among the Singapore Chinese : A Further Note", *Man* 56, 1955.

8장 신라의 왕생설화

金雲學,『遊心安樂道』, 三星美術文化財團, 1979, 81쪽.
金英泰,「新羅白月山 二聖說話의 硏究」,『趙明基博士 甲記念論文集』, 東國大出版部, 1969, 88~89쪽.
成基玉,「願往生歌의 生成背景硏究」,『震檀學報』弟51號, 진단학회, 1981, 99쪽.
安啓賢,『韓國史』古代編, 국사편찬위원회, 1981, 244쪽.
이병도,『삼국유사』권4, 광조출판사, 1984, 408쪽.
李民樹,『三國遺事』, 三星美術文化財團, 1979, 89쪽.
鴨長明,『方丈記/発心集』, 新潮社, 1976, 79쪽.
松前健,『日本神話と古代生活』, 有精堂, 1983, 71~82쪽.

9장 일본인들은 죽어서 어디로 가는가?

성해준,「일본열도의 죽음의례에 관한 근원고찰」,『일본문화연구』43, 동아시아일본학회, 2012, 256쪽.

임순록, 「한일 사생관 비교 - 불교를 중심으로 -」, 『일본문화연구』 32, 동아시아일본학회, 2009, 430쪽.

정봉택, 「萬葉人의 靈에 대한 의식」, 『외국문화연구』 12-1, 조선대 외국문화연구소, 1989, 224쪽.

綾目廣治, 「『M/Tと森のフシギの物語』論」, 『文教国文学』 35・36, 広島文教女子大学, 1997, 198頁.

泉鏡花, 「春晝後刻」, 『春昼. 春昼後刻』, 岩波書店, 1987, 136~137頁.

五十嵐謙吉, 「彼岸」, 『歳時の文化事典』, 八坂書房, 2006, 39頁.

梅原猛, 『日本人のあのよ観』, 中央公論社, 1989, 82頁.

大江健三郎, 『M/Tと森のフシギの物語』, 岩波書店, 1990, 388~389頁.

金山秋男, 「日本人の死生観, 霊魂観, 他界観」, 『明治大学人文科学研究所紀要』 64, 明治大学人文科学研究所, 2009, 34頁.

金本拓士, 「平田篤胤 <霊能眞柱>における霊魂観」, 『現代密教』 23, 2012, 258~259頁.

川上恒雄, 「松下幸之助の死生観. 霊魂観」, 『論叢 松下幸之助』 16, PHP総合研究所, 2011, 50頁.

岸本英夫, 『死を見つめる心』, 講談社, 1973, 38頁.

小谷みどり, 「死のイメージと死生観」, 『ライフデザインレポート』 6, 第一生命経済研究所, 2003, 7~9頁.

佐藤弘夫, 「死者は山に棲むのか - 日本人の霊魂観. 再考 -」, 『アジア遊学』 (128) 古代世界の霊魂観, 勉誠出版, 2007, 15頁.

佐藤米司, 「あの世の入口 - 聖地としての墓所 -」, 『仏教民俗学大系』 (3) - 聖地と他界観 -, 名著出版, 1987, 139頁.

新藤久人, 「広島県の歳時習俗」, 『中国の歳時習俗』, 明玄書房, 1975, 68頁.

新谷尚紀, 『お葬式一死と慰霊の日本史一』, 吉川弘文館, 2009, 163~165頁.

篠田知和基, 「霊魂の行方」, 『アジアの遊学』 101 - 日中韓の霊魂観の違い -, 勉誠出版, 2007, 11頁.

高野進芳, 「彼岸習俗考」, 『佛教と民俗』, 大正大学 佛教民俗学会, 1974, 28頁.

谷川健一, 『魔の系譜』, 講談社学術文庫, 1984, 131~132頁.

田中宣一, 宮田登 編, 『年中行事事典』, 三省堂, 1999, 190頁.

月光善弘, 「東北地方における彼岸行事について」, 『佛教と民俗』 11, 大正大学 佛教民俗學学会, 1974, 12~13頁.

坪井洋文, 「むら社会と通過儀礼」, 『村と村人』, 小学館, 1984, 502~503頁.

鶴藤鹿忠 外 4人, 『中國の歳時習俗 - 山口篇 -』, 明玄書房, 1975, 146頁.

松下幸之助・池田大作, 『人生問答』 上, 聖教新聞社, 1997, 203~204頁.

松谷みよ子, 『現代民話考』 5, 立風書房, 1986, 434~435頁.

平田篤胤 著, 子安宣邦 校注, 『霊の真柱』, 岩波文庫, 1998, 173頁.

藤井正雄, 「葬制からみた霊魂観, 死後観」, 『大系 仏教と日本人』 (9) - 民俗と儀礼 -, 春秋社, 148頁.

宮田登, 『霊魂と旅のフオークロア』, 吉川弘文館, 2006, 20頁.

宮沢賢治, 『銀河鉄道の夜』,岩波書店, 1951, 236~309頁.

柳田國男, 「先祖の話」, 『定本 柳田国男集』 10, 筑摩書房, 1969, 120頁.

________, 「魂のゆくへ」, 『定本 柳田国男集』 15, 筑摩書房, 1969, 561頁.

吉岡忍,「子どもの死生観」, 野田正彰 編,『現代の世相 あの世とこの世』, 小学館, 1996, 120~121頁.
渡辺喜勝・板垣恵子,「意識調査にみる現代日本人の<来世>観」,『東北大医短部紀要』9, 2000, 東北大学医療技術短期大学, 245頁.

10장 한국의 분신과 일본의 할복

김양기,「자살의 한일비교」,『가면속의 일본인』, 한나라, 1994, 349~352쪽.
김용운,『한국인과 일본인』(4) 정착과 정복, 한길사, 1994, 84쪽.
노성환,「일본분신자살에 관한 연구」,『일본문학연구』2, 한국일본문학회, 2000,
이규태,『한국인의 생활구조』, 조선일보사, 1984, 255쪽.
이선준,『일성 이준열사』, 을지서적, 1994, 217~218쪽.
이원희,『일본인의 죽음』, 영남대출판부, 2000, 74~75쪽.
최길성,「한일의 자살을 통해 본 생명관」,『일본학지』8, 계명대일본문화연구소, 1988, 27~28쪽.
朝倉喬司,『犯罪者も夢を見る』, 角川春樹事務所, 1998, 55~58頁.
梶原正昭,『義経記』, 小学館, 1971, 490~491頁.
千葉德爾,『切腹の話』, 講談社現代新書, 1972, 104頁.
千葉德爾,『日本人はなぜ切腹するのか』, 東京堂出版, 1994, 45頁.
新渡戸稲造,『武士道』, 岩波書店, 1974, 98頁.
平松義郎,「切服」,『大百科辭典』8, 平凡社, 1985, 607頁.
布施豊正,『自殺と文化』, 新潮社, 1985, 116頁.
吉野裕 譯,『風土記』, 平凡社, 1969, 90頁.
Martin Monestier, 大塚宏子 譯,『自殺全書』, 原書房, 1997, 3頁.

찾아보기

가

나

다

라

마

바

사

아

자

차

타

파

하

문화와
역사를
담 다
075

출산과 죽음의 민속학

초판1쇄 발행 2025년 9월 3일

지은이 노성환

주간 조승연
편집 · 디자인 오경희 · 조정화 · 오성현 · 신나래 · 박선주 · 정성희
관리 박정대

펴낸이 홍종화
펴낸곳 민속원
창업 홍기원
출판등록 제1990-000045호
주소 서울 마포구 토정로25길 41(대흥동 337-25)
전화 02) 804-3320, 805-3320, 806-3320(代)
팩스 02) 802-3346
이메일 minsokwon@naver.com
홈페이지 www.minsokwon.com

ISBN 978-89-285-2153-1 94380
S E T 978-89-285-1272-0 94080